Le BIG Dessert

Département éditorial Art de Vie
Connectez-vous sur **www.editionsdelamartiniere.fr**

ISBN : **978-2-7324-6383-4**

Le BIG Dessert

BENOÎT MOLIN

PHOTOGRAPHIES ET STYLISME :
CATHERINE MADANI

Éditions
de La Martinière

AVANT-PROPOS

300 plaisirs sucrés pour vous faire plaisir tous les jours de l'année !

« Dingue de pâtisserie » : eh oui, c'est (presque) mon surnom ! Ayant eu le bonheur d'avoir été formé par le grand Gaston Lenôtre, dont on connaît le talent et la rigueur, je ne pouvais qu'avoir envie, à mon tour, de vous montrer comment interpréter chez vous les pâtisseries que vous aimez.

Une brioche au petit déjeuner, des whoopies pour le goûter, un entremets à partager pour le déjeuner du dimanche : il y a tant de desserts simples et savoureux à imaginer et à découvrir…. Mon envie : que vous les réussissiez à tous les coups ! Pour cela, je mets mon expérience à votre service : des bases claires et détaillées – pâtes, crèmes, glaçages… – pour que chacun y trouve son bonheur –, étayées par mes trucs et astuces éprouvés ; sans oublier un zeste d'astuce, pour une touche personnelle parfois étonnante.

Plus de goût, plus de simplicité, et des résultats bluffants en vous simplifiant la vie : j'aimerais que vous utilisiez ce livre presque tous les jours, pour les petites joies quotidiennes et pour les grandes occasions !

Parce qu'un bon dessert, c'est aussi bon à faire qu'à déguster, je dirais juste : amusez-vous !

BENOÎT MOLIN

SOMMAIRE

DESSERTS DU QUOTIDIEN

TARTES, CRUMBLES ET CRÈMES

GRAND CLASSIQUE !

Tarte citron meringuée

Pour 6 à 8 personnes
Préparation : 35 minutes
Cuisson : 35 minutes
Repos : 2 heures

Pour la pâte à tarte
120 g de beurre mou
80 g de sucre glace
30 g de poudre d'amandes
1 gousse de vanille
1 pincée de sel
1 œuf
200 g de farine
1 blanc d'œuf

Pour la crème
3 œufs
120 g de sucre
15 cl de jus de citron (soit environ 3 citrons)
Zestes de 2 citrons jaunes non traités
170 g de beurre

Pour la meringue italienne
250 g de sucre
10 cl d'eau
4 blancs d'œufs

Pour la pâte
Tamisez le sucre glace sur le beurre mou.

Ajoutez la poudre d'amandes, les graines contenues dans la gousse de vanille grattée et le sel. Mélangez à l'aide d'une spatule souple puis ajoutez l'œuf.

Tamisez la farine sur ce mélange et incorporez-la sans trop travailler la pâte.

Emballez la pâte dans du film étirable et placez 2 heures au réfrigérateur.

Étalez-la sur une épaisseur d'environ 8 mm et garnissez-en un moule à tarte beurré. Badigeonnez de blanc d'œuf battu et enfournez 20 minutes à 180 °C (th. 6).

Pour la crème
Mélangez dans une petite casserole les œufs, le sucre, le jus et les zestes de citron. Faites chauffer au bain-marie en remuant à l'aide d'un fouet jusqu'à ce que le mélange épaississe.

Incorporez hors du feu le beurre en morceaux et mixez à l'aide d'un mixeur plongeant.

Versez la crème sur le fond de tarte précuit et refroidi.

Pour la meringue
Faites fondre à feu doux le sucre et l'eau. Lorsque le sucre est fondu, portez à ébullition. À l'aide d'un thermomètre à sucre, surveillez la température du sirop.

Commencez à monter les blancs en neige lorsque le sirop atteint 110 °C. Lorsqu'il atteint 120-121 °C, versez-le en filet sur les blancs sans cesser de les battre, jusqu'à ce que la meringue devienne très épaisse et brillante.

Pour finir
Garnissez le dessus de la tarte de meringue en formant des pointes.

Passez-la quelques instants sous le gril du four pour la faire dorer.

ASTUCE
• Pour une crème encore plus parfumée, mixez au robot les zestes de citron et le sucre.
• Vous pouvez également faire colorer votre meringue à l'aide d'un chalumeau.

PLUS SIMPLE QU'IL N'Y PARAÎT, LA TARTE AU CITRON EST AIMÉE DE TOUS. EN PRÉPARANT LA PÂTE ET LA CRÈME SÉPARÉMENT LA VEILLE, IL NE VOUS RESTERA QU'À FAIRE LA MERINGUE LE JOUR MÊME POUR UN DESSERT DE FÊTE.

Tarte meringuée aux fruits rouges

Pour 6 personnes
Préparation : 45 minutes
Cuisson : 1 heure
Repos : 2 heures

Pâte sucrée
120 g de beurre mou
80 g de sucre glace
30 g de poudre d'amandes
1 gousse de vanille
1 pincée de sel
1 œuf
200 g de farine
1 blanc d'œuf

Crème d'amandes
100 g de sucre
100 g de beurre mou
2 œufs
100 g de poudre d'amandes
2 cuill. à soupe de fécule de pomme de terre

Dacquoise
120 g de sucre glace
120 g de poudre d'amandes
5 blancs d'œufs
50 g de sucre
1 cuill. à soupe de Maïzena®
50 g d'amandes entières pelées
50 g de sucre glace
450 g de fruits rouges frais ou surgelés
2 cuill. à soupe d'amandes effilées
Sucre glace

Pour la pâte
Tamisez le sucre glace sur le beurre mou.

Ajoutez la poudre d'amandes, les graines contenues dans la gousse de vanille grattée et le sel. Mélangez à l'aide d'une spatule souple puis ajoutez l'œuf.

Tamisez la farine sur ce mélange et incorporez-la sans trop travailler la pâte.

Emballez-la dans du film étirable et placez-la 2 heures au réfrigérateur.

Pour la crème
Fouettez le beurre ramolli avec le sucre.

Ajoutez les œufs un par un, puis la poudre d'amandes et la fécule.

Mélangez jusqu'à obtenir une préparation homogène.

Pour monter la tarte
Préchauffez le four à 180 °C (th. 6).

Étalez la pâte à tarte et garnissez-en un moule à tarte beurré. Badigeonnez de blanc d'œuf battu et enfournez pour 10 minutes.

Recouvrez de crème d'amandes, puis d'une couche de fruits rouges.

Faites à nouveau cuire 20 minutes. Laissez tiédir le temps de faire la dacquoise.

Pour la dacquoise
Mélangez le sucre glace et la poudre d'amandes.

Montez les blancs d'œufs en neige à l'aide d'un batteur électrique.

Quand ils commencent à monter, ajoutez le sucre sans cesser de fouetter, jusqu'à obtenir une neige très ferme et brillante.

Ajoutez délicatement, à l'aide d'une spatule, le mélange sucre glace-amandes et la Maïzena®.

Pour finir
Répartissez la dacquoise sur la tarte refroidie, lissez la surface et saupoudrez d'amandes effilées.

Enfournez pour 30 minutes à 180 °C (th. 6).

Saupoudrez de sucre glace au moment de servir.

Tartelettes fraise-pistache

Pour 4 tartelettes
Préparation : 25 minutes
Cuisson : 30 minutes
Repos : 2 heures

Pour la pâte
120 g de beurre mou
80 g de sucre glace
30 g de poudre d'amandes
1 gousse de vanille
1 pincée de sel
1 œuf
200 g de farine
1 blanc d'œuf

Pour la garniture
50 g de sucre
50 g de beurre mou
1 œuf
25 g de poudre d'amandes
25 g de poudre de pistaches
1 cuill. à soupe de fécule de pomme de terre
300 g de fraises
2 cuill. à soupe de marmelade de fraises
2 cuill. à soupe de pistaches grossièrement concassées
Sucre glace

Pour la pâte

Tamisez le sucre glace sur le beurre mou.

Ajoutez la poudre d'amandes, les graines contenues dans la gousse de vanille grattée et le sel. Mélangez à l'aide d'une spatule souple puis ajoutez l'œuf.

Tamisez la farine sur ce mélange et incorporez-la sans trop travailler la pâte.

Emballez-la dans du film étirable et placez-la 2 heures au réfrigérateur.

Préchauffez le four à 180 °C (th. 6).

Étalez la pâte sur un plan de travail fariné. Garnissez-en quatre moules à tartelettes beurrés. Piquez le fond, badigeonnez de blanc d'œuf battu et enfournez pour 10 minutes.

COMME CHEZ LE PÂTISSIER !

Pour la garniture

Pendant ce temps, préparez la crème.

Fouettez le beurre ramolli avec le sucre.

Ajoutez l'œuf, puis la poudre d'amandes, la poudre de pistaches et la fécule.

Mélangez jusqu'à obtenir une préparation homogène.

Répartissez cette crème dans les tartelettes et enfournez pour 20 minutes.

Pour finir

Lavez, équeutez et si besoin coupez les fraises.

Faites tiédir la marmelade de fraise, placez-la au fond d'un saladier et faites rouler délicatement les fraises dedans afin qu'elles soient joliment nappées.

Poudrez les bords des tartelettes de sucre glace, disposez les fraises nappées dans les tartelettes.

Saupoudrez de pistaches concassées et dégustez.

Sablé breton pomme, poire et amande

Pour 4 personnes
Préparation : 15 minutes
Repos : 1 heure
Cuisson : 35 à 45 minutes

Pâte à sablé breton
90 g de beurre
90 g de sucre cristal
3 petits jaunes d'œufs (soit 50 g)
120 g de farine
1,5 cuill. à café de levure chimique (soit ½ sachet)
1 pointe de couteau de fleur de sel

Garniture
30 g de beurre mou
30 g de sucre
30 g de poudre d'amandes
1 petit œuf
1 goutte d'extrait de vanille
2 poires à cuire
2 pommes à cuire
½ citron

Pour la pâte
Fouettez le beurre jusqu'à ce qu'il soit souple et crémeux, puis ajoutez le sucre ainsi que les jaunes d'œufs petit à petit.

Ajoutez la farine tamisée avec la levure chimique, ainsi que la fleur de sel. Recouvrez la pâte de film étirable et placez-la 1 heure au réfrigérateur.

Étalez la pâte sur une feuille de papier sulfurisé et placez-la dans un cercle de 20 cm de diamètre.

Pour la garniture
Mélangez le beurre avec le sucre. Ajoutez la poudre d'amandes, l'œuf et la vanille.

Pelez, épépinez et coupez poires et pommes en lamelles. Citronnez-les pour leur éviter de noircir.

Pour finir
Préchauffez le four à 160 °C (th. 5-6).

Enfournez le fond de tarte pour 15 à 20 minutes suivant l'épaisseur.

Avec le dos d'une cuillère, tassez le milieu de la tarte pour créer une cavité.

Étalez la crème d'amandes, recouvrez de lamelles de fruits.

Enfournez pour 20 à 25 minutes. Servez tiède ou froid.

ÇA CHANGE !

Tartes fines aux pommes

Pour 4 personnes
Préparation : 20 minutes
Cuisson : 30 minutes
Repos : 20 minutes

1 rouleau de pâte feuilletée
pur beurre de 240 g
4 pommes à cuire (golden, canada,
reine des reinettes)
½ citron
5 cuill. à soupe de cassonade
40 g de beurre demi-sel

Préchauffez le four à 200 °C (th. 6-7).

Déroulez la pâte feuilletée et laissez-la sur son papier sulfurisé.

Parsemez-la d'1 cuill. à soupe de cassonade et piquez-la à l'aide d'une fourchette.

Enfournez pour 10 à 15 minutes.

Au sortir du four, découpez-la en quatre cercles à l'aide d'un grand emporte-pièce rond ou d'une soucoupe dont vous vous servirez comme d'un guide pour découper tout autour.

Recouvrez les cercles d'une feuille de papier sulfurisé, posez une plaque à pâtisserie par-dessus et laissez refroidir le temps de préparer les pommes.

Pelez les pommes, ôtez cœur et pépins et émincez-les le plus finement possible. Citronnez-les pour ne pas qu'elles noircissent.

Soulevez la plaque à pâtisserie, et placez les ronds de pâte sur l'envers de façon à obtenir une surface très plane.

Saupoudrez chacun d'1 cuill. à soupe de cassonade.

Répartissez les pommes en les faisant se chevaucher.

Saupoudrez du sucre restant et parsemez de noisettes de beurre.

Baissez la température du four à 180 °C (th. 6) et enfournez pour 15 à 20 minutes.

Dégustez tiède.

À SAVOIR
Vous pouvez également utiliser de la pâte feuilletée maison (voir recette p. 195).

RETOURNER LES DISQUES DE PÂTE PRÉCUITS AVANT DE LES GARNIR PERMET D'OBTENIR UN RENDU PARFAIT. UN VRAI GESTE DE PRO.

Tartelettes au chocolat et aux framboises

Pour 4 personnes
Préparation : 20 minutes
Cuisson : 30 minutes

Pâte aux céréales
80 g de beurre mou
50 g de sucre glace
100 g de flocons d'avoine
30 g de noisettes concassées

Garniture
125 g de framboises
1 cuill. à soupe de sucre
30 cl de crème fraîche liquide
8 cl de lait entier
200 g de chocolat noir pâtissier haché
1 œuf

Préchauffez le four à 180 °C (th. 6).

Fouettez le beurre et le sucre pour obtenir un mélange crémeux.

Ajoutez les flocons d'avoine ainsi que les noisettes.

Beurrez légèrement quatre moules à tartelettes et répartissez-y la pâte obtenue.

Aplatissez-la du bout des doigts pour recouvrir le fond et les bords des moules.

Chemisez-les de papier sulfurisé, garnissez les tartelettes de lest (poids spéciaux pour cuisson, haricots secs...).

Enfournez pour 15 minutes. Sortez les tartelettes du four et montez sa température à 210 °C (th. 7).

Pendant ce temps, faites compoter les framboises avec le sucre pendant 5 minutes dans une petite casserole. Garnissez le fond des tartelettes de ce confit.

Portez à ébullition le lait et la crème.

Versez ce mélange sur le chocolat et mélangez jusqu'à obtenir une ganache homogène.

Laissez tiédir puis ajoutez l'œuf battu en mélangeant vivement pour qu'il soit parfaitement incorporé.

Versez cette ganache dans les tartelettes.

Enfournez-les, éteignez le four et entrebâillez sa porte.

Laissez-les de la sorte 15 minutes pour que la ganache devienne plus ferme.

Servez froid.

SANS GLUTEN, SANS LACTOSE

UNE TARTE SANS GLUTEN ET SANS LACTOSE, 100 % PLAISIR, POUR TOUS ! BON À SAVOIR : FARINE ET CRÈME DE RIZ, MARGARINE VÉGÉTALE ET AGAR-AGAR S'ACHÈTENT DANS TOUS LES MAGASINS BIOS.

Tarte aux clémentines et à la farine de riz

Pour 6 à 8 personnes
Préparation : 20 minutes
Cuisson : 35 minutes
Repos : 2 h 20

Pâte à tarte sans gluten
60 g de margarine végétale à température ambiante
60 g de sucre de canne blond
60 g de poudre d'amandes
2 œufs
250 g de farine de riz complet

Garniture
20 cl de crème de riz
25 cl de lait de riz ou lait de soja
40 g de sucre
1 cuill. à café rase d'agar-agar
1 cuill. à soupe d'eau de fleur d'oranger
8 clémentines

Mélangez la margarine, le sucre, la poudre d'amandes, les œufs et 200 g de farine à l'aide d'un robot pâtissier.

Pétrissez l'ensemble et ajoutez de la farine de riz jusqu'à former une boule de pâte qui se détache des parois du robot.

Réservez-la 20 minutes au frais afin que la pâte repose.

Préchauffez le four à 180 °C (th. 6).

Étalez la pâte au rouleau sur une feuille de papier sulfurisé.

Garnissez-en un moule à tarte beurré de 28 cm de diamètre. Chemisez-le de papier sulfurisé, remplissez-le de billes de cuisson ou de haricots secs.

Enfournez pour 35 minutes environ.

Pendant ce temps, préparez la crème de riz.

Portez à ébullition la crème de riz mélangée au lait.

Ajoutez le sucre, l'agar-agar et poursuivez l'ébullition 30 secondes en mélangeant sans cesse.

Ajoutez l'eau de fleur d'oranger hors du feu.

Versez la crème de riz dans le fond de tarte précuit et placez-la au réfrigérateur pendant au moins 2 heures.

Pelez les clémentines à vif à l'aide d'un couteau bien aiguisé. Prélevez leurs suprêmes.

Au moment de servir, disposez les suprêmes de clémentine sur la tarte.

À SAVOIR
La crème de riz est une fécule de riz précuite. Vous la trouverez dans les magasins bios, au rayon des farines.

Tarte framboise-litchis au crumble fraise

Pour 6 personnes
Préparation : 45 minutes
Cuisson : 1 heure
Repos : 2 heures

Pâte sucrée
80 g de sucre glace
120 g de beurre mou
30 g de poudre d'amandes
1 gousse de vanille
1 pincée de sel
1 œuf
200 g de farine
1 blanc d'œuf

Crème d'amandes
100 g de beurre mou
100 g de sucre
2 œufs
100 g de poudre d'amandes
2 cuill. à soupe de fécule de pomme de terre

Garniture
250 g de framboises fraîches
ou surgelées et décongelées
250 g de litchis au sirop bien égouttés

Crumble fraise
50 g de beurre mou
50 g de farine
50 g de poudre d'amandes
50 g de cassonade
50 g de fraises séchées coupées en morceaux
1 pincée de vanille en poudre

UTILISER DES LITCHIS AU SIROP PERMET DE RÉALISER CETTE TARTE À LA SAISON DES FRAMBOISES… ET DE GAGNER UN TEMPS PRÉCIEUX ! EN EFFET, LES LITCHIS NE SONT PAS TOUJOURS SIMPLES À ÉPLUCHER. PLACEZ-LES 15 MINUTES AU CONGÉLATEUR AU PRÉALABLE ET UTILISEZ UN COUTEAU BIEN AIGUISÉ : ILS SERONT AINSI BIEN PLUS FACILES À PELER ET DÉNOYAUTER.

SUPER FRUITÉE !

Pour la pâte
Tamisez le sucre glace sur le beurre mou.

Ajoutez la poudre d'amandes, les graines contenues dans la gousse de vanille grattée et le sel. Mélangez à l'aide d'une spatule souple puis ajoutez l'œuf.

Tamisez la farine sur ce mélange et incorporez-la sans trop travailler la pâte.

Emballez-la dans du film étirable et placez-la 2 heures au réfrigérateur.

Pour la crème
Fouettez le beurre ramolli avec le sucre.

Ajoutez les œufs l'un après l'autre, puis la poudre d'amandes et la fécule.

Mélangez jusqu'à obtenir une préparation homogène.

Pour monter la tarte
Préchauffez le four à 180 °C (th. 6).

Étalez la pâte à tarte et garnissez-en un moule à tarte beurré. Badigeonnez de blanc d'œuf battu et enfournez pour 10 minutes.

Recouvrez de crème d'amandes, puis d'une couche de framboises et de litchis.

Faites à nouveau cuire 30 minutes.

Pour le crumble
Mixez tous les ingrédients dans le bol d'un robot jusqu'à l'obtention d'un sable grossier.

Émiettez le crumble en gros morceaux sur la tarte.

Enfournez pour 10 à 15 minutes à 180 °C (th. 6) en surveillant attentivement.

INRATABLE !

Tarte Tatin

Pour 6 personnes
Préparation : 1 heure
Cuisson : 1 h 15
Repos : 1 nuit

10 grosses pommes golden
80 g de beurre
50 g de sucre
1 citron
Un rouleau de pâte feuilletée pur beurre (230 g)

Pour le caramel
100 g de sucre

Préchauffez le four à 150 °C (th. 5).

Versez dans un moule à manqué antiadhésif 30 g de sucre.

Posez-le directement sur une source de chaleur (gaz, électricité) et faites fondre le sucre. Ajoutez à nouveau 30 g de sucre, attendez qu'il soit parfaitement fondu puis ajoutez le sucre restant.

Faites chauffer jusqu'à l'obtention d'un caramel blond.

Hors du feu, ajoutez 40 g de beurre coupé en morceaux, mélangez.

Épluchez les pommes, coupez-les en deux, ôtez le cœur et les pépins et citronnez-les pour les empêcher de noircir. Rangez-les à la verticale dans le moule en les serrant le plus possible. Placez les morceaux de pommes restants à l'horizontale en tassant bien : les pommes doivent largement dépasser du moule.

Saupoudrez les pommes de sucre et parsemez de 40 g de beurre coupé en petits morceaux.

Enfournez pour 45 minutes, jusqu'à ce que les pommes soient fondantes.

Laissez refroidir toute une nuit.

Préchauffez le four à 210 °C (th. 7).

Recouvrez les pommes avec la pâte feuilletée.

Enfournez la tarte, puis baissez la température à 180 °C (th. 6). Faites cuire 30 minutes. Patientez 30 minutes avant de démouler et dégustez tiède.

À SAVOIR
Bien évidemment, vous pouvez également utiliser de la pâte feuilletée maison (voir recette p. 195).

ORIGINALE, CETTE TARTE MÉLANGE FOND DE PÂTE BRISÉE ET BORDURES EN PÂTE SABLÉE CROUSTILLANTE. S'IL VOUS RESTE DE LA PÂTE À BORDURES, PRÉPAREZ DES SABLÉS !

Tarte aux fruits crus

Pour 6 personnes
Préparation : 1 heure
Cuisson : 30 minutes

Pour la pâte brisée
250 g de farine
3 cuill. à café rases de sucre
125 g de beurre
1 petit œuf
3 cl d'eau (soit 2 cuill. à soupe environ)
1 cuill. à café de sel

Pour les bordures sablées
125 g de farine
100 g de beurre mou
80 g de sucre
1 cuill. à soupe de jaune d'œuf battu
Un peu de zeste de citron râpé

Pour la garniture
2 cuill. à soupe de mascarpone
2 cuill. à soupe de fromage frais type Philadelphia®
1 sachet de sucre vanillé
2 pommes granny-smith
2 nectarines
2 pamplemousses
1 petit melon
1 barquette de groseilles
½ citron
Sucre glace

Pour les pâtes
Préparez la pâte brisée.

Préchauffez le four à 180 °C (th. 6).

Mélangez la farine et le sucre. Ajoutez le beurre coupé en morceaux et incorporez-le du bout des doigts jusqu'à obtenir une texture sableuse.

Fouettez l'œuf avec l'eau et le sel.

Ajoutez ce mélange et pétrissez rapidement la pâte obtenue sans trop la travailler. Étalez-la en cercle de 20 à 22 cm de diamètre, placez-la sur une plaque recouverte de papier sulfurisé, piquez-la à l'aide d'une fourchette.

Enfournez pour 10 minutes. Laissez tiédir le temps de préparer la pâte à bordure.

Tamisez la farine.

Fouettez le beurre jusqu'à ce qu'il soit mousseux et clair. Ajoutez le sucre sans cesser de fouetter, puis l'œuf, et enfin le zeste de citron. Ajoutez la farine en trois fois.

Versez la pâte dans une poche à douille munie d'une douille cannelée.

Retournez le rond de pâte brisée précuite. À cheval sur la pâte brisée, dessinez des bordures avec cette pâte.

Enfournez pour 20 minutes.

Pour la garniture
Mélangez le mascarpone avec le fromage frais et le sucre vanillé.

Dénoyautez et coupez les nectarines en lamelles. Ôtez le cœur des pommes, coupez-les en lamelles et citronnez-les pour leur éviter de noircir. Pelez les pamplemousses à cru et prélevez-en les suprêmes à l'aide d'un couteau bien aiguisé. Détaillez le melon en billes à l'aide d'une cuillère parisienne. Égrappez les groseilles.

Étalez une fine couche de crème vanillée sur le fond de tarte refroidi.

Garnissez la tarte de fruits, saupoudrez de sucre glace et servez sans attendre.

GRAND CLASSIQUE

Bande feuilletée aux fruits

LA BANDE FEUILLETÉE SE DÉCLINE EN TOUTES SAISONS EN JOUANT SUR DES DUOS DE FRUITS : PÊCHES ET FRAMBOISES, POMMES ET COINGS, FIGUES ET RAISINS, POIRES ET POMMES... N'HÉSITEZ PAS À UTILISER DES FRUITS AU SIROP OU DES FRUITS SURGELÉS.

Pour 6 personnes
Préparation : 1 heure
Repos : 2 h 45
Cuisson : 30 minutes

Pour la pâte feuilletée
500 g de farine
22,5 cl d'eau
25 g de beurre + 325 g pour le feuilletage (beurre Charentes-Poitou de préférence)
1 cuill. à café de sel fin
1 jaune d'œuf battu avec 1 cuill. à soupe d'eau

Pour la garniture
60 g de beurre mou
60 g de sucre
60 g de poudre d'amandes
1 gros œuf
1 goutte d'extrait de vanille
4 poires au sirop
2 pêches entières
4 cuill. à soupe de noisettes concassées

Pour la pâte feuilletée
Mélangez la farine, le sel, 25 g de beurre coupé en petits morceaux et l'eau. Pétrissez pendant 3 minutes, jusqu'à obtenir une pâte homogène. Vous pouvez également utiliser un robot pâtissier, en pétrissant la pâte 3 minutes à vitesse 1. Emballez la pâte dans un film étirable et placez-la 15 minutes au réfrigérateur.

Étalez la pâte en un rectangle de 20 x 40 cm environ.

Placez le beurre pour le feuilletage entre deux feuilles de papier sulfurisé. À l'aide d'un rouleau à pâtisserie, écrasez-le pour obtenir un rectangle d'environ 18 x 15 cm.

Posez ce carré de beurre au milieu de la pâte. Rabattez les bords de la pâte sur le beurre pour l'emprisonner. Étalez le tout dans le sens de la longueur et repliez à nouveau le rectangle de pâte en trois.

Faites pivoter la pâte d'un quart de tour, repliez à nouveau la pâte en trois et étalez-la en rectangle. Faites-la reposer 45 minutes au réfrigérateur.

Pliez à nouveau la pâte en trois, puis étalez-la en rectangle. Tournez-la d'un quart de tour, pliez-la et étalez-la à nouveau. Placez-la à nouveau au réfrigérateur 45 minutes.

Recommencez à plier et étalez la pâte comme ci-dessus deux fois, en faisant à chaque fois tourner la pâte d'un quart de tour.

Placez la pâte 1 heure au réfrigérateur.

Préchauffez le four à 210 °C (th. 7).

Étalez la moitié de la pâte feuilletée en rectangle. Réservez l'autre moitié pour un autre usage ou congelez-la.

Posez la pâte sur une plaque recouverte de papier sulfurisé. Badigeonnez-la avec un peu de jaune d'œuf battu mélangé à 1 cuill. à soupe d'eau. Coupez deux bandes de pâte large de 1 cm d'épaisseur tout le long du rectangle, et appliquez-les à nouveau sur les bords de façon à former une bordure. Badigeonnez-les de jaune d'œuf et parsemez les bords de noisettes concassées.

Pour la garniture
Préparez la crème d'amandes. Fouettez le beurre et le sucre. Ajoutez l'œuf, la poudre d'amandes et l'extrait de vanille. Étalez la crème sur la pâte.

Coupez les fruits en lamelles et disposez-les harmonieusement par-dessus.

Saupoudrez-les de noisettes concassées.

Enfournez la tarte, baissez la température à 180 °C (th. 6) et laissez cuire 30 minutes.

CROUSTILLANTE !

Tarte aux pommes et croquant d'amandes

Pour 6 personnes
Préparation : 10 minutes
Cuisson : 45 minutes
Repos : 2 heures

Pour la pâte
120 g de beurre mou
80 g de sucre glace
30 g de poudre d'amandes
Zeste râpé d'une orange non traitée
1 pincée de sel
¼ de cuill. à café d'épices à pain d'épices
1 œuf
200 g de farine
1 blanc d'œuf

Pour la garniture
800 g de pommes à cuire (Canada, Reine des Reinettes)
1 gousse de vanille
80 g de vergeoise blonde
¼ de citron jaune non traité
2 cuill. à soupe de rhum
20 g de beurre

Pour le croquant
100 g d'amandes effilées
100 g de sucre
1 blanc d'œuf

Pour la pâte
Tamisez le sucre glace sur le beurre mou.

Ajoutez la poudre d'amandes, le zeste d'orange, les épices à pain d'épices et le sel. Mélangez à l'aide d'une spatule souple puis ajoutez l'œuf.

Tamisez la farine sur ce mélange et incorporez-la sans trop travailler la pâte.

Emballez-la dans du film étirable et placez 2 heures au réfrigérateur.

Étalez-la sur un plan de travail fariné et garnissez-en un moule à tarte beurré. Badigeonnez de blanc d'œuf battu et enfournez pour 20 minutes à 180 °C (th. 6).

Pour les pommes
Pelez les pommes et coupez-les en morceaux. Réservez 200 g de morceaux de pomme.

Préparez une compote de pomme avec les 600 g de pomme restants, 40 g de vergeoise et 1 gousse de vanille.

Pendant que la compote cuit, faites revenir les pommes restantes dans le beurre. Saupoudrez de 40 g de vergeoise, ajoutez le morceau de citron et laissez cuire 5 à 10 minutes en remuant fréquemment. Flambez avec le rhum et réservez.

Étalez la compote de pomme dans le fond de pâte.

Recouvrez de cubes de pommes.

Pour le croquant
Mélangez les amandes, le sucre et le blanc d'œuf. Répartissez sur la tarte et enfournez pour 25 minutes.

Dégustez tiède ou froid.

LA PÂTE SABLÉE SE CONGÈLE TRÈS BIEN. PENSEZ À LA PLACER 8 HEURES AU RÉFRIGÉRATEUR AVANT DE L'UTILISER POUR LA DÉCONGELER. QUANT AU CROQUANT, IL SERA ÉGALEMENT DÉLICIEUX SUR UNE TARTE AUX CERISES OU AUX PRUNES.

Tatins de nectarine au pain d'épices

Pour 6 personnes
Préparation : 30 minutes
Cuisson : 30 minutes

80 g de pain d'épices en tranches + 2 tranches
30 g de cassonade
40 g de beurre
6 nectarines encore fermes
1 rouleau de pâte feuilletée
100 g de sucre semoule
2 pincées de mélange d'épices à pain d'épices

Mixez grossièrement les 80 g de pain d'épices. Ajoutez la cassonade et le beurre, et mixez jusqu'à obtenir une pâte granuleuse.

Préchauffez le four à 180 °C (th. 6).

Plongez les nectarines 1 minute dans l'eau bouillante afin de les peler sans difficulté. Coupez-les en quatre et ôtez leur noyau.

Découpez la pâte feuilletée en six cercles en utilisant un moule à tartelette comme emporte-pièce.

Préparez un caramel blond avec le sucre et les épices.

Répartissez-le dans six moules à tartelettes.

Émiettez très finement les deux tranches de pain d'épices dans les moules à tartelettes.

Disposez par-dessus les morceaux de nectarine et parsemez de noisette de beurre et de pain d'épices.

Recouvrez chaque tartelette d'un disque de pâte feuilletée en faisant rentrer les bords entre le moule et les fruits.

Enfournez pour 30 minutes.

Démoulez sur des assiettes à dessert et servez tiède.

ASSIETTE À CÉRÉALES, PETIT BOL, VERRINE OU MÊME BOCAL SONT DE PARFAITS RÉCIPIENTS POUR CRÈME BRÛLÉE ET GRATINS DE FRUITS. PENSEZ TOUTEFOIS À VÉRIFIER LEUR RÉSISTANCE À LA CHALEUR AVANT DE LES GLISSER AU FOUR.

BLUFFANT !

Gratin de fruits rouges

Pour 4 personnes
Préparation : 30 minutes
Cuisson : 2-3 minutes
Repos : 15 minutes

250 g d'un mélange de fruits rouges de votre choix (fraise, framboise, groseilles, cassis…)
4 jaunes d'œufs
80 g de sucre
1 cuill. à soupe de crème fraîche épaisse
5 brins de romarin frais

Faites infuser 15 minutes le romarin dans 10 cl d'eau bouillante. Filtrez.

Fouettez les jaunes avec le sucre jusqu'à ce qu'ils soient mousseux. Versez l'infusion en filet en fouettant.

Posez le récipient dans un bain-marie, et faites épaissir en fouettant jusqu'à l'obtention d'une crème qui garde la trace des mouvements du fouet. Ajoutez la crème fraîche et mélangez soigneusement.

Allumez le gril du four.

Répartissez les fruits rouges dans quatre assiettes, puis recouvrez-les du sabayon. Passez les assiettes sous le gril jusqu'à coloration et servez sans attendre.

Crème brûlée citron-réglisse

Pour 6 personnes
Préparation : 40 minutes
Cuisson : 40 minutes
Repos : 2 h 40

Pour les citrons confits
4 citrons verts non traités
300 g de sucre
50 cl d'eau

Pour la crème brûlée
20 cl de lait entier
1 gousse de vanille
2 bâtons de réglisse (ou 1 cuill. à soupe de poudre de réglisse)
5 jaunes d'œufs
50 g de sucre
40 cl de crème liquide entière
60 g de sucre cassonade

Pour les citrons confits
Pelez les citrons à vif à l'aide d'un couteau bien aiguisé. Coupez-les en morceaux.

Dans une casserole, portez à ébullition le sucre et l'eau. Ajoutez les citrons verts coupés en morceaux et laissez-les confire 20 minutes à feu doux à découvert.

Hors du feu, laissez les citrons refroidir dans le sirop pendant 2 heures.

Pour la crème
Portez à ébullition le lait avec les graines contenues dans la gousse de vanille et les bâtons de réglisse cassés en morceaux.

Couvrez et laissez infuser pendant 30 minutes.

Versez la crème et portez à nouveau à ébullition.

Pendant ce temps, fouettez les jaunes d'œufs et le sucre jusqu'à ce que le mélange blanchisse. Versez le mélange lait-crème dans les œufs.

Préchauffez le four à 150 °C (th. 5).

Déposez au fond de chaque ramequin une couche de citrons verts confits et égouttés.

Versez la crème par-dessus.

Enfournez pour 35 minutes.

Laissez refroidir puis placez 15 minutes au réfrigérateur.

Préchauffez le gril du four.

Saupoudrez de cassonade les crèmes brûlées.

Passez-les sous le gril du four jusqu'à ce que le dessus caramélise.

Servez sans attendre.

LA FOUGASSE, CE N'EST PAS QUE SALÉ ! CETTE BRIOCHE FOURRÉE À PARTAGER EST PARFAITE AU PETIT DÉJEUNER.

Fougasse à la rhubarbe et à la framboise

Pour 6 à 8 personnes
Préparation : 1 heure
Cuisson : 35 minutes
Repos : 13 heures

Pour la pâte
500 g de farine
10 g de levure de boulanger fraîche
40 g de sucre
10 g de sel fin
1 œuf
25 cl de lait tiède entier
80 g de beurre mou

Pour la garniture rhubarbe et framboise
300 g de rhubarbe épluchée
100 g de sucre
40 g de beurre
20 g de miel
150 g de framboises fraîches

Pour la crème d'amandes
30 g de beurre mou
30 g de sucre
30 g de poudre d'amandes
1 petit œuf
1 goutte d'extrait de vanille

Pour le crumble framboise
50 g de beurre mou
50 g de farine
50 g de poudre d'amandes
50 g de cassonade
50 g de framboises séchées coupées en morceaux
1 pincée de vanille en poudre

La veille
Coupez la rhubarbe en morceaux. Mélangez-la avec le sucre dans un saladier et placez ce dernier au réfrigérateur toute la nuit pour qu'elle rende du jus.

Le lendemain
Préparez la pâte.

Délayez la levure dans 2 cuill. à soupe de lait et 1 pincée de sucre.

Laissez-la s'activer pendant 30 minutes : elle doit se mettre à mousser.

Mélangez dans un grand saladier la farine et la levure délayée.

Ajoutez le sucre, le sel, le lait et l'œuf battu et pétrissez légèrement la pâte.

Ajoutez alors le beurre en morceaux.

Renversez le saladier sur un plan de travail fariné et pétrissez la pâte en étirant et en rabattant la boule de pâte à plusieurs reprises, pendant une dizaine de minutes.

Vous pouvez également pétrir la pâte 5 minutes avec un robot pâtissier muni d'un crochet, à petite vitesse.

Laissez reposer la pâte recouverte d'un linge dans un endroit tiède jusqu'à ce qu'elle double de volume, soit 2 à 3 heures.

Pendant ce temps, préparez la crème d'amandes. Fouettez le beurre et le sucre. Ajoutez l'œuf, la poudre d'amandes et l'extrait de vanille. Réservez.

Préparez la compote. Faites chauffer le beurre avec le miel dans une poêle, ajoutez la rhubarbe et faites cuire 15 minutes à feu doux jusqu'à l'obtention d'une compote.

Mélangez du bout des doigts tous les ingrédients du crumble framboise de façon à former une boule. Placez la pâte 30 minutes au congélateur puis râpez-la en copeaux sur une plaque recouverte de papier sulfurisé.

Divisez la pâte en deux.

Étalez chaque moitié en un long rectangle sur un plan de travail fariné et laissez reposer 10 minutes. Tartinez une abaisse de crème d'amandes et parsemez-la de framboises, puis étalez-y la compote de rhubarbe. Recouvrez de la seconde abaisse et soudez bien les bords. Entaillez l'abaisse supérieure d'incisions parallèles en biais et agrandissez-les avec les doigts.

Posez la fougasse sur une plaque recouverte de papier sulfurisé, laissez lever 1 h 30.

Parsemez de crumble framboise et enfournez pour 20 minutes à 210 °C (th. 7).

ORIGINAL !

UNE FOUGASSE EN PÂTE FEUILLETÉE, VOILÀ QUI CHANGE ! PENSEZ À CONGELER DE LA PÂTE FEUILLETÉE MAISON POUR POUVOIR EN FAIRE À L'IMPROVISTE.

Feuilleté amandine aux poires

Pour 6 personnes
Préparation : 1 heure
Repos : 2 h 45
Cuisson : 30 minutes

Pour la pâte feuilletée
500 g de farine
22,5 cl d'eau
25 g de beurre + 325 g pour le feuilletage (beurre Charentes-Poitou de préférence)
1 cuill. à café de sel fin

Pour la garniture
60 g de beurre mou
60 g de sucre
60 g de poudre d'amandes
1 œuf
1 cuill. à soupe de crème fraîche épaisse
1 goutte d'extrait de vanille
4 poires au sirop
1 jaune d'œuf battu avec 1 cuill. à soupe d'eau

Pour la pâte feuilletée
Mélangez la farine, le sel, 25 g de beurre coupé en petits morceaux et l'eau. Pétrissez pendant 3 minutes, jusqu'à obtenir une pâte homogène. Vous pouvez également utiliser un robot pâtissier, en pétrissant la pâte 3 minutes à vitesse 1. Emballez la pâte dans un film étirable et placez-la 15 minutes au réfrigérateur.

Étalez la pâte en un rectangle de 20 x 40 cm environ.

Placez le beurre pour le feuilletage entre deux feuilles de papier sulfurisé. À l'aide d'un rouleau à pâtisserie, écrasez-le pour obtenir un rectangle d'environ 18 x 15 cm.

Posez ce carré de beurre au milieu de la pâte. Rabattez les bords de la pâte sur le beurre pour l'emprisonner. Étalez le tout dans le sens de la longueur et repliez à nouveau le rectangle de pâte en trois.

Faites pivoter la pâte d'un quart de tour, repliez à nouveau la pâte en trois et étalez-la en rectangle. Faites-la reposer 45 minutes au réfrigérateur.

Pliez à nouveau la pâte en trois, puis étalez-la en rectangle. Tournez-la d'un quart de tour, pliez-la et étalez-la à nouveau. Placez-la à nouveau au réfrigérateur 45 minutes.

Recommencez à plier et étalez la pâte comme ci-dessus deux fois, en faisant à chaque fois tourner la pâte d'un quart de tour.

Placez la pâte 1 heure au réfrigérateur.

Préchauffez le four à 210 °C (th. 7).

Étalez la moitié de la pâte feuilletée en rectangle. Réservez l'autre moitié pour un autre usage ou congelez-la.

Badigeonnez la pâte de jaune d'œuf battu.

Pour la garniture
Préparez la crème d'amandes. Fouettez le beurre et le sucre. Ajoutez l'œuf, la poudre d'amandes, la crème épaisse et l'extrait de vanille.

Étalez la crème en une bande en bas du rectangle de pâte en réservant une bordure de 1 cm.

Coupez les poires en fines lamelles et disposez-les sur la crème.

Repliez le rectangle en deux et soudez les bords en appuyant fortement avec vos pouces tout le long.

À l'aide d'un couteau, coupez la pâte en biseau quatre à cinq fois, de façon à couper les deux couches de pâte.

Retournez le feuilleté en vous aidant de la feuille de papier sulfurisé et saisissez-le par ses extrémités. Étirez-le dans le sens de la longueur, comme un accordéon, pour que les entailles laissent deviner la garniture.

Badigeonnez l'extérieur du feuilleté ainsi obtenu de jaune d'œuf battu.

Enfournez le feuilleté puis baissez la température du four à 180 °C (th. 6). Laissez cuire 30 minutes.

AUTOMNAL

INDÉMODABLE

Île flottante

Pour 6 personnes
Préparation : 20 minutes
Cuisson : 8 minutes
Repos : 1 heure

50 cl de lait entier
70 g de sucre
8 jaunes d'œufs
1 gousse de vanille
8 blancs d'œufs
150 g de sucre
1 pincée de sel
Pralines roses

Fouettez les jaunes d'œufs avec le sucre jusqu'à ce que le mélange blanchisse.

Portez à frémissement le lait avec la gousse de vanille grattée de ses graines.

Versez le lait chaud en filet sans cesser de mélanger.

Reversez le tout dans la casserole et faites cuire à feu doux sans cesser de tourner, jusqu'à ce que la crème nappe la cuillère. Le mélange ne doit pas bouillir.

Fouettez les blancs en neige avec une pincée de sel. Versez le sucre sans cesser de fouetter jusqu'à obtenir une meringue épaisse.

Versez ces blancs dans un saladier passant au micro-ondes. Recouvrez de film étirable.

Faites cuire trois fois 40 secondes à 600 W. Attendez 1 à 2 minutes avant de démouler.

Posez cette meringue sur la crème anglaise, placez 1 heure au réfrigérateur.

Parsemez de pralines roses et dégustez.

DÉLICIEUX !

Flan pâtissier

Pour 6 personnes
Préparation : 30 minutes
Cuisson : 55 minutes
Repos : 1 heure

Pour la pâte
250 g de farine
3 cuill. à café rases de sucre
1 petit œuf
3 cl d'eau (soit 2 cuill. à soupe environ)
125 g de beurre
1 cuill. à café de sel

Pour l'appareil à flan
35 cl d'eau gazeuse
35 cl de lait entier
160 g de sucre
1 gousse de vanille
4 œufs
70 g de Maïzena®

Pour la pâte
Mélangez la farine et le sucre. Ajoutez le beurre coupé en morceaux et incorporez-le du bout des doigts jusqu'à obtenir une texture sableuse.

Fouettez l'œuf avec l'eau et le sel.

Ajoutez ce mélange et pétrissez rapidement la pâte obtenue sans trop la travailler.

Emballez-la dans du film étirable et placez-la 1 heure au réfrigérateur.

Étalez-la sur un plan de travail fariné et garnissez-en un moule à tarte beurré.

Enfournez pour 15 minutes à 180 °C (th. 6).

Pour l'appareil à flan
Portez à ébullition le lait et l'eau gazeuse avec la moitié du sucre et la gousse de vanille grattée de ses graines.

Mélangez le reste du sucre à la Maïzena®.

Ajoutez les œufs et fouettez jusqu'à obtenir un mélange homogène.

Versez le lait chaud sur ce mélange sans cesser de fouetter.

Versez à nouveau l'ensemble dans la casserole, et portez à ébullition en tournant sans cesse.

Versez la crème sur le fond de tarte et enfournez pour 40 minutes à 180 °C (th. 6).

Laissez complètement refroidir le flan avant de le démouler et de déguster.

Crumble aux prunes

Pour 6 personnes
Préparation : 20 minutes
Cuisson : 40 minutes
Repos : 3 heures

700 g de quetsches
60 g de cassonade
1 cosse de cardamome
1 cuill. à soupe de semoule fine
1 cuill. à soupe de poudre d'amandes

Pâte à crumble
150 g de beurre à température ambiante
150 g de farine
75 g de cassonade
75 g de sucre
150 g de poudre d'amandes
2 pincées de sel fin

Coupez le beurre en cubes.

Mélangez la farine, la cassonade, le sucre, la poudre d'amandes et le sel.

Incorporez le beurre du bout des doigts.

Façonnez la pâte ainsi obtenue en boule. Enveloppez-la de film alimentaire et laissez-la reposer 3 heures au réfrigérateur.

Pendant ce temps, préparez les prunes. Lavez-les, coupez-les en deux et dénoyautez-les.

Préchauffez le four à 180 °C (th. 6).

Saupoudrez le fond d'un plat à gratin de semoule et de poudre d'amandes.

Répartissez les prunes dans le plat avec la cassonade et les graines contenues dans la cosse de cardamome.

Enfournez pour 20 minutes.

Recouvrez de miettes de pâte à crumble en passant la pâte bien dure à la râpe à fromage.

Enfournez le crumble pour 20 minutes, jusqu'à ce qu'il soit doré.

Servez tiède ou froid.

VARIANTE
Vous pouvez selon vos goûts remplacer la cardamome par de la fève tonka ou de la cannelle.

DÉCLINEZ VOS CRUMBLES DE FRUITS SELON LES SAISONS EN JOUANT AVEC LES ÉPICES : POMME-CANNELLE, POIRE-BADIANE, FRUITS ROUGES ET RÉGLISSE…

BIEN CACAOTÉ !

Mousse au chocolat en ramequin

Pour 6 personnes
Préparation : 10 minutes
Cuisson : 5 minutes
Repos : au moins 6 heures

350 g de chocolat noir à 70 % de cacao
120 g de beurre mou
2 jaunes d'œufs
5 blancs d'œufs
50 g de sucre

Hachez finement 100 g de chocolat.

Faites fondre au bain-marie les 250 g de chocolat restants.

Hors du feu, incorporez le beurre et les jaunes et mélangez délicatement. Fouettez les blancs en neige en ajoutant peu à peu le sucre.

Ajoutez un tiers des blancs au chocolat et mélangez pour alléger la préparation au chocolat.

Ajoutez le reste des blancs en mélangeant très délicatement, puis incorporez le chocolat haché.

Réservez au moins 6 heures au réfrigérateur, l'idéal étant de préparer ce dessert la veille.

POUR RESTER ONCTUEUSE, LA CRÈME AUX ŒUFS DOIT CUIRE À FEU ASSEZ DOUX. À LA PLACE DU PAMPLEMOUSSE, UTILISEZ DES ZESTES D'ORANGE, DE CITRON OU DE CITRON VERT, EN VEILLANT BIEN À CE QU'ILS NE SOIENT PAS TRAITÉS OU QU'ILS SOIENT ISSUS DE L'AGRICULTURE BIOLOGIQUE.

Crème aux œufs

Préparation : 15 minutes
Cuisson : 45 minutes
Repos : 3 h 10

1 litre de lait
150 g de sucre
Le zeste râpé de ½ pamplemousse non traité
6 œufs

Préchauffez le four à 120 °C (th. 3/4).

Portez à ébullition le lait avec le sucre. Ajoutez hors du feu le zeste de pamplemousse, couvrez et laissez infuser 10 minutes.

Filtrez le lait.

Fouettez les œufs, ajoutez peu à peu le lait en évitant de former de la mousse.

Répartissez dans six verres ou ramequins. Placez les ramequins dans un plat creux rempli d'eau chaude aux trois quarts de leur hauteur.

Enfournez pour 45 minutes.

Laissez tiédir puis placez au moins 3 heures au réfrigérateur.

Tuiles aux amandes

Pour une vingtaine de tuiles
Préparation : 10 minutes
Cuisson : 10 minutes par fournée
Repos : 15 minutes

2 blancs d'œufs
100 g de sucre
1 cuill. à café de sucre vanillé
2 cuill. à café de farine
100 g d'amandes effilées
20 g de beurre

Préchauffez le four à 180 °C (th. 6).

Mélangez les blancs d'œufs avec le sucre et le sucre vanillé.

Patientez 15 minutes le temps que le sucre se dissolve.

Ajoutez la farine puis les amandes effilées en mélangeant délicatement pour ne pas les casser.

Versez le beurre fondu et mélangez délicatement.

Beurrez légèrement la plaque du four.

Déposez des cuillères à soupe de pâte sur la plaque, bien espacées les unes des autres. Étalez avec le dos de la cuillère pour qu'elles soient bien fines. Enfournez pour 8 à 10 minutes, jusqu'à ce que les bords soient bien dorés.

Retirez la plaque du four et décollez immédiatement les tuiles avec une spatule fine et déposez-les sur une bouteille ou un rouleau à pâtisserie pour leur donner une forme arrondie ou enfoncez-les dans des ramequins pour en faire des bols comestibles.

TOUT LE MONDE L'AIME !

SUPER ONCTUEUSE !

Crème caramel à l'orange

Pour 4 personnes
Préparation : 30 minutes
Cuisson : 1 heure
Repos : 1 heure

50 cl de lait entier
4 œufs
100 g de sucre
Zeste râpé d'une orange non traitée

Pour le caramel
80 g de sucre

Préchauffez le four à 120 °C (th. 4).

Remplissez aux deux tiers d'eau froide un moule rond ou un plat à gratin.

Préparez le caramel. Faites fondre à feu doux le sucre dans unc casscrole, sans ajouter d'eau. Augmentez le feu pour le faire blondir et, dès qu'il atteint la couleur désirée, plongez 30 secondes le fond de la casserole dans le récipient rempli d'eau froide pour stopper la cuisson.

Versez dans quatre verres ou ramequins de votre choix, et disposez-les dans un plat creux allant au four.

Fouettez les œufs sans les faire mousser avec le sucre, le lait et le zeste d'orange.

Versez dans les moules chemisés de caramel.

Versez 5 cm d'eau chaude dans le plat à gratin contenant les moules.

Enfournez pour 1 heure, jusqu'à ce que la crème soit prise.

Laissez refroidir puis placez-les 1 heure au réfrigérateur.

Servez frais.

EN SERVANT UNE CRÈME EN DESSERT, ON EST SÛR DE FAIRE PLAISIR À TOUT LE MONDE, DE 7 À 77 ANS. FONDANTE COMME LA CRÈME AUX ŒUFS, ONCTUEUSE COMME LA CRÈME BRÛLÉE OU RÉGRESSIVE COMME LA CRÈME CARAMEL, LE PLUS DUR, C'EST DE CHOISIR !

Croustillants rhubarbe et fenouil

Pour 4 personnes
Préparation : 30 minutes
Repos : 1 heure
Cuisson : 30 minutes

Pour les croustillants
4 feuilles de brick
40 g de cassonade
30 g de beurre fondu

Pour la compotée
300 g de rhubarbe
150 g de fenouil
80 g de sucre
7 cl d'eau
½ gousse de vanille

Pour la compotée
Coupez la rhubarbe en petits morceaux en ôtant ses fils. Saupoudrez-la d'1 cuill. à soupe de sucre et laissez-la dégorger pendant 1 heure.

Coupez le fenouil en dés. Portez à ébullition 30 g de sucre avec l'eau, puis plongez-y le fenouil. Laissez-le cuire 20 minutes à feu doux, jusqu'à ce qu'il soit tendre.

Faites cuire la rhubarbe 15 minutes avec son jus, 30 g de sucre et ½ gousse de vanille.

Pour les croustillants
Préchauffez le four à 150 °C (th. 5).

Badigeonnez une feuille de brick de beurre fondu. Saupoudrez-la de cassonade. Pliez-la en deux pour obtenir un demi-cercle. Badigeonnez-la à nouveau de beurre et saupoudrez-la de cassonade. Pliez-la à nouveau pour obtenir des quarts de cercle. À l'aide d'une soucoupe, découpez cette pâte en cercle, et posez-la dans un moule à tartelette beurré, en laissant dépasser la pâte.

Recommencez de même avec les 3 feuilles de brick restantes.

Enfournez pour 10 minutes. Patientez 5 minutes avant de démouler.

Garnissez les croustillants de dés de fenouil égouttés de leur sirop, recouvrez de compotée de rhubarbe.

Servez avec une glace au fromage blanc.

MALGRÉ LES APPARENCES, LA RHUBARBE EST BIEN… UN LÉGUME ! ACIDULÉE ET PEU SUCRÉE, C'EST EN LA FAISANT DÉGORGER DANS DU SUCRE QU'ON LA REND DOUCE ET AGRÉABLE. HORS SAISON, UTILISEZ DE LA RHUBARBE SURGELÉE, DÉCONGELÉE 4 À 6 HEURES AU PRÉALABLE AU RÉFRIGÉRATEUR. ELLE AIME PARTICULIÈREMENT LES SAVEURS ANISÉES, COMME CELLE DU FENOUIL ET DE L'ANIS ÉTOILÉ. UNE BONNE RAISON POUR LES MARIER.

POUR RECEVOIR

VOUS POUVEZ PRÉPARER LA CRÈME ET LE TARTARE LA VEILLE ET LES ASSEMBLER AU MOMENT DE SERVIR. PRATIQUE POUR RECEVOIR SANS STRESS POUR UN DÎNER CHIC !

Crème basilic, tartare de betterave-kiwi-fraise-basilic

Pour 6 personnes
Préparation : 20 minutes
Repos : 3 h 20
Cuisson : 5 minutes

Pour la crème
25 cl de lait
12 feuilles de basilic
4 feuilles de gélatine (soit 8 g)
4 jaunes d'œufs
40 g de sucre
25 cl de crème liquide entière

Pour le tartare
1 kiwi
300 g de fraises
300 g de betteraves cuites
2 cuill. à soupe de sucre
15 feuilles de basilic

Pour la crème

Mixez le lait avec les feuilles de basilic. Portez à ébullition, couvrez et laissez infuser 20 minutes.

Faites tremper la gélatine dans un bol d'eau froide.

Fouettez les jaunes d'œufs avec le sucre jusqu'à ce que le mélange blanchisse.

Portez la crème à ébullition. Versez-la en filet dans le mélange jaune-sucre sans cesser de mélanger.

Versez le tout à nouveau dans la casserole et faites cuire à feu doux sans bouillir jusqu'à obtenir une crème nappant la cuillère.

Ajoutez alors le lait au basilic filtré, puis la gélatine essorée.

Mélangez jusqu'à ce que la gélatine soit parfaitement fondue.

Répartissez la crème dans six ramequins ou assiettes creuses, recouvrez de film étirable et placez au réfrigérateur au moins 3 heures.

Pour le tartare

Lavez et équeutez les fraises. Épluchez le kiwi. Coupez les fraises et le kiwi en dés avec les betteraves. Hachez finement le basilic.

Mélangez ces dés avec le sucre et le basilic.

Déposez ce tartare sur les crèmes au basilic refroidies et servez.

Tiramisu

Pour 6 personnes
Préparation : 30 minutes
Repos : 4 heures
Cuisson : 20 minutes

Pour les biscuits à la cuillère
30 g de farine
30 g de fécule de pomme de terre
3 œufs
60 g de sucre semoule
Sucre glace

Pour la crème
4 cl d'eau
100 g de sucre
4 jaunes d'œufs
250 g de mascarpone
25 cl de crème liquide entière

Pour imbiber les biscuits
25 cl d'expresso tiède

Pour décorer
Cacao amer en poudre

Pour les biscuits
Tamisez la farine avec la fécule.

Séparez les blancs des jaunes d'œufs.

Montez les blancs d'œufs à vitesse moyenne et, dès qu'ils commencent à mousser, ajoutez le sucre en trois fois.

Quand les blancs sont bien gonflés, lisses et brillants, diminuez la vitesse du batteur. Versez les trois jaunes et continuez à battre 15 secondes, le temps qu'ils soient bien incorporés.

Versez en pluie le mélange farine-fécule et incorporez-le délicatement à l'aide d'une maryse.

Versez la pâte dans une poche à douille munie d'une douille n° 10.

Sur une plaque recouverte de papier sulfurisé, déposez des bâtonnets de pâte bien espacés. À défaut de poche à douille, utilisez une cuillère à soupe.

Saupoudrez les biscuits de sucre glace.

Préchauffez le four à 200 °C (th. 6-7).

Quand les biscuits ont absorbé le sucre glace, saupoudrez-les à nouveau généreusement de sucre glace.

Patientez 10 minutes, puis enfournez-les pour 10 à 12 minutes.

Laissez les biscuits refroidir sur une grille.

Pour la crème
Mélangez l'eau et le sucre dans une casserole. Portez à ébullition et faites cuire environ 6 à 7 minutes, jusqu'à ce que le sirop atteigne les 120 °C (vérifiez si possible à l'aide d'un thermomètre).

Versez ce sirop en filet sur les jaunes d'œufs sans cesser de fouetter. Battez jusqu'à ce que le mélange gonfle, blanchisse et soit froid. Ajoutez le mascarpone.

Fouettez la crème liquide en chantilly et ajoutez-la délicatement au mélange précédent.

Pour le montage
Imbibez la moitié des biscuits de café refroidi.

Placez-les au fond d'un moule à gratin.

Recouvrez de la moitié de la crème et lissez la surface.

Recouvrez du restant de biscuits imbibés de café et finissez par une couche de crème.

Recouvrez de film étirable et placez au moins 4 heures au réfrigérateur.

Au moment de servir, recouvrez d'une fine couche de cacao amer tamisé.

GÂTEAUX POUR LE GOÛTER

CAKES, CUPCAKES, VIENNOISERIES

Cake au citron

Pour 4 personnes
Préparation : 20 minutes
Cuisson : 40 minutes
Repos : 1 heure

80 g de sucre
100 g de beurre fondu
25 g de poudre d'amandes
25 g de sucre glace
100 g de farine
1 cuill. à café de levure chimique
2 œufs
50 g d'écorce de citron confite finement hachée
Zeste et jus d'un citron non traité
2 cuill. à soupe de lait entier

Préchauffez le four à 180 °C (th. 6).

Mélangez le sucre et le beurre fondu. Ajoutez la poudre d'amandes et le sucre glace, puis la farine et la levure chimique. Versez enfin les œufs, le lait, l'écorce de citron confite et le zeste râpé, sans trop travailler la pâte.

Versez la pâte dans un moule à cake beurré et fariné de 18 cm de long.

Enfournez pour 10 minutes, puis baissez la température du four à 160 °C (th. 5-6) et faites cuire de 30 à 40 minutes.

Au sortir du four, arrosez le cake avec le jus de citron.

Laissez reposer 1 heure à température ambiante avant de démouler et servez.

Cake pistache-griotte

Pour 4 personnes
Préparation : 20 minutes
Cuisson : 40 minutes
Repos : 4 heures

70 g de sucre
100 g de beurre fondu
25 g de pistaches en poudre
25 g de sucre glace
1 cuill. à soupe de pâte de pistache
100 g de farine
1 cuill. à café de levure chimique
2 œufs
2 cuill. à soupe de lait entier
100 g de griottes dénoyautées surgelées
3 cuill. à soupe de pistaches
non salées hachées grossièrement

Pour le sirop
1 citron
50 g de sucre

Préchauffez le four à 180 °C (th. 6).

Mélangez le sucre et le beurre fondu. Ajoutez les pistaches en poudre et le sucre glace, puis la pâte de pistache, la farine et la levure chimique. Versez enfin les œufs, le lait, et les griottes encore surgelées sans trop travailler la pâte.

Versez la pâte dans un moule à cake beurré et fariné de 18 cm de long ou dans des moules à muffins.

Saupoudrez de pistaches hachées.

Enfournez pour 10 minutes, puis baissez la température du four à 160 °C (th. 5-6) et faites cuire de 30 à 40 minutes.

Pressez le citron et faites tiédir son jus avec le sucre, jusqu'à ce qu'il soit fondu.

Au sortir du four, arrosez le cake de ce sirop.

Laissez reposer 4 heures à température ambiante avant de démouler et servez.

TRONCHE DE CAKE !

LE CAKE SE PRÊTE À TOUTES LES FANTAISIES. N'HÉSITEZ PAS À VARIER LA FORME DE VOS MOULES, EN ADAPTANT AU BESOIN LE TEMPS DE CUISSON. UN SEUL REPÈRE : LA POINTE D'UN COUTEAU PIQUÉE DANS LE GÂTEAU DOIT RESSORTIR PARFAITEMENT SÈCHE !

Cake marbré

Pour 6 à 8 personnes
Préparation : 25 minutes
Cuisson : 40 minutes

140 g de sucre
200 g de beurre fondu
50 g de poudre d'amandes
50 g de sucre glace
200 g de farine
2 cuill. à café de levure chimique
4 œufs
4 cuill. à soupe de lait entier
1 cuill. à café d'extrait de vanille

Pour la pâte au cacao
2 cuill. à soupe de cacao amer en poudre
30 g de beurre fondu

Préchauffez le four à 180 °C (th. 6).

Mélangez le sucre et le beurre fondu. Ajoutez la poudre d'amandes et le sucre glace, puis la farine et la levure chimique. Versez enfin les œufs, le lait et l'extrait de vanille.

Divisez la pâte en deux portions égales.

Ajoutez à l'une d'entre elles le cacao amer et le beurre fondu.

Alternez les pâtes dans un moule à cake beurré et fariné de 21 cm de long ou dans des moules à muffins.

Enfournez pour 10 minutes, puis baissez la température du four à 160 °C (th. 5-6) et faites cuire de 30 à 40 minutes.

Cake au chocolat

Pour 6 à 8 personnes
Préparation : 30 minutes
Cuisson : 40 minutes

75 g de chocolat noir pâtissier
4 œufs
75 g de miel
125 g de sucre
120 g de farine
½ sachet de levure chimique
25 g de cacao amer en poudre
75 g de poudre d'amandes
15 cl de crème liquide entière
75 g de beurre fondu

Préchauffez le four à 160 °C (th. 5-6).

Faites fondre le chocolat au bain-marie.

Fouettez les œufs avec le miel et le sucre.

Tamisez la farine avec la levure et le cacao.

Ajoutez-les aux œufs ainsi que la poudre d'amandes.

Versez la crème, le beurre et le chocolat fondu. Mélangez.

Enfournez pour 40 minutes. Démoulez tiède.

SUCCÈS GARANTI !

Moelleux au chocolat

Pour 6 personnes
Préparation : 15 minutes
Cuisson : 15 minutes
Repos : 12 heures

160 g de chocolat noir pâtissier à 70 % de cacao
150 g de beurre
5 œufs
150 g de sucre
70 g de farine

La veille
Faites fondre au bain-marie le chocolat avec le beurre. Dès qu'ils sont juste fondus, sortez-les du bain-marie et mélangez jusqu'à obtenir une crème lisse.

Fouettez légèrement les œufs avec le sucre. Versez-y le mélange chocolat-beurre fondu.

Ajoutez la farine, mélangez et recouvrez de film étirable.

Placez la pâte au réfrigérateur pour au moins 12 heures.

Le jour même
Préchauffez le four à 190 °C (th. 6-7).

Versez la pâte dans un moule à manqué beurré.

Enfournez pour 15 minutes.

Laissez tiédir avant de démouler et dégustez tiède ou froid.

N'HÉSITEZ PAS À UTILISER UN GRAND CRU DE CHOCOLAT ACHETÉ CHEZ VOTRE CHOCOLATIER POUR CE MOELLEUX : IL EN VAUT LA PEINE !

Lingot d'amandes

Pour 6 personnes
Préparation : 15 minutes
Cuisson : 30 minutes

400 g de pâte d'amande à 50% d'amandes
4 œufs (soit 200 g)
40 g de farine
2 g de levure chimique
60 g de beurre fondu
10 cl d'alcool de votre choix : alcool d'orange, rhum…
Sucre glace

Préchauffez le four à 160 °C (th. 5-6).

Mixez 200 g de pâte d'amande jusqu'à obtenir une texture granuleuse.

Ajoutez les œufs, la farine tamisée avec la levure et le beurre fondu.

Versez la pâte dans un moule à cake beurré.

Enfournez pour 25 minutes.

Hors du feu, versez l'alcool en le répartissant bien.

Laissez refroidir 1 heure dans le moule puis démoulez.

Étalez la pâte d'amande restante en saupoudrant le plan de travail de sucre glace.

Enveloppez le pavé de cette pâte.

Repassez 2 à 3 minutes au four préchauffé à 210 °C (th. 7), jusqu'à ce que la pâte d'amande soit légèrement dorée.

Pavé de Menton

Pour 6 personnes
Préparation : 15 minutes
Cuisson : 30 minutes

1 pot de yaourt nature au lait entier
2 pots de vergeoise
3 œufs
3 pots de farine
½ sachet de levure chimique
¾ de pot de beurre fondu
1 jus de citron
Zeste d'un citron non traité
½ pot de pépites de chocolat

Préchauffez le four à 180 °C (th. 6).

Videz le pot de yaourt dans un saladier. Rincez-le et mesurez les deux pots de vergeoise à l'aide du pot.

Mélangez le yaourt et le sucre, puis ajoutez les œufs.

Mesurez ensuite la farine, ajoutez-la au mélange précédent avec la levure chimique.

Ajoutez enfin le beurre fondu, le zeste et le jus de citron, ainsi que les pépites de chocolat.

Versez dans un moule de votre choix beurré et fariné.

Enfournez pour 30 minutes.

Laissez tiédir avant de démouler sur une grille.

Pain d'épices

Pour 6 personnes
Préparation : 30 minutes
Cuisson : 40 minutes

15 cl de lait entier
300 g de miel liquide toutes fleurs
¼ de cuill. à café de cannelle en poudre
¼ de cuill. à café de quatre-épices
100 g de farine
200 g de farine de seigle
1 cuill. à café de levure chimique
4 œufs
60 g de sucre roux
1 citron non traité
2 oranges non traitées
20 g de gingembre frais

Préchauffez le four à 170 °C (th. 5-6).

Faites chauffer le lait avec le miel.

Ajoutez la cannelle et le quatre-épices. Couvrez et laissez infuser 5 minutes.

Laissez ce mélange tiédir.

Tamisez la farine, la farine de seigle et la levure chimique.

Fouettez les œufs avec le sucre roux. Ajoutez les farines, puis la moitié du lait au miel. Mélangez et ajoutez progressivement le reste du lait.

Râpez les zestes de citron et d'orange. Pelez et râpez finement le gingembre. Ajoutez les zestes et le gingembre à la pâte.

Versez dans deux moules à cake beurrés.

Enfournez pour 35 à 40 minutes.

Démoulez chaud et laissez tiédir sur une grille.

Emballez encore tiède dans du film étirable pour conserver tout le moelleux des pains d'épices.

LE PAIN D'ÉPICES EST L'UN DES PLUS ANCIENS GÂTEAUX CONNU. CANNELLE, ANIS, FENOUIL, CLOU DE GIROFLE, GINGEMBRE, QUATRE-ÉPICES, CARDAMOME, CORIANDRE LE PARFUMENT : PRÉPAREZ VOTRE PROPRE MÉLANGE À PAIN D'ÉPICES À L'AIDE D'UN MOULIN À CAFÉ POUR RENDRE SON PARFUM UNIQUE.

Nonnettes

Pour environ 16 nonnettes
Préparation : 25 minutes
Cuisson : 45 minutes
Repos : 1 heure

10 cl de lait
2 étoiles de badiane
150 g de farine de seigle
25 g de farine
1 sachet de levure chimique
1 pincée de sel
200 g de miel liquide toutes fleurs
2 œufs
200 g de marmelade d'orange
80 g de beurre
2 cuill. à café de cannelle en poudre
1 cuill. à café de quatre-épices

Pour garnir
16 cuill. à café de la confiture de votre choix (orange, abricot…)

Faites tiédir le lait avec les étoiles de badiane. Laissez infuser 5 minutes, retirez les étoiles et mélangez le lait avec les deux types de farine, la levure, le sel et le miel jusqu'à l'obtention d'un mélange homogène.

Ajoutez les œufs, la marmelade, le beurre, la cannelle et le quatre-épices. Mélangez jusqu'à l'obtention d'une pâte homogène et laissez reposer 1 heure à température ambiante.

Préchauffez le four à 180 °C (th. 6).

Beurrez les alvéoles d'un moule à muffins et versez-y la pâte.

Déposez au centre de chacune des nonnettes 1 cuill. de confiture et enfoncez-la dans la pâte.

Baissez le four à 150 °C (th. 5) et laissez cuire environ 45 minutes.

ASTUCE
Variez les plaisirs en garnissant les nonnettes de la confiture de votre choix… ou même de pâte à tartiner !

Moelleux au caramel

Pour 6 personnes
Préparation : 25 minutes
Cuisson : 30 minutes

Pour le caramel
100 g de sucre
1 cuill. à café d'eau
50 g crème liquide
25 g de beurre

Pour la pâte
5 œufs
5 cl de crème
175 g de farine
1 cuill. à café de levure chimique
150 g de beurre demi-sel

Préchauffez le four à 180 °C (th. 6).

Préparez le caramel en faisant chauffer le sucre et l'eau jusqu'à l'obtention d'un caramel blond. Ajoutez hors du feu la crème et le beurre, mélangez jusqu'à obtenir une pâte souple.

Fouettez les œufs avec la crème et le caramel. Ajoutez la farine, la levure chimique et le beurre mou.

Versez la pâte dans un moule à manqué légèrement beurré.

Enfournez 30 minutes.

Démoulez tiède.

GOURMAND !

Moelleux irish coffee

Pour 6 personnes
Préparation : 20 minutes
Cuisson : 30 minutes

250 g de farine
2 cuill. à café de levure chimique
½ cuill. à café de bicarbonate de sodium
100 g de pépites de chocolat noir
1 œuf
140 g de sucre
125 g de beurre très mou + 20 g pour les moules
25 cl de lait entier
4 cuill. à soupe de Baileys Irish Cream®
1 sachet de sucre vanillé

Pour la finition
20 cl de café expresso
15 cl de crème Chantilly

Préchauffez le four à 190 °C (th. 6-7). Beurrez un moule à manqué.

Mélangez la farine, la levure, le bicarbonate et les pépites de chocolat.

Dans un autre récipient, battez l'œuf avec le sucre et le beurre mou. Ajoutez, dans l'ordre, le lait, le Baileys® et le sucre vanillé.

Creusez un puits dans le premier mélange et versez le second mélange dans le puits. Incorporez celui-ci en tournant rapidement, sans trop battre la pâte : elle doit avoir un aspect grumeleux.

Versez la pâte dans le moule et enfournez pour 30 minutes.

Laissez tiédir 5 minutes, puis démoulez sur une grille.

Après complet refroidissement, arrosez le moelleux de café et garnissez-le de chantilly à l'aide d'une poche à douille. Servez sans attendre.

Moelleux poire-réglisse

Pour 6 personnes
Préparation : 15 minutes
Cuisson : 30 minutes

2 poires
1 cuill. à soupe de beurre + pour le moule
4 œufs
250 g de sucre
200 g de farine
½ sachet de levure chimique
10 cl d'huile de tournesol
2 yaourts nature
1 cuill. à soupe de poudre de réglisse
1 verre de jus de poire
80 g de poudre de noisettes
Cassonade

Préchauffez le four à 180 °C (th. 6).

Épluchez les poires. Poêlez-les avec 1 cuill. à soupe de beurre dans une poêle antiadhésive. Laissez-les refroidir.

Fouettez les œufs avec le sucre jusqu'à ce que le mélange blanchisse.

Dans un autre saladier, mélangez la farine avec la levure. Versez sur les œufs, ajoutez l'huile, les yaourts, le réglisse, le jus de poire et la poudre de noisettes.

Mélangez bien le tout pour obtenir une pâte homogène.

Beurrez un plat ou une cocotte et saupoudrez le fond de cassonade. Versez la pâte et disposez les lamelles de poire par-dessus.

Enfournez pour 30 minutes.

LE FROMAGE BLANC À 0 % DONNE DE L'ONCTUOSITÉ SANS MATIÈRES GRASSES À CE GÂTEAU ULTRA-LÉGER. CHUT, GARDEZ LE SECRET !

Moelleux pom pom

Pour 6 personnes
Préparation : 15 minutes
Cuisson : 40 minutes

500 g de fromage blanc à 0 %
2 œufs
60 g de Maïzena®
80 g de sucre roux
Extrait de vanille
Le zeste d'un citron non traité finement râpé
1 pincée de sel
2 pommes Pink Lady®

Préchauffez le four à 180 °C (th. 6).

Mélangez au batteur électrique le fromage blanc, les jaunes d'œufs, la Maïzena®, le sucre, la vanille et le zeste de citron.

Fouettez les blancs en neige ferme avec une pincée de sel.

Ajoutez délicatement les blancs battus au mélange précédent.

Versez la pâte dans un moule rond chemisé de papier cuisson afin de faciliter le démoulage.

Lavez, séchez et coupez les pommes en quartiers en ôtant leur cœur. Disposez-les sur la pâte.

Enfournez pour 40 minutes.

Muffins au chocolat

Pour 12 muffins
Préparation : 20 minutes
Cuisson : 30 minutes

200 g de beurre demi-sel mou
200 g de sucre glace
150 g de farine
½ paquet de levure chimique
60 g de cacao amer en poudre
2 œufs
16 cl de lait entier tiède
160 g de chocolat noir pâtissier haché

Pour le glaçage
100 g de chocolat noir pâtissier haché
10 cl de crème liquide entière
1 noix de beurre

Préchauffez le four à 160 °C (th. 5-6).

Fouettez le beurre avec le sucre jusqu'à ce que le mélange soit clair et mousseux.

Incorporez la farine, la levure et le cacao à l'aide d'une maryse.

Ajoutez les œufs, le lait tiède et 100 g de chocolat haché. Mélangez.

Remplissez aux trois quarts vos moules à muffins de pâte. Parsemez-les des éclats de chocolat restants.

Enfournez pour 30 minutes.

Pendant ce temps, préparez le glaçage.

Faites fondre à feu doux le chocolat haché dans la crème. Ajoutez le beurre hors du feu.

Démoulez les muffins tièdes, laissez-les refroidir sur une grille et nappez-les d'1 cuill. à café de glaçage.

POUR DES MUFFINS MOELLEUX, NE MÉLANGEZ PAS TROP LA PÂTE. SI VOUS VOYEZ ENCORE DES TRACES DE FARINE, C'EST PARFAIT ! AINSI, ILS NE SERONT PAS ÉLASTIQUES ET SE CONSERVERONT 2 JOURS SANS PROBLÈME.

Clafoutis pistache-griotte

Pour 6 personnes
Préparation : 15 minutes
Cuisson : 30 minutes

4 œufs
50 cl de lait
25 cl de crème liquide entière
130 g de sucre
2 cuill. à soupe de pâte de pistache
450 g de griottes dénoyautées, fraîches ou surgelées
3 cuill. à soupe de pistaches grossièrement hachées

Préchauffez le four à 180 °C (th. 6).

Mélangez les œufs, le lait, la crème, le sucre et la pâte de pistache.

Répartissez les griottes et les pistaches hachées dans un plat à gratin légèrement beurré.

Versez la pâte par-dessus et enfournez pour 30 minutes.

Servez tiède ou froid.

POUR LES CHOCOMANIAQUES !

Muffins à la pistache et à la fraise

Pour 8 muffins
Préparation : 20 minutes
Cuisson : 25 minutes

Muffins
180 g de farine (+ un peu pour les moules)
50 g de sucre
2 cuill. à café de levure chimique
1 cuill. à café de bicarbonate de sodium
1 œuf
15 cl de lait entier
5 cl d'huile d'olive
1 cuill. à soupe de pâte de pistache
Beurre pour les moules

Fraises caramélisées
100 g de sucre en poudre
10 cl de vinaigre balsamique
250 g de fraises

Préchauffez le four à 180 °C (th. 6).

Mélangez la farine, le sucre, la levure et le bicarbonate.

Dans un autre récipient, fouettez l'œuf, le lait et l'huile d'olive.

Incorporez ce mélange « liquide » au premier mélange « sec » sans trop travailler la pâte. Ajoutez la pâte de pistache.

Beurrez les moules à muffins et remplissez-les aux deux tiers de pâte.

Enfournez pour environ 15 minutes.

Pendant ce temps, préparez les fraises caramélisées.

Coupez les fraises en petits dés.

Portez à ébullition le sucre et le vinaigre.

Laissez réduire sur feu doux jusqu'à obtenir la consistance d'un caramel.

Mélangez délicatement les fraises au caramel balsamique.

Déposez les fraises sur les muffins refroidis.

ENTRE LA MERINGUE ET LE GÂTEAU, LA DACQUOISE EST UN GÂTEAU À REDÉCOUVRIR POUR SA LÉGÈRETÉ. UNE FOIS ESSAYÉ, VOUS ALLEZ VOULOIR LE FAIRE À PLEIN D'AUTRES FRUITS !

Dacquoise aux myrtilles

Pour 6 personnes
Préparation : 30 minutes
Cuisson : 20 minutes

120 g de sucre glace
120 g de poudre d'amandes
5 blancs d'œufs
50 g de sucre
1 cuill. à soupe de Maïzena®
350 g de myrtilles
50 g de sucre glace
Beurre et farine pour le moule

Préchauffez le four à 180 °C (th. 6).

Mélangez le sucre glace et la poudre d'amandes.

Montez les blancs d'œufs en neige à l'aide d'un batteur électrique.

Quand ils commencent à monter, ajoutez le sucre sans cesser de fouetter, jusqu'à obtenir une neige très ferme et brillante.

Ajoutez délicatement, à l'aide d'une spatule, le mélange sucre glace-amandes et la Maïzena®.

Déposez les deux tiers de la pâte dans un moule à tarte beurré et légèrement fariné.

Répartissez les myrtilles sur la pâte.

À l'aide d'une poche à douille, disposez la pâte restante en formant des cercles.

Saupoudrez d'une fine couche de sucre glace.

Enfournez pour 20 minutes.

Laissez refroidir puis saupoudrez de sucre glace au moment de servir.

FRUITÉE À SOUHAIT !

Whoopies aux pommes et aux amandes

Pour 12 whoopies
Préparation : 20 minutes
Cuisson : 30 minutes
Repos : 15 minutes

Pour les coques
1 œuf
320 g de sucre
110 g de beurre
200 g de farine
1 cuill. à café de levure chimique
½ cuill. à café de bicarbonate de sodium
50 g de crème épaisse
1 petit-suisse
2 blancs d'œufs
100 g d'amandes effilées

Pour la garniture
4 pommes
10 g de beurre
1 bâton de cannelle

Pour les whoopies
Fouettez l'œuf avec 220 g de sucre. Ajoutez le beurre fondu tiède, puis la farine, la levure chimique et le bicarbonate de sodium.

Incorporez la crème fraîche et le petit-suisse. Placez la pâte au réfrigérateur 15 minutes.

Préchauffez le four à 180 °C (th. 6).

Déposez vingt-quatre petits tas de pâte sur une plaque recouverte de papier sulfurisé en les espaçant bien, à l'aide d'une cuillère ou d'une poche à douille.

Enfournez pour 5 minutes.

Pendant ce temps, mélangez les amandes effilées, les 100 g de sucre restants et les blancs d'œufs. Sortez la plaque du four et déposez un peu de ce mélange sur chaque coque.

Remettez au four pour 10 minutes puis laissez refroidir les coques et décollez-les.

Pour la garniture
Épluchez les pommes, ôtez leur cœur et coupez-les en morceaux. Faites-les revenir dans le beurre pendant 2 minutes à feu moyen.

Ajoutez 4 cuill. à soupe d'eau et le bâton de cannelle. Laissez compoter à couvert pendant 15 minutes.

Laissez refroidir.

Pour finir
Déposez sur la surface plate d'une coque un peu de compotée de pommes, puis posez par-dessus une seconde coque. Répétez ces opérations avec le reste des coques.

ÇA CHANGE DES MACARONS !

Brownies au chocolat et à la griotte

Pour 8 personnes
Préparation : 20 minutes
Repos : 2 h 30
Cuisson : 45 minutes

Pour le brownie
220 g de beurre
200 g de chocolat noir
190 g de sucre semoule
4 œufs
70 g de farine à levure incorporée
70 g de poudre d'amandes
300 g de noix de pécan
1 cuill. à café d'extrait de vanille

Pour la garniture
12,5 cl de crème liquide entière
1 cuill. à soupe de miel liquide
150 g de chocolat noir pâtissier
25 g de beurre
100 g de griottes confites

Pour la chantilly au chocolat
10 cl de crème fouettée
80 g de chocolat noir pâtissier
3 cl de lait chaud
Cacao amer en poudre

Pour le brownie
Préchauffez le four à 180 °C (th. 6).

Chemisez un grand plat rectangulaire de papier sulfurisé.

Faites fondre au bain-marie le beurre et le chocolat, jusqu'à obtenir un mélange lisse. Laissez tiédir quelques instants.

Ajoutez le sucre, les œufs et l'extrait de vanille. Mélangez bien, puis versez la farine et la poudre d'amandes.

Ajoutez les noix de pécan et mélangez.

Enfournez pour 25 minutes.

Laissez tiédir 5 minutes puis démoulez.

Pour la garniture
Portez à ébullition la crème et le miel.

Cassez le chocolat en petits morceaux et versez par-dessus le mélange crème-miel brûlant.

Mélangez à l'aide d'une spatule souple afin d'obtenir un mélange homogène et lisse.

Incorporez alors le beurre pommade. Laissez refroidir.

Pour la mousse chantilly-chocolat
Fouettez la crème en chantilly.

Hachez finement le chocolat.

Portez le lait à ébullition et versez-le sur le chocolat.

Mélangez le tout jusqu'à ce que le chocolat soit fondu.

Patientez quelques minutes jusqu'à ce que le mélange atteigne environ 40 °C (vous devez ressentir une légère sensation de chaleur, sans vous brûler, lorsque vous y plongez un doigt).

Incorporez délicatement la crème fouettée.

Pour le montage
Posez le brownie dans un cadre rectangulaire.

Étalez une couche de ganache.

Parsemez le brownie de griottes.

Placez au réfrigérateur 30 minutes.

Recouvrez de chantilly au chocolat puis placez 2 heures au réfrigérateur.

Ôtez le cadre puis saupoudrez de cacao amer au moment de servir.

ATTENTION À L'ADDICTION !

Barres chocolatées

Pour 6 personnes
Préparation : 20 minutes
Cuisson : 20 minutes
Repos : 2 heures

Pour le biscuit
180 g de farine
130 g de beurre
50 g de sucre roux

Pour la garniture au caramel
80 g de sucre en poudre
10 cl de crème liquide entière
40 g de beurre demi-sel

Pour la garniture au chocolat
12,5 cl de crème liquide entière
1 cuill. à soupe de miel liquide
150 g de chocolat noir pâtissier
25 g de beurre

Beurrez un moule carré. Préchauffez le four à 190 °C (th. 6-7).

Versez la farine dans un saladier, incorporez le beurre du bout des doigts puis ajoutez-y le sucre.

Tassez la pâte dans le moule en une couche régulière à l'aide de vos mains, puis piquez-la à la fourchette.

Enfournez pour 20 minutes.

Pendant ce temps, préparez la garniture.

Préparez un caramel à sec : versez le sucre dans une casserole et faites-le chauffer à feu moyen sans remuer.

Le sucre va commencer à se dissoudre, jusqu'à se transformer en un liquide ambré.

Pendant ce temps, faites chauffer la crème liquide.

Ajoutez-la hors du feu au caramel en mélangeant vivement : attention aux éclaboussures.

Ajoutez rapidement le beurre et remuez à nouveau, jusqu'à ce que la sauce soit bien crémeuse.

Remettez la casserole sur feu doux et remuez sans cesse pendant 2 à 3 minutes.

Versez ce caramel sur la pâte refroidie et laissez durcir 1 heure.

Préparez la ganache pendant ce temps.

Portez à ébullition la crème et le miel.

Cassez le chocolat en petits morceaux et versez par-dessus le mélange crème-miel brûlant.

Mélangez à l'aide d'une spatule souple afin d'obtenir un mélange homogène et lisse.

Incorporez alors le beurre pommade et laissez tiédir.

Versez cette ganache sur la surface, puis laissez le chocolat durcir 2 heures.

Coupez en barres dans le moule.

SI VOUS ÊTES PRESSÉS, PLACEZ LE BISCUIT RECOUVERT DE CARAMEL 30 MIN AU CONGÉLATEUR AVANT D'Y VERSER LA GANACHE. ELLE DURCIRA QUASI-INSTANTANÉMENT LORSQUE VOUS LA VERSEREZ SUR LA COUCHE DE CARAMEL ET VOUS POURREZ AINSI DÉCOUPER LES BARRES PLUS RAPIDEMENT.

Cupcakes marron et banane

Pour 9 cupcakes
Préparation : 20 minutes
Cuisson : 25 minutes

Pour la pâte à cupcake
2 petites bananes mûres
9 marrons glacés
120 g de farine
90 g de sucre en poudre
1 cuill. à café de levure chimique
½ cuill. à café de bicarbonate de sodium
1 pincée de sel
6 cl de lait ribot
120 g de beurre mou
1 œuf
½ cuill. à café d'extrait de vanille

Pour la meringue
3 blancs d'œufs
90 g de sucre en poudre
½ cuill. à café de levure chimique

Pour les cupcakes
Préchauffez le four à 180 °C (th. 6).

Réduisez les bananes en purée à la fourchette.

Cassez les marrons en brisures, réservez-en 1 cuill. à soupe pour la décoration.

Dans un récipient, mélangez la farine, le sucre, la levure chimique, le bicarbonate de sodium et le sel. Ajoutez la purée de bananes, le lait, le beurre, l'œuf et la vanille et fouettez la pâte pendant 3 minutes.

Ajoutez délicatement les brisures de marron à l'aide d'une spatule.

Versez dans huit moules à muffins garnis de caissettes.

Enfournez pour 25 minutes environ. Ôtez les cupcakes du moule, laissez-les refroidir.

Pour la meringue
Montez les blancs en neige en y ajoutant peu à peu le sucre et la levure.

Pour finir
Préchauffez le gril du four.

Garnissez les cupcakes de meringue à l'aide d'une poche à douille.

Passez-les sous le gril du four, puis décorez-les de brisures de marron glacé.

Moelleux fromage blanc, abricots et oranges confites

Pour 6 personnes
Préparation : 15 minutes
Cuisson : 40 minutes

200 g d'abricots frais (environ 4)
50 g de beurre fondu
50 g de sucre en poudre
30 g de poudre d'amandes
2 œufs
200 g de fromage blanc à 40 % de matières grasses
220 g de farine avec levure incorporée
1 pincée de bicarbonate de sodium
50 g d'oranges confites en dés
4 cuill. à soupe d'amandes entières

Préchauffez le four à 180 °C (th. 6).

Dénoyautez les abricots, coupez-les en quatre.

Mélangez le beurre fondu, le sucre et la poudre d'amandes.

Ajoutez les œufs l'un après l'autre.

Ajoutez le fromage blanc, la farine et le bicarbonate tout en mélangeant.

Incorporez les abricots et les dés d'oranges confites.

Ajoutez les amandes grossièrement hachées.

Enfournez pour 40 minutes. Vérifiez la cuisson en enfonçant une pique en bois dans le gâteau : elle doit ressortir légèrement humide.

Démoulez tiède sur une grille et laissez refroidir.

ASTUCE
Pour conserver tout son moelleux à ce gâteau, enveloppez-le de film étirable dès qu'il a refroidi.

LE FROMAGE BLANC PERMET DE METTRE MOINS DE BEURRE DANS LES GÂTEAUX, TOUT EN LES GARDANT TRÈS MOELLEUX. AINSI, CE GÂTEAU SE DÉCLINERA TOUT L'ÉTÉ AVEC DES FRAMBOISES, DES MYRTILLES, DES NECTARINES…

Cupcakes poire et dattes

Pour 9 cupcakes
Préparation : 25 minutes
Cuisson : 30 minutes

Pour la purée de dattes
250 g de dattes séchées dénoyautées et hachées
10 cl d'eau

Pour la pâte à cupcakes
150 g de farine
½ cuill. à café de levure chimique
½ cuill. à café de bicarbonate de sodium
¼ cuill. à café de sel fin
½ cuill. à café de cannelle
80 g de beurre
70 g de cassonade
1 cuill. à café d'extrait de vanille
2 œufs

Pour la purée de poires
2 poires
1 cuill. à soupe rase de miel
1 gousse de vanille
1 pincée de gingembre
1 pincée de cannelle

Pour la chantilly
25 cl de crème liquide entière bien froide
1 cuill. à soupe de sucre glace

Pour la purée de dattes
Portez l'eau à ébullition.

Ajoutez les dattes et faites cuire 15 minutes à feu moyen.

Écrasez les dattes à la fourchette et laissez-les refroidir.

Gardez-en 1 cuill. à soupe de côté.

Pour les cupcakes
Préchauffez le four à 180 °C (th. 6).

Tamisez la farine avec la levure, le bicarbonate, le sel et la cannelle.

Fouettez le beurre avec la cassonade et l'extrait de vanille jusqu'à ce que le mélange blanchisse. Ajoutez les œufs un à un puis la purée de dattes.

Ajoutez pour finir le mélange sec.

Versez la pâte aux trois quarts de la hauteur dans un moule à muffins garni de caissettes.

Enfournez 15 minutes environ, démoulez-les et laissez-les refroidir sur une grille.

LES CUPCAKES TIRENT LEUR NOM DU MOULE DANS LEQUEL ILS ÉTAIENT PRÉPARÉS AU DÉPART : DE SIMPLES TASSES, « CUP » EN ANGLAIS. AUSSI, SI JAMAIS VOUS N'AVEZ PAS DE MOULE À MUFFINS, UTILISEZ DES TASSES À CAFÉ BEURRÉES ET FARINÉES.

Pour la purée de poires
Pelez, épépinez et coupez les poires en morceaux.

Faites-les compoter à feu doux avec le miel, la gousse de vanille et les épices.

Laissez refroidir.

Pour la chantilly
Fouettez la crème bien froide en chantilly bien ferme avec le sucre glace.

Pour finir
Découpez le chapeau de chaque cupcake.

Creusez légèrement les cœurs et remplissez-les de compotée de poire.

Coiffez-les de leur chapeau et décorez-les de chantilly à l'aide d'une poche à douille.

Décorez d'un peu de purée de dattes et de poire à l'aide de la pointe d'un couteau.

Cupcakes betterave et chocolat

Pour 6 à 8 cupcakes
Préparation : 20 minutes
Cuisson : 20 minutes

Pour les cupcakes
1 petite betterave cuite
50 g de farine
2 cuill. à soupe de cacao amer en poudre
½ cuill. à café de levure chimique
1 pincée de sel
50 g de chocolat noir pâtissier
90 g de beurre
100 g de sucre
2 œufs

Pour le glaçage américain

50 g de beurre mou
150 g de sucre glace
2 cuill. à soupe de lait entier à température ambiante
1 cuill. à soupe de jus de betterave
(à défaut, du colorant rouge)

Pour les cupcakes

Préchauffez votre four à 180 °C (th. 6).

Découpez la betterave en petits cubes.

Tamisez la farine avec le cacao en poudre, la levure et le sel.

Faites fondre le chocolat avec le beurre au bain-marie ou au micro-ondes, puis ajoutez le sucre. Ajoutez les œufs un par un en fouettant.

Versez le mélange sec et incorporez à la pâte les dés de betterave.

Versez dans des moules à muffins garnis de caissettes.

Enfournez pendant une vingtaine de minutes à four chaud.

Pour le glaçage

Fouettez tous les ingrédients à l'aide d'un batteur à vitesse lente, jusqu'à obtenir une masse homogène. Augmentez la vitesse du batteur pour obtenir une texture aérienne et mousseuse. Si nécessaire, ajoutez un peu de lait ou de jus de betterave pour obtenir la bonne consistance.

Pour finir

Garnissez les cupcakes refroidis de glaçage à l'aide d'une poche à douille.

ASTUCE

Parsemez vos cupcakes de baies roses concassées qui exalteront le goût de la betterave et du chocolat.

VIVE LES CUPCAKES !

Beignets aux fruits

Pour une vingtaine de petits beignets
Préparation : 20 minutes
Cuisson : 20 minutes

120 g de farine à levure incorporée
1 œuf
1 cuill. à soupe de sucre
1 pincée de sel
1 cuill. à soupe d'huile
20 cl de lait
Au choix : petits morceaux d'ananas, fraises entières équeutées, morceaux de pêche, de pomme… (environ 20)
1 litre d'huile de friture
Sucre glace

Tamisez la farine et creusez un puits. Versez-y l'œuf, le sucre, le sel et l'huile. Délayez la pâte puis ajoutez le lait jusqu'à obtenir une pâte lisse et assez dense.

Préparez les fruits de votre choix. Séchez leur surface à l'aide de papier absorbant pour que la pâte adhère bien aux fruits.

Faites chauffer l'huile dans une sauteuse haute ou une friteuse. Lorsqu'elle est bien chaude, trempez trois à quatre morceaux de fruits dans la pâte. Faites-les dorer 3 minutes environ.

Retirez-les à l'aide d'une écumoire et réservez-les sur du papier absorbant.

Recommencez avec les autres morceaux de fruits.

Saupoudrez de sucre glace avant de déguster.

Beignets de foire

Pour une quinzaine de beignets
Préparation : 30 minutes
Repos : 2 heures
Cuisson : 30 minutes

300 g de farine
1 œuf
1 jaune d'œuf
150 g de fromage blanc à 40 % de matières grasses
2 pincées de sucre semoule
1 pincée de sel
5 g de levure de boulanger fraîche
30 g de beurre mou
4 cuill. à soupe de miel liquide
1 cuill. à soupe de rhum brun
1 zeste de citron non traité
Huile de friture
Sucre semoule (pour rouler)

Versez la farine dans un saladier et creusez un puits.

Ajoutez l'œuf entier, le jaune d'œuf, le fromage blanc, le sucre, le miel, le sel, la levure, le beurre, le rhum et le zeste de citron. Pétrissez jusqu'à l'obtention d'une pâte homogène.

Déposez cette pâte sur un plan de travail fariné, recouvrez-la d'un torchon propre et laissez lever 2 heures.

Recouvrez un saladier de papier absorbant, pour y déposer les beignets au fur et à mesure de leur cuisson.

Faites chauffer l'huile de friture dans une grande casserole à 180 °C. Étalez la pâte sur une épaisseur d'1 cm et détaillez-la en cercle à l'aide d'un emporte-pièce. Étirez-la légèrement pour obtenir une forme ovale.

Plongez les beignets par deux ou trois dans l'huile bien chaude.

Retournez-les avec une écumoire en métal.

Quand ils sont bien dorés, retirez-les et égouttez-les sur le papier absorbant. Roulez-les dans le sucre semoule sitôt égouttés.

Gaufres fourrées

Pour une quinzaine de gaufres
Préparation : 30 minutes
Cuisson : 30 minutes
Repos : 3 heures

Pour la pâte à gaufres
10 cl de lait entier
30 g de sucre en poudre
15 g de levure de boulanger
500 g de farine
1 cuill. à café de sel fin
4 œufs
120 g de beurre ramolli

Pour la garniture
120 g de beurre en pommade
70 g de sucre glace
50 g de poudre d'amandes
2 cuill. à café d'extrait de vanille
1 sachet de sucre vanillé

Préparez la pâte à gaufre.

Faites tiédir le lait avec le sucre. Délayez la levure dans le lait tiède sucré.

Mélangez la farine, le sel, les œufs, le beurre ramolli et la levure délayée.

Pétrissez la pâte une dizaine de minutes. Recouvrez-la d'un linge et laissez-la lever pendant 2 heures.

Pendant ce temps, préparez la garniture.

Fouettez le beurre, le sucre glace, le sucre vanillé et la poudre d'amandes avec l'extrait de vanille.

Lorsque la pâte a assez levé, prélevez des boules de la grosseur d'une noix. Posez-les sur une plaque recouverte de papier sulfurisé et laissez-les lever encore 1 heure, jusqu'à ce qu'elles doublent de volume.

Faites cuire les gaufres dans un gaufrier beurré. Les gaufres vont gonfler en cuisant.

Sitôt cuites, ouvrez les gaufres et fourrez-les avec la crème au beurre et à l'amande. Refermez-les et faites-les à nouveau cuire 5 à 10 secondes.

Dégustez les gaufres tièdes ou froides.

Ces gaufres se conservent deux ou trois jours.

CONFITURES, CRÈME DE CITRON, PÂTE À TARTINER PRALINÉE… POUR GARNIR CES GAUFRES, LAISSEZ PARLER VOTRE IMAGINATION !

Chaussons aux pommes

Pour 6 chaussons
Préparation : 1 h 30
Repos : 2 h 45
Cuisson : 50 minutes

Pour la pâte de détrempe
250 g de farine
12,5 cl d'eau
10 g de beurre
½ cuill. à café de sel fin

Pour le feuilletage
185 g de beurre (Charentes-Poitou de préférence)

Pour la garniture
5 pommes à cuire
50 g de sucre
1 gousse de vanille
¼ de cuill. à café de cannelle en poudre
25 g de beurre
1 sachet de sucre vanillé
1 jaune d'œuf battu avec 1 cuill. à soupe de lait

Pour la pâte feuilletée
Préparez la pâte de détrempe. Mélangez la farine, le sel, le beurre coupé en petits morceaux et l'eau. Pétrissez pendant 3 minutes, jusqu'à obtenir une pâte homogène. Vous pouvez également utiliser un robot pâtissier, en pétrissant la pâte 3 minutes à vitesse 1. Emballez la pâte dans un film étirable et placez-la 15 minutes au réfrigérateur.

Étalez la pâte en un rectangle de 20 x 40 cm environ.

Placez le beurre pour le feuilletage entre deux feuilles de papier sulfurisé. À l'aide d'un rouleau à pâtisserie, écrasez-le pour obtenir un rectangle d'environ 18 x 15 cm.

Posez ce carré de beurre au milieu de la pâte. Rabattez les bords de la pâte sur le beurre pour l'emprisonner. Étalez le tout dans le sens de la longueur et repliez à nouveau le rectangle de pâte en trois.

Faites pivoter la pâte d'un quart de tour, repliez à nouveau la pâte en trois et étalez-la en rectangle. Faites-la reposer 45 minutes au réfrigérateur.

Pliez à nouveau la pâte en trois, puis étalez-la en rectangle. Tournez-la d'un quart de tour, pliez-la et étalez-la à nouveau. Placez-la à nouveau au réfrigérateur 45 minutes.

Recommencez à plier et étaler la pâte comme ci-dessus deux fois, en faisant à chaque fois tourner la pâte d'un quart de tour.

Placez la pâte 1 heure au réfrigérateur.

Pour la garniture
Pendant ce temps, pelez les pommes, ôtez leur cœur et coupez-les en cubes.

Préparez une compote avec les deux tiers des pommes, le sucre, la gousse de vanille et la cannelle. Laissez cuire à feu doux 25 minutes. Écrasez-la à l'aide d'une fourchette.

Faites fondre le beurre à feu moyen dans une poêle et faites-y revenir les pommes restantes à feu doux. Saupoudrez-les de sucre vanillé pour les faire légèrement caraméliser.

Mélangez la compote et les pommes caramélisées.

Pour finir
Préchauffez le four à 210 °C (th. 7).

Étalez la pâte feuilletée sur un plan de travail fariné.

En vous aidant d'une assiette à dessert, découpez six cercles d'environ 10 cm de diamètre.

Badigeonnez-les d'œuf battu avec le lait.

Déposez 2 cuill. à soupe de compote sur chaque disque. Repliez de façon à former un chausson et appuyez fortement avec vos doigts pour les souder.

Retournez les chaussons en les plaçant sur une plaque recouverte de papier sulfurisé.

Badigeonnez à nouveau les chaussons et, à l'aide du dos d'un couteau, dessinez des motifs striés.

Enfournez puis baissez la température du four à 180 °C (th. 6). Laissez cuire 20 à 25 minutes, jusqu'à ce que les chaussons soient bien dorés.

Laissez refroidir sur une grille.

Mon pain au chocolat

Pour 10 pains environ
Préparation : 30 minutes
Repos : 6 h 30
Cuisson : 15 minutes

170 g de farine T55
70 g de farine T45
30 g de sucre
5 g de poudre de lait entier (soit 1 cuill. à café)
1 cuill. à café de sel
50 g de beurre ramolli
10 g de levure fraîche de boulanger
11 cl d'eau froide
120 g de beurre ferme
20 barres de chocolat
1 jaune d'œuf battu dans 1 cuill. à soupe de lait

Placez dans la cuve d'un robot pâtissier les deux farines, le sucre, la poudre de lait, le sel, le beurre ramolli et la levure fraîche. Ajoutez progressivement l'eau froide.

Pétrissez à vitesse moyenne pendant 6 minutes jusqu'à ce que la pâte se décolle des bords de la cuve.

Façonnez grossièrement la pâte en une forme de rectangle, enveloppez-la dans du film alimentaire et placez-la au réfrigérateur pendant 2 heures.

Étalez le beurre bien froid au rouleau, sur le plan de travail : donnez-lui la forme d'un rectangle à moitié plus petit que le rectangle de pâte.

Posez le beurre sur la partie inférieure de la pâte et repliez complètement la pâte sur le beurre. Tournez la pâte d'un quart de tour et étalez-la dans la longueur sur 6 mm d'épaisseur. Veillez à toujours passer le rouleau dans le même sens.

Pliez la partie inférieure aux deux tiers de la pâte et pliez la partie supérieure afin qu'elle rejoigne la partie inférieure.

Pliez alors le rectangle obtenu en deux. Aplatissez légèrement la pâte.

Enveloppez-la dans du film alimentaire et placez-la 1 heure au réfrigérateur.

Placez la pliure de la pâte à votre droite et étalez-la sur 6 mm d'épaisseur.

Pliez un tiers de la pâte sur elle-même et pliez le tiers restant pour avoir trois épaisseurs de pâte.

Recouvrez de film étirable et placez au réfrigérateur 1 heure.

Étalez la pâte sur 3 à 4 mm d'épaisseur sur une feuille de papier sulfurisé en un grand rectangle de 25 x 33 cm environ.

Divisez la pâte en deux dans la hauteur afin d'obtenir deux rectangles d'environ 12 x 33 cm.

Coupez-les chacun en quatre rectangle de la longueur des bâtons de chocolat.

Déposez une barre de chocolat à 1,5 cm du bord supérieur de chaque rectangle. Repliez la pâte par-dessus, placez la seconde barre et roulez.

Posez les pains au chocolat sur une plaque recouverte de papier sulfurisé. Laissez lever 2 h 30 à température ambiante.

Préchauffez le four à 200 °C (th. 6-7).

Badigeonnez les pains au chocolat de jaune d'œuf battu avec le lait, à l'aide d'un pinceau.

Enfournez les pains au chocolat puis baissez la température du four à 180 °C (th. 6). Laissez cuire environ 15 minutes.

Brioche roulée au pavot

Pour 6 personnes
Préparation : 30 minutes
Repos : 4 h 30
Cuisson : 35 minutes

150 g de graines de pavot
85 g de cassonade
7 g de levure de boulanger fraîche
1 cuill. à soupe de lait
200 g de farine
½ cuill. à café de sel fin
3 œufs
150 g de beurre mou
1 jaune d'œuf pour la dorure

Réduisez en fine poudre le pavot avec 25 g de cassonade à l'aide d'un mixeur ou d'un moulin à café.

Délayez la levure de boulanger dans 1 cuill. à soupe de lait, laissez reposer quelques minutes puis mélangez-la avec la farine, les 60 g de cassonade restants et le sel. Incorporez les œufs un à un à l'aide d'une spatule et mélangez soigneusement.

Coupez le beurre en petits morceaux et incorporez-le petit à petit à la pâte, toujours à la spatule. Mélangez jusqu'à ce que la pâte se détache des parois du saladier.

Couvrez la pâte de film étirable et laissez-la gonfler 3 heures dans un endroit tiède. Au bout de ce temps, écrasez-la avec le poing, couvrez-la à nouveau de film étirable et laissez-la gonfler 1 heure avant de l'écraser une seconde fois.

Étalez cette pâte sur 1,5 à 2 cm d'épaisseur.

Recouvrez-la du mélange pavot-cassonade et roulez-la en boudin.

Déposez-la dans un moule à cake beurré.

Préchauffez le four à 200 °C (th. 6-7).

Battez le jaune d'œuf avec un peu d'eau et badigeonnez-en la surface de la pâte. Laissez lever 30 minutes à température ambiante.

Enfournez pour 5 minutes, puis baissez la température à 180 °C et continuez la cuisson 30 minutes.

LA PÂTE À BRIOCHE PEUT AUSSI LEVER TOUTE UNE NUIT AU RÉFRIGÉRATEUR, DANS UN RÉCIPIENT RECOUVERT DE FILM ÉTIRABLE. VOUS LA FEREZ CUIRE EN VOUS LEVANT : L'ODEUR FERA SORTIR TOUT LE MONDE DU LIT !

PETIT DÉJ' IDÉAL

Brioche à tête

Pour 2 grosses brioches ou 10 briochettes
Préparation : 25 minutes
Cuisson : 20 à 25 minutes
Repos : 3 h 15

7 g de levure de boulanger fraîche
200 g de farine
25 g de sucre
½ cuill. à café de sel fin
3 œufs
100 g de beurre
1 jaune d'œuf battu avec 1 cuill. à soupe de lait

Diluez la levure dans 2 cuill. à soupe d'eau tiède. Mélangez la farine, le sucre, le sel et la levure.

Ajoutez les œufs un à un en mélangeant vigoureusement à la spatule pour les incorporer parfaitement.

Coupez le beurre à température ambiante en morceaux de la taille d'une noisette. Ajoutez-les peu à peu à la pâte, en les incorporant à la spatule.

Mélangez jusqu'à ce que la pâte se détache des parois du saladier.

Vous pouvez également utiliser un robot pâtissier si vous le souhaitez.

Couvrez la pâte d'un film alimentaire et laissez-la lever pendant 3 heures, dans un endroit chaud (aux alentours de 20 °C).

Lorsqu'elle a bien levé, enfoncez votre poing dans la pâte pour en ôter l'air.

Divisez la pâte en fonction de la forme de la brioche souhaitée. Comptez deux parts de 300 g pour deux grosses brioches, sinon divisez la pâte en portion de 40 g pour des briochettes.

Roulez la pâte en boule sur un plan de travail légèrement fariné. Avec le tranchant de la main, roulotez la pâte de façon à obtenir une marque au premier tiers de la pâte.

Posez la pâte dans le moule et façonnez le tiers supérieur en boule. À l'aide de vos doigts, enfoncez cette boule dans la pâte pour que la brioche lève sans se déformer.

Laissez lever 1 h 30 à température ambiante, jusqu'à ce que la pâte double de volume.

Préchauffez le four à 180 °C (th. 6).

Badigeonnez de jaune d'œuf battu avec du lait.

Enfournez pour 10 à 12 minutes pour les briochettes, 20 minutes pour les brioches.

Tarte au sucre

Pour 2 tartes de 4 personnes
Préparation : 25 minutes
Cuisson : 20 à 25 minutes
Repos : 3 h 15

Brioche
7 g de levure de boulanger fraîche
200 g de farine
25 g de sucre
½ cuill. à café de sel fin
3 œufs
100 g de beurre

Garniture
4 cuill. à soupe de cassonade
4 œufs
4 cuill. à soupe de crème fraîche épaisse
20 g de beurre

Diluez la levure dans 2 cuill. à soupe d'eau tiède.

Mélangez la farine, le sucre, le sel et la levure.

Ajoutez les œufs un à un en mélangeant vigoureusement à la spatule pour les incorporer parfaitement.

Coupez le beurre à température ambiante en morceaux de la taille d'une noisette. Ajoutez-les peu à peu à la pâte, en les incorporant à la spatule.

Mélangez jusqu'à ce que la pâte se détache des parois du saladier.

Vous pouvez également utiliser un robot pâtissier si vous le souhaitez.

Couvrez la pâte d'un film alimentaire et laissez-la lever pendant 3 heures, dans un endroit chaud (aux alentours de 20 °C).

Lorsqu'elle a bien levé, enfoncez votre poing dans la pâte pour en ôter l'air.

Étalez la moitié de la pâte dans un moule à tarte bien beurré à l'aide de vos mains. Faites de même avec la pâte restante.

Creusez-la légèrement en appuyant le bout de vos doigts à intervalles réguliers.

Préchauffez le four à 220 °C (th. 7-8).

Saupoudrez chaque tarte de 2 cuill. à soupe de cassonade et laissez reposer 15 minutes.

Battez les œufs avec la crème et répartissez ce mélange sur les deux tartes.

Enfournez-les et baissez la température à 180 °C (th. 6). Enfournez pour 20 à 25 minutes, jusqu'à ce que les tartes soient bien dorées.

À la sortie du four, étalez finement une noix de beurre sur chaque tarte au sucre chaude. Dégustez tiède ou froid.

Kouglof

Pour 6 personnes
Préparation : 30 minutes
Repos : 3 h 30
Cuisson : 30 minutes

50 g de raisins secs
2 cuill. à soupe de rhum
15 g de levure de boulanger fraîche
300 g de farine
1 œuf
1 pincée de sel
5 cl de lait entier
70 g de sucre
80 g de beurre
40 g d'amandes entières
Sucre glace

Faites gonfler les raisins dans le rhum.

Mélangez la levure de boulanger dans 4 cl d'eau tiède. Ajoutez 50 g de farine, mélangez, couvrez et laissez lever dans un endroit tiède pendant 30 minutes.

Ajoutez la farine restante, l'œuf, le sel, le lait, le sucre et le beurre mou.

Pétrissez pendant 10 minutes.

Égouttez les raisins, ajoutez-les à la pâte et pétrissez 2 minutes.

Recouvrez d'un torchon propre et laissez la pâte lever 1 heure.

Beurrez le moule à kouglof et garnissez son fond d'amandes,

Farinez le plan de travail, déposez la pâte et dégazez-la en enfonçant votre poing dans la pâte.

Façonnez-la en boule. Déposez-la dans le moule et tassez-la légèrement.

Recouvrez-la d'un torchon et laissez-la à nouveau lever 2 heures.

Préchauffez le four à 170 °C (th. 6-7).

Enfournez le kouglof pour 30 minutes.

Saupoudrez de sucre glace au moment de servir.

LA TARTE AU SUCRE EST UNE SPÉCIALITÉ DU NORD DE LA FRANCE, ALORS QUE LE KOUGLOF RÈGNE EN ALSACE. DEUX SPÉCIALITÉS RÉGIONALES AUSSI GOURMANDES L'UNE QUE L'AUTRE, À SAVOURER AVEC UN CHOCOLAT CHAUD !

C'EST BON LA TRADITION !

DÉLICE D'HIVER

Brioche pomme spéculoos

Pour 1 grosse brioche
Préparation : 25 minutes
Cuisson : 30 minutes
Repos : 3 h 15

Brioche
7 g de levure de boulanger fraîche
200 g de farine
25 g de sucre
½ cuill. à café de sel fin
3 œufs
100 g de beurre

Garniture
2 cuill. à soupe de pâte de spéculoos
2 cuill. à soupe de compote de pomme
2 pommes à cuire
6 spéculoos coupés en morceaux
1 jaune d'œuf battu avec 1 cuill. à soupe de lait

Pour la brioche
Diluez la levure dans 2 cuill. à soupe d'eau tiède.

Mélangez la farine, le sucre, le sel et la levure.

Ajoutez les œufs un à un en mélangeant vigoureusement à la spatule pour les incorporer parfaitement.

Coupez le beurre à température ambiante en morceaux de la taille d'une noisette. Ajoutez-les peu à peu à la pâte, en les incorporant à la spatule.

Mélangez jusqu'à ce que la pâte se détache des parois du saladier.

Vous pouvez également utiliser un robot pâtissier si vous le souhaitez.

Couvrez la pâte d'un film alimentaire et laissez-la lever pendant 3 heures, dans un endroit chaud (aux alentours de 20 °C).

Lorsqu'elle a bien levé, enfoncez votre poing dans la pâte pour en ôter l'air.

Étalez-la en un grand disque sur un plan de travail fariné.

Pour la garniture
Tartinez la brioche de pâte de spéculoos, puis recouvrez-la d'une couche de compote.

Coupez les pommes en lamelles, ôtez leur cœur et disposez-les sur la pâte.

Brisez les speculoos entre vos mains et parsemez-les sur la pâte.

Repliez la pâte des bords vers le centre en la tirant légèrement, en formant un motif d'étoile.

Déposez au centre un quartier de pomme.

Laissez à nouveau lever 1 h 30, jusqu'à ce que la brioche double de volume.

Préchauffez le four à 210 °C (th. 7).

Badigeonnez la brioche de jaune d'œuf battu avec du lait.

Enfournez puis baissez la température à 180 °C (th. 6). Laissez cuire 30 minutes.

LE GOÛT ÉPICÉ DES SPECULOOS DONNE UN AIR DE FÊTE À CETTE BRIOCHE QUI SE CONSERVE 2 JOURS BIEN EMBALLÉE DANS LE BAC À LÉGUMES DU RÉFRIGÉRATEUR. MAIS ON PARIE QUE VOUS L'AUREZ FINIE AVANT !

DU BOUT DES DOIGTS

SABLÉS, PETITS-FOURS, MACARONS CHOCOLATS ET CONFISERIES

Sablés bretons

Pour une vingtaine de sablés
Préparation : 15 minutes
Cuisson : 20 minutes par fournée
Repos : 2 heures

225 g de farine
10 g de levure chimique
½ cuill. à café de fleur de sel
4 jaunes d'œufs
160 g de sucre glace
160 g de beurre mou

Tamisez la farine avec la levure chimique et le sel.

Fouettez les jaunes d'œufs avec le sucre.

Ajoutez le beurre pommade à l'aide d'une spatule. Versez la farine et la levure tamisées et mélangez jusqu'à l'obtention d'une boule de pâte.

Étalez-la sur un plan de travail fariné sur une épaisseur de 5 mm.

Placez la pâte étalée sur un plateau et laissez-la 1 heure au réfrigérateur.

Préchauffez le four à 170 °C (th. 5-6). Découpez les sablés à l'aide d'un emporte-pièce rond du diamètre désiré (de 4 à 6 cm de diamètre), et déposez-les dans des cercles non beurrés posés sur une plaque garnie de papier sulfurisé. À défaut, vous pouvez utiliser des moules à muffins en les déposant au fond. Laissez reposer 1 heure au réfrigérateur.

Enfournez pour 20 minutes. Ôtez délicatement les cercles et dégustez.

Sablés W

Pour environ 80 sablés
Préparation : 20 minutes
Cuisson : 15 à 20 minutes par fournée

500 g de farine
400 g de beurre mou
225 g de sucre
1 petit œuf
1 cuill. à soupe de zeste de citron râpé

Tamisez la farine. Préchauffez le four à 170 °C (th. 5-6).

Fouettez le beurre jusqu'à ce qu'il soit mousseux. Versez le sucre sans cesser de fouetter, puis l'œuf, et le zeste de citron. Ajoutez la farine en trois fois.

Versez la pâte dans une poche à douille munie d'une douille cannelée. Dressez des « W » de pâte sur des plaques à pâtisserie recouvertes de papier sulfurisé.

Enfournez pour 15 à 20 minutes. Conservez les sablés refroidis dans une boîte métallique.

CRAQUANTS !

Spéculoos

Pour une trentaine de spéculoos
Préparation : 20 minutes
Repos : 2 heures
Cuisson : 10 minutes par fournée

125 g de beurre mou
120 g de cassonade
30 g de sucre
1 œuf
1 cuill. à café rase de cannelle en poudre
1 pincée de sel
1 cuill. à soupe de lait
25 g d'amandes effilées
300 g de farine
½ sachet de levure chimique

Fouettez le beurre avec la cassonade et le sucre. Ajoutez l'œuf, la cannelle, le sel, le lait, les amandes et enfin la farine et la levure. Pétrissez jusqu'à l'obtention d'une pâte homogène.

Enveloppez la pâte dans un film étirable et placez-la 2 heures au réfrigérateur.

Préchauffez le four à 180 °C (th. 6).

Étalez finement la pâte sur un plan de travail fariné, sur une épaisseur d'environ 5 mm.

Découpez les biscuits à l'aide d'un emporte-pièce de la forme de votre choix. Déposez-les sur une plaque antiadhésive ou recouverte d'un tapis de cuisson en silicone.

Enfournez pour 6 à 8 minutes.

Laissez refroidir les biscuits sur une grille. Conservez-les dans une boîte métallique hermétique.

VARIANTE
Vous pouvez remplacer la cannelle et les amandes par le zeste finement râpé d'½ citron non traité.

Langues de chat

Pour une trentaine de biscuits
Préparation : 10 minutes
Cuisson : 8 minutes par fournée

120 g de beurre ramolli
80 g de sucre
1 pincée de sucre vanillé
2 œufs
120 g de farine

Préchauffez le four à 210 °C (th. 7).

Fouettez le beurre avec le sucre et le sucre vanillé.

Ajoutez les œufs un à un, en fouettant 2 minutes à chaque fois.

Versez la farine en une seule fois et incorporez-la à l'aide d'une spatule en bois pour obtenir un mélange homogène.

Versez la pâte dans une poche à douille munie d'une douille ronde et lisse et formez des bâtonnets bien espacés de 5 à 6 cm de long sur une plaque à pâtisserie beurrée. À défaut, vous pouvez utiliser deux petites cuillères pour les former.

Enfournez pour 5 à 6 minutes, jusqu'à ce que le pourtour des biscuits soit doré.

Décollez les langues de chat tièdes à l'aide d'une spatule en métal souple. Laissez refroidir sur une grille et conservez dans une boîte en métal hermétique.

ASTUCE
Si vous enroulez les langues de chat encore chaudes autour du manche d'une spatule en bois ou d'un stylo, vous obtiendrez… des cigarettes russes !

ENCORE MEILLEUR FAIT MAISON !

Petits-beurre

Pour une trentaine de biscuits
Préparation : 20 minutes
Cuisson : 10 minutes par fournée

350 g de farine avec levure incorporée
120 g de sucre
½ sachet de sucre vanillé
60 g de beurre mou
2 œufs
20 cl de crème fraîche épaisse

Préchauffez le four à 180 °C (th. 6).

Mélangez la farine, le sucre et le sucre vanillé.

Incorporez le beurre ramolli en sablant la pâte du bout des doigts, puis les œufs un à un. Ajoutez ensuite progressivement la crème fraîche jusqu'à l'obtention d'une pâte ferme mais souple, que vous pouvez étaler au rouleau. Vous n'aurez peut-être pas besoin de toute la crème fraîche, veillez à l'ajouter progressivement.

Étalez la pâte sur un plan de travail fariné sur une épaisseur de 4 mm. Découpez les biscuits avec un verre ou un emporte-pièce. Déposez-les sur une plaque antiadhésive recouverte de papier sulfurisé.

Piquez chaque biscuit avec les dents d'une fourchette.

Enfournez pour 8 à 10 minutes, en surveillant attentivement leur coloration : ils doivent brunir sans brûler.

Faites refroidir sur une grille et conservez dans une boîte métallique hermétique.

NÉ EN 1886, LE PETIT-BEURRE S'ACHÈTE TOUT PRÊT… MAIS EST DÉLICIEUSEMENT FACILE À FAIRE À LA MAISON ! SON SECRET : DE LA BONNE CRÈME FRAÎCHE, QUI LUI DONNE DU CROUSTILLANT. SI VOUS LES AIMEZ TRÈS DORÉS, BADIGEONNEZ-LES DE LAIT AVANT DE LES FAIRE CUIRE.

C'EST PARCE QU'ILS RESSEMBLENT À LA PARTIE HAUTE D'UNE PIERRE PRÉCIEUSE ET PARCE QUE LE SUCRE LES FAIT BRILLER DE MILLE FEUX QUE L'ON A BAPTISÉ CES SABLÉS « DIAMANTS ». POUR RÉUSSIR CES BIJOUX, TRAVAILLEZ LA PÂTE DU BOUT DES DOIGTS.

Diamants au thé matcha

Pour environ 25 diamants
Préparation : 30 minutes
Cuisson : 15 minutes par fournée
Repos : 1 heure

150 g de beurre mou
90 g de sucre glace
1 œuf
225 g de farine
1 cuill. à café de thé vert matcha en poudre
1 pincée de sel
1 jaune d'œuf + 1 cuill. à soupe d'eau
5 cuill. à soupe de sucre cristallisé

Fouettez le beurre, le sucre glace et l'œuf.

Ajoutez la farine, le thé matcha et le sel.

Pétrissez la pâte pendant 2 minutes jusqu'à ce qu'elle soit bien homogène.

Formez des boudins de pâte de 5 cm de diamètre, enroulez-les dans du film étirable et placez 1 heure au réfrigérateur.

Préchauffez le four à 180 °C (th. 6).

Badigeonnez d'œuf battu les boudins et roulez-les dans le sucre cristallisé.

Coupez les boudins de pâte en rondelles de 1 cm d'épaisseur.

Déposez-les sur une plaque de four recouverte d'un papier sulfurisé.

Enfournez pour 15 minutes. Laissez refroidir sur une grille et conservez dans une boîte métallique.

Diamants au cacao

Pour environ 25 diamants
Préparation : 30 minutes
Cuisson : 15 minutes par fournée
Repos : 12 heures

150 g de beurre doux
80 g de sucre glace
2 jaunes d'œufs
1 pincée de poivre blanc finement moulu
200 g de farine
25 g de cacao amer non sucré en poudre
3 cuill. à soupe de sucre cristal

Fouettez le beurre avec le sucre glace.

Ajoutez un jaune d'œuf et le poivre.

Tamisez la farine avec le cacao. Incorporez un tiers de ce mélange dans le beurre.

Ajoutez le reste en pétrissant légèrement.

Divisez la pâte obtenue en trois morceaux, roulez-les en boudin de 2,5 cm de diamètre.

Enveloppez-les de film étirable et placez-les 12 heures au réfrigérateur.

Préchauffez le four à 180 °C (th. 6).

Badigeonnez les boudins avec le jaune d'œuf restant battu avec 1 cuill. à café d'eau. Roulez-les dans le sucre cristal.

Coupez-les en rondelles d'1,5 cm d'épaisseur, placez-les sur une plaque.

Enfournez pour 15 minutes.

Laissez tiédir sur une grille et conservez dans une boîte métallique.

ASTUCE
Vous pouvez accoler ces diamants par 1 cuill. à café de confiture de framboises pour réaliser de petits gâteaux fourrés très gourmands.

ÇA CROQUE !

Diamants à la vanille

Pour environ 25 diamants
Préparation : 30 minutes
Cuisson : 15 minutes par fournée
Repos : 12 heures

150 g de beurre
80 g de sucre glace
2 jaunes d'œufs
1 gousse de vanille
225 g de farine
3 cuill. à soupe de sucre cristal

Fouettez le beurre avec le sucre glace.

Ajoutez un jaune d'œuf et les graines grattées de la gousse de vanille.

Incorporez un tiers de la farine, puis ajoutez le reste en pétrissant légèrement.

Divisez la pâte obtenue en trois morceaux, roulez-les en boudin de 2,5 cm de diamètre.

Enveloppez-les de film étirable et placez-les 12 heures au réfrigérateur.

Préchauffez le four à 180 °C (th. 6).

Badigeonnez les boudins avec le jaune d'œuf restant battu avec 1 cuill. à café d'eau. Roulez-les dans le sucre cristal.

Coupez-les en rondelles d'1,5 cm d'épaisseur, placez-les sur une plaque.

Enfournez pour 15 minutes.

Laissez tiédir sur une grille et conservez dans une boîte métallique.

Granolas maison au chocolat au lait

Pour une quinzaine de biscuits
Préparation : 20 minutes
Cuisson : 15 minutes
Repos : 1 heure

100 g de farine de sarrasin
100 g de farine de châtaigne
1 cuill. à café de bicarbonate de sodium
60 g de sucre roux
½ sachet de sucre vanillé
1 œuf
100 g de beurre en dés froid
50 g de chocolat au lait

Préchauffez le four à 180 °C (th. 6).

Tamisez les deux farines avec le bicarbonate.

Ajoutez le sucre, le sucre vanillé et l'œuf.

Incorporez le beurre en pétrissant légèrement jusqu'à obtenir une boule de pâte.

Façonnez un boudin, enveloppez-le de film étirable et placez-le 1 heure au réfrigérateur.

Déballez-le et coupez-le en tranches à l'aide d'un couteau bien aiguisé.

Placez sur une plaque recouverte de papier sulfurisé et enfournez pour 12 à 15 minutes.

Laissez les sablés refroidir sur une grille.

Faites fondre le chocolat au bain-marie. Déposez sur du film étirable des cuillerées bien espacées de chocolat et placez les sablés par-dessus.

Laissez refroidir avant d'ôter délicatement le film étirable.

Sablés à la fleur de sel

Pour environ 25 sablés
Préparation : 15 minutes
Cuisson : 20 à 25 minutes par fournée
Repos : 1 heure

120 g de beurre
160 g de farine
70 g de sucre glace
30 g de poudre d'amandes
1 cuill. à soupe de miel toutes fleurs
1 sachet de sucre vanillé
¼ de cuill. à café de fleur de sel
2 jaunes d'œufs
Fleur de sel

Incorporez le beurre froid coupé en petits cubes dans la farine, en mélangeant du bout des doigts jusqu'à obtenir une pâte sableuse.

Ajoutez ensuite le sucre, la poudre d'amandes, le miel, le sucre vanillé, la fleur de sel et un jaune d'œuf. Pétrissez jusqu'à obtenir une boule de pâte.

Emballez dans du film alimentaire et placez 1 heure au réfrigérateur.

Préchauffez le four à 180 °C (th. 6).

Étalez sur un plan de travail fariné. Découpez à la forme de votre choix à l'aide d'un emporte-pièce et placez les sablés sur une plaque recouverte de papier sulfurisé.

Badigeonnez de jaune d'œuf battu avec 1 cuill. à café d'eau. Saupoudrez légèrement de fleur de sel.

Enfournez pour 20 à 25 minutes, jusqu'à ce que les sablés soient dorés.

Croquants aux amandes

Pour une trentaine de croquants
Préparation : 15 minutes
Cuisson : 20 minutes par fournée
Repos : 10 minutes

400 g de farine
130 g de sucre glace
½ cuill. à café de levure chimique
1 pincée de sel
3 œufs
130 g d'amandes entières avec la peau

ORIGINAIRES DE PROVENCE, LES CROQUANTS AUX AMANDES SONT, COMME LES BISCOTTI ITALIENS, CUITS DEUX FOIS. C'EST CE QUI PERMET DE LES CONSERVER LONGTEMPS DANS UNE BOÎTE HERMÉTIQUE. GOÛTEZ-LES TREMPÉS DANS LE CAFÉ... OU DANS DU MUSCAT.

AUTHENTIQUE !

Préchauffez le four à 180 °C (th. 6).

Mélangez le sucre glace, la farine, la levure et le sel.

Incorporez les œufs un par un, jusqu'à obtenir une pâte bien homogène.

Ajoutez les amandes et façonnez la pâte en boudins de 3 cm de diamètre environ. Veillez à ce que les amandes soient bien à l'intérieur de la pâte.

Disposez les boudins de pâte sur une plaque recouverte de papier sulfurisé et enfournez pour 15 minutes en surveillant leur coloration : ils doivent légèrement dorer.

Retirez-les du four et laissez-les tiédir 10 minutes. Découpez chaque boudin en tranches de 5 mm d'épaisseur.

Étalez-les sur la plaque et enfournez-les pour 5 minutes supplémentaires.

Faites refroidir sur une grille et conservez dans une boîte hermétique.

Cookies chocolat-noisettes

Pour une douzaine de cookies
Préparation : 10 minutes
Cuisson : 10 minutes

150 g de farine
½ cuill. à café de levure chimique
1 pincée de sel
120 g de beurre ramolli
100 g de cassonade
1 cuill. à café d'extrait de vanille
2 œufs battus
100 g de pépites de chocolat
25 g de noisettes concassées

Préchauffez le four à 190 °C (th. 6-7).

Mélangez la farine, la levure chimique et le sel dans un bol.

Fouettez le beurre avec la cassonade jusqu'à ce que le mélange pâlisse et devienne onctueux. Ajoutez la vanille puis les œufs, sans cesser de fouetter.

Incorporez peu à peu la farine à l'aide d'une spatule en caoutchouc, en décollant bien la pâte du fond du saladier.

Ajoutez en dernier les pépites de chocolat et les noisettes.

Déposez des petits tas de pâte bien espacés à l'aide d'une cuillère sur une plaque chemisée de papier sulfurisé ou sur une plaque antiadhésive non beurrée.

Enfournez pour 10 minutes environ, jusqu'à ce que les bords des cookies soient dorés.

Décollez-les encore chauds avec une spatule métallique et laissez-les refroidir sur une grille.

Cookies au café

Pour une douzaine de cookies
Préparation : 15 minutes
Cuisson : 8 minutes

125 g de beurre demi-sel mou
100 g de sucre
100 g de sucre roux
200 g de farine
1 œuf
1 cuill. à café d'extrait de café
100 g de pépites de chocolat blanc

Préchauffez le four à 190 °C (th. 6-7).

Mélangez le beurre bien mou avec le sucre et le sucre roux. Ajoutez la farine, mélangez puis ajoutez l'œuf.

Ajoutez l'extrait de café et les pépites de chocolat blanc.

À l'aide d'une portionneuse à glace ou d'une cuillère à soupe, réalisez des petites boules de pâte de 50 g environ. Déposez-les sur une plaque recouverte dc papier sulfurisé en les espaçant bien.

Enfournez pour 8 minutes.

Laissez tiédir avant de placer sur une grille jusqu'à complet refroidissement.

Cookies avoine et raisins secs

Pour une vingtaine de cookies
Préparation : 10 minutes
Cuisson : 10 minutes par fournée

1 œuf
80 g de sucre rapadura
1 cuil. à café d'extrait de vanille
1 pincée de sel
120 g de beurre fondu
200 g de farine
100 g de raisins secs
130 g de flocons d'avoine

Préchauffez le four à 180 °C (th. 6).

Mélangez l'œuf battu, le sucre rapadura, l'extrait de vanille, le sel et le beurre fondu.

Ajoutez la farine puis mélangez afin d'obtenir une pâte homogène.

Incorporez les raisins secs et les flocons d'avoine.

Sur une plaque recouverte de papier sulfurisé, disposez des cuillères de pâte en les espaçant bien.

Enfournez pour 10 minutes environ.

Laissez tiédir avant de placer sur une grille jusqu'à complet refroidissement.

À SAVOIR
Le sucre rapadura est un sucre complet, au goût de réglisse, qui s'achète en magasin bio.

LES COOKIES DOIVENT ÊTRE MOUS À LA SORTIE DU FOUR. ATTENDEZ QUELQUES MINUTES AVANT DE LES DÉCOLLER DE LA PLAQUE À L'AIDE D'UNE SPATULE ET LAISSEZ-LES REFROIDIR SUR UNE GRILLE : C'EST AINSI QU'ILS DEVIENNENT CROUSTI-FONDANTS, COMME ON LES AIME.

Damiers

Pour une vingtaine de sablés
Préparation : 45 minutes
Cuisson : 10 minutes par fournée
Repos : 1 h 30

La pâte sablée nature
100 g de beurre mou
50 g de beurre demi-sel mou
100 g de sucre glace
50 g de poudre d'amandes
3 jaunes d'œufs
200 g de farine

La pâte sablée au chocolat
100 g de beurre mou
50 g de beurre demi-sel mou
100 g de sucre glace
30 g de poudre d'amandes
3 jaunes d'œufs
220 g de farine
40 g de cacao amer non sucré en poudre

Pour le montage
1 jaune d'œuf battu avec 1 cuill. à café d'eau

Préparez les deux pâtes sablées dans deux saladiers différents.

Fouettez le beurre doux et le beurre salé avec le sucre glace.

Ajoutez la poudre d'amandes et les jaunes d'œufs un à un, puis la farine.

Pour la pâte au cacao, ajoutez le cacao en même temps que la farine.

Enveloppez les deux pâtes de film étirable et faites-les reposer 1 heure au réfrigérateur.

Étalez sur un plan de travail fariné la pâte nature et les deux tiers de la pâte au chocolat en deux grands rectangles d'une épaisseur de 1,5 cm. Placez les deux abaisses de pâte 30 minutes au réfrigérateur.

Badigeonnez la pâte au chocolat de jaune d'œuf battu avec l'eau.

Posez par-dessus la pâte nature en les faisant parfaitement se chevaucher. Égalisez les bords à l'aide d'un couteau pointu.

Découpez la pâte en bandes de 1,5 cm de largeur.

Collez avec du jaune d'œuf les bandes deux par deux, en les alternant de façon à former un damier à la coupe : vous devez obtenir un boudin de section carrée, fait de quatre bandes.

Étalez la pâte au chocolat restante sur une épaisseur de 3 mm. Entourez le boudin de cette pâte, enveloppez-le de film étirable et réservez une nuit au réfrigérateur.

Préchauffez le four à 180 °C (th. 6).

Coupez le boudin de pâte en tranches d'environ 8 mm d'épaisseur.

Placez-les en les espaçant légèrement sur une plaque recouverte d'une feuille de cuisson ou de papier sulfurisé.

Enfournez pour 10 minutes.

Laissez refroidir sur une grille. Conservez dans une boîte métallique hermétique.

Macarons à l'ancienne

Pour une trentaine de macarons
Préparation : 15 minutes
Cuisson : 15 minutes

4 blancs d'œufs
150 g de poudre d'amandes
50 g de poudre de noisettes
200 g de sucre
1 cuill. à soupe de miel liquide toutes fleurs
1 goutte d'extrait d'amande amère
Sucre glace

Préchauffez votre four à 160 °C (th. 5-6).

Mélangez tous les ingrédients, à l'exception du sucre glace, dans un saladier résistant à la chaleur.

Placez votre récipient au bain-marie, sur une casserole d'eau bouillante, et faites chauffer jusqu'à ce que la pâte devienne liquide. Sa température doit être aux alentours de 40 °C, soit une légère sensation de chaleur lorsque vous la touchez.

Déposez des cuillerées de pâte sur une plaque recouverte de papier sulfurisé.

Saupoudrez de sucre glace et enfournez pour 15 minutes.

Décollez les macarons du papier lorsqu'ils sont tièdes et laissez-les refroidir sur une grille.

Ces macarons se conservent parfaitement une semaine à dix jours dans une boîte hermétique.

SPECTACULAIRES, CES SABLÉS DAMIERS NE SONT PAS DIFFICILES À RÉUSSIR SI L'ON S'ORGANISE BIEN. DÉCOUPEZ-LES AVEC UN COUTEAU BIEN AIGUISÉ POUR QUE LEUR DESSIN RESTE BIEN NET. ENFIN, POUR QU'ILS SOIENT FONDANTS, RESPECTEZ LE TEMPS DE CUISSON : LES CASES BLANCHES NE DOIVENT PAS DORER.

À DÉCOUVRIR

Arlettes croustillantes

Pour environ 30 arlettes
Préparation : 15 minutes
Repos : 1 heure
Cuisson : 15 à 20 minutes par fournée

150 g de pâte feuilletée
100 g de sucre glace

Saupoudrez de sucre glace le plan de travail.

Étalez finement la pâte feuilletée sur une épaisseur de 2 mm. Roulez-la en boudin de 3 cm de diamètre, puis placez-la 1 heure au réfrigérateur.

Préchauffez le four à 200 °C (th. 6-7).

Coupez la pâte en fines tranches. Saupoudrez-les abondamment de sucre glace. Étalez finement les tranches de pâte entre deux feuilles de papier sulfurisé.

Placez les arlettes sur une plaque, recouvrez d'une autre plaque et enfournez pour 15 à 20 minutes, jusqu'à ce que les arlettes soient bien dorées.

Croquets aux amandes

Pour une trentaine de biscuits
Préparation : 10 minutes
Cuisson : 18 à 20 minutes

250 g de farine avec levure incorporée
100 g de beurre mou
125 g de sucre
100 g d'amandes non pelées
1 petit œuf
1 cuill. à soupe de café soluble
½ cuill. à soupe d'eau

Préchauffez le four à 180 °C (th. 6).

Mélangez tous les ingrédients.

Façonnez en un long boudin, placez sur une plaque antiadhésive et enfournez pour 15 minutes.

Détaillez le boudin en fines tranches. Replacez-les sur la plaque, face coupée vers le haut, et enfournez-les à nouveau pour 3 à 4 minutes jusqu'à ce qu'elles soient dorées.

Tuiles dentelle

Pour une trentaine de biscuits
Préparation : 10 minutes
Cuisson : 5 à 6 minutes par fournée
Repos : 3 heures

60 g de beurre
120 g de sucre glace
50 g de farine
6 cl de jus d'orange
60 g d'amandes mondées concassées

Faites fondre le beurre à feu doux, laissez-le refroidir.

Mélangez, en respectant l'ordre, le sucre, la farine, le jus d'orange et le beurre fondu.

Ajoutez les amandes concassées.

Recouvrez de film alimentaire et placez la pâte au moins 3 heures au réfrigérateur.

Préchauffez le four à 200 °C (th. 6-7).

Étalez des cuillerées de pâte sur des plaques anti adhésives ou des plaques recouvertes de papier cuisson.

Enfournez 5 à 6 minutes en surveillant attentivement.

Moulez les tuiles à la sortie du four sur un rouleau à pâtisserie ou une bouteille entourée d'un film alimentaire.

VARIANTE
Remplacez le jus d'orange par du jus de pamplemousse et les amandes par des pralines finement broyées.

Madeleines

Pour environ 15 madeleines
Préparation : 15 minutes
Cuisson : 8 minutes
Repos : 1 heure au minimum, idéalement une nuit

130 g de beurre
3 œufs moyens
110 g de sucre en poudre
1 sachet de sucre vanillé
150 g de farine avec levure incorporée
1 zeste de citron non traité finement râpé

Faites fondre le beurre et laissez-le refroidir.

Beurrez régulièrement les alvéoles des plaques à madeleines et saupoudrez-les légèrement de farine.

Fouettez les œufs avec le sucre et le sucre vanillé jusqu'à ce que le mélange blanchisse.

Ajoutez la farine et le zeste de citron.

Incorporez le beurre fondu petit à petit.

Recouvrez de film étirable et laissez reposer la pâte 1 heure minimum au réfrigérateur, idéalement toute une nuit.

Préchauffez votre four à 220 °C (th. 7-8).

Remplissez de pâte chaque alvéole du moule aux deux tiers.

Faites cuire 4 minutes dans un premier temps à 220 °C puis baissez le four à 180 °C (th. 6) et poursuivez la cuisson 4 minutes supplémentaires.

Démoulez les madeleines dès leur sortie du four et laissez-les refroidir sur une grille.

Barre aux céréales et fruits secs

Pour 6 personnes
Préparation : 15 minutes
Cuisson : 20 minutes

100 g de beurre
50 g de sucre cassonade
4 cuill. à soupe de miel liquide
1 cuill. à café rase de cannelle
40 g d'abricots secs coupés en petits dés
30 g de figues sèches coupées en petits dés
250 g de muesli nature

Beurrez un moule à manqué.

Préchauffez votre four à 180 °C (th. 6).

Faites fondre le beurre, le sucre, le miel et la cannelle à feu doux dans une casserole.

Hors du feu, ajoutez les abricots et les figues.

Mélangez à l'aide d'une cuillère en bois.

Ajoutez le muesli et mélangez à nouveau.

Versez ce mélange dans votre moule en tassant bien.

Enfournez pour 20 minutes, jusqu'à ce que la surface soit légèrement dorée.

Laissez tiédir avant de démouler et de couper en forme de parts.

ASTUCE
Utilisez un moule carré pour pouvoir facilement découper des barres.

C'EST PARCE QU'ILS RESSEMBLENT À DES LINGOTS D'OR QUE L'ON NOMME AINSI CES GÂTEAUX. EN TOUT CAS, CE SONT DES TRÉSORS… DE GOURMANDISE !

Financiers

Pour une dizaine de gros financiers ou vingt-cinq petits
Préparation : 20 minutes
Repos : 1 heure
Cuisson : 15 minutes par fournée

120 g de beurre
175 g de sucre glace
120 g de poudre d'amandes
60 g de farine
4 gros blancs d'œufs
1 cuill. à café d'extrait de vanille liquide
Amandes effilées (pour saupoudrer)

Faites cuire le beurre dans une casserole jusqu'à obtenir une coloration noisette.

Réservez-le dans un récipient plongé dans un saladier rempli de glaçons, afin de bloquer sa cuisson.

Tamisez le sucre glace avec la poudre d'amandes et la farine.

Versez les blancs d'œufs et l'extrait de vanille, mélangez.

Filtrez le beurre noisette au chinois et ajoutez-le à la pâte.

Placez-la au réfrigérateur pendant 1 heure.

Préchauffez le four à 210 °C (th. 7).

Remplissez les moules à financiers aux trois quarts et saupoudrez-les d'amandes effilées.

Enfournez-les et baissez la température du four à 180 °C (th. 6).

Laissez cuire 12 à 15 minutes.

FACILE

Bouchées pistache-griotte

Pour une vingtaine de bouchées
Préparation : 15 minutes
Cuisson : 10 minutes

100% AMANDES

250 g de pâte d'amande
20 g de pâte de pistache
3 œufs
70 g de beurre fondu tiède
1 cuill. à soupe de farine
Une dizaine de griottes à l'eau-de-vie (griottines)

Préchauffez le four à 190 °C (th. 6-7).

Coupez la pâte d'amande en petits morceaux.

Mixez la pâte d'amande dans le bol d'un robot jusqu'à obtenir une sorte de chapelure fine. Ajoutez la pâte de pistache et mixez jusqu'à ce qu'elles soient bien mélangées.

Ajoutez les œufs un par un, tout en mixant par à-coups.

Ajoutez enfin le beurre fondu et la farine jusqu'à l'obtention d'une pâte homogène et légèrement coulante.

Coupez les griottines en deux. Déposez-les au fond de mini-moules en silicone posés sur une plaque. Remplissez-les aux trois quarts de pâte.

Enfournez pour 10 minutes.

Laissez tiédir avant de démouler.

Mini-moelleux amande-orange

Pour une vingtaine de mini-moelleux
Préparation : 15 minutes
Cuisson : 10 minutes

270 g de pâte d'amande
20 g de pâte de pistache
3 œufs
70 g de beurre fondu tiède
1 cuill. à soupe de farine
Le zeste râpé d'une orange non traitée

Préchauffez le four à 190 °C (th. 6-7).

Coupez la pâte d'amande en petits morceaux.

Mixez la pâte d'amande dans le bol d'un robot jusqu'à obtenir une sorte de chapelure fine. Ajoutez la pâte de pistache et mixez jusqu'à ce qu'elles soient bien mélangées.

Ajoutez les œufs un par un, tout en mixant par à-coups.

Ajoutez enfin le beurre fondu, la farine et le zeste d'orange jusqu'à l'obtention d'une pâte homogène et légèrement coulante.

Remplissez de pâte aux trois quarts des moules en silicone posés sur une plaque.

Enfournez pour 10 minutes.

Laissez tiédir avant de démouler.

À SAVOIR
Vous pouvez ajouter un suprême d'orange sur chaque moelleux avant d'enfourner.

Cannelés

Pour 6 à 8 gros cannelés
Préparation : 20 minutes
Cuisson : 1 h 30
Repos : 1 heure

25 cl de lait entier
25 g de beurre
½ cuill. à soupe d'extrait de vanille
1 œuf
1 jaune d'œuf
125 g de sucre en poudre
50 g de farine
½ pincée de sel fin
½ cuill. à soupe de rhum

Portez à ébullition le lait avec le beurre et l'extrait de vanille.

Fouettez l'œuf, le jaune d'œuf et le sucre pendant ce temps.

Ajoutez la farine et le sel.

Versez le lait bouillant en mélangeant sans cesse afin d'obtenir une pâte fluide et sans grumeaux, semblable à une pâte à crêpe.

Laissez reposer 1 heure.

Préchauffez le four à 250 °C (th. 8-9) une dizaine de minutes.

Ajoutez le rhum dans la pâte, mélangez bien.

Beurrez les moules à cannelés et remplissez-les aux deux tiers de pâte.

Enfournez et laissez cuire 5 minutes à four chaud, puis baissez la température à 180 °C (th. 6) et laissez cuire pendant 1 h 20.

Démoulez les cannelés tièdes et laissez-les refroidir sur une grille.

LA PÂTE DE CES PETITS GÂTEAUX BORDELAIS PEUT SE CONSERVER JUSQU'À 2 JOURS AU RÉFRIGÉRATEUR STOCKÉE DANS UNE BOUTEILLE. PRATIQUE POUR S'ORGANISER !

Macarons au chocolat et à l'orange

Pour 10 à 15 macarons
Préparation : 30 minutes
Repos : 20 minutes
Cuisson : 12 minutes

Pour les macarons
3 blancs d'œufs (soit 100 g)
120 g de poudre d'amandes
220 g de sucre glace
30 g de sucre en poudre

Pour les coques au cacao
1 cuill. à café de cacao poudre
1 goutte de colorant rouge

Pour les coques à l'orange
3 gouttes d'huile essentielle d'orange
2 gouttes de colorant orange
1 cuill. à soupe de graines de pavot

Pour la garniture
12,5 cl de crème liquide entière
1 cuill. à soupe de miel liquide
150 g de chocolat noir pâtissier
25 g de beurre
4 gouttes d'huile essentielle d'orange
1 cuill. à soupe de zestes d'orange confite hachés

Pour les macarons
La veille, séparez les blancs des jaunes d'œufs. Conservez-les au réfrigérateur.

Le jour même, mixez la poudre d'amandes et le sucre glace jusqu'à obtenir une poudre très fine. Tamisez-les sur une feuille de papier sulfurisé.

Montez les blancs d'œufs en neige en ajoutant la moitié du sucre à mi-parcours. Ajoutez le sucre restant lorsque les blancs sont bien fermes, sans cesser de fouetter.

Incorporez délicatement aux blancs en trois fois le mélange de poudre d'amandes et de sucre. Utilisez une spatule ou une maryse jusqu'à ce que le mélange soit homogène, souple et brillant.

Divisez cette pâte en deux portions égales.

Ajoutez à l'une le cacao et le colorant rouge, et à l'autre l'huile essentielle d'orange et le colorant orange.

Sur la plaque du four recouverte d'une feuille de papier sulfurisé, formez des disques de 3 cm bien espacés avec les deux pâtes, à l'aide d'une poche à douille.

Saupoudrez les coques orange de graines de pavot.

Tapotez légèrement la plaque du four et laissez les macarons reposer 20 minutes à température ambiante.

Préchauffez le four à 150 °C (th. 5).

Enfournez pour 12 minutes.

Laissez refroidir.

Pour la garniture
Portez à ébullition la crème et le miel.

Cassez le chocolat en petits morceaux et versez par-dessus le mélange crème-miel brûlant.

Mélangez à l'aide d'une spatule souple afin d'obtenir un mélange homogène et lisse.

Incorporez alors le beurre pommade, l'huile essentielle et les zestes confits. Laissez refroidir pour que le mélange durcisse.

Pour finir
Garnissez les coques au chocolat d'un peu de garniture. Refermez avec les coques orange.

À SAVOIR
Pour des macarons bien lisses, utilisez des blancs d'œufs réservés au réfrigérateur depuis un ou deux jours. Rien à craindre puisqu'ils seront cuits… et le résultat sera parfait à l'arrivée !

Macarons à la pistache et à la griotte

Pour 10 à 15 macarons
Préparation : 30 minutes
Cuisson : 12 minutes
Repos : 50 minutes

Pour les macarons
3 blancs d'œufs (soit 100 g)
100 g de poudre d'amandes
20 g de poudre de pistache
220 g de sucre glace
30 g de sucre en poudre
5 gouttes de colorant vert

Pour la garniture
200 g de griottes surgelées
1 cuill. à soupe de sucre semoule
½ cuill. à café de Maïzena®
70 g de sucre glace
50 g de poudre d'amandes
120 g de beurre en pommade
2 cuill. à café de pâte de pistache

Pour les macarons
La veille, séparez les blancs des jaunes d'œufs. Conservez-les au réfrigérateur.

Placez les griottes surgelées au réfrigérateur pour qu'elles décongèlent.

Le jour même, mixez la poudre d'amandes, la poudre de pistaches et le sucre glace jusqu'à obtenir une poudre très fine. Tamisez-les sur une feuille de papier sulfurisé.

Montez les blancs d'œufs en neige en ajoutant la moitié du sucre à mi-parcours. Ajoutez le sucre restant lorsque les blancs sont bien fermes, sans cesser de fouetter.

Incorporez délicatement aux blancs en trois fois le mélange de poudre d'amandes et de sucre. Utilisez une spatule ou une maryse jusqu'à ce que le mélange soit homogène, souple et brillant.

Ajoutez délicatement le colorant vert.

Remplissez une poche à douille de cette pâte.

Sur la plaque du four recouverte d'une feuille de papier sulfurisé, formez des disques de 3 cm bien espacés.

Tapotez légèrement la plaque du four et laissez les macarons reposer 20 minutes à température ambiante.

Préchauffez le four à 150 °C (th. 5).

Enfournez pour 12 minutes.

Pour la garniture
Dans une casserole, portez à ébullition les griottes. Ajoutez le sucre et la Maïzena® mélangées, faites cuire 2 à 3 minutes en mélangeant. Mixez grossièrement à l'aide d'un mixeur plongeant. Laissez reposer 30 minutes.

Fouettez le beurre pommade, le sucre glace, la poudre d'amandes et la pâte de pistache jusqu'à l'obtention d'une crème onctueuse.

Pour finir
Déposez sur la moitié des coques de macaron un peu de gelée de griottes, puis recouvrez d'un peu de crème à la pistache.

Fermez avec les autres coques.

MIXER FINEMENT PUIS TAMISER LA POUDRE D'AMANDES ET LE SUCRE GLACE PERMET D'OBTENIR UNE TEXTURE TRÈS FINE, POUR UN MACARON À LA TEXTURE PARFAITE.

Rochers coco

Pour environ 24 rochers
Préparation : 15 minutes
Cuisson : 5 minutes

300 g de noix coco râpée
300 g de sucre
1 cuill. à soupe de compote de pommes non sucrée
5 blancs d'œufs

Préchauffez le four à 210 °C (th. 7). Garnissez une plaque de papier sulfurisé.

Mélangez la noix de coco râpée, le sucre, la compote de pommes et les blancs d'œufs. Vous devez obtenir une pâte assez consistante.

Façonnez à la main des boulettes de pâte et déposez-les sur la plaque. Faites cuire environ 5 minutes au four, les rochers doivent être légèrement colorés. Détachez-les de la plaque et laissez-les refroidir sur une grille.

ASTUCE
Pour modeler plus facilement ces rochers, humectez très légèrement vos mains sous un filet d'eau froide.

SIMPLISSIME

Macarons craquelés au chocolat et aux raisins

Pour environ 25 macarons
Préparation : 30 minutes
Cuisson : 15 minutes

Pour les macarons
3 blancs d'œufs
110 g de sucre + 2 cuill. à soupe
100 g de poudre d'amandes
2 cuill. à soupe de cacao en poudre
1 cuill. à soupe de farine
Sucre glace

Pour la ganache
70 g de raisins secs
2 cuill. à soupe de rhum brun
100 g de chocolat à 70 % de cacao
20 cl de crème liquide entière
70 g de beurre

Préchauffez le four à 180 °C (th. 6).

Fouettez les blancs d'œufs en neige. Lorsqu'ils sont bien fermes mais pas complètement montés, ajoutez 2 cuill. à soupe de sucre sans cesser de battre.

Tamisez la poudre d'amandes, le cacao, la farine et le sucre.

Incorporez délicatement ce mélange aux blancs d'œufs avec une spatule.

Dressez avec une poche à douille des boules de 3 cm de diamètre sur une plaque recouverte de papier sulfurisé. Saupoudrez de sucre glace et enfournez pour 10 minutes.

À la sortie du four, glissez la feuille de papier sulfurisé sur une grille et laissez refroidir les macarons.

Pour la garniture
Portez à ébullition pendant 2 minutes les raisins secs plongés dans l'eau chaude. Mixez les raisins égouttés avec le rhum.

Hachez le chocolat. Portez la crème à ébullition et versez-la en trois fois en mélangeant à l'aide d'une spatule, jusqu'à ce que le chocolat soit fondu et la crème obtenue bien lisse et brillante.

Ajoutez le beurre, puis les raisins mixés, et mélangez jusqu'à obtenir une ganache onctueuse.

Pour finir
Garnissez la moitié des macarons d'une petite cuillère à café de ganache et recouvrez de l'autre moitié des macarons.

LES MACARONS CRAQUELÉS SONT NÉS
AU MOYEN ÂGE ET SE DÉGUSTENT DANS TOUTE
L'EUROPE. À REDÉCOUVRIR !

Macarons au caramel au beurre salé

Pour 10 à 15 macarons
Préparation : 40 minutes
Cuisson : 20 minutes
Repos : 20 minutes

Pour les macarons
3 blancs d'œufs (soit 100 g)
120 g de poudre d'amandes
220 g de sucre glace
30 g de sucre en poudre
2 gouttes de colorant brun
3 cuill. à soupe de graines de sésame

Pour le caramel au beurre salé
200 g de sucre
100 g de crème liquide entière
30 g de beurre demi-sel
2 pincées de fleur de sel

Pour la crème au caramel
200 g de beurre
160 g de poudre d'amandes
140 g de caramel au beurre salé

Pour les macarons
La veille, séparez les blancs des jaunes d'œufs. Conservez-les au réfrigérateur.

Le jour même, mixez la poudre d'amandes et le sucre glace jusqu'à obtenir une poudre très fine. Tamisez-les sur une feuille de papier sulfurisé.

Montez les blancs d'œufs en neige en ajoutant la moitié du sucre à mi-parcours. Ajoutez le sucre restant lorsque les blancs sont bien fermes, sans cesser de fouetter.

Incorporez délicatement aux blancs en trois fois le mélange de poudre d'amandes et de sucre. Utilisez une spatule ou une maryse jusqu'à ce que le mélange soit homogène, souple et brillant. Ajoutez le colorant et mélangez délicatement.

Remplissez une poche à douille de pâte à macarons. Sur la plaque du four recouverte d'une feuille de papier sulfurisé, formez des disques de 3 cm bien espacés.

Saupoudrez de graines de sésame.

Tapotez légèrement la plaque du four et laissez les macarons reposer 20 minutes à température ambiante.

Préchauffez le four à 150 °C (th. 5).

Enfournez pour 12 minutes.

Laissez refroidir.

Pour le caramel au beurre salé
Préparez un caramel à sec.

Versez le sucre dans une casserole et faites-le chauffer à feu moyen sans remuer jusqu'à obtenir un caramel blond.

Pendant ce temps, faites chauffer la crème liquide.

Ajoutez-la hors du feu au caramel en mélangeant vivement : attention aux éclaboussures.

Ajoutez rapidement le beurre et remuez à nouveau, jusqu'à ce que la sauce soit bien crémeuse.

Remettez la casserole sur feu doux et remuez sans cesse pendant 2 à 3 minutes.

Ajoutez la fleur de sel et mélangez. Pesez 140 g de ce caramel pour préparer la crème caramel.

Pour la crème au caramel
Mélangez au fouet le beurre pommade avec la poudre d'amandes.

Versez le mélange dans le bol d'un mixeur, incorporez les 140 g de caramel au beurre salé réservés et mixez jusqu'à l'obtention d'une crème onctueuse.

Pour finir
Déposez au centre de la moitié des coques de macaron une touche de caramel au beurre salé. Déposez ensuite un peu de crème au caramel et recouvrez des autres coques. Décorez de filets de caramel.

Le whoop mac

photo p. 54

ORIGINAL !

Pour une vingtaine de whoopies
Préparation : 40 minutes
Cuisson : 30 minutes par fournée
Repos : 30 minutes

Pour les whoopies
1 œuf
120 g de sucre semoule
110 g de beurre fondu
200 g de farine
2 cuill. à café de cacao amer en poudre
1 cuill. à café de levure chimique
½ cuill. à café de bicarbonate de sodium
50 g de crème épaisse
1 petit-suisse

Pour les coques de macarons
100 g de poudre d'amandes
1 cuill. à soupe de farine
110 g de sucre semoule
2 cuill. à soupe de sucre glace
3 blancs d'œufs
2 gouttes de colorant rouge

Pour la garniture
5 cl de crème liquide
20 cl de coulis de framboise non sucré (surgelé par exemple)
1 cuill. à soupe de miel
200 g de chocolat noir pâtissier
50 g de beurre

SAVIEZ-VOUS QUE LES MACARONS SE CONGELAIENT TRÈS BIEN ? VOUS POUVEZ PLACER AU CONGÉLATEUR LES COQUES SEULES, BIEN À PLAT, OU LES MACARONS ENTIERS DÉJÀ GARNIS. PENSEZ À LES SORTIR 1 À 2 HEURES AVANT DÉGUSTATION, ET CONSOMMEZ-LES DANS LA JOURNÉE. NE LES RE-CONGELEZ EN AUCUN CAS.

Pour les macarons
Préchauffez le four à 180 °C (th. 6).

Tamisez et mélangez la poudre d'amandes, la farine et le sucre semoule.

Battez les blancs d'œufs en neige.

Quand ils commencent à s'affermir, ajoutez le sucre glace. Continuez de battre jusqu'à l'obtention d'un mélange bien ferme.

À l'aide d'une maryse, incorporez délicatement le mélange tamisé aux blancs montés. Ajoutez le colorant. Garnissez une plaque à pâtisserie d'une feuille de papier sulfurisé puis, avec une poche à douille (ou une petite cuillère), déposez sur le papier des boules de pâte de 3 cm de diamètre en les espaçant de 8 à 10 cm de toutes parts.

Saupoudrez à deux reprises de sucre glace et faites cuire 10 minutes au four.

À la sortie du four, posez la feuille sur une grille et laissez refroidir les coques.

Pour les whoopies
Fouettez l'œuf avec le sucre. Ajoutez le beurre fondu tiède, puis la farine, le cacao, la levure chimique et le bicarbonate de sodium.

Incorporez la crème fraîche et le petit-suisse. Placez la pâte au réfrigérateur 15 minutes.

Préchauffez le four à 180 °C (th. 6).

Déposez vingt-quatre petits tas de pâte sur une plaque recouverte de papier sulfurisé en les espaçant bien, à l'aide d'une cuillère ou d'une poche à douille.

Enfournez pour 15 minutes et laissez refroidir avant de décoller les coques.

Pour la garniture
Portez séparément à ébullition la crème liquide mélangée avec le miel et le coulis de framboises.

Versez sur le chocolat haché et mélangez jusqu'à ce que le chocolat soit fondu.

Ajoutez le beurre et mélangez.

Pour finir
Déposez un peu de garniture sur la surface plate d'une coque de whoopie et ajustez par-dessus une coque de macaron.

Répétez ces opérations avec le reste des coques.

Griottes au chocolat

Pour une quarantaine de griottes
Préparation : 20 minutes
Cuisson : 5 minutes
Repos : 4 heures

40 cerises à l'eau-de-vie ou au kirsch
300 g de fondant blanc
200 g de chocolat noir pâtissier

Égouttez les cerises et séchez-les sur un papier absorbant en faisant bien attention à préserver leur queue.

Mélangez le fondant avec une cuillère à soupe d'eau-de-vie ou de kirsch de macération et faites-le chauffer au bain-marie jusqu'à ce qu'il soit assez mou pour qu'on puisse y tremper les cerises.

Quand le fondant est chaud, trempez-y les cerises bien sèches une par une et déposez-les sur une feuille de silicone. Laissez le fondant durcir pendant 2 heures.

Hachez le chocolat noir.

Faites-en fondre au bain-marie 125 g, en veillant à ce que la température ne dépasse pas 45 °C à l'aide d'un thermomètre.

Hors du bain-marie, ajoutez les 75 g de chocolat restants, mélangez jusqu'à ce que le chocolat soit parfaitement fondu. Placez à nouveau le chocolat dans le bain-marie, jusqu'à ce que sa température atteigne 30 °C.

Trempez les griottes dans l'enrobage chocolat et laissez sécher.

RESPECTER LES TEMPÉRATURES DE FONTE DU CHOCOLAT PERMET D'OBTENIR UN CHOCOLAT QUI RESTERA LISSE ET BRILLANT EN REFROIDISSANT. SI VOUS ÊTES PRESSÉS, PROCUREZ-VOUS DU BEURRE DE CACAO MICRONISÉ DANS LES BOUTIQUES SPÉCIALISÉES EN PÂTISSERIE : IL PERMET DE PRÉPARER DE FAÇON SIMPLE ET RAPIDE DU CHOCOLAT TEMPÉRÉ, SANS THERMOMÈTRE.

Muscadines

Pour une cinquantaine de pièces
Préparation : 30 minutes
Cuisson : 5 minutes
Repos : 8 heures

200 g de chocolat noir pâtissier corsé
10 cl de crème liquide entière
20 g de beurre
100 g de pâte de praliné
2 cuill. à soupe de Grand-Marnier® ou de Cointreau®

Pour l'enrobage
150 g de chocolat noir pâtissier à 64 % de cacao
50 g de sucre glace

Hachez le chocolat noir corsé.

Portez la crème à ébullition.

Versez-la en deux fois sur le chocolat haché, mélangez jusqu'à obtenir une pâte lisse.

Ajoutez le beurre ramolli, le pralin et l'alcool.

Façonnez la ganache en bâtons de 4 cm de long à l'aide d'une poche à douille.

Laissez durcir les bâtonnets sur une feuille de papier sulfurisé.

Pour l'enrobage
Hachez le chocolat noir.

Faites-en fondre au bain-marie 100 g, en veillant à ce que la température ne dépasse pas 45 °C à l'aide d'un thermomètre.

Hors du bain-marie, ajoutez les 50 g de chocolat restants, mélangez jusqu'à ce que le chocolat soit parfaitement fondu. Placez à nouveau le chocolat dans le bain-marie, jusqu'à ce que sa température atteigne 30 °C.

Plongez les muscadines une à une dans ce chocolat tempéré, laissez-les sécher au moins 8 heures sur une grille.

Lorsque le chocolat a durci, roulez-les dans le sucre glace.

Rochers pralinés

Pour une douzaine de rochers
Préparation : 40 minutes
Cuisson : 40 minutes
Repos : 2 h 30

Pour les bouchées
50 g de chocolat noir pâtissier
120 g de chocolat au lait pâtissier
250 g de praliné amandes-noisettes en pâte
40 g de crêpes dentelle

Pour l'enrobage
50 g d'amandes hachées
250 g de chocolat noir pâtissier
100 g de sucre

Pour les bouchées
Faites fondre au bain-marie le chocolat noir et le chocolat au lait. Ajoutez hors du feu le praliné et les crêpes dentelle émiettées.

Laissez reposer 1 heure puis façonnez cette pâte en boules à l'aide d'une cuillère à glace.

Réservez au réfrigérateur 1 heure, le temps de préparer l'enrobage.

Pour l'enrobage
Faites torréfier 20 minutes les amandes dans un four préchauffé à 150 °C (th. 5).

Préparez un sirop avec le sucre et 2 cuill. à soupe d'eau. Laissez-le cuire 5 minutes, jusqu'à ce qu'il atteigne 130 °C : vérifiez sa température à l'aide d'un thermomètre à sucre. Hors du feu, versez les amandes dans le sirop et mélangez jusqu'à ce que le sucre blanchisse et cristallise tout autour. Remettez sur le feu et faites caraméliser les amandes sans cesser de tourner.

Versez les amandes caramélisées sur une plaque pour les laisser refroidir 30 minutes. Concassez-les et mettez-les de côté.

Hachez le chocolat noir.

Faites-en fondre au bain-marie 200 g, en veillant à ce que la température ne dépasse pas 45 °C à l'aide d'un thermomètre.

Hors du bain-marie, ajoutez les 50 g de chocolat restants, mélangez jusqu'à ce que le chocolat soit parfaitement fondu. Placez à nouveau le chocolat dans le bain-marie, jusqu'à ce que sa température atteigne 30 °C.

Ajoutez les amandes et mélangez.

Plongez les bouchées pralinées dans le chocolat et posez-les sur une grille le temps que le chocolat durcisse.

Palets d'or

Pour une vingtaine de chocolats
Préparation : 30 minutes
Cuisson : 5 minutes
Repos : 4 heures + une nuit

150 g de chocolat noir à 70 % de cacao
6 cl de crème liquide entière
2 cuill. à café de miel liquide
1 cuill. à café rase de café soluble
1 cuill. à soupe de cognac

Pour l'enrobage
150 g de chocolat noir à 64 % de cacao
Feuilles d'or (en magasins spécialisés)

Hachez le chocolat.

Étalez sur un plateau quatre intercalaires en plastique transparent format A4.

Portez à ébullition la crème avec le miel.

Ajoutez hors du feu le chocolat en plusieurs fois. Ajoutez le café et le cognac. Laissez refroidir jusqu'à pouvoir façonner des boules avec cette ganache.

Répartissez de petites boules de ganache sur les feuilles plastique, en les espaçant bien.

Recouvrez d'autres intercalaires et écrasez-les légèrement afin de former des palets.

Laissez durcir au moins 4 heures dans un endroit assez frais (17 °C).

Pour l'enrobage
Hachez le chocolat noir.

Faites-en fondre au bain-marie 100 g, en veillant à ce que la température ne dépasse pas 45 °C à l'aide d'un thermomètre.

Hors du bain-marie, ajoutez les 50 g de chocolat restants, mélangez jusqu'à ce que le chocolat soit parfaitement fondu. Placez à nouveau le chocolat dans le bain-marie, jusqu'à ce que sa température atteigne 30 °C.

Trempez chaque palet dans ce chocolat tempéré.

Posez par-dessus un intercalaire rigide en plastique, et laissez le tout durcir une nuit.

Le lendemain, retirez la feuille plastique et déposez un point de feuille d'or sur chaque palet.

À SAVOIR
Les feuilles d'or alimentaires sont disponibles dans certains commerces spécialisés en pâtisserie et sur les sites Internet spécialisés en décoration.

CHOCOLATS MAISON ET PÂTES DE FRUITS SONT DES PARFAITS PRÉSENTS POUR LES FÊTES DE FIN D'ANNÉE. À VOUS DE DÉNICHER UNE JOLIE BOÎTE MÉTALLIQUE QUI RESTERA EN SOUVENIR UNE FOIS TOUTES LES CONFISERIES DÉVORÉES !

Pâtes de fruits à l'abricot

Pour une trentaine de pâtes de fruits
Préparation : 15 minutes
Repos : 12 heures
Cuisson : 15 minutes

50 cl de pulpe d'abricot
375 g de sucre
1 cuill. à soupe de pectine NH
100 g de glucose liquide
1 jus de citron

Pour l'enrobage
200 g de sucre semoule

Faites tiédir à feu doux la pulpe d'abricot.

Mélangez dans un bol 50 g de sucre avec la pectine. Versez-le dans la pulpe, mélangez et portez à ébullition. Laissez cuire 2 minutes.

Ajoutez alors le reste du sucre et le glucose.

Mélangez et faites cuire jusqu'à ce que le mélange atteigne 108 °C : vérifiez la température à l'aide d'un thermomètre à sucre.

Ajoutez hors du feu le jus de citron.

Versez la pâte dans un plat à four carré dont vous aurez recouvert le fond d'un carré de papier sulfurisé.

Laissez durcir au moins 12 heures, puis démoulez sur une planche et coupez en cubes.

Roulez ces morceaux dans le sucre semoule.

À SAVOIR
La pulpe de fruits, la pectine et le glucose s'achètent en magasins spécialisés. N'hésitez pas à demander également à votre pâtissier ou à votre confiseur.

Pâtes de fruits à la framboise

Pour une trentaine de pâtes de fruits
Préparation : 15 minutes
Repos : 12 heures
Cuisson : 15 minutes

50 cl de pulpe de framboise
450 g de sucre
1 cuill. à soupe de pectine NH
100 g de glucose liquide
1 jus de citron

Pour l'enrobage
200 g de sucre semoule

Faites tiédir à feu doux la pulpe de framboise.

Mélangez dans un bol 50 g de sucre avec la pectine. Versez-le dans la pulpe, mélangez et portez à ébullition. Laissez cuire 2 minutes.

Ajoutez alors le sucre restant et le glucose.

Mélangez et faites cuire jusqu'à ce que le mélange atteigne 108 °C : vérifiez la température à l'aide d'un thermomètre à sucre.

Ajoutez hors du feu le jus de citron.

Versez la pâte de fruits dans un plat à four carré dont vous aurez recouvert le fond d'un carré de papier sulfurisé.

Laissez durcir au moins 12 heures, puis démoulez sur une planche et coupez en cubes.

Roulez ces morceaux dans le sucre semoule.

Pâtes de fruits à la mangue et à la passion

Pour une trentaine de pâtes de fruits
Préparation : 15 minutes
Repos : 12 heures
Cuisson : 15 minutes

50 cl de pulpe de mangue-passion
375 g de sucre
1 cuill. à soupe de pectine NH
100 g de glucose liquide
1 jus de citron

Pour l'enrobage
200 g de sucre semoule

Faites tiédir à feu doux la pulpe de mangue-passion.

Mélangez dans un bol 50 g de sucre avec la pectine. Versez-le dans la pulpe, mélangez et portez à ébullition. Laissez cuire 2 minutes.

Ajoutez alors le sucre restant et le glucose.

Mélangez et faites cuire jusqu'à ce que le mélange atteigne 108 °C : vérifiez la température à l'aide d'un thermomètre à sucre.

Ajoutez hors du feu le jus de citron.

Versez la pâte de fruits dans un plat à four carré dont vous aurez recouvert le fond d'un carré de papier sulfurisé.

Laissez durcir au moins 12 heures, puis démoulez sur une planche et coupez en cubes.

Roulez ces morceaux dans le sucre semoule.

À OFFRIR !

Truffes au chocolat au lait et aux fruits de la passion

Pour une quarantaine de truffes
Préparation : 20 minutes
Cuisson : 5 minutes
Repos : au moins 2 heures

10 fruits de la passion bien mûrs
20 g de miel
350 g de chocolat au lait haché
50 g de beurre
Cacao amer en poudre

Coupez les fruits de la passion en deux et videz leur pulpe dans une passoire. Pressez avec le dos d'une cuillère afin de récupérer le maximum de jus.

Mélangez le jus recueilli avec le miel et portez le tout à ébullition.

Versez en trois fois ce mélange bouillant sur le chocolat haché placé dans un saladier.

Mélangez à l'aide d'une spatule souple jusqu'à ce que le mélange soit lisse et tout le chocolat fondu.

Incorporez le beurre coupé en morceaux.

Versez la ganache dans un plat rectangulaire creux recouvert d'un papier sulfurisé et laissez prendre au réfrigérateur pendant au moins 2 heures.

Coupez votre ganache en rectangles ou en cubes et roulez-les dans la poudre de cacao. Réservez au frais jusqu'au moment de servir.

Truffes ultra-chocolat

Pour une quarantaine de truffes
Préparation : 20 minutes
Cuisson : 5 minutes
Repos : au moins 2 heures

50 g de chocolat à 99 % de cacao
200 g de chocolat à 60 % de cacao
1 cuill. à soupe de miel liquide
15 cl de crème liquide entière
30 g de beurre

Pour enrober
100 g de cacao amer en poudre non sucré

Hachez les deux chocolats.

Portez à ébullition la crème et le miel.

Versez en deux fois sur le chocolat haché, et mélangez jusqu'à ce que tout le chocolat soit fondu.

Ajoutez le beurre.

Versez la ganache dans un plat filmé et recouvrez de film étirable. Placez 2 heures au réfrigérateur.

Prélevez des boules à l'aide d'une cuillère parisienne et roulez-les dans le cacao.

Truffes anis-café

Pour une trentaine de truffes
Préparation : 15 minutes
Cuisson : 3 minutes
Repos : 1 nuit

12 g de café en grains (moka d'Éthiopie)
10 cl de crème fleurette
1 étoile de badiane
180 g de chocolat blanc
80 g de crêpes dentelle

Concassez les grains de café enfermés dans un sac congélation à l'aide d'un rouleau à pâtisserie.

Mélangez crème, café et badiane et portez à ébullition. Couvrez et laissez infuser 3 minutes. Filtrez et versez en deux fois sur le chocolat haché.

Versez dans un plat, recouvrez d'un papier film au contact et réservez une nuit au réfrigérateur.

Broyez les crêpes dentelle entre vos doigts.

Roulez les truffes dans les brisures de crêpes dentelle.

À PARTAGER :

GÂTEAUX DE FÊTES ET DU DIMANCHE

Babas bouchons au citron et chantilly citron vert

TOUJOURS CHICS !

Pour 12 à 15 babas
Préparation : 30 minutes
Repos : 2 h 40

Pour la pâte
10 g de levure de boulanger fraîche
5 cl de lait
3 œufs à température ambiante
250 g de farine
20 g de sucre
5 g de sel
50 g de beurre mou

Pour le sirop
250 g de sucre
1 zeste de citron non traité
10 cl de limoncello

Pour la chantilly
25 cl de crème liquide entière bien froide
2 cuill. à soupe de sucre glace
2 cuill. à soupe de mascarpone
1 zeste de citron vert non traité râpé

Pour les babas
Émiettez la levure dans le lait tiède.

Battez les œufs.

Tamisez la farine avec le sucre et le sel. Creusez un puits en son centre, et versez-y la levure mélangée au lait. Commencez à pétrir puis incorporez les œufs peu à peu en battant énergiquement la pâte : vous pouvez utiliser un robot ménager pour mener à bien cette opération.

Ajoutez le beurre fondu et continuez à pétrir jusqu'à ce que la pâte se détache du saladier.

Recouvrez la pâte d'un torchon propre légèrement humide et laissez-la reposer 2 heures, jusqu'à ce qu'elle double de volume.

Beurrez les moules à babas bouchons.

Dégazez la pâte en y enfonçant votre poing, puis répartissez-la dans les moules en les remplissant aux deux tiers.

Laissez lever environ 30 minutes, jusqu'à ce que la pâte double de volume.

Préchauffez le four à 200 °C (th. 6-7) et enfournez pour 20 minutes.

Démoulez les babas à la sortie du four. Laissez-les tiédir sur une grille.

Pour le sirop
Portez à ébullition 50 cl d'eau, le sucre et le zeste de citron.

Plongez les babas dans le sirop et laissez-les environ 10 minutes en les tournant une fois.

Égouttez-les, réservez le sirop puis arrosez-les de limoncello.

Pour la chantilly
Montez la crème au fouet avec la moitié du sucre.

Lorsque la crème est bien ferme, ajoutez le reste du sucre et le mascarpone et fouettez jusqu'à obtenir une chantilly bien ferme.

Ajoutez le zeste de citron vert et réservez au frais.

Au moment de servir
Coupez les babas en deux. Nappez-les de chantilly et proposez le sirop restant à part.

Petits choux chantilly et fruits rouges

Pour 6 personnes
Préparation : 20 minutes
Cuisson : 30 minutes
Repos : 3 heures

Pour le craquelin
40 g de beurre
50 g de cassonade
50 g de farine

Pour la pâte à choux
12 cl de lait entier
1 cuill. à soupe de sucre
100 g de beurre
1 pincée de sel
150 g de farine fluide
4 œufs

Pour la garniture
25 cl de crème liquide entière
1 cuill. à soupe de sucre glace
1 sachet de sucre vanillé
2 cuill. à soupe de mascarpone
250 g de fraises
125 g de framboises
Sucre glace

Pour le craquelin
Mélangez du bout des doigts le beurre et la cassonade. Ajoutez la farine pour obtenir une pâte collante.

Placez-la entre deux feuilles de papier sulfurisé ou deux tapis en silicone. Étalez-la très finement (environ 2 mm d'épaisseur) à l'aide d'un rouleau pâtisserie.

Placez-la au moins 1 heure au congélateur sur un plateau, pour qu'elle reste bien à plat.

Pour les choux
Préchauffez le four à 210 °C (th. 7).

Dans une casserole, faites chauffer 12 cl d'eau, le lait, le sucre, le beurre coupé en morceaux et le sel, jusqu'à ce que le beurre soit fondu.

Ajoutez la farine hors du feu en mélangeant vivement.

Placez à nouveau la casserole sur le feu et faites dessécher la pâte quelques instants en la remuant à l'aide d'une spatule.

Incorporez les œufs un à un, en mélangeant vivement entre chaque. Veillez à ce que l'œuf précédent soit parfaitement incorporé avant d'ajouter le suivant.

Vous devez obtenir une pâte souple et brillante.

Sur une plaque recouverte de papier sulfurisé, déposez la pâte à choux à l'aide d'une poche à douille munie d'une douille lisse ou à l'aide de deux cuillères. Veillez à bien espacer les choux.

Découpez dans la pâte à craquelin des cercles d'un diamètre légèrement inférieur à ceux des choux à l'aide d'un emporte-pièce rond. Placez-les sur les choux.

Enfournez pendant 1 minute, puis baissez le thermostat à 180 °C (th. 6). Laissez cuire 20 minutes.

2 minutes avant la fin de cuisson, entrouvrez la porte du four pour enlever toute l'humidité du four.

Laissez refroidir les choux sur une grille.

Pour la garniture
Montez la crème au fouet avec la moitié du sucre et le sucre vanillé. Lorsque la crème est bien ferme, ajoutez le reste du sucre et le mascarpone.

Lavez et équeutez les fraises. Coupez-les en morceaux dans le sens de la longueur. Rincez et séchez les framboises.

Coupez les choux en deux à l'aide d'un couteau cranté.

Garnissez-les de chantilly et de fruits. Saupoudrez de sucre glace et servez sans attendre.

Éclairs au chocolat glacés au caramel

Pour 6 personnes
Préparation : 20 minutes
Cuisson : 30 minutes
Repos : 2 heures

Pour la pâte à choux
12 cl de lait entier
100 g de beurre
1 cuill. à soupe de sucre
1 pincée de sel
150 g de farine fluide
4 œufs

Pour la crème
20 g de farine
20 g de Maïzena®
2 cuill. à café de cacao amer
50 cl de lait entier
½ gousse de vanille
4 jaunes d'œufs
70 g de sucre
5 cl de crème
50 g de chocolat noir pâtissier

Pour le glaçage
50 g de sucre
50 g de crème liquide entière
50 g de chocolat noir pâtissier

Pour les choux
Préchauffez le four à 210 °C (th. 7).

Dans une casserole, faites chauffer 12 cl d'eau, le lait, le sucre, le beurre coupé en morceaux et le sel, jusqu'à ce que le beurre soit fondu.

Ajoutez la farine hors du feu en mélangeant.

Placez à nouveau la casserole sur le feu et faites dessécher la pâte quelques instants en la remuant.

Incorporez les œufs un à un, en mélangeant vivement entre chaque. Vous devez obtenir une pâte souple et brillante.

Sur une plaque recouverte de papier sulfurisé, déposez la pâte à choux à l'aide d'une poche à douille munie d'une douille lisse ou à l'aide de deux cuillères. Veillez à bien espacer les éclairs.

Enfournez pendant 1 minute, puis baissez le thermostat à 180 °C (th. 6). Laissez cuire 20 minutes, sans ouvrir la porte du four.

2 minutes avant la fin de cuisson, entrouvrez la porte du four pour enlever toute l'humidité du four.

Laissez refroidir les éclairs sur une grille.

Pour la crème
Tamisez la farine, le cacao et la Maïzena®. Faites chauffer le lait avec la gousse de vanille fendue en deux en remuant de temps en temps pour bien mélanger le tout. D'autre part, battez les jaunes d'œufs avec le sucre jusqu'à ce que le mélange blanchisse. Ajoutez petit à petit, sans cesser de fouetter, la farine et la Maïzena®.

Versez la moitié du lait chaud en fouettant sans faire mousser.

Versez ce mélange dans la casserole contenant le reste de lait et portez doucement à ébullition sans cesser de remuer pendant 2 minutes environ, jusqu'à ce que la crème épaississe.

Recouvrez d'un film étirable placé en contact avec la crème pour éviter la formation d'une pellicule le temps qu'elle refroidisse.

Faites chauffer la crème et versez-la sur le chocolat haché. Mélangez jusqu'à ce que le chocolat soit fondu.

Mixez cette ganache avec la crème pâtissière. Réservez au réfrigérateur le temps de préparer les éclairs.

Pour le glaçage
Faites chauffer le sucre dans une casserole jusqu'à obtenir un caramel blond.

Faites tiédir la crème au micro-ondes.

Hors du feu, ajoutez la crème dans le caramel et mélangez.

Versez ce caramel sur le chocolat haché et mélangez jusqu'à ce que le chocolat soit fondu. Laissez reposer 30 minutes.

Pour finir
Fourrez les éclairs de crème. À l'aide d'une poche à douille, remplissez-les en trois fois en perçant leur dessous.

Lorsque le glaçage est encore fluide mais consistant, trempez les éclairs garnis dans le glaçage. Lissez-les avec le doigt au-dessus de la casserole contenant le glaçage.

IRRÉSISTIBLES !

EN HIVER, CE SUCCÈS PEUT ÊTRE GARNI DE CHANTILLY, DE CRÈME DE MARRON, DE CLÉMENTINES ET DE PAMPLEMOUSSE, OU BIEN DE KIWIS ET DE DATTES.

Succès aux fruits rouges

ESTIVAL À SOUHAIT !

Pour 6 à 8 personnes
Préparation : 30 minutes
Cuisson : 20 minutes

Pour la dacquoise
120 g de sucre glace
120 g de poudre d'amandes
5 blancs d'œufs
50 g de sucre
1 cuill. à soupe de Maïzena®
50 g d'amandes entières pelées
50 g de sucre glace

Pour la garniture
25 cl de crème liquide entière
1 cuill. à soupe de sucre glace
1 sachet de sucre vanillé
2 cuill. à soupe de mascarpone
400 g de fruits rouges de votre choix : fraises, framboises, mûres, cassis…
Sucre glace

Pour la dacquoise
Préchauffez le four à 180 °C (th. 6).

Garnissez une plaque à pâtisserie de papier sulfurisé.

Mélangez le sucre glace et la poudre d'amandes.

Montez les blancs d'œufs en neige à l'aide d'un batteur électrique. Quand ils commencent à monter, ajoutez le sucre sans cesser de fouetter, jusqu'à obtenir une neige très ferme et brillante. Ajoutez délicatement, à l'aide d'une spatule, le mélange sucre glace-amandes et la Maïzena®.

À l'aide d'une poche à douille lisse, déposez la pâte en formant un grand rectangle d'environ 1 cm d'épaisseur.

Broyez les amandes entières en poudre grossière à l'aide d'un robot.

Saupoudrez la surface de la pâte de ces amandes. Saupoudrez d'une fine couche de sucre glace.

Enfournez pour 20 minutes.

Laissez refroidir à température ambiante.

Pour la garniture
Montez la crème au fouet avec la moitié du sucre et le sucre vanillé. Lorsque la crème est bien ferme, ajoutez le reste du sucre et le mascarpone. Réservez au frais.

Rincez et séchez les fruits rouges. Coupez les fraises en lamelles, égrappez les cassis, coupez les framboises en deux si elles sont grosses.

Garnissez la dacquoise de crème Chantilly à l'aide d'une poche à douille et de fruits rouges.

Saupoudrez de fruits rouges et servez sans attendre.

Gâteau d'anniversaire au praliné, noix et poires

Pour 6 à 8 personnes
Préparation : 1 heure
Cuisson : 30 minutes
Repos : 4 heures

Pour la dacquoise aux noix
40 g de poudre de noix
60 g de poudre d'amandes
75 g de sucre glace
3 blancs d'œufs
30 g de sucre en poudre
1 poignée de noix concassées

Pour le praliné feuilleté
150 g de crêpes dentelle
100 g de chocolat au lait
300 g de pralin en pâte

Pour la mousse au caramel
4 feuilles de gélatine (soit 8 g)
70 cl de crème liquide entière
200 g de sucre en poudre
20 g de beurre demi-sel
1 pincée de fleur de sel

Pour les poires
800 g de poires
10 cl de crème liquide entière
80 g de sucre en poudre
1 petite pincée de fleur de sel

Pour décorer
Pastilles de chocolat
Brisures de sablés

Pour la dacquoise aux noix
Mixez finement la poudre de noix et la poudre d'amandes.

Ajoutez le sucre glace.

Fouettez les blancs en neige tout en y incorporant le sucre.

Mélangez délicatement les blancs montés avec le mélange aux noix et aux amandes.

Étalez sur un papier sulfurisé en un grand disque.

Saupoudrez d'un peu de sucre glacc tamisé, parsemez de noix concassées et laissez reposer 10 minutes.

Enfournez pour 30 minutes à 150 °C (th. 5).

Une fois refroidie, posez la dacquoise au fond d'un cercle pâtisserie, en la recoupant au besoin.

Pour le praliné
Écrasez les crêpes dentelles en chapelure.

Faites fondre le chocolat au bain-marie. Ajoutez hors du feu le pralin et les brisures de crêpe dentelle.

Mélangez et versez sur la dacquoise en lissant bien.

Réservez au réfrigérateur le temps de préparer la suite.

Pour les poires
Pelez et coupez les poires en cubes.

Faites tiédir la crème liquide.

Versez le sucre dans une poêle et faites chauffer jusqu'à l'obtention d'un caramel blond.

Ajoutez hors du feu les poires et enrobez-les de caramel à l'aide d'une spatule. Ajoutez la crème liquide tiède peu à peu, pour éviter les projections, puis la fleur de sel.

Faites chauffer à feu doux jusqu'à ce que les cristaux de sucre se dissolvent.

Laissez tiédir puis répartissez sur le gâteau.

Replacez le gâteau au réfrigérateur.

Pour la mousse au caramel
Faites ramollir la gélatine dans de l'eau froide.

Faites tiédir 20 cl de crème liquide.

Versez le sucre dans une casserole et faites chauffer jusqu'à l'obtention d'un caramel blond.

Lorsque le caramel est doré, ajoutez progressivement la crème liquide tiède, le beurre salé et la fleur de sel.

Remuez entre chaque ajout.

Quand tous les ingrédients sont incorporés, placez à nouveau sur feu doux pendant quelques minutes et remuez afin de dissoudre les cristaux de sucre.

Laissez tiédir quelques instants, prélevez 2 cuill. à soupe que vous réserverez pour le décor et ajoutez la gélatine essorée.

Placez la casserole dans un fond d'eau glacée et laissez refroidir tout en remuant.

Fouettez la crème liquide restante jusqu'à obtenir une chantilly bien ferme.

Incorporez-y très délicatement le caramel refroidi.

Versez la mousse sur le gâteau, lissez et placez 3 heures au congélateur.

Pour décorer
Démoulez le gâteau. Posez sur le plat de service.

Décorez de pastilles de chocolat, de caramel réservé et des brisures de sablés.

N'OUBLIEZ PAS LES BOUGIES !

Gâteau basque

Pour 6 à 8 personnes
Préparation : 1 heure
Cuisson : 50 minutes
Repos : 30 minutes

Pour la pâte
250 g de beurre mou
200 g de cassonade
4 pincées de fleur de sel
150 g de poudre d'amandes
2 œufs
1 cuill. à café de vanille
300 g de farine
½ cuill. à café de levure chimique

Pour la crème
25 cl de crème liquide entière
4 jaunes d'œufs
150 g de cassonade
60 g de semoule de blé fine
30 g de semoule de blé semi-complète
50 g de farine
1 zeste de citron non traité
½ zeste d'orange non traitée
1 cuill. à soupe de rhum brun

Pour le décor
1 jaune d'œuf
1 pincée de sel

Pour la pâte
Mélangez le beurre ramolli et la cassonade.

Ajoutez ensuite dans cet ordre le sel, la poudre d'amandes, les œufs, la vanille, la farine et la levure. Pétrissez jusqu'à l'obtention d'une pâte homogène.

Roulez la pâte en boule, entourez-la d'un film étirable et placez-la 30 minutes au réfrigérateur.

Pour la crème
Faites chauffer la crème.

Battez les jaunes d'œufs avec le sucre jusqu'à ce que le mélange blanchisse. Ajoutez petit à petit, sans cesser de fouetter, les deux types de semoule et la farine.

Versez la moitié de la crème en fouettant sans faire mousser.

Versez ce mélange dans la casserole contenant le reste de lait et portez doucement à ébullition sans cesser de remuer pendant 2 minutes environ, jusqu'à ce que la crème épaississe.

Ajoutez les zestes râpés et le rhum.

Recouvrez d'un film étirable placé en contact avec la crème pour éviter la formation d'une pellicule le temps qu'elle refroidisse.

Pour le montage
Préchauffez le four à 180 °C (th. 6).

Beurrez un moule rond de 22 cm de diamètre et haut d'environ 3 cm.

Étalez la pâte sur un plan de travail fariné sur une épaisseur de 3 mm environ. Découpez-y deux disques du même diamètre que celui du moule et posez-en un au fond du moule.

Découpez dans la pâte restante des bandes de 2 cm de large pour garnir le bord du moule. Collez les bandes entre elles en les badigeonnant d'un peu d'eau froide. Garnissez-en le pourtour du moule.

Versez la crème refroidie dans le gâteau et lissez sa surface.

Recouvrez du disque de pâte restant.

Fouettez le jaune d'œuf avec le sel. Badigeonnez le gâteau de cette dorure et rayez-le à l'aide d'une fourchette.

Enfournez pour 40 à 45 minutes.

PAS ASSEZ DE TEMPS POUR LA CRÈME DU GÂTEAU BASQUE ? REMPLACEZ-LA PAR UNE BONNE CONFITURE DE GRIOTTES MAISON OU DE CERISES, LA MEILLEURE ÉTANT CELLE DE CERISES NOIRES D'ITXASSOU… AU PAYS BASQUE, BIEN SÛR !

Le CPC (Caramel Pomme Chantilly)

Pour 6 personnes
Préparation : 30 minutes
Cuisson : 30 minutes

Pour le caramel
100 g de sucre
50 g de crème liquide
25 g de beurre

Pour le biscuit caramel
3 petits œufs
1 cuill. à soupe de crème liquide entière
90 g de farine
½ cuill. à café de levure chimique
75 g de beurre demi-sel

Pour la garniture
6 pommes à cuire
20 g de beurre
2 cuill. à soupe de cassonade
1 morceau de gingembre frais gros comme l'ongle du pouce
1 zeste de citron vert
1 gousse de vanille
30 cl de crème liquide entière
1 cuill. à soupe de sucre glace

Pour le caramel
Préchauffez le four à 180 °C (th. 6).

Préparez le caramel en faisant chauffer le sucre avec 1 cuill. à café d'eau jusqu'à l'obtention d'un caramel blond. Ajoutez hors du feu la crème et le beurre, mélangez jusqu'à obtenir une pâte souple.

Pour le biscuit au caramel
Fouettez les œufs avec la crème et la moitié du caramel. Ajoutez la farine, la levure chimique et le beurre mou.

Versez la pâte dans un moule à gratin d'environ 20 x 25 cm chemisé de papier sulfurisé.

Enfournez pour 10 à 15 minutes.

Démoulez tiède, ôtez délicatement le papier sulfurisé et laissez refroidir sur une grille. Découpez en six disques à l'aide d'un emporte-pièce.

Pour la garniture
Pelez et coupez les pommes en dés. Faites fondre le beurre dans une poêle et faites-y dorer les pommes de tous côtés.

Saupoudrez de cassonade, ajoutez le gingembre pelé et râpé et laissez compoter 15 à 20 minutes, jusqu'à ce que les pommes soient fondantes.

Ajoutez le zeste de citron vert et laissez refroidir.

Grattez les graines de la gousse de vanille et mélangez-les à la crème.

Fouettez la crème en chantilly, ajoutez le sucre glace et continuez à fouetter quelques instants jusqu'à ce que le sucre soit parfaitement incorporé.

Pour finir
Posez un cercle à pâtisserie individuel sur une assiette de service.

Placez au fond un disque de biscuit, recouvrez de pommes fondantes et nappez de chantilly. Lissez la surface à l'aide d'un couteau à bout rond.

Recommencez de même pour chaque assiette jusqu'à épuisement des ingrédients.

Servez avec le caramel restant à part.

Charlotte acidulée

Pour 6 personnes
Préparation : 45 minutes
Cuisson : 12 minutes
Repos : 4 heures

Pour les biscuits à la cuillère
30 g de farine
30 g de fécule de pomme de terre
3 œufs
60 g de sucre
Quelques gouttes de colorant rouge
Sucre glace

Pour la bavaroise à la vanille et au citron
4 feuilles de gélatine (soit 8 g)
5 jaunes d'œufs
80 g de sucre
30 cl de lait entier
½ gousse de vanille
1 zeste de citron non traité râpé
25 cl de crème liquide entière

Pour la garniture
2 pommes Granny-Smith
2 oranges
1 pamplemousse rose

Pour le biscuit à la cuillère
Tamisez la farine avec la fécule.

Séparez les blancs des jaunes d'œufs.

Montez les blancs d'œufs à vitesse moyenne et, dès qu'ils commencent à mousser, ajoutez le sucre en trois fois.

Quand les blancs sont bien gonflés, lisses et brillants, diminuez la vitesse du batteur. Versez les trois jaunes et continuez à battre 15 secondes, le temps qu'ils soient bien incorporés.

Versez en pluie le mélange farine-fécule et incorporez-le délicatement à l'aide d'une maryse.

Ajoutez le colorant.

Versez la pâte dans une poche à douille munie d'une douille n° 10.

Sur une plaque recouverte de papier sulfurisé, formez deux disques légèrement plus petits que le diamètre de votre moule à charlotte.

Formez en dessous une bande de pâte.

À défaut de poche à douille, utilisez une cuillère à soupe.

TECHNICOLOR

Saupoudrez les biscuits de sucre glace.

Préchauffez le four à 200 °C (th. 6-7).

Quand les biscuits ont absorbé le sucre glace, saupoudrez-les à nouveau généreusement de sucre glace.

Patientez 10 minutes, puis enfournez-les pour 10 à 12 minutes.

Laissez les biscuits refroidir avant utilisation.

Pour la bavaroise à la vanille et au citron
Faites tremper la gélatine dans un grand bol d'eau froide.

Fouettez les jaunes d'œufs avec le sucre jusqu'à ce que le mélange blanchisse.

Portez à frémissement le lait avec la gousse de vanille grattée de ses graines.

Versez le lait chaud en filet sans cesser de mélanger.

Reversez le tout dans la casserole et faites cuire à feu doux sans cesser de tourner, jusqu'à ce que la crème nappe la cuillère. Le mélange ne doit pas bouillir. Ajoutez le zeste de citron.

Essorez la gélatine fortement entre vos mains et incorporez-la dans la crème anglaise chaude.

Laissez refroidir à température ambiante pendant 1 heure environ : elle doit être encore liquide mais froide.

Fouettez la crème en chantilly et ajoutez-la délicatement à la crème précédente.

Pour le montage
Placez la bande de biscuit à la cuillère dans un moule à charlotte.

Enfoncez ensuite un disque de biscuit au fond du moule : cela empêchera la bavaroise de couler.

Versez la moitié de la bavaroise à la vanille.

Posez par-dessus l'autre disque de biscuit à la cuillère.

Versez le restant de la bavaroise.

Recouvrez d'un film étirable et placez 3 heures au réfrigérateur.

Pour finir
Pelez à vif les oranges et le pamplemousse. Prélevez les suprêmes et conservez le jus qui s'écoule.

Coupez les pommes en deux et ôtez leur cœur et leurs pépins. Émincez-les finement et badigeonnez-les du jus des agrumes réservé afin d'éviter qu'elles noircissent.

Démoulez la charlotte sur le plat de service. Placez les fruits sur la charlotte et servez.

À SAVOIR
Cette charlotte peut se décliner en toutes saisons avec les fruits de votre choix.

À L'ORIGINE, LA CHARLOTTE ÉTAIT COMPOSÉE DE PAIN RASSIS, DE CONFITURE ET DE FRUITS FRAIS. ELLE DOIT SON NOM À LA REINE CHARLOTTE, FEMME DU ROI DE GRANDE-BRETAGNE ET D'IRLANDE GEORGE III, QUI EN RAFFOLAIT.

RAFFINÉE...

Charlotte aux poires et au chocolat

Pour 6 à 8 personnes
Préparation : 45 minutes
Cuisson : 12 minutes
Repos : 6 heures

Pour les biscuits à la cuillère au chocolat
5 œufs
1 pincée de sel
150 g de sucre en poudre
55 g de farine
55 g de fécule de pomme de terre
35 g de cacao en poudre
Sucre glace

Pour la garniture
4 jaunes d'œufs
50 g de sucre en poudre
20 cl de lait entier
2 feuilles de gélatine (soit 4 g)
1 gousse de vanille
150 g de chocolat noir pâtissier
30 cl de crème liquide entière
1 boîte de poires au sirop léger

Pour les biscuits à la cuillère
Préchauffez le four à 180 °C (th. 6).

Cassez les œufs en séparant les blancs des jaunes.

Battez les blancs en neige avec le sel. Lorsqu'ils sont bien montés, ajoutez peu à peu le sucre sans cesser de battre.

Ajoutez délicatement les jaunes, puis la farine, la fécule et le cacao à l'aide d'une spatule souple.

Versez la préparation dans une poche à douille. Sur une feuille de papier sulfurisé posée sur une plaque, déposez un tiers de la pâte en un cercle de 18 cm de diamètre. Avec la pâte restante, réalisez une bande de petits biscuits hauts d'environ 8 à 10 cm accolés les uns aux autres.

Enfournez pour 12 minutes. Une fois refroidis, saupoudrez les biscuits de sucre glace.

POUR DÉMOULER FACILEMENT UNE CHARLOTTE, IL SUFFIT D'EN CHEMISER LE MOULE DE FILM ÉTIRABLE EN LE LAISSANT DÉBORDER. IL SUFFIT ENSUITE DE LA FAIRE GLISSER SUR LE PLAT DE SERVICE APRÈS L'AVOIR LÉGÈREMENT SOULEVÉE EN TIRANT SUR LE FILM QUI DÉPASSE.

Pour la garniture
Préparez une crème anglaise.

Fouettez les jaunes d'œufs avec le sucre jusqu'à ce que le mélange blanchisse.

Portez à frémissement le lait avec la gousse de vanille grattée de ses graines.

Versez le lait chaud en filet sans cesser de mélanger.

Reversez le tout dans la casserole et faites cuire à feu doux sans cesser de tourner, jusqu'à ce que la crème nappe la cuillère. Le mélange ne doit pas bouillir.

Faites tremper la gélatine dans un bol rempli d'eau froide. Essorez-la puis ajoutez-la à la crème anglaise avec le chocolat haché. Mélangez jusqu'à obtenir une crème lisse. Versez la préparation dans un saladier, recouvrez d'un film étirable au contact de la crème pour éviter la formation d'une croûte et placez-la au réfrigérateur pendant 1 heure.

Égouttez les poires en réservant 10 cl de leur sirop. Coupez-les en dés.

Fouettez la crème en chantilly puis incorporez-la à la crème au chocolat.

Pour le montage
Garnissez le tour d'un cercle à pâtisserie de 20 cm avec la bande de biscuit.

Placez le disque au fond. Imbibez les biscuits et le fond avec le sirop de poire réservé.

Versez la moitié de la crème au chocolat dans la charlotte, puis les cubes de poire. Versez la crème restante et lissez la surface.

Placez au moins 4 heures au réfrigérateur.

Retournez la charlotte sur le plat de service pour la démouler.

À SAVOIR
À défaut de cercle à pâtisserie, vous pouvez utiliser un moule à charlotte traditionnel. Veillez à le mesurer pour adapter la taille du cercle et de la bande de biscuit.

CASSIS, FRAISES, FRAMBOISES OU GROSEILLES SERONT PARFAITS DANS CE GÂTEAU LÉGER. ET POURQUOI PAS UN PEU DE RHUBARBE POCHÉE ?

LÉGER

Fraîcheur au fromage blanc et fruits rouges

Pour 6 à 8 personnes
Préparation : 45 minutes
Repos : 2 heures
Cuisson : 15 minutes

Pour le biscuit
60 g de beurre
1 œuf
60 g de sucre
1 sachet de sucre vanillé
50 g de farine avec levure incorporée
1 zeste de citron non traité finement râpé
3 cuill. à soupe de fruits rouges surgelés

Pour la mousse au fromage blanc
4 feuilles de gélatine (soit 8 g)
75 g de sucre
3 jaunes d'œufs
30 cl de crème liquide entière
1 cuill. à soupe de Cointreau®
250 g de fromage blanc

Pour la garniture
10 cl de coulis de fruits rouges
250 g de fruits rouges (frais ou surgelés)
25 cl de crème liquide
2 cuill. à soupe de sucre glace
2 cuill. à soupe de pistaches concassées

Pour le biscuit
Faites fondre le beurre et laissez-le refroidir.

Préchauffez le four à 220 °C (th. 7-8).

Fouettez l'œuf avec le sucre et le sucre vanillé jusqu'à ce que le mélange blanchisse.

Ajoutez la farine et le zeste de citron.

Incorporez le beurre fondu petit à petit.

Versez sur une plaque recouverte de papier sulfurisé. Parsemez de fruits rouges surgelés.

Enfournez pour 10 minutes à 180 °C (th. 6).

Une fois refroidi, découpez le gâteau en trois carrés égaux de la taille du moule où vous dresserez le gâteau.

Pour la mousse au fromage blanc
Faites tremper les feuilles de gélatine dans un bol rempli d'eau froide.

Portez le sucre et 5 cl d'eau à ébullition pendant 2 minutes.

Fouettez les jaunes d'œufs en ajoutant le sirop en filet sans cesser de battre.

Continuez à fouetter jusqu'à ce que la mousse soit froide et d'une texture légère.

Fouettez la crème en chantilly.

Essorez les feuilles de gélatine, déposez-les dans un petit récipient en plastique et faites-les fondre au micro-ondes 45 secondes.

Mélangez la gélatine fondue au Cointreau® et ajoutez aux jaunes d'œufs mousseux.

Incorporez le fromage blanc et la crème fouettée en mélangeant délicatement avec une spatule.

La mousse doit être homogène et légère.

Pour le montage
Chemisez un moule carré de film alimentaire.

Versez un peu de mousse au fromage blanc jusqu'à mi-hauteur du moule.

Déposez un premier carré de biscuit préalablement imbibé de coulis de fruits rouges.

Versez et étalez à nouveau une couche de crème en remontant bien sur les bords du plat.

Déposez une couche de fruits rouges (réservez-en quelques-uns pour le décor) et terminez en versant dessus la crème restante.

Fermez le gâteau avec le dernier carré de gâteau.

Placez le gâteau 2 heures au congélateur.

Fouettez la crème en chantilly avec le sucre glace.

Démoulez le gâteau sur le plat de service.

Recouvrez-le de crème Chantilly et décorez de fruits rouges et de pistaches concassées.

Cheesecake À L'AMÉRICAINE !

Pour 6 personnes
Préparation : 20 minutes
Cuisson : 1 heure
Repos : 3 heures + une nuit

Pâte
100 g de speculoos
50 g de biscuits salés
80 g de beurre

Garniture
500 g de fromage frais type Philadelphia®
100 g de sucre
20 cl de crème épaisse
2 cuill. à café d'extrait de vanille
3 œufs

Préchauffez le four à 180 °C (th. 6).

Chemisez de papier sulfurisé un moule à charnière de 20 à 22 cm de diamètre.

Mixez les biscuits avec le beurre fondu.

Tassez cette préparation au fond du moule à l'aide du dos d'une cuillère pour former le fond du cheesecake.

Fouettez le fromage frais avec le sucre.

Ajoutez la crème et l'extrait de vanille sans cesser de fouetter.

Ajoutez les œufs un à un jusqu'à obtenir un mélange homogène.

Versez la préparation dans le moule et lissez la surface.

Enfournez pour 1 heure. À mi-cuisson, recouvrez le cheesecake de papier aluminium.

À la fin de la cuisson, éteignez le four. Entrouvrez la porte et laissez le cheesecake complètement refroidir dans le four, afin que sa surface ne se craquelle pas.

Une fois refroidi, placez le cheesecake au réfrigérateur pendant au moins 12 heures.

Le fraisier

Pour 6 personnes
Préparation : 1 heure
Cuisson : 15 minutes
Repos : 5 heures

Génoise
40 g de beurre
4 œufs
120 g de sucre en poudre
120 g de farine

Sirop
60 g de sucre
1 cuill. à soupe de liqueur de fraises

Crème mousseline
50 cl de lait entier
4 jaunes d'œufs
160 g de sucre
30 g de farine
30 g de Maïzena®
240 g de beurre
1 gousse de vanille

Garniture
800 g de fraises
1 cuill. à soupe de sucre

Décoration
Pâte d'amande rouge
Maïzena® (pour étaler)

Pour la génoise
Préchauffez le four à 180 °C (th. 6).

Faites fondre le beurre à feu doux. Laissez-le refroidir.

Placez les œufs avec le sucre dans un saladier résistant à la chaleur. Placez le tout au bain-marie et fouettez jusqu'à ce que le mélange blanchisse et triple de volume.

Retirez du bain-marie et continuez à battre pendant 8 à 10 minutes jusqu'à ce que le mélange soit parfaitement froid.

Ajoutez 2 cuill. à soupe du mélange œuf-sucre au beurre fondu. Ajoutez délicatement la farine tamisée au mélange œuf-sucre en l'incorporant à l'aide d'une maryse.

Ajoutez le beurre en mélangeant la pâte le moins possible.

Étalez la pâte sur une épaisseur d'1 à 1,5 cm sur une plaque recouverte de papier sulfurisé.

Enfournez pour 10 à 15 minutes environ. Patientez 5 minutes avant de démouler. Laissez refroidir sur une grille.

Pour le sirop
Faites chauffer 6 cl d'eau avec le sucre jusqu'à ébullition. Hors du feu, ajoutez l'alcool.

Pour la crème mousseline
Faites chauffer le lait avec la gousse de vanille fendue en deux.

Fouettez les jaunes d'œufs avec le sucre jusqu'à ce que le mélange blanchisse. Ajoutez la farine, la Maïzena® puis la moitié du lait chaud en fouettant.

Versez le tout dans la casserole contenant le reste du lait et portez à ébullition jusqu'à épaississement sans cesser de fouetter.

Ajoutez la moitié du beurre hors du feu et mélangez jusqu'à obtenir une crème homogène.

Posez un film étirable au contact de la crème et laissez refroidir au moins 2 heures au réfrigérateur.

Incorporez le beurre restant en pommade à la crème refroidie.

Pour les fraises
Lavez, séchez et équeutez les fraises. Réservez-en quelques-unes pour la décoration du gâteau.

Pour le montage
Coupez les bords de la génoise afin d'obtenir un grand rectangle d'une épaisseur régulière. Coupez-le en deux rectangles de la même taille.

Retournez le premier rectangle sur un plat de service. Tartinez-le de crème mousseline.

Disposez les fraises entières par-dessus, pointe vers le haut, en veillant à mettre les plus belles fraises vers l'extérieur du gâteau. Les fraises du bord extérieur doivent dépasser de la génoise.

Placez le tout 10 minutes au réfrigérateur.

À l'aide d'un couteau-scie et en appuyant fermement sur le gâteau, coupez les pointes des fraises. Placez ces pointes entre les fraises et saupoudrez de sucre.

Réservez 3 cuill. à soupe de crème et garnissez le gâteau de crème en comblant les espaces vides autour des fraises.

Placez la génoise restante sur le dessus du gâteau et imbibez ce dernier de sirop froid.

Appliquez une fine couche de crème mousseline sur le dessus du gâteau.

Placez le fraisier 3 heures au réfrigérateur.

Pour finir
Étalez la pâte d'amande sur un plan de travail saupoudré de Maïzena®.

Posez-la sur le gâteau en la faisant largement déborder.

Recouvrez-la d'une planche à découper et appuyez fermement sur le gâteau.

À l'aide d'un couteau cranté, découpez les bords du gâteau de façon à faire apparaître les moitiés de fraises.

Décorez avec les fraises réservées.

LA GÉNOISE ET LA CRÈME MOUSSELINE PEUVENT SE CONSERVER JUSQU'À 2 JOURS À L'AVANCE AU RÉFRIGÉRATEUR. VOUS POUVEZ MÊME MONTER LE FRAISIER LA VEILLE : IL NE VOUS RESTERA QU'À LE GARNIR DE PÂTE D'AMANDE LE JOUR-MÊME.

SHOW CACAO !

Miroir choco-coco

Pour 6 à 8 personnes
Préparation : 1 heure
Cuisson : 20 minutes
Repos : 5 heures

Pour le biscuit coco
50 g de farine
115 g de sucre glace
115 g de noix de coco râpée en poudre
1 cuill. à soupe de crème liquide entière
2 blancs d'œufs (soit environ 75 g)
6 blancs d'œufs (soit environ 225 g)
125 g de sucre

Pour la ganache coco
12 cl de lait de coco
200 g de chocolat noir pâtissier
50 g de beurre

Pour la mousse au chocolat
22 cl de crème fouettée
160 g de chocolat noir pâtissier
6 cl de lait chaud

Pour le glaçage
3,5 feuilles de gélatine (soit 9 g)
220 g de sucre
30 g de cacao en poudre non sucré
13 cl de crème liquide entière

Pour la décoration
Noix de coco râpée

Pour le biscuit
Préchauffez le four à 175 °C (th. 5-6).

Tamisez la farine et le sucre glace.

Mélangez avec la poudre de coco, la crème liquide et les deux blancs d'œufs.

Fouettez les blancs d'œufs restants en neige. Ajoutez le sucre en poudre sans cesser de fouetter.

Ajoutez le tiers de ce mélange au mélange à la noix de coco. Incorporez ensuite délicatement le reste des blancs.

Étalez sur une plaque recouverte de papier sulfurisé et enfournez pour 15 minutes.

Laissez refroidir, puis découpez deux cercles de la taille d'un moule à manqué dans ce biscuit.

Pour la ganache à la noix de coco
Portez à ébullition le lait de coco et versez-le en trois fois sur le chocolat coupé en morceaux.

Mélangez à l'aide d'une spatule souple jusqu'à obtenir une crème homogène.

Ajoutez le beurre coupé en petits morceaux et réservez.

UN GLAÇAGE RÉUSSI DOIT ÊTRE PARFAITEMENT LISSE : FILTREZ-LE TRÈS SOIGNEUSEMENT. SA CONSISTANCE EST AUSSI IMPORTANTE : IL DOIT AVOIR COMMENCÉ À PRENDRE. SI VOUS POUVEZ LAISSER UNE TRACE AVEC VOTRE DOIGT SUR LE DOS D'UNE CUILLÈRE NAPPÉE DE GLAÇAGE, C'EST BON !

Pour la mousse au chocolat chantilly
Fouettez la crème en chantilly.

Hachez finement le chocolat.

Portez le lait à ébullition et versez-le sur le chocolat.

Mélangez le tout jusqu'à ce que le chocolat soit fondu.

Patientez quelques minutes jusqu'à ce que le mélange atteigne environ 40 °C (vous devez ressentir une légère sensation de chaleur, sans vous brûler, lorsque vous y plongez un doigt).

Incorporez délicatement la crème fouettée.

Pour monter le gâteau
Chemisez un moule rond de film étirable.

Déposez au fond un disque de biscuit coco.

Recouvrez d'une couche de ganache coco, placez 15 minutes au réfrigérateur.

Versez la mousse au chocolat puis posez le deuxième disque de biscuit coco par-dessus.

Placez 3 heures au réfrigérateur.

Pour le glaçage
Faites ramollir les feuilles de gélatine dans un grand bol d'eau froide.

Portez à ébullition le sucre et 17 cl d'eau.

Ajoutez hors du feu le cacao tamisé et la crème et placez à nouveau sur le feu.

Portez à nouveau à ébullition.

Pressez la gélatine entre vos mains et ajoutez-la hors du feu au glaçage.

Filtrez le glaçage à l'aide d'un chinois.

Laissez refroidir jusqu'à obtenir une consistance nappante.

Pour finir
Démoulez le gâteau sur une grille. Placez le tout sur un plateau.

Versez le glaçage sur la surface du gâteau et répartissez-le à l'aide d'une spatule métallique : l'excédent s'écoulera en dessous.

Faites glisser délicatement le gâteau sur le plat de service, saupoudrez de noix de coco râpée et placez 1 heure au réfrigérateur avant de servir.

Millefeuille à la vanille

Pour 4 à 6 personnes
Préparation : 30 minutes
Cuisson : 30 minutes

Pour le feuilletage
400 g de pâte feuilletée
2 cuill. à soupe de sucre
Sucre glace

Pour la crème
1 gousse de vanille
50 cl de lait entier
4 jaunes d'œufs + 1 œuf
120 g de sucre en poudre
40 g de fécule de pomme de terre
40 g de beurre
25 cl de crème liquide

Pour le feuilletage
Préchauffez le four à 210 °C (th. 7).

Étalez la pâte sur 2 mm d'épaisseur.

Découpez en un grand rectangle.

Déposez-le sur une plaque de cuisson recouverte de papier sulfurisé. Saupoudrez de sucre.

Recouvrez de papier sulfurisé, puis d'une grille ou d'une plaque afin d'empêcher la pâte de gonfler. Enfournez 25 à 30 minutes en baissant le four à 180 °C (th. 6).

Sortez la pâte feuilletée du four. Retirez la plaque qui la recouvre ainsi que le papier et retournez la pâte. Coupez-la en trois bandes de 10 cm à l'aide d'un couteau cranté.

Saupoudrez une bande de sucre glace et faites-la caraméliser sous le gril quelques instants, en surveillant attentivement.

Laissez refroidir à température ambiante sur une grille.

Pour la crème
Grattez les grains contenus dans la gousse de vanille et mélangez-les avec le lait.

Portez à ébullition le lait en remuant de temps en temps pour bien mélanger le tout.

D'autre part, battez les jaunes d'œufs et l'œuf avec le sucre jusqu'à ce que le mélange blanchisse. Ajoutez petit à petit, sans cesser de fouetter, la fécule.

Versez la moitié du lait chaud en fouettant sans faire mousser.

Versez ce mélange dans la casserole contenant le reste de lait et portez doucement à ébullition sans cesser de remuer pendant 2 minutes environ, jusqu'à ce que la crème épaississe. Ajoutez le beurre coupé en petits morceaux.

Recouvrez d'un film étirable placé en contact avec la crème pour éviter la formation d'une pellicule le temps qu'elle refroidisse.

Fouettez la crème liquide en chantilly.

Une fois la crème pâtissière refroidie, mélangez-la au fouet pour la lisser. Incorporez délicatement la chantilly et réservez au frais.

Pour finir
Garnissez le premier rectangle de crème. Posez par-dessus un autre rectangle de pâte, recouvrez de la crème restante et finissez par le rectangle de pâte caramélisée. Saupoudrez de sucre glace et dégustez sans attendre.

ASTUCE
Pour des millefeuilles individuels, coupez le feuilletage en rectangles de 10 cm sur 4 cm à l'aide d'un couteau cranté avant de les garnir de crème.

Napolitain

Pour 6 à 8 personnes
Préparation : 45 minutes
Cuisson : 40 minutes
Repos : 1 heure

Pour le gâteau
200 g de sucre
4 œufs
200 g de beurre mou
200 g de farine
½ sachet de levure chimique
1 pincée de sel

Pour le croustillant
100 g de chocolat noir
150 g de pâte de praliné
ou de chocolat à dessert au praliné
50 g de crêpes dentelle

Pour la mousse pralinée
1 feuille de gélatine (soit 2 g)
80 g de pâte de praliné
ou de chocolat à dessert au praliné
20 cl de crème liquide entière

Pour le glaçage au chocolat blanc
100 g de chocolat blanc pâtissier
12 cl de crème liquide entière
30 g de miel d'acacia
30 g de beurre

Pour le décor
Vermicelles et copeaux de chocolat

Pour le gâteau
Préchauffez le four à 210 °C (th. 7).

Fouettez le sucre et les œufs. Incorporez le beurre mou, le sel, puis ajoutez la farine et la levure tamisées.

Versez la pâte dans un moule à cake beurré et fariné.

Enfournez à 170 °C (th. 5-6) pendant 40 minutes.

Après 10 minutes de repos hors du four, démoulez le quatre-quarts sur une grille. Laissez-le refroidir puis découpez-le en trois dans l'épaisseur.

Pour le croustillant
Faites fondre au bain-marie le chocolat noir avec le praliné.

Incorporez les crêpes dentelle concassées et mélangez.

Pour la mousse pralinée
Faites tremper dans de l'eau froide la gélatine.

Faites fondre au bain-marie le praliné. Ajoutez-y la gélatine égouttée et essorée.

Fouettez la crème liquide en chantilly. Incorporez-y délicatement le praliné.

Pour assembler le napolitain
Chemisez de film étirable une terrine ou un moule à cake. Placez au fond un premier rectangle de biscuit et recouvrez-le de croustillant praliné.

Recouvrez d'un second rectangle de biscuit et de mousse pralinée.

Recouvrez du troisième rectangle de biscuit paré et placez au congélateur pour au moins 1 heure.

Démoulez et découpez si besoin les côtés de la terrine pour avoir un rectangle régulier. Replacez-le au congélateur.

Pour le glaçage
Faites fondre le chocolat au bain-marie.

Portez à ébullition la crème avec le miel. Versez la crème en trois fois dans le chocolat jusqu'à obtenir une crème lisse.

Quand la température du mélange est entre 35 °C et 40 °C, ajoutez le beurre coupé en dés et lissez.

Pour finir
Placez le « napolitain » sur une grille posée sur un plateau. Nappez de glaçage, lissez et décorez de vermicelles et copeaux de chocolat. Réservez au réfrigérateur.

Opéra au café et au chocolat

GRAND CLASSIQUE !

Pour 6 à 8 personnes
Préparation : 45 minutes
Cuisson : 30 minutes
Repos : 24 heures + 2 heures

Biscuit aux amandes (biscuit Joconde)
5 œufs
125 g de sucre
125 g de poudre d'amandes
4 blancs d'œufs
30 g de farine
20 g de beurre clarifié

Sirop
125 g de sucre
1 cuill. à soupe de café soluble

Crème au beurre au café
100 g de sucre
3 jaunes d'œufs
100 g de beurre mou
2 cuill. à café d'extrait de café

Ganache au chocolat
12 cl de crème liquide entière
200 g de chocolat noir pâtissier
50 g de beurre

Montage
200 g de chocolat noir pâtissier
Feuille d'or (facultatif)

Glaçage au chocolat
3,5 feuilles de gélatine (soit 9 g)
220 g de sucre
30 g de cacao en poudre non sucré
13 cl de crème liquide entière

Pour le biscuit
Préchauffez le four à 200 °C (th. 6-7).

Battez les œufs entiers avec le sucre et la poudre d'amandes jusqu'à ce que le mélange double de volume.

Montez les blancs d'œufs en neige bien ferme.

Incorporez délicatement la farine et le beurre clarifié.

Ajoutez ensuite les blancs d'œufs et mélangez-les délicatement à l'aide d'une spatule souple.

Versez la pâte sur une plaque recouverte de papier sulfurisé et étalez-la en couche régulière à l'aide d'une spatule.

Enfournez pour 10 minutes.

Laissez refroidir sur une grille.

Pour le sirop
Portez à ébullition 50 cl d'eau et le sucre afin d'obtenir un sirop.

Ajoutez l'extrait de café et le café soluble.

Pour la crème au beurre
Mélangez le sucre avec 1 cuill. à soupe d'eau.

Portez à ébullition et laissez cuire jusqu'à ce que le sirop atteigne 121 °C, en contrôlant la température avec un thermomètre à sucre.

Fouettez les jaunes d'œufs au batteur électrique et versez doucement le sirop en filet sur les jaunes sans cesser de battre.

Fouettez à vitesse rapide jusqu'à ce que le mélange soit froid.

Incorporez peu à peu le beurre en continuant à fouetter jusqu'à obtenir une crème lisse.

Ajoutez l'extrait de café et mélangez.

Pour la ganache
Portez à ébullition la crème et versez-la en trois fois sur le chocolat coupé en morceaux.

Mélangez à l'aide d'une spatule souple jusqu'à obtenir une crème homogène.

Ajoutez le beurre coupé en petits morceaux et réservez.

Pour le montage
Coupez le biscuit en trois carrés de taille égale.

Badigeonnez-en un à l'aide d'un pinceau d'une fine couche de chocolat fondu.

Placez-le 30 minutes au réfrigérateur pour le faire durcir.

Posez un morceau de biscuit sur une feuille de papier sulfurisé, côté chocolaté en contact avec le papier.

Imbibez-le de sirop à l'aide d'un pinceau.

Étalez une fine couche (2 à 3 mm) de crème au beurre au café sur le biscuit.

Recouvrez du deuxième morceau de biscuit.

Imbibez-le de sirop et recouvrez-le de ganache au chocolat.

Recouvrez du dernier morceau de biscuit.

Imbibez-le de sirop et recouvrez de crème au beurre au café.

Lissez soigneusement la surface et placez l'opéra au réfrigérateur pour la nuit.

Pour le glaçage
Faites ramollir les feuilles de gélatine dans un grand bol d'eau froide.

Portez à ébullition le sucre et 17 cl d'eau.

Ajoutez hors du feu le cacao tamisé et la crème et placez à nouveau sur le feu.

Portez à ébullition.

Pressez la gélatine entre vos mains et ajoutez-la hors du feu au glaçage.

Filtrez le glaçage à l'aide d'un chinois.

Laissez refroidir jusqu'à obtenir une consistance nappante.

Versez le glaçage sur la surface de l'opéra et répartissez-le à l'aide d'une spatule métallique.

Placez au moins 2 heures au réfrigérateur. Coupez les bords à l'aide d'un couteau bien aiguisé pour obtenir un carré ou un rectangle bien net.

Décorez de feuilles d'or alimentaire (facultatif).

ASTUCE

Si vous n'avez pas de thermomètre pour contrôler la cuisson du sucre, trempez les dents d'une fourchette dans le sirop de sucre en ébullition. Si des fils se forment, c'est que le sucre est prêt !

ON NE SAIT PAS VRAIMENT QUI DE GASTON LENÔTRE OU DE DALLOYAU MIT AU POINT L'OPÉRA TEL QUE NOUS LE DÉGUSTONS DE NOS JOURS. CE DÉLICE AU CAFÉ ET AU CHOCOLAT S'INSPIRE NÉANMOINS D'AUTRES GÂTEAUX DU XIXE SIÈCLE ET AURAIT ÉTÉ NOMMÉ EN RÉFÉRENCE À L'OPÉRA-COMIQUE, AUX DÉCORATIONS DORÉES… COMME LES FINITIONS DE CE GÂTEAU À LA FEUILLE D'OR.

Gâteau roulé au citron

Pour 6 personnes
Préparation : 30 minutes
Cuisson : 15 minutes
Repos : 3 heures

Pour le roulé
100 g de farine (+ un peu pour la cuisson)
30 g de Maïzena®
4 œufs
120 g de sucre
20 g de sucre glace
20 g de beurre
3 cuill. à soupe de grué de cacao
2 cuill. à soupe de noisettes hachées

Pour la crème
25 cl de lait
70 g de jus de citron
2 jaunes d'œufs
100 g de sucre
20 g de Maïzena®
50 g de beurre

POUR UN BISCUIT LÉGER ET FONDANT, FOUETTEZ LONGUEMENT LES ŒUFS AVEC LE SUCRE ET RESPECTEZ LE TEMPS DE CUISSON : LE BISCUIT DOIT JUSTE ÊTRE FERME AU CENTRE.

Pour le biscuit roulé
Préchauffez le four à 200 °C (th. 6-7).

Tamisez la farine et la Maïzena®.

Séparez les blancs des jaunes.

Fouettez les jaunes d'œufs avec le sucre, jusqu'à ce que le mélange blanchisse.

Montez les blancs en neige en y ajoutant le sucre glace.

Incorporez délicatement les blancs en neige au premier mélange, puis ajoutez délicatement le mélange farine et Maïzena® à l'aide d'une spatule souple.

Faites fondre le beurre. À l'aide d'un pinceau, appliquez-en aux quatre coins et au centre d'une plaque à génoise, puis recouvrez-la d'une feuille de papier sulfurisé : elle sera ainsi fixée. Badigeonnez-la ensuite du beurre fondu restant.

Saupoudrez la feuille d'un peu de farine et ôtez l'excédent en tapotant.

Versez la pâte sur la plaque et étalez-la sur une épaisseur régulière.

Saupoudrez-la de grué et de noisettes hachées.

Baissez la température à 180 °C (th. 6) et enfournez pour 8 à 10 minutes.

Retournez le biscuit sur un torchon propre et légèrement humide. Ôtez délicatement la feuille de papier sulfurisé, puis roulez immédiatement le biscuit à l'aide du torchon.

Laissez-le refroidir bien enroulé avant de le garnir.

Pour la crème au citron
Portez à ébullition le lait.

Portez à ébullition le jus de citron dans un autre récipient.

Fouettez les jaunes d'œufs avec le sucre, puis ajoutez la Maïzena®. Ajoutez le lait et le jus de citron, mélangez et portez à ébullition. Ajoutez le beurre hors du feu et mélangez jusqu'à obtenir une crème onctueuse.

Laissez refroidir 1 heure.

Pour finir
Déroulez le gâteau de son torchon sur une feuille de papier sulfurisé. Retournez-le de façon à placer le grué et les amandes à l'extérieur du gâteau.

Étalez la crème au citron sur le biscuit. En vous aidant du papier sulfurisé, roulez le gâteau de façon assez serrée.

Placez le gâteau au moins 2 heures au réfrigérateur avant de servir.

Couronne des rois

Pour 6 personnes
Préparation : 40 minutes
Cuisson : 20 minutes
Repos : 2 heures + 1 nuit + 1 heure

65 g de fruits confits coupés en dés
2 cuill. à soupe de Cointreau® ou de Grand-Marnier®
200 g de farine
4 g de sel fin
25 g de sucre
3 œufs
10 g de levure de boulanger fraîche
80 g de beurre
1 zeste râpé de citron non traité
1 zeste râpé d'orange non traitée
1 fève en porcelaine

Pour la finition
3 cuill. à soupe de gelée d'abricot
Sucre en grains
Fruits confits entiers (cerises, angélique, orange...)

L'avant-veille
Faite macérer les fruits confits dans le Cointreau®.

La veille
Mélangez la farine, le sel, le sucre, les œufs et la levure de boulanger.

Pétrissez environ 10 minutes, de préférence à l'aide d'un robot.

Lorsque la pâte se décolle de la cuve, incorporez le beurre en morceaux, puis les fruits confits égouttés et les zestes d'agrumes.

Recouvrez d'un linge et laissez reposer la pâte à température ambiante pendant 2 heures jusqu'à ce qu'elle double de volume.

Dégazez la pâte à l'aide de votre poing fermé, aplatissez-la en galette et placez-la dans un saladier recouvert de film étirable légèrement huilé. Laissez-la reposer une nuit au réfrigérateur.

Le jour même
Façonnez la pâte en forme de boule, puis creusez un trou au centre et élargissez-le avec vos pouces pour former une couronne. Placez la fève à l'intérieur en pratiquant un trou sous la couronne, puis en refermant soigneusement l'ouverture. Placez-la sur une plaque recouverte de papier sulfurisé.

Laissez lever 1 h 30.

Préchauffez le four à 200 °C (th. 6-7).

Enfournez la couronne pour 15 à 20 minutes en abaissant la température à 170 °C (th. 5-6).

Laissez la brioche refroidir sur une grille.

Faites chauffer à feu doux la gelée d'abricot jusqu'à ce qu'elle soit liquide.

Nappez-en la brioche, saupoudrez-la de sucre en grain et décorez de fruits confits.

POUR QUI LA COURONNE ?

Saint-honoré

Pour 6 à 8 personnes
Préparation : 2 heures
Repos : 2 heures + 30 minutes
Cuisson : 45 minutes

Pour la crème mousseline
50 cl de lait
½ gousse de vanille
4 jaunes d'œufs
100 g de sucre
30 g de farine
30 g de Maïzena®
200 g de beurre coupé en morceaux

Pour la pâte à choux
12 cl de lait entier
1 cuill. à soupe de sucre
100 g de beurre
1 pincée de sel
150 g de farine fluide
4 œufs
1 jaune d'œuf

Pour le carré de feuilletage
150 g de pâte feuilletée pur beurre
60 g de sucre

Pour la chantilly
20 cl de crème liquide entière

Pour le caramel
200 g de sucre

Pour la crème
Faites chauffer le lait avec la gousse de vanille fendue en deux.

Fouettez les jaunes d'œufs avec le sucre jusqu'à ce que le mélange blanchisse. Ajoutez la farine, la Maïzena® puis la moitié du lait chaud en fouettant.

Versez le tout dans la casserole contenant le reste du lait et portez à ébullition jusqu'à épaississement sans cesser de fouetter.

Ajoutez la moitié du beurre hors du feu et mélangez jusqu'à obtenir une crème homogène.

Posez un film étirable au contact de la crème et laissez refroidir au moins 2 heures au réfrigérateur.

Incorporez le beurre restant en pommade à la crème refroidie.

PATRON DES BOULANGERS ET DES PÂTISSIERS, CE N'EST QU'EN 1850 QUE SAINT HONORÉ FUT CONSACRÉ PAR UN GÂTEAU. CE DESSERT DEVENU CULTE A ÉTÉ CRÉÉ PAR LA PÂTISSERIE CHIBOUST, SITUÉE… RUE SAINT-HONORÉ, À PARIS.

Pour les choux
Préchauffez le four à 210 °C (th. 7).

Dans une casserole, faites chauffer sans bouillir 12 cl d'eau, le lait, le sucre, le beurre coupé en morceaux et le sel.

Ajoutez la farine hors du feu en mélangeant vivement la pâte.

Placez à nouveau la casserole sur le feu et faites dessécher la pâte quelques instants en la remuant à l'aide d'une spatule.

Incorporez les œufs un à un, en mélangeant vivement entre chaque. Veillez à ce que l'œuf précédent soit parfaitement incorporé avant d'ajouter le suivant.

Vous devez obtenir une pâte souple et brillante.

Sur une plaque recouverte de papier sulfurisé, formez des choux de 3 cm de diamètre à l'aide d'une poche à douille munie d'une douille lisse ou à l'aide de deux cuillères. Veillez à bien les espacer.

Badigeonnez les choux de jaune d'œuf.

Laissez cuire 15 à 20 minutes sans ouvrir la porte du four.

2 minutes avant la fin de cuisson, entrouvrez la porte du four pour enlever toute l'humidité du four.

Pour le carré de feuilletage
Montez la température du four à 220 °C (th. 7-8).

Étalez finement la pâte sur 3 mm et découpez-y 1 carré d'environ 20 cm de côté.

Placez-le 30 minutes au réfrigérateur sur une plaque recouverte de papier sulfurisé.

Saupoudrez-le de sucre.

Recouvrez d'une seconde feuille de papier sulfurisé et posez une grille par-dessus pour éviter que la pâte ne se déforme.

Enfournez et baissez la température à 190 °C (th. 6-7). Laissez cuire 12 minutes.

Pour la chantilly
Fouettez la crème liquide en chantilly.

Pour le caramel
Mélangez le sucre et 4 cuill. à soupe d'eau dans une petite casserole. Faites cuire jusqu'à obtenir un caramel blond.

Pour finir
Trempez les choux dans le caramel chaud et dressez-les sur les disques de feuilletage en les fixant avec le reste de caramel. Garnissez le centre des gâteaux de crème vanille et de chantilly.

À SAVOIR
Vous pouvez également utiliser de la pâte feuilletée maison (voir recette p. 195). N'hésitez pas à varier les parfums de la crème mousseline (chocolat, café) et déclinez les fruits selon les saisons.

UNE VRAIE TARTE
À LA CRÈME !

POUR CHANGER !

Délice aux noix

Pour 8 personnes
Préparation : 25 minutes
Cuisson : 30 minutes
Repos : 3 h 10

Pour la dacquoise
40 g de poudre de noix
60 g de poudre d'amandes
75 g de sucre glace
3 blancs d'œufs
30 g de sucre
1 poignée de cerneaux de noix concassés

Pour le praliné aux noix
125 g de cerneaux de noix de Grenoble
100 g de sucre

Pour la crème
½ gousse de vanille
25 cl de lait entier
2 jaunes d'œufs
30 g de sucre
20 g de Maïzena®
200 g de beurre

Pour le décor
Une poignée de cerneaux de noix concassés
Sucre glace

Pour la dacquoise
Mixez finement la poudre de noix et la poudre d'amandes.

Ajoutez le sucre glace.

Montez les blancs en neige tout en y incorporant le sucre en poudre.

Mélangez délicatement au mélange noix/amandes/sucre glace.

Étalez sur un papier sulfurisé deux disques de taille différente.

Saupoudrez d'un peu de sucre glace tamisé. Parsemez de noix concassées et laissez reposer 10 minutes.

Enfournez 30 minutes à 160 °C (th. 5-6).

Pour le praliné
Préchauffez le four à 200 °C (th. 6-7).

Placez les noix sur une plaque recouverte de papier sulfurisé.

Enfournez pour 15 minutes en les mélangeant de temps en temps pour les faire torréfier.

Versez le sucre et 1 cuill. à soupe d'eau dans une casserole et faites chauffer jusqu'à atteindre 130 °C : vérifiez la température à l'aide d'un thermomètre à sucre.

Lorsque le sucre est à température, ajoutez les noix grillées en une fois et mélangez rapidement jusqu'à ce que le sucre blanchisse et recristallise autour d'elles.

Replacez la casserole sur feu moyen et faites caramé-liser la préparation.

Versez cette préparation sur une lèchefrite légèrement huilée et laissez refroidir 2 heures.

Cassez la nougatine ainsi obtenue à l'aide de vos mains.

Placez-la dans un mixeur ou un blender puissant et mixez-la : vous devriez obtenir une poudre.

Continuez à mixer jusqu'à obtenir une pâte épaisse.

Procédez si nécessaire en plusieurs fois afin de préserver votre mixeur.

Pesez 100 g de ce praliné. Réservez le reste dans un bocal pour un usage ultérieur.

Pour la crème
Grattez les grains contenus dans la gousse de vanille et mélangez-les avec le lait.

Faites chauffer le lait avec la vanille en remuant de temps en temps pour bien mélanger le tout.

D'autre part, battez les jaunes d'œufs avec le sucre jusqu'à ce que le mélange blanchisse. Ajoutez petit à petit, sans cesser de fouetter, la Maïzena®.

Versez la moitié du lait chaud en fouettant sans faire mousser.

Versez ce mélange dans la casserole contenant le reste de lait et portez doucement à ébullition sans cesser de remuer pendant 2 minutes environ, jusqu'à ce que la crème épaississe.

Recouvrez d'un film étirable placé en contact avec la crème pour éviter la formation d'une pellicule. Laissez refroidir 1 heure.

Fouettez le beurre jusqu'à ce qu'il soit bien crémeux. Ajoutez les 100 g de praliné de noix réservés sans cesser de fouetter jusqu'à ce qu'il soit parfaitement incorporé.

Ajoutez enfin peu à peu la crème, sans cesser de fouetter, jusqu'à obtenir une crème onctueuse. Réservez au réfrigérateur jusqu'au moment de garnir le gâteau.

POUR RÉUSSIR UNE DACQUOISE, SORTEZ LES BLANCS À L'AVANCE DE VOTRE RÉFRIGÉRATEUR, POUR QU'ILS SOIENT À TEMPÉRATURE AMBIANTE. INCORPOREZ LE MÉLANGE AUX NOIX À L'AIDE D'UNE SPATULE SOUPLE EN FAISANT TOURNER LE BOL POUR BRISER AU MINIMUM LES BLANCS, COMME POUR UNE MOUSSE AU CHOCOLAT : AINSI, VOTRE DACQUOISE RESTERA LÉGÈRE ET FONDANTE. SURVEILLEZ SA CUISSON DE PRÈS : ELLE DOIT RESTER MOELLEUSE À CŒUR.

Pour finir

Disposez le plus grand disque de dacquoise sur le plat de service.

Garnissez-le généreusement de crème pralinée aux noix à l'aide d'une poche à douille.

Saupoudrez de cerneaux de noix concassés.

Refermez le gâteau à l'aide du petit disque de dacquoise.

Saupoudrez de sucre glace et servez.

BIEN NOMMÉS !

Merveilleux

Pour 6 personnes
Préparation : 30 minutes
Cuisson : 2 heures
Repos : 3 heures

Pour la meringue
3 blancs d'œufs (environ 100 g)
100 g de sucre
100 g de sucre glace tamisé + un peu pour la finition

Pour la mousse au chocolat
22 cl de crème fouettée
160 g de chocolat noir pâtissier
6 cl de lait chaud

Pour la finition
150 g de copeaux de chocolat noir

Pour la meringue
Préchauffez le four à 90 °C (th. 3).

Fouettez les blancs avec 1 cuill. à café de sucre jusqu'à ce que les blancs soient bien mousseux.

Ajoutez alors 1 cuill. à soupe de sucre sans cesser de fouetter.

Lorsqu'ils sont fermes, ajoutez progressivement le reste de sucre.

Incorporez délicatement à l'aide d'une spatule souple le sucre glace tamisé aux blancs montés.

Formez des boules de meringue de 5 cm de diamètre environ sur une plaque de cuisson recouverte de papier sulfurisé à l'aide d'une cuillère à soupe. Vous pouvez également utiliser une poche à douille.

Enfournez pour 2 heures en veillant à ce qu'elles ne colorent pas.

Décollez les meringues de la plaque une fois refroidies.

Pour la mousse au chocolat
Fouettez la crème en chantilly.

Hachez finement le chocolat.

Portez le lait à ébullition et versez-le sur le chocolat.

Mélangez le tout jusqu'à ce que le chocolat soit fondu.

Patientez quelques minutes jusqu'à ce que le mélange atteigne environ 40 °C (vous devez ressentir une légère sensation de chaleur, sans vous brûler, lorsque vous y plongez un doigt).

Incorporez délicatement la crème fouettée.

Pour le montage
Munissez-vous de deux moules en silicone en forme de demi-sphères.

Remplissez-les au tiers de mousse au chocolat.

Enfoncez dans chaque alvéole une meringue en veillant à bien la centrer. La mousse doit bien remonter sur les côtés.

Placez les demi-sphères au congélateur pendant 2 à 3 heures.

Pour finir

Démoulez les demi-sphères. Accolez-les avec un peu de mousse au chocolat restante de façon à former des sphères.

Roulez-les dans les copeaux de chocolat et servez.

ASTUCE

Si vous êtes pressé, utilisez des boules coco dont vous gratterez la croûte au lieu de meringues maison.

Paris-Brest

Pour 6 personnes
Préparation : 1 heure
Cuisson : 30 minutes
Repos : 1 heure

Pâte à choux
4 cuill. à soupe de cacahuètes non salées
2 cuill. à soupe de sucre
12 cl de lait entier
1 cuill. à soupe de sucre
100 g de beurre
1 pincée de sel
150 g de farine fluide
4 œufs

Garniture
½ gousse de vanille
25 cl de lait entier
2 jaunes d'œufs
30 g de sucre
20 g de Maïzena®
200 g de beurre
100 g de praliné en pâte
Sucre glace

Pour la crème
Grattez les grains contenus dans la gousse de vanille et mélangez-les avec le lait.

Faites chauffer le lait avec la vanille en remuant de temps en temps pour bien mélanger le tout.

D'autre part, battez les jaunes d'œufs avec le sucre jusqu'à ce que le mélange blanchisse. Ajoutez petit à petit, sans cesser de fouetter, la Maïzena®.

Versez la moitié du lait chaud en fouettant sans faire mousser.

Versez ce mélange dans la casserole contenant le reste de lait et portez doucement à ébullition sans cesser de remuer pendant 2 minutes environ, jusqu'à ce que la crème épaississe.

Recouvrez d'un film étirable placé en contact avec la crème pour éviter la formation d'une pellicule. Laissez refroidir 1 heure.

Fouettez le beurre jusqu'à ce qu'il soit bien crémeux. Ajoutez le praliné sans cesser de fouetter jusqu'à ce qu'il soit parfaitement incorporé. Ajoutez enfin peu à peu la crème, sans cesser de fouetter, jusqu'à obtenir une crème onctueuse. Réservez au réfrigérateur jusqu'au moment de garnir les paris-brest.

ÇA ROULE !

CRÉÉ EN 1910 À MAISONS-LAFFITTE, LE PARIS-BREST A LA FORME D'UNE ROUE DE BICYCLETTE, CAR IL PORTE LE NOM D'UNE COURSE CYCLISTE.

Pour la pâte à choux
Préchauffez le four à 210 °C (th. 7).

Faites légèrement dorer les cacahuètes dans une poêle. Saupoudrez-les de sucre et faites-les caraméliser quelques instants.

Une fois refroidies, concassez grossièrement ces pralines au couteau.

Dans une casserole, faites chauffer sans bouillir 12 cl d'eau, le lait, le sucre, le beurre coupé en morceaux et le sel.

Ajoutez la farine hors du feu en mélangeant vivement la pâte.

Placez à nouveau la casserole sur le feu et faites dessécher la pâte quelques instants en la remuant à l'aide d'une spatule.

Incorporez les œufs un à un, en mélangeant vivement à chaque fois. Veillez à ce que l'œuf précédent soit parfaitement incorporé avant d'ajouter le suivant.

Vous devez obtenir une pâte souple et brillante.

Sur une plaque recouverte de papier sulfurisé, formez six couronnes de pâte à choux à l'aide d'une poche à douille munie d'une douille lisse, en les espaçant bien.

Enfournez pendant 1 minute, puis baissez le thermostat à 180 °C (th. 6). Laissez cuire 20 minutes sans ouvrir la porte du four. 2 minutes avant la fin de la cuisson, entrouvrez la porte du four pour enlever toute l'humidité du four.

Laissez refroidir les anneaux de choux sur une grille.

Pour finir
Coupez les anneaux de pâte à choux en deux à l'aide d'un couteau cranté.

Garnissez-les de crème au praliné à l'aide d'une poche à douille.

Saupoudrez-les de brisures de cacahuètes caramélisées avant de refermer avec l'autre anneau de pâte à choux.

Saupoudrez de sucre glace et servez sans attendre.

Gâteau tout choco

Préparation : 45 minutes
Cuisson : 25 minutes
Repos : 2 heures

Pour la base
130 g de beurre
200 g de farine
200 g de sucre glace
100 g de poudre d'amandes
1 pincée de sel
4 blancs d'œufs
3 cuill. à soupe d'amandes effilées

Pour la mousse
22 cl de crème fouettée
160 g de chocolat noir pâtissier
6 cl de lait chaud

Pour la ganache
8 cl de crème liquide entière
1 cuill. à café de miel liquide
100 g de chocolat noir pâtissier
20 g de beurre

Pour décorer
Macarons au chocolat (maison voir p. 90 ou achetés chez le boulanger)
Noix de coco en poudre

Pour le gâteau
Préchauffez le four à 200 °C (th. 6-7) en plaçant la grille dans la partie supérieure de celui-ci.

Faites fondre le beurre sur feu doux sans le colorer.

Mélangez la farine, le sucre, la poudre d'amandes et le sel. Creusez un puits et versez-y les blancs d'œufs. Incorporez-les en tournant avec une cuillère en bois, puis ajoutez le beurre fondu tiède et mélangez soigneusement.

Versez la pâte dans un moule à manqué beurré. Parsemez d'amandes effilées.

Enfournez pour 25 à 30 minutes, démoulez le financier et laissez-le refroidir sur une grille.

Pour la mousse
Fouettez la crème en chantilly.

Hachez finement le chocolat.

Portez le lait à ébullition et versez-le sur le chocolat.

Mélangez le tout jusqu'à ce que le chocolat soit fondu.

Patientez quelques minutes jusqu'à ce que le mélange atteigne environ 40 °C (vous devez ressentir une légère sensation de chaleur, sans vous brûler, lorsque vous y plongez un doigt).

Incorporez délicatement la crème fouettée.

Réservez au réfrigérateur.

Pour la ganache
Portez à ébullition la crème et le miel.

Cassez le chocolat en petits morceaux et versez par-dessus le mélange crème-miel brûlant.

Mélangez à l'aide d'une spatule souple afin d'obtenir un mélange homogène et lisse.

Incorporez alors le beurre pommade et laissez refroidir une dizaine de minutes.

Pour finir
Nappez le financier refroidi de ganache froide.

Garnissez de mousse au chocolat à l'aide d'une poche à douille.

Saupoudrez de noix de coco et décorez de macarons.

Gâteau de crêpes chocolat-noisette

Pour 6 personnes
Préparation : 30 minutes
Repos : 2 heures
Cuisson : 25 minutes

Pour la pâte à crêpe
250 g de farine
1 pincée de sel
3 œufs
50 cl de lait
1 cuill. à soupe d'huile
2 cuill. à soupe d'eau de fleur d'oranger

Pour la garniture
100 g de beurre
150 g de chocolat noir pâtissier haché
1 œuf
2 jaunes d'œufs
20 g de sucre
5 cuill. à soupe de pâte à tartiner aux noisettes type Nutella®
200 g de noisettes concassées mondées
2 cuill. à soupe de cacao amer non sucré

Pour les crêpes
Mélangez la farine et le sel dans un saladier.

Ajoutez les œufs un par un en mélangeant à l'aide d'un fouet.

Délayez progressivement avec le lait, puis l'huile et l'eau de fleur d'oranger.

Couvrez et laissez reposer 1 heure à température ambiante.

Vérifiez la fluidité de la pâte : si besoin, ajoutez un peu de lait.

Faites cuire les crêpes dans une poêle bien chaude 1 minute sur un seul côté. Inutile de les retourner : elles finiront leur cuisson au four.

Pour la garniture
Faites fondre le beurre et le chocolat au bain-marie.

Ajoutez la pâte à tartiner, l'œuf entier, les jaunes d'œufs et le sucre. Mélangez jusqu'à obtenir une crème homogène.

Pour finir
Préchauffez votre four à 180 °C (th. 6).

Beurrez un moule à manqué.

Posez une crêpe au fond du moule, tartinez-la de crème chocolatée et éparpillez quelques noisettes. Recommencez jusqu'à épuisement des crêpes.

Enfournez pour une dizaine de minutes.

Laissez refroidir 1 heure.

Démoulez, saupoudrez de cacao en poudre et servez.

Forêt blanche

Pour 8 personnes
Préparation : 1 heure
Cuisson : 20 minutes
Repos : 4 h 30

Pour le biscuit
5 œufs
125 g de sucre
125 g de poudre d'amandes
4 blancs d'œufs
30 g de farine
20 g de beurre clarifié
80 g de griottes dénoyautées décongelées ou fraîches

Pour le sirop
60 g de sucre
1 cuill. à soupe de kirsch

Pour la mousse au chocolat
6 jaunes d'œufs
30 g de sucre
20 cl de lait
1 cuill. à soupe de miel liquide
200 g de chocolat pâtissier à 70 % de cacao haché
20 cl de crème liquide entière

Pour la mousse blanche
75 g de sucre
4 jaunes d'œufs
1 gros œuf
2 gousses de vanille
7 feuilles de gélatine (soit 14 g)
45 cl de crème liquide entière

Pour décorer
Sucre glace

Pour le biscuit
Préchauffez le four à 200 °C (th. 6-7).

Battez les œufs entiers avec le sucre et la poudre d'amandes jusqu'à ce que le mélange double de volume.

Ajoutez délicatement la farine et le beurre clarifié.

Montez les blancs d'œufs en neige bien ferme.

Ajoutez-les délicatement au premier mélange à l'aide d'une spatule souple.

Versez la pâte sur une plaque recouverte de papier sulfurisé et étalez-la en couche régulière à l'aide d'une spatule.

Parsemez de griottes.

Enfournez pour 10 minutes.

Laissez refroidir sur une grille.

Pour le sirop
Versez 14 cl d'eau puis le sucre dans une casserole.

Portez à ébullition et stoppez la cuisson immédiatement.

Ajoutez le kirsch et laissez refroidir.

Pour la mousse au chocolat
Fouettez les jaunes d'œufs avec le sucre jusqu'à ce que le mélange blanchisse.

Portez à frémissement le lait avec le miel.

Versez le lait chaud en filet sur les jaunes sans cesser de mélanger.

Reversez le tout dans la casserole et faites cuire à feu doux sans cesser de tourner, jusqu'à ce que la crème nappe la cuillère. Le mélange ne doit pas bouillir.

Versez sur le chocolat haché en trois fois, et mélangez jusqu'à ce que le chocolat soit fondu et laissez tiédir.

Fouettez la crème liquide en chantilly.

Ajoutez-la délicatement à la crème au chocolat, lorsque celle-ci atteint environ 38 °C.

Pour la mousse blanche
Portez à ébullition le sucre et 2,5 cl d'eau. Laissez cuire 6 à 7 minutes, jusqu'à ce que sa température atteigne 121 °C.

Fouettez les jaunes avec l'œuf et ajoutez le sirop de sucre en filet sans cesser de fouetter, jusqu'à ce que le mélange soit presque froid (aux alentours de 35 °C).

Fendez les gousses de vanille et récupérez leurs graines en grattant.

Ajoutez-les à l'appareil précédent.

Faites ramollir la gélatine dans l'eau froide. Essorez-la fortement dans vos mains.

Faites-la fondre 5 secondes au micro-ondes avec 2 cuill. à soupe d'eau.

Ajoutez-la à l'appareil, mélangez jusqu'à ce qu'elle soit parfaitement incorporée.

Fouettez la crème et ajoutez-la délicatement à l'appareil à la vanille.

Pour finir
Chemisez un moule carré de film alimentaire.

Découpez le biscuit en trois carrés de la taille de votre moule. Placez un carré au fond du plat et imbibez-le de sirop.

Recouvrez de mousse blanche et placez 30 minutes au réfrigérateur.

Recouvrez du deuxième carré de biscuit. Imbibez-le de sirop.

Versez la mousse au chocolat, lissez sa surface.

Posez pour finir le dernier carré de biscuit.

Placez au réfrigérateur pour 4 heures environ.

Démoulez et saupoudrez de sucre glace.

POUR RÉALISER UN SIROP, VERSEZ TOUJOURS L'EAU EN PREMIER DANS VOTRE CASSEROLE AVANT D'AJOUTER LE SUCRE. AINSI, IL SE DISSOUDRA PARFAITEMENT EN UN CLIN D'ŒIL !

CE CLASSIQUE DU RÉVEILLON CONCLUT PLUS LÉGÈREMENT UN REPAS DE FÊTE QU'UNE BÛCHE TRADITIONNELLE. IL PEUT SE PRÉPARER JUSQU'À 3 JOURS À L'AVANCE ET SE DÉCLINE AVEC DES ABRICOTS, DATTES, PRUNEAUX, CRANBERRIES, NOIX DE PÉCAN, PIGNONS...

INDÉMODABLE

Nougat glacé

Préparation : 30 minutes
Cuisson : 7 à 8 minutes
Repos : une nuit

75 g de raisins secs
3 cuill. à soupe de Grand-Marnier®
ou autre alcool d'orange
50 g de sucre
150 g de miel
4 blancs d'œufs
50 cl de crème liquide entière
75 g de fruits confits
75 g de pralin en poudre
3 cuill. à soupe de pistaches concassées

Faites gonfler les raisins dans 1 cuill. à soupe de Grand-Marnier®.

Mélangez le sucre, le miel et 1 cuill. à café d'eau dans une petite casserole.

Portez à ébullition et laissez cuire 7 à 8 minutes, jusqu'à ce que le sirop atteigne 121 °C.

Montez les blancs en neige et versez le sirop chaud sans cesser de fouetter.

Fouettez jusqu'à ce que la meringue soit froide.

Fouettez la crème.

Mélangez délicatement meringue et crème.

Ajoutez les raisins égouttés, les fruits, le pralin, les pistaches concassées et le Grand-Marnier® restant.

Versez dans un moule à cake ou un moule à savarin en silicone et placez au moins une nuit au congélateur.

Coupez en tranches au moment de déguster et servez avec un coulis.

Macaron au café à partager

Pour 2 personnes
Préparation : 45 minutes
Cuisson : 50 minutes
Repos : 6 h 30

Pour le palet de crème brûlée
8 cl de lait entier
2 jaunes d'œufs
20 g de sucre
1 cuill. à café d'extrait de café
1 feuille de gélatine (soit 2 g)
8 cl de crème liquide entière

Pour le macaron
70 g de poudre d'amandes
140 g de sucre glace
2 blancs d'œufs
1 cuill. à soupe de sucre
Quelques gouttes d'extrait de café

Pour la crème
60 g de beurre en pommade
40 g de sucre glace
30 g de poudre d'amandes
1 cuill. à soupe de café instantané

Pour le palet de crème brûlée
Portez à ébullition le lait.

Fouettez les jaunes avec le sucre.

Versez le lait dans les jaunes sans cesser de fouetter, puis ajoutez la crème et l'extrait de café.

Faites ramollir la gélatine dans un bol d'eau froide. Égouttez-la et faites-la fondre 5 secondes au micro-ondes dans 1 cuill. à soupe de crème liquide puis mélangez-la à la crème.

Filtrez à l'aide d'un chinois et remplissez aux deux tiers les alvéoles d'un moule à muffins en silicone.

Enfournez à 95 °C (th. 3) pendant 35 minutes.

Sortez du four lorsque la crème est encore tremblotante, laissez reposer 30 minutes puis placez directement le moule au congélateur pendant 3 heures.

Pour le macaron
Préchauffez votre four à 150 °C (th. 5).

Mixez les amandes et le sucre glace pour obtenir une poudre fine. Tamisez.

Fouettez les blancs d'œufs en neige avec le sucre et ajoutez l'extrait de café.

Incorporez délicatement le mélange amandes-sucre dans les blancs d'œufs à l'aide d'une écumoire et en faisant tourner régulièrement le saladier afin d'obtenir un mélange homogène, lisse et légèrement coulant.

UN AMOUR DE DESSERT !

À l'aide d'une poche à douille, dressez deux cœurs sur une feuille de papier sulfurisé posée sur une plaque. Laissez reposer 30 minutes.

Enfournez pour 12 à 15 minutes.

Pour la crème
Fouettez le beurre en pommade, le sucre glace et la poudre d'amandes.

Diluez le café instantané avec un peu d'eau chaude et ajoutez-le à la crème.

Pour finir
Décollez les cœurs en macarons de la plaque.

Retournez un cœur de macaron sur le plat de service.

Posez au milieu un palet de crème brûlée (il vous en restera pour d'autres recettes).

Dressez la crème au café à l'aide d'une poche à douille.

Refermez avec l'autre cœur.

Placez 2 à 3 heures au réfrigérateur avant de déguster… en amoureux.

Boules de neige de Noël

Pour 10 à 12 boules
Préparation : 30 minutes
Cuisson : 2 h 30

3 gros blancs d'œufs
100 g de sucre en poudre
100 g de sucre glace

Pour la décoration
200 g de chocolat blanc fondu
50 cm de fil argenté
Noix de coco en poudre
Pâte d'amande
Colorants rouges et verts
Billes de couleur, dragées argentées…

Préchauffez le four à 90 °C (th. 3).

Fouettez les blancs en neige à l'aide d'un batteur électrique.

Lorsqu'ils commencent à être bien montés, versez le sucre en pluie sans cesser de battre et fouettez jusqu'à ce qu'ils soient fermes.

Incorporez le sucre glace tamisé à l'aide d'une spatule souple.

À l'aide d'une poche à douille ou d'une cuillère à soupe humide, formez des demi-sphères sur une feuille de papier sulfurisé. Vous pouvez également utiliser des moules en silicone en forme de demi-sphère de la taille de votre choix.

Saupoudrez-les de sucre glace.

Enfournez pour 2 h 30 en veillant à ce que les meringues restent blanches. Si nécessaire, couvrez-les d'une feuille de papier sulfurisé. Laissez-les refroidir sur une grille.

Badigeonnez les demi-sphères de chocolat blanc. Posez sur la moitié une boucle de ficelle argentée et assemblez-les deux par deux pour obtenir des boules avec leur attache.

Décorez-les à votre guise en utilisant le chocolat blanc.

Sapins meringués au chocolat

Pour 6 à 7 sapins
Préparation : 30 minutes
Cuisson : 1 h 30
Repos : 2 heures

3 gros blancs d'œufs
100 g de sucre
100 g de sucre glace tamisé
150 g d'amandes coupées en bâton, à défaut d'amandes grossièrement hachées
150 g de chocolat noir pâtissier

Préchauffez le four à 90 °C (th. 3).

Fouettez les blancs jusqu'à ce qu'ils soient mousseux.

Ajoutez progressivement le sucre en poudre sans cesser de fouetter jusqu'à ce qu'ils soient fermes. Incorporez délicatement le sucre glace.

Dessinez sur deux feuilles de papier sulfurisé posée sur des plaques six cercles de 7 cm de diamètre, six cercles de 5 cm et six cercles de 3 cm. Garnissez-les de meringue. Saupoudrez généreusement d'amandes.

Enfournez pour 1 h 30. Laisser refroidir dans le four et conservez-les dans une boîte en fer jusqu'à utilisation.

Faites fondre 100 g de chocolat noir. Ajoutez les 50 g restant et lissez.

Assemblez les sapins en empilant un cercle de 7 cm, un de 5 cm et un de 3 cm et en les collant à l'aide du chocolat fondu.

Laissez sécher au moins 2 heures à l'air libre.

Bûche de Noël

Pour 6 personnes
Préparation : 1 heure
Cuisson : 2 h 15
Repos : 3 heures

Pour le biscuit au chocolat sans farine
40 g de chocolat à 70 % de cacao
2 jaunes d'œufs
80 g de sucre
3 blancs d'œufs

Pour la meringue
1 blanc d'œuf
60 g de sucre glace

Pour la mousse de marrons
4 feuilles de gélatine (soit 8 g)
10 cl de crème liquide entière
500 g de crème de marrons vanillée
3 cuill. à soupe de whisky
90 cl de crème montée

Pour le montage et la décoration
100 g de crème de marrons vanillée
4 cuill. à soupe de brisures de marrons glacés
20 cl de crème liquide entière
1 cuill. à soupe de mascarpone
½ gousse de vanille
1 cuill. à soupe de sucre glace

Pour le biscuit au chocolat
Préchauffez le four à 200 °C (th. 6-7).

Faites fondre le chocolat au bain-marie.

Fouettez les jaunes d'œufs avec 40 g de sucre jusqu'à ce que le mélange blanchisse.

Montez les blancs d'œufs à vitesse moyenne et dès qu'ils commencent à mousser, ajoutez le sucre restant. Continuez à fouetter jusqu'à ce qu'ils soient bien lisses et brillants.

Ajoutez les jaunes et continuez à battre 15 secondes, le temps qu'ils soient bien incorporés.

Incorporez délicatement le chocolat fondu en soulevant bien la pâte, comme pour une mousse au chocolat.

Sur une plaque recouverte de papier sulfurisé ou d'un tapis de cuisson en silicone, versez la pâte et étalez-la en une couche épaisse.

Enfournez pour 10 à 15 minutes : ce biscuit doit rester légèrement moelleux.

Laissez refroidir pendant que vous préparez la suite de la recette.

Pour la meringue
Préchauffez le four à 90 °C (th. 3).

Fouettez le blanc en neige à l'aide d'un batteur électrique.

Lorsqu'il commence à être bien monté, versez le sucre en pluie sans cesser de battre et fouettez jusqu'à ce qu'il soit ferme.

À l'aide d'une poche à douille ou d'une cuillère à soupe humide, formez des spirales et des petites meringues sur une plaque recouverte de papier sulfurisé.

Saupoudrez-les de sucre glace.

Enfournez pour 2 heures en veillant à ce que les meringues restent blanches. Si nécessaire, couvrez-les d'une feuille de papier sulfurisé. Laissez-les refroidir sur une grille.

Pour la mousse
Faites ramollir les feuilles de gélatine dans l'eau froide.

Faites tiédir la crème liquide. Essorez fortement la gélatine entre vos mains et ajoutez-la à la crème liquide, mélangez jusqu'à ce qu'elle soit fondue.

Mélangez la crème de marrons, le whisky et la crème à la gélatine. Ajoutez délicatement la crème montée.

Pour le montage
Chemisez de film alimentaire un moule à cake.

Découpez dans le biscuit deux rectangles de la taille du moule.

Tartinez-les d'une fine couche de crème de marrons et saupoudrez-les de 2 cuill. à soupe de brisures de marrons glacés.

Versez deux louches de mousse aux marrons dans le moule.

Déposez un rectangle de biscuit, côté crème de marrons en dessous. Versez le restant de mousse aux marrons.

Posez pour finir le deuxième rectangle de biscuit, côté crème de marrons en contact avec la mousse.

Placez 3 heures au congélateur.

Pour finir
Fouettez la crème avec le mascarpone et la gousse de vanille grattée de ses graines. Ajoutez le sucre glace et fouettez jusqu'à obtenir une chantilly épaisse.

Démoulez la bûche. Recouvrez-la d'une fine couche de chantilly.

Collez les meringues à l'aide de la crème de marrons restante.

Servez avec la chantilly restante proposée à part.

COMME AU RESTAURANT

DESSERTS À L'ASSIETTE

QUAND ARRIVE LA SAISON DES FRUITS ROUGES, ON NE SAIT PARFOIS PLUS QUOI EN FAIRE ! APRÈS AVOIR ÉPUISÉ CONFITURES ET COMPOTES, ESSAYEZ CES VERRINES AUX AIRS DE TIRAMISÙ TOUT ROUGE. ET SI VOUS ÊTES PRIS PAR LE TEMPS, N'HÉSITEZ PAS À ACHETER DES BISCUITS À LA CUILLÈRE DANS LE COMMERCE…

Framboisiers

Pour 6 verrines
Préparation : 20 minutes
Cuisson : 10 à 12 minutes
Repos : 2 h 30

Pour les biscuits à la cuillère
30 g de farine
30 g de fécule de pomme de terre
3 œufs
60 g de sucre
Sucre glace

Pour la mousse
4 œufs
120 g de sucre
250 g de mascarpone
1 cuill. à café d'extrait de vanille

Pour la garniture
300 g de framboises fraîches
15 cl de coulis de framboises frais ou surgelé

Pour les biscuits
Tamisez la farine avec la fécule.

Séparez les blancs des jaunes d'œufs.

Montez les blancs d'œufs à vitesse moyenne et, dès qu'ils commencent à mousser, ajoutez le sucre en trois fois.

Quand les blancs sont bien gonflés, lisses et brillants, diminuez la vitesse du batteur. Versez les trois jaunes et continuez à battre 15 secondes, le temps qu'ils soient bien incorporés.

Versez en pluie le mélange farine-fécule et incorporez-le délicatement à l'aide d'une maryse.

Versez la pâte dans une poche à douille munie d'une douille n° 10.

Sur une plaque recouverte de papier sulfurisé, déposez des bâtonnets de pâte bien espacés. À défaut de poche à douille, utilisez une cuillère à soupe.

Saupoudrez les biscuits de sucre glace.

Préchauffez le four à 200 °C (th. 6-7).

Quand les biscuits ont absorbé le sucre glace, saupoudrez-les à nouveau généreusement de sucre glace.

Patientez 10 minutes, puis enfournez-les pour 10 à 12 minutes.

Laissez les biscuits refroidir avant utilisation.

Pour la mousse
Séparez les blancs des jaunes d'œufs. Fouettez les jaunes avec le sucre jusqu'à ce que le mélange blanchisse. Incorporez le mascarpone et l'extrait de vanille.

Montez les blancs d'œufs et incorporez-les délicatement à l'aide d'une spatule à la préparation au mascarpone.

Pour le montage
Placez quelques framboises au fond de six verres. Imbibez les biscuits à la cuillère de coulis de framboises et disposez-les par-dessus. Versez le tiers de la mousse au mascarpone, ajoutez quelques framboises. Recommencez en alternant biscuits imbibés de coulis, mousse et framboises selon votre goût.

Saupoudrez de miettes de biscuits à la cuillère et placez 2 heures au réfrigérateur avant dégustation.

VOILÀ L'ÉTÉ !

Crémeux au chocolat, fruits de la passion et crème montée

Pour 6 verrines
Préparation : 25 minutes
Cuisson : 5 minutes
Repos : 2 heures

Pour le crémeux au chocolat
90 g de chocolat noir pâtissier
12,5 cl de crème liquide entière
12,5 cl de lait
2 jaunes d'œufs
40 g de sucre

Pour la garniture
20 cl de crème liquide entière
1 sachet de sucre vanillé
6 fruits de la passion bien mûrs

Pour le crémeux
Hachez le chocolat.

Portez à ébullition le lait et la crème.

Fouettez les jaunes d'œufs avec le sucre. Versez la moitié du lait chaud sur les jaunes, mélangez bien puis reversez ce mélange dans la casserole contenant le reste du lait.

Faites cuire quelques instants sans cesser de fouetter jusqu'à ce que la crème épaississe légèrement.

Attention, le mélange ne doit pas bouillir !

Versez la crème anglaise chaude sur le chocolat. Patientez 2 à 3 minutes et mélangez jusqu'à ce que le chocolat soit fondu.

Placez six verrines dans les alvéoles d'une boîte à œuf vide. Inclinez-les légèrement puis versez-y le crémeux.

Placez le tout 2 heures au réfrigérateur.

Pour finir
Fouettez la crème liquide, ajoutez le sucre vanillé lorsqu'elle est bien montée et incorporez-le de quelques coups de fouet. Placez la crème au réfrigérateur quelques instants.

Coupez les fruits de la passion en deux et prélevez leur pulpe à l'aide d'une petite cuillère.

Déposez 2 cuill. à café de pulpe de fruits de la passion sur les verrines sorties des alvéoles.

Nappez de chantilly et servez.

TRADITIONNELLEMENT ROND, C'EST SA FORME ET SA COULEUR COMMUNE AVEC CELLE DU FROMAGE NOMMÉ VACHERIN QUI A DONNÉ SA FORME À CE GÂTEAU GLACÉ TRÈS FESTIF. MERINGUE, CHANTILLY, GLACE ET SORBET : QUI POURRAIT NE PAS L'AIMER ?

Vacherin à l'assiette

Pour 6 personnes
Préparation : 30 minutes
Cuisson : 2 heures
Repos : 2 heures

Pour les glaces
½ bac de sorbet à la framboise
½ bac de glace à la vanille

Pour la meringue
3 blancs d'œufs (environ 100 g)
100 g de sucre
100 g de sucre glace tamisé
+ un peu pour la finition

Pour la garniture
20 cl de crème liquide entière
1 barquette de framboises
Coulis de fruits rouges

Pour la glace
Sortez les glaces 10 à 15 minutes à l'avance du congélateur afin qu'elles soient souples.

Chemisez de film étirable un moule à cake.

Étalez au fond du moule une couche de glace à la vanille.

Placez 15 minutes au congélateur puis étalez par-dessus une couche de sorbet à la framboise.

Lissez la surface et placez le tout au congélateur le temps de réaliser les meringues.

Pour les bâtonnets de meringue
Préchauffez le four à 80 °C (th. 2-3).

Fouettez les blancs avec 1 cuill. à café de sucre jusqu'à ce que les blancs soient bien mousseux.

Ajoutez alors 1 cuill. à soupe de sucre sans cesser de fouetter.

Lorsqu'ils sont fermes, ajoutez progressivement le reste de sucre.

Incorporez délicatement à l'aide d'une spatule souple le sucre glace tamisé aux blancs montés.

Formez des bâtonnets de meringues sur une plaque de cuisson recouverte de papier sulfurisé à l'aide d'une poche à douille.

Enfournez pour 2 heures en veillant à ce qu'elles ne colorent pas.

Éteignez le four et laissez les meringues refroidir à l'intérieur.

Pour finir
Sortez la terrine de glace 10 minutes à l'avance de votre congélateur.

Fouettez la crème en chantilly.

Découpez la terrine en tranches à l'aide d'un couteau trempé dans l'eau chaude.

Déposez de chaque côté de la tranche de vacherin des bâtonnets de meringue. Ajoutez un peu de chantilly, décorez de framboises fraîches et saupoudrez de sucre glace.

Accompagnez de coulis de fruits rouges.

Riz au lait vanillé, granité citron, torsade orange et pavot

Pour 6 personnes
Préparation : 30 minutes
Cuisson : 30 minutes
Repos : au moins 3 heures

Pour le granité au citron
4 citrons non traités
100 g de sucre en poudre

Pour le riz au lait
125 g de riz rond
1 l de lait entier
½ gousse de vanille
50 g de sucre
2 jaunes d'œufs
10 cl de crème liquide entière

Pour les torsades au pavot
1 rouleau de pâte feuilletée prête à l'emploi
1 jaune d'œuf
1 zeste râpé d'orange bio
2 cuill. à soupe de graines de pavot
2 cuill. à soupe de sucre

Pour décorer
1 citron vert non traité

Pour le granité
Lavez deux citrons et râpez leurs zestes. Pressez-les ainsi que les citrons restants.

Dans une casserole, faites fondre le sucre avec 60 cl d'eau de source et le jus de citron.

Versez le mélange dans un récipient assez large et placez-le au congélateur.

Dès que le sirop se solidifie sur les bords, ramenez les paillettes au centre avec une fourchette. Renouvelez plusieurs fois l'opération, jusqu'à ce que le mélange soit bien pailleté.

Pour le riz au lait
Pendant que le granité est au congélateur, préparez le riz au lait. Rincez le riz et plongez-le 2 minutes dans une casserole d'eau bouillante. Égouttez-le.

Portez à ébullition le lait avec les graines grattées de la gousse de vanille et le sucre. Versez le riz et laissez cuire 30 minutes à feu doux en remuant régulièrement.

Ajoutez les jaunes d'œufs hors du feu et laissez refroidir.

Pour les torsades
Préchauffez le four à 180 °C (th. 6).

Badigeonnez la pâte feuilletée de jaune d'œuf battu avec 1 cuill. à soupe d'eau.

Saupoudrez de zeste d'orange, de graines de pavot et de sucre.

Découpez en bandelettes à l'aide d'un couteau bien aiguisé.

Torsadez les extrémités en les tirant simultanément.

Placez sur une plaque recouverte de papier sulfurisé et enfournez pour 10 à 15 minutes, jusqu'à ce qu'ils soient dorés.

Pour finir
Fouettez la crème liquide en chantilly. Ajoutez-la au riz au lait en mélangeant délicatement.

Répartissez le riz au lait dans les verrines, ajoutez par-dessus le granité au citron et ajoutez un peu de zeste de citron vert râpé. Servez sans attendre avec les torsades.

Mousse au citron

ACIDULÉ

Pour 4 verrines
Préparation : 30 minutes
Cuisson : 5 minutes
Repos : 3 heures

Pour le fond
Une dizaine de sablés (type Spritz)
1 cuill. à soupe de beurre fondu
1 cuill. à soupe de cassonade

Pour la mousse au citron
1 feuille de gélatine (soit 2 g)
1 jaune d'œuf
30 g de sucre
1 jus de citron
10 cl de crème liquide entière
100 g de fromage blanc

Pour la gelée au citron
1 feuille de gélatine (soit 2 g)
1 cuill. à soupe de sucre
4 jus de citron

Pour le fond
Émiettez les biscuits et mélangez-les au beurre fondu et à la cassonade.

Déposez une couche de cette préparation au fond de six verres ou ramequins. Réservez.

Pour la mousse au citron
Faites tremper la gélatine dans un bol d'eau froide. Fouettez le jaune d'œuf avec le sucre jusqu'à ce que le mélange blanchisse.

Faites chauffer le jus de citron. Ajoutez-y hors du feu la gélatine égouttée et essorée. Fouettez la crème en chantilly.

Mélangez le fromage blanc, la préparation au jaune d'œuf et le jus de citron à la gélatine.

Versez cette mousse dans les verrines aux trois quarts du verre. Réservez au réfrigérateur pendant 2 heures.

Pour la gelée au citron
Faites tremper la gélatine dans un bol d'eau froide. Portez à ébullition 40 cl d'eau, le sucre et le jus de citron. Déposez la gélatine égouttée et essorée dans ce sirop chaud. Laissez tiédir en mélangeant régulièrement.

Répartissez la gelée sur la mousse dans chaque verre.

Placez 1 heure au réfrigérateur avant de servir.

LA GÉLATINE RESTE LE PLUS SIMPLE À UTILISER LORSQUE VOUS PRÉPAREZ DES FRUITS ACIDES, COMME LE CITRON OU LE CASSIS. EN EFFET, L'AGAR-AGAR, SON SUBSTITUT VÉGÉTAL, NE PERMET PAS DE FAIRE GÉLIFIER CE TYPE DE FRUITS. FAITES TREMPER VOS FEUILLES DE GÉLATINE PENDANT AU MOINS 5 MINUTES ET ESSOREZ-LES FORTEMENT ENTRE VOS MAINS POUR QU'ELLES S'INCORPORENT FACILEMENT.

Mousse de fraise et amaretti

Pour 4 verrines
Préparation : 20 minutes
Cuisson : 20 minutes
Repos : 5 heures

Pour la mousse
2 feuilles de gélatine (soit 4 g)
200 g de fraises mûres
2 cuill. à soupe de sucre
½ citron vert
10 cl de yaourt nature
20 cl crème liquide entière

Pour les amaretti
100 g d'amandes
80 g de sucre + 3 cuill. à soupe
3 blancs d'œufs
5 gouttes d'essence d'amande amère
Un peu de sucre glace

Pour la mousse
Faites ramollir les feuilles de gélatine dans de l'eau froide.

Lavez, équeutez et mixez les fraises en purée avec le sucre.

Dans une casserole, faites chauffer la moitié du jus de citron. Hors du feu, ajoutez les feuilles de gélatine égouttées et laissez fondre.

Mélangez le yaourt, la purée de fraises et la gélatine fondue.

Fouettez la crème en chantilly et incorporez-la délicatement à la préparation précédente.

Versez dans les ramequins et placez au réfrigérateur pendant 3 heures.

Pour les amaretti
Mixez les amandes, le sucre, un blanc d'œuf et l'essence d'amande.

Montez les blancs restants en neige. Lorsqu'ils commencent à monter, incorporez petit à petit le reste du sucre et continuez à fouetter jusqu'à ce qu'ils soient brillants.

Incorporez délicatement au mélange d'amandes.

À l'aide d'une poche à douille ou de 2 cuill. à café, prélevez des portions de la taille d'une noix et déposez-les sur une plaque recouverte de papier sulfurisé.

Saupoudrez les amaretti de sucre glace versé dans une passoire fine. Laissez sécher dans un endroit sec pendant 2 heures.

Préchauffez le four à 160 °C (th. 5). Faites cuire les amaretti 20 minutes environ, jusqu'à ce qu'ils soient bien dorés.

Avec une spatule, détachez-les immédiatement du papier et laissez-les refroidir sur une grille.

Servez la mousse bien froide avec les amaretti.

PRINTANIER

Panna cotta fraise-rhubarbe

Pour 6 verrines
Préparation : 30 minutes
Repos : 3 heures
Cuisson : 20 minutes

Pour la compotée
150 g de fraises
300 g de rhubarbe
50 g de sucre
½ gousse de vanille

Pour la panna cotta
3 feuilles de gélatine (soit 6 g)
50 cl de crème liquide entière
70 g de sucre

Pour le coulis
150 g de fraises
½ jus de citron

Pour la compotée
Lavez, équeutez et coupez les fraises en petits morceaux.

Coupez la rhubarbe en petits morceaux en ôtant ses fils. Saupoudrez-la d'1 cuill. à soupe de sucre et laissez-la dégorger pendant 1 heure.

Faites cuire la rhubarbe 15 minutes avec son jus, le sucre restant et les grains grattés de la gousse de vanille. Ajoutez les fraises 2 minutes avant la fin de la cuisson, mélangez.

Répartissez au fond de six verrines.

Pour la panna cotta
Faites ramollir la gélatine dans de l'eau froide.

Portez à ébullition la crème et le sucre.

Ajoutez hors du feu la gélatine ramollie et égouttée fortement.

Versez dans les verrines.

Placez au réfrigérateur au moins 3 heures.

Pour le coulis
Équeutez les fraises. Mixez-les avec le jus de citron.

Répartissez le coulis sur les panna cottas et servez.

Pruneaux épicés

Pour 6 personnes
Préparation : 15 minutes
Cuisson : 5 minutes
Repos : 1 nuit

700 g de pruneaux d'Agen
1 litre de vin rouge
350 g de sucre
1 gousse de vanille
1 cuill. à soupe de graines de coriandre
1 bouquet de menthe fraîche
1 zeste d'orange bio ou non traitée
1 zeste de citron bio ou non traité
2 petits bâtons de cannelle

Dans une casserole, recouvrez d'eau les pruneaux.

Portez-les à ébullition puis égouttez-les.

Placez-les dans un saladier résistant à la chaleur.

Portez à ébullition pendant 5 minutes le vin rouge, le sucre, les grains grattés contenus dans la gousse de vanille, les zestes de citron et d'orange, la cannelle, les graines de coriandre ainsi que la menthe lavée et essorée.

Versez ce jus parfumé sur les pruneaux, recouvrez de film alimentaire et laissez mariner une nuit au réfrigérateur.

Servez bien frais, accompagné ou non de glace à la vanille.

Crousti-fondant de fraise et fraises des bois

Pour 4 personnes
Préparation : 20 minutes
Cuisson : 25 minutes

Pour le jus de fraise
125 g de fraises
2 cuill. à soupe de sucre glace

Pour les tuiles
60 g de beurre mou
2 cuill. à soupe de sésame
150 g de sucre
2 blancs d'œufs
1 cuill. à soupe de farine

Pour le crémeux
250 g de mascarpone
200 g de fromage blanc à 40 %
2 cuill. à soupe de sucre glace
1 sachet de sucre vanillé

Pour servir
1 barquette de fraise des bois
4 boules de sorbet à la fraise

Pour le jus de fraise
Équeutez et coupez les fraises en morceaux. Mélangez-les avec le sucre dans un récipient résistant à la chaleur. Placez-les sur une casserole pleine d'eau bouillante et laissez cuire 20 minutes au bain-marie.

Mixez puis filtrez ce jus, laissez-le refroidir.

Pour les tuiles
Préchauffez le four à 180 °C (th. 6).

Mélangez le beurre avec les graines de sésame.

Incorporez le sucre, la farine puis les blancs d'œufs à l'aide d'un fouet.

Étalez finement cette pâte sur une plaque antiadhésive.

Enfournez pour 5 minutes.

Patientez 1 minute avant de découper ces tuiles en cercles à l'aide d'un emporte-pièce rond.

Pour le crémeux
Fouettez le mascarpone avec le fromage blanc, le sucre glace et le sucre vanillé.

Pour finir
Dressez sur quatre assiettes du crémeux, du sorbet à la fraise, quelques fraises des bois et les tuiles. Arrosez de jus de fraise et servez.

LE JUS DE FRAISE PERMET DE REHAUSSER TOUTES LES SALADES DE FRUITS, NOTAMMENT CELLES AU MELON, MAIS PEUT AUSSI S'UTILISER COMME UN SIROP POUR NAPPER UN GÂTEAU, POUR AROMATISER DU YAOURT NATURE OU DU FROMAGE BLANC, POUR SUCRER UN SMOOTHIE OU GARNIR DES CRÊPES ET DES GAUFRES.

ÉLÉGANT

TOURBILLONNANT

Duo caramel vanille

Pour 6 personnes
Préparation : 30 minutes
Cuisson : 15 minutes
Repos : 6 heures

Pour la bavaroise
4 feuilles de gélatine (soit 8 g)
5 jaunes d'œufs
50 g de sucre
30 cl de lait entier
½ gousse de vanille
25 cl de crème liquide entière

Pour le caramel
80 g de sucre en poudre
10 cl de crème liquide entière
40 g de beurre demi-sel
3 pincées de fleur de sel

Pour le crumble
75 g de beurre
50 g de farine
75 g de cassonade
1 cuill. à soupe de cacao amer en poudre
75 g de poudre d'amandes
1 pincée de sel

Pour le crumble
Coupez le beurre en cubes.

Mélangez la farine, la cassonade, le cacao, la poudre d'amandes et le sel.

Incorporez le beurre du bout des doigts.

Façonnez la pâte ainsi obtenue en boule. Enveloppez-la de film alimentaire et laissez-la reposer 3 heures au réfrigérateur. Quand elle est bien froide, passez-la à la râpe à fromage afin d'obtenir de grosses miettes de pâte.

Préchauffez le four à 180 °C (th. 6).

Éparpillez les miettes de pâte sur une plaque de cuisson recouverte de papier sulfurisé.

Enfournez pour 20 minutes. Laissez refroidir sur une assiette.

Pour la bavaroise
Faites tremper la gélatine dans un grand bol d'eau froide.

Fouettez les jaunes d'œufs avec le sucre jusqu'à ce que le mélange blanchisse.

Portez à frémissement le lait avec la gousse de vanille grattée de ses graines.

Versez le lait chaud en filet sans cesser de mélanger.

Reversez le tout dans la casserole et faites cuire à feu doux sans cesser de tourner, jusqu'à ce que la crème nappe la cuillère. Le mélange ne doit pas bouillir.

Essorez la gélatine fortement entre vos mains et incorporez-la dans la crème anglaise chaude.

Laissez refroidir à température ambiante pendant 1 heure environ : elle doit être encore liquide mais froide.

Fouettez la crème en chantilly et ajoutez-la délicatement à la crème précédente.

Pour la sauce au caramel
Préparez un caramel à sec.

Versez le sucre dans une casserole et faites-le chauffer à feu moyen sans remuer.

Le sucre va commencer à se dissoudre, jusqu'à se transformer en un liquide ambré.

Pendant ce temps, faites chauffer la crème liquide.

Ajoutez-la hors du feu au caramel en mélangeant vivement : attention aux éclaboussures.

Ajoutez rapidement le beurre et remuez à nouveau, jusqu'à ce que la sauce soit bien crémeuse.

Remettez la casserole sur feu doux et remuez sans cesse pendant 2 à 3 minutes.

Ajoutez la fleur de sel et mélangez.

Pour finir
Alternez dans des verres la bavaroise à la vanille et la sauce au caramel.

Placez 2 heures au réfrigérateur et recouvrez de miettes de crumble au chocolat au moment de servir.

UN DESSERT FACILE À PRÉPARER EN GRANDE QUANTITÉ POUR UN BUFFET, CAR LA PÂTE À CRUMBLE CUITE PEUT SE CONSERVER JUSQU'À 5 JOURS DANS UNE BOÎTE MÉTALLIQUE. LA SAUCE AU CARAMEL PEUT SE PRÉPARER JUSQU'À 3 JOURS À L'AVANCE : FACILE POUR S'ORGANISER !

Verrines pina colada

Pour 6 verrines
Préparation : 20 minutes
Cuisson : 5 minutes
Repos : 3 heures

Pour la crème
2 feuilles de gélatine (soit 4 g)
5 jaunes d'œufs
50 g de sucre
30 cl de lait entier
½ gousse de vanille
25 cl de crème liquide entière
2 cuill. à soupe de rhum ambré

Pour la garniture
1 ananas Victoria
3 fruits de la passion

Pour l'écume coco
15 cl de lait entier
15 cl de lait de coco
1 cuill. à soupe de sucre glace

Pour la crème
Faites tremper la gélatine dans un grand bol d'eau froide.

Fouettez les jaunes d'œufs avec le sucre jusqu'à ce que le mélange blanchisse.

Portez à frémissement le lait avec la gousse de vanille grattée de ses graines. Versez le lait chaud en filet sans cesser de mélanger.

Reversez le tout dans la casserole et faites cuire à feu doux sans cesser de tourner, jusqu'à ce que la crème nappe la cuillère. Le mélange ne doit pas bouillir.

Essorez la gélatine fortement entre vos mains et incorporez-la dans la crème anglaise chaude. Ajoutez le rhum.

Laissez refroidir à température ambiante pendant 1 heure environ : elle doit être encore liquide mais froide.

Fouettez la crème en chantilly et ajoutez-la délicatement à la crème précédente.

Répartissez la crème dans six verrines et placez-les au moins 2 heures au réfrigérateur.

Pour la garniture
Pelez l'ananas en ôtant ses yeux. Coupez-le en bâtonnets. Coupez les fruits de la passion en deux et prélevez leur pulpe à l'aide d'une cuillère à café.

Pour l'écume coco
Mélangez le lait entier, le lait de coco et le sucre glace dans un siphon. Ajoutez deux cartouches de gaz. Placez au réfrigérateur jusqu'au moment de servir.

Pour finir
Déposez un peu d'ananas et de fruits de la passion sur chaque crème au rhum. Ajoutez de l'écume coco sur chaque verrine au moment de servir à l'aide du siphon.

Verrines d'agrumes en gelée

Pour 6 personnes
Préparation : 20 minutes
Cuisson : 30 minutes
Repos : 3 h 30

3 oranges bios ou non traitées
1 pamplemousse bio ou non traité
6 cuill. à soupe sucre
3 oranges à jus
2 cuill. à café de vanille en poudre
2 étoiles d'anis
6 feuilles de gélatine (soit 12 g)

Prélevez en ruban les zestes d'une orange et d'un pamplemousse. Préparez un sirop en faisant chauffer 15 cl d'eau avec 4 cuill. à soupe de sucre, plongez-y ces zestes et laissez-les confire à feu très doux 30 minutes. Réservez pour la décoration.

Pressez les oranges à jus pour obtenir 30 cl de jus : complétez si nécessaire. Portez-le à ébullition avec la vanille et l'anis étoilé. Couvrez et laissez infuser 1 heure.

Filtrez la préparation.

Faites tremper la gélatine dans de l'eau froide. Égouttez-la en la pressant entre vos mains.

Faites tiédir le jus d'orange épicé, ajoutez le sucre restant et la gélatine. Mélangez jusqu'à ce qu'elle soit parfaitement fondue.

Versez dans six verres une couche de cette gelée. Placez-la 15 minutes au réfrigérateur pour qu'elle prenne légèrement.

Pelez à vif les oranges et les pamplemousses en ôtant soigneusement toutes les peaux blanches.

Disposez sur la couche de gelée prise dans les verres des quartiers d'orange et de pamplemousse, en les alternant couche par couche.

Versez la gelée restante.

Recouvrez de film étirable et placez au moins 2 heures au réfrigérateur.

Décorez de zestes d'orange et de citron confits.

FRAÎCHEUR GARANTIE

ON NE SE LASSE PAS DES VERRINES ! VERRE À PIED, SHOT OU VERRE COLORÉ, TOUTES LES FANTAISIES SONT AUTORISÉES. ET POURQUOI PAS DES PETITS POTS À CONFITURE POUR POUVOIR LES FERMER ET LES EMPORTER MÊME EN PIQUE-NIQUE ?

Makis de crêpes aux fruits

Pour 6 personnes
Préparation : 1 heure
Cuisson : 1 heure
Repos : 2 heures

Pour les crêpes
250 g de farine
1 pincée de sel
3 œufs
50 cl de lait entier
1 cuill. à soupe d'huile de tournesol
2 cuill. à soupe d'eau de fleur d'oranger

Pour le riz au lait
125 g de riz rond
1 l de lait entier
½ gousse de vanille
50 g de sucre
2 jaunes d'œufs
10 cl de crème liquide entière

Pour la garniture
½ ananas
2 kiwis
6 cuill. à soupe de purée de framboise
Une quinzaine de feuille de menthe
Coulis de fruits rouges

Pour les crêpes
Mélangez la farine et le sel dans un saladier.

Ajoutez les œufs un par un en mélangeant à l'aide d'un fouet.

Délayez progressivement avec le lait, puis l'huile et l'eau de fleur d'oranger.

Couvrez et laissez reposer 1 heure à température ambiante.

Réalisez les crêpes en faisant cuire un peu de pâte dans une poêle, 2 minutes de chaque côté.

Pour le riz au lait
Pendant que la pâte à crêpe repose, préparez le riz au lait. Rincez le riz et plongez-le 2 minutes dans une casserole d'eau bouillante. Égouttez-le.

Portez à ébullition le lait avec les graines grattées de la gousse de vanille et le sucre. Versez le riz et laissez cuire 30 minutes à feu doux en remuant régulièrement.

Ajoutez les jaunes d'œufs hors du feu et laissez refroidir.

Pour la garniture
Pelez l'ananas et ôtez ses yeux. Coupez-le en bâtonnets.

Pelez les kiwis, coupez-les en lamelles.

Pour le montage
Fouettez la crème liquide en chantilly. Ajoutez-la au riz au lait en mélangeant délicatement.

Placez une crêpe sur un papier film. Recouvrez-la d'une fine couche de riz au lait puis de pulpe de framboise.

Placez des bâtonnets de fruits en bas de la crêpe ainsi que quelques feuilles de menthe.

Repliez les côtés latéraux pour enfermer la garniture, puis repliez la crêpe fermement en roulant le tout et en vous aidant du film étirable, afin d'obtenir un boudin.

Recommencez jusqu'à épuisement des éléments.

Placez ces rouleaux 1 heure au congélateur.

Pour finir
Déballez les rouleaux. Coupez-les en tronçons à l'aide d'un couteau bien aiguisé.

Servez avec un coulis de fruits rouges.

FACILE !

C'EST EN HOMMAGE À LA DANSEUSE ÉTOILE RUSSE ANNA PAVLOVA, EN TOURNÉE EN NOUVELLE-ZÉLANDE ET EN AUSTRALIE DANS LES ANNÉES 1930, QUE L'ON NOMMA AINSI CE DESSERT À BASE DE MERINGUE ET DE CRÈME FOUETTÉE, ÉVOQUANT LE TUTU D'UNE BALLERINE.

Pavlova aux cerises

Pour 6 personnes
Préparation : 1 heure
Cuisson : 2 heures
Repos : 1 heure

Pour la meringue
3 blancs d'œufs
100 g de sucre
100 g de sucre glace tamisé + un peu pour la finition

Pour la garniture
30 cl de crème liquide entière
2 cuill. à soupe de sucre glace
1 sachet de sucre vanillé
3 cuill. à soupe de mascarpone
1 cuill. à soupe de marasquin
6 cerises amarena

Pour les cerises
600 g de cerises dénoyautées
1 noix de beurre
1 cuill. à soupe de cassonade
10 cl de Kriek® (bière à la cerise)

Pour la meringue
Préchauffez le four à 80 °C (th. 2-3).

Fouettez les blancs avec 1 cuill. à café de sucre jusqu'à ce que les blancs soient bien mousseux.

Ajoutez alors 1 cuill. à soupe de sucre sans cesser de fouetter.

Lorsqu'ils sont fermes, ajoutez progressivement le reste de sucre.

Incorporez délicatement à l'aide d'une spatule souple le sucre glace tamisé aux blancs montés.

Formez des boules de meringue sur une plaque de cuisson recouverte de papier sulfurisé à l'aide d'une cuillère à soupe. Vous pouvez également utiliser une poche à douille.

Enfournez pour 2 heures en veillant à ce qu'elles ne colorent pas.

Éteignez le four et laissez les meringues refroidir à l'intérieur.

Pour la garniture
Montez la crème au fouet avec la moitié du sucre et le sucre vanillé.

Lorsque la crème est bien ferme, ajoutez le reste du sucre et le mascarpone, ainsi que le marasquin. Réservez au frais.

Pour finir
Faites revenir quelques instants les cerises dans le beurre. Saupoudrez de cassonade, ajoutez la bière et faites réduire quelques instants à feu vif.

Déposez les meringues au fond de six coupelles. Versez les cerises, nappez de chantilly au marasquin et ajoutez le jus.

Décorez d'une cerise amarena.

Granité au thé vert, chantilly chocolat blanc

Pour 12 cuillères
Préparation : 20 minutes
Repos : au moins 8 heures

Pour le granité
100 g de chocolat pâtissier blanc
60 g de noix de coco râpée
1 cuill. à café de thé Matcha (thé vert en poudre) + un peu pour saupoudrer
35 cl + 5 cl de crème liquide entière
2 cuill. à soupe de liqueur de noix de coco type Malibu®

Pour la chantilly de chocolat
50 g de chocolat pâtissier blanc + 20 g pour décorer
6 cl + 11 cl de crème liquide entière
2 cuill. à soupe de miel liquide

Pour le granité
Faites fondre le chocolat blanc au bain-marie. Ajoutez la noix de coco râpée, le thé vert, la liqueur de noix de coco et laissez refroidir.

Pendant ce temps, fouettez la crème jusqu'à obtenir une chantilly bien ferme.

Versez le mélange coco-thé dans un saladier, et à l'aide d'une spatule, incorporez-y délicatement la chantilly. Ajoutez les 5 cl de crème fraîche restante.

Remuez doucement la mousse obtenue et placez le saladier au congélateur pendant 1 heure.

Sortez-la du congélateur, laissez-la reposer 5 minutes puis grattez à l'aide d'une fourchette le dessus de la mousse pour obtenir un granité.

Replacez-le ainsi au congélateur jusqu'au moment de servir.

Pour la chantilly de chocolat
Faites fondre le chocolat blanc au bain-marie.

Portez à ébullition 6 cl de crème avec le miel.

Hors du feu, incorporez délicatement en trois fois le mélange crème-miel au chocolat à l'aide d'une maryse.

Ajoutez ensuite le reste de crème et placez toute la nuit au réfrigérateur.

Au moment de servir le lendemain, fouettez la crème à l'aide d'un batteur jusqu'à obtenir une crème onctueuse.

Dressez la chantilly dans des cuillères placées au préalable au congélateur et recouvrez de granité et de copeaux de chocolat blanc ainsi qu'un peu de matcha. Servez sans attendre.

Beignets de litchi au carpaccio d'ananas

INATTENDU

Pour 6 personnes
Préparation : 30 minutes
Cuisson : 20 minutes
Repos : 1 heure

Pour le carpaccio d'ananas
1 ananas
6 cuill. à soupe de sucre
1 gousse de vanille

Pour les beignets
120 g de farine à levure incorporée
1 œuf
1 cuill. à soupe de sucre
1 pincée de sel
1 cuill. à soupe d'huile
20 cl lait
20 litchis dénoyautés au sirop bien égouttés
1 litre d'huile de friture
Sucre glace

Pour le carpaccio d'ananas
Pelez et coupez l'ananas en tranches très fines.

Préparez un sirop en portant à ébullition 6 cuill. à soupe d'eau, le sucre et la gousse de vanille grattée de ses graines.

Versez ce sirop sur les tranches d'ananas, laissez refroidir puis placez au moins 1 heure au réfrigérateur.

Pour les beignets
Tamisez la farine et creusez un puits. Versez-y l'œuf, le sucre, le sel et l'huile. Délayez la pâte puis ajoutez le lait jusqu'à obtenir une pâte lisse et assez dense.

Égouttez soigneusement les litchis. Séchez leur surface à l'aide de papier absorbant pour que la pâte adhère bien aux fruits.

Versez l'huile dans une sauteuse haute, une bassine à friture ou une friteuse. Faites chauffer l'huile.

Lorsque l'huile est bien chaude (testez la température à l'aide d'un croûton de pain), trempez trois ou quatre morceaux de fruits dans la pâte à beignets en les enrobant bien.

Plongez-les dans l'huile et faites-les dorer 3 minutes environ.

Retirez-les à l'aide d'une écumoire et réservez-les sur du papier absorbant.

Recommencez jusqu'à épuisement des ingrédients.

Pour finir
Répartissez le carpaccio d'ananas sur six assiettes à dessert.

Saupoudrez les beignets de sucre glace et déposez-les sur les assiettes, servez sans attendre.

POUR DÉCOUPER PLUS FACILEMENT DES TRANCHES FINES D'ANANAS, PLACEZ VOTRE ANANAS PELÉ 1 HEURE AU CONGÉLATEUR. SI VOUS POSSÉDEZ UNE TRANCHEUSE À JAMBON, C'EST LE MOMENT DE L'UTILISER POUR OBTENIR DES TRANCHES SUPER-FINES !

Mangue pochée, sorbet coco et tuile d'épice

Pour 4 personnes
Préparation : 30 minutes
Cuisson : 15 minutes
Repos : 1 h 30

Pour les mangues pochées
2 mangues
300 g de sucre
1 pincée de quatre-épices
5 pistils de safran

Pour les tuiles épicées
50 g de beurre mou
100 g de sucre roux
8 cl de jus d'orange
50 g de farine
50 g de noix de coco râpée
1 pincée de quatre-épices

Pour les palets de glace
4 boules de glace noix de coco
50 g de noix de coco râpée

Pour les tuiles
Fouettez le beurre avec le sucre roux. Ajoutez le jus d'orange tiède, la farine et la noix de coco râpée, puis les épices.

Garnissez une plaque d'une toile siliconée ou de papier sulfurisé beurré.

Déposez des petits tas de pâte espacés en les étalant bien.

Enfournez pour 7 à 8 minutes, jusqu'à ce que les tuiles soient blondes.

Au sortir du four, soulevez les tuiles avec une spatule en souple et déposez-les sur une plaque. Laissez-les refroidir.

Pour les mangues
Épluchez et coupez les mangues dans le sens de la longueur.

Détaillez-les en lamelles.

Portez à ébullition 50 cl d'eau, le sucre, le quatre-épices et le safran.

Ajoutez les mangues et laissez cuire à feu doux 3 à 4 minutes. Laissez refroidir dans la casserole.

Pochez à feu doux 3 à 4 minutes et laissez refroidir dans la casserole.

Pour les palets de glace
Posez une boule de glace sur une feuille de papier antiadhésif. Repliez la feuille par-dessus et appuyez légèrement pour former un galet. Faites de même avec les autres boules et placez le tout 30 minutes au congélateur.

Pour finir
Égouttez les mangues de leur sirop. Faites-le réduire d'un tiers en le chauffant à feu vif.

Posez une tuile au fond de chaque assiette. Roulez les galets de glace dans la noix de coco et posez-les sur les tuiles. Posez à nouveau une tuile et recouvrez de lamelles de mangue égouttées. Versez un trait de sirop tiède sur les mangues et servez.

EXPRESS

Pêches pochées et tuiles à la verveine

Pour 4 personnes
Préparation : 20 mn
Cuisson : 15 mn

Pour les pêches
75 g de sucre
50 g de verveine fraîche
4 pêches jaunes

Pour les tuiles
60 g de beurre pommade
1 cuill. à soupe de feuilles de verveine sèches
150 g de sucre
2 blancs d'œufs
1 cuill. à soupe de farine

Pour servir
4 boules de sorbet (fraise, framboise, groseille…)

Pour les pêches
Portez à ébullition 50 cl d'eau et le sucre. Ajoutez la verveine et laissez infuser 3 minutes. Filtrez.

Plongez les pêches dans l'eau bouillante 1 minute puis pelez-les. Coupez-les en deux et dénoyautez-les.

Plongez-les dans le sirop et laissez-les cuire 5 minutes.

Égouttez-les puis faites réduire le sirop de moitié à feu moyen.

Pour les tuiles
Préchauffez le four à 180 °C (th. 6).

Fouettez le beurre avec la verveine émiettée. Ajoutez le sucre, la farine puis les blancs d'œufs sans cesser de fouetter.

Déposez des cuillères à soupe de pâte sur une plaque antiadhésive, en les espaçant bien. Étalez-les légèrement avec le dos d'une cuillère.

Enfournez pour 5 minutes.

Pour finir
Découpez les pêches refroidies en lamelles. Répartissez-les au fond de quatre assiettes creuses, nappez-les de sirop réduit.

Surmontez d'une tuile et d'une boule de sorbet de votre choix.

JAUNE OU BLANCHE, LA PÊCHE POCHÉE EST D'UNE TENDRE DOUCEUR. MAIS VOUS POUVEZ LA REMPLACER PAR DE LA NECTARINE, DES BRUGNONS OU MÊME DES ABRICOTS QUE VOUS AUREZ SIMPLEMENT COUPÉS EN DEUX. TOUS CES FRUITS D'ÉTÉ SE MARIENT PARFAITEMENT À LA VERVEINE, DE SAISON ELLE AUSSI !

COMME AUX USA !

Pancakes aux myrtilles, brochette de fruits jaunes

Pour 6 personnes
Préparation : 20 minutes
Cuisson : 15 minutes
Repos : 30 minutes

Pour les pancakes
2 œufs
1 cuill. à soupe de mascarpone
12,5 cl de lait
2 cuill. à soupe de sucre
120 g de farine
1 cuill. à café de levure chimique
1 pincée de sel
125 g de myrtilles (soit une barquette)
Beurre pour la cuisson

Pour les brochettes
3 abricots
2 pêches jaunes
20 g de beurre
2 cuill. à soupe de cassonade

Pour servir
Crème fraîche épaisse

Pour les pancakes
Séparez les blancs des jaunes. Fouettez les jaunes d'œufs avec le mascarpone, le lait, le sucre, la farine et la levure. Montez les blancs en neige avec une pincée de sel et incorporez-les délicatement au mélange précédent.

Laissez reposer 30 minutes.

Ajoutez les myrtilles à la pâte et mélangez délicatement.

Faites chauffer une poêle à feu moyen avec un peu de beurre.

Déposez deux à trois louches de pâte bien espacées dans la poêle.

Lorsque de petites bulles de pâte se forment sur les pancakes, retournez-les et laisser cuire 1 minute de l'autre côté.

Pour les brochettes
Coupez les abricots en deux, dénoyautez-les puis coupez chaque oreillon en deux.

Coupez les pêches, dénoyautez-les et coupez-les en quartiers.

Faites chauffer un peu de beurre au fond d'une poêle et faites-y revenir les fruits quelques instants en les saupoudrant de cassonade, jusqu'à ce qu'ils soient blonds.

Pour finir
Piquez les fruits sur les brochettes. Servez les brochettes avec les pancakes et proposez un peu de crème fraîche épaisse à part pour les napper.

DEUX SECRETS POUR DES PANCAKES LÉGERS : BIEN LAISSER REPOSER LA PÂTE ET LES FAIRE CUIRE À FEU MOYEN. C'EST QUAND LEUR SURFACE SE COUVRE DE PETITES BULLES QU'IL FAUT LES RETOURNER POUR FINIR DE LES FAIRE CUIRE.

LES FRAISES S'ACCORDENT PARTICULIÈREMENT BIEN AVEC LE POIVRE. CHOISISSEZ DU POIVRE BLANC SI VOUS SOUHAITEZ UN ACCORD DISCRET, OU DU POIVRE NOIR POUR UNE SAVEUR PLUS CORSÉE. DANS TOUS LES CAS, CHOISISSEZ-LE EN GRAINS ET BROYEZ-LE À LA DERNIÈRE MINUTE.

Salade de fraises à la mélisse et aux loukoums

Pour 4 personnes
Préparation : 15 minutes
Repos : 1 heure

50 g de sucre cassonade
2 branches de mélisse
½ cuill. à café de poivre du Sichuan
300 g de fraises
4 loukoums à la rose

Portez à ébullition le sucre, 5 cl d'eau, la mélisse effeuillée et le poivre du Sichuan. Couvrez et laissez infuser le temps de préparer les fraises.

Lavez et équeutez les fraises. Coupez-les en deux ou en quatre selon leur taille.

Répartissez-les dans quatre assiettes creuses

Filtrez le sirop et versez-le sur les fraises.

Laissez reposer 1 heure au réfrigérateur. Coupez les loukoums en petits morceaux en passant la pointe du couteau dans de la fécule. Disposez-les sur les assiettes et servez.

Figues rôties, brioche perdue et glace à la noix de pécan

Pour 4 personnes
Préparation : 15 minutes
Cuisson : 20 minutes

Pour les figues
2 spéculoos
4 belles figues
4 noisettes de beurre

Pour la brioche perdue
4 tranches de brioche un peu rassises
2 œufs
10 cl de lait
50 g de sucre
Beurre pour la cuisson

Pour servir
4 boules de glace à la vanille à la noix de pécan

Pour les figues
Préchauffez le four à 180 °C (th. 6).

Écrasez les spéculoos.

Rincez et séchez les figues. Coupez-les en quatre dans la hauteur, sans aller jusqu'au fond, de façon à obtenir une sorte de fleur.

Glissez dans chaque figue une noisette de beurre, ajoutez 1 cuill. à café de poudre de spéculoos. Posez-les dans un plat à gratin, ajoutez 2 cuill. à soupe d'eau au fond du plat et enfournez pour 20 minutes.

Pour la brioche perdue
Pendant la cuisson des figues, préparez la brioche.

Découpez quatre cercles dans les tranches de brioche à l'aide d'un emporte-pièce.

Battez sans faire mousser les œufs avec le lait et le sucre.

Trempez les ronds de brioche dans ce mélange. Faites fondre le beurre à feu moyen dans une poêle, et faites-y dorer les tranches de brioche des deux côtés.

Pour servir
Disposez les tranches de brioche chaude sur les assiettes. Calez les figues tièdes par-dessus et ajoutez sur chaque figue une boule de glace. Servez sans attendre.

VIVE L'AUTOMNE !

PRÉFÉREZ DES FIGUES VIOLETTES, COMME LES FIGUES DE SOLLIÈS, POUR CETTE RECETTE : ELLES SONT PLUS GOÛTEUSES UNE FOIS CUITES.

SIMPLISSIME !

Préchauffez le four à 180 °C (th. 6).

Découpez chaque feuille de pâte phyllo en quatre rectangles de taille égale.

Badigeonnez-les de beurre fondu.

En bas de chaque rectangle de pâte, déposez un cordon de ganache en laissant un bord libre de 1 cm de chaque côté.

Déposez quatre demi-framboises sur toute la longueur de la ganache et roulez chaque crêpe comme un nem, en repliant les bords.

Déposez les croustillants sur une plaque recouverte de papier sulfurisé et enfournez à four chaud une quinzaine de minutes.

Servez chaud.

Croustillants choco-framboise

Pour 4 personnes
Préparation : 20 minutes
Cuisson : 15 minutes
Repos : 45 minutes

20 cl de crème liquide
100 g de chocolat à 70 % de cacao
60 g de beurre
3 feuilles de pâte phyllo
125 g de framboises
25 g de beurre fondu

Portez la crème à ébullition.

Hachez finement le chocolat dans un saladier et versez-y la crème en trois fois.

Ajoutez les 60 g de beurre et mélangez à nouveau.

Laissez refroidir la ganache 45 minutes à température ambiante.

Gaufres tièdes et compotée banane-ananas

Pour 6 personnes
Préparation : 30 minutes
Repos : 1 h 30
Cuisson : 30 minutes

Pour la pâte à gaufre
12,5 cl de lait entier
1 cuill. à café de levure de boulanger déshydratée
250 g de farine
2 cuill. à soupe de cassonade
1 pincée de sel
2 œufs
1 cuill. à café d'extrait de vanille liquide
12,5 cl de bière
100 g de beurre

Pour la compotée pomme-ananas
3 bananes
1 ananas
2 sachets de sucre vanillé
1 gousse de vanille grattée
1 morceau de badiane (anis étoilé)

Pour les brochettes de banane
50 g de chocolat noir pâtissier
2 bananes
2 cuill. à soupe de noix de coco râpée

Pour les gaufres
Faites tiédir 2 cuill. à soupe de lait au micro-ondes et diluez-y la levure de boulanger.

Mélangez dans un grand saladier la farine, la cassonade et le sel.

Séparez les blancs des jaunes d'œufs. Ajoutez les jaunes d'œufs, la levure diluée, l'extrait de vanille, le lait restant et la bière.

Ajoutez le beurre fondu.

Montez les blancs d'œufs en neige et incorporez-les délicatement au mélange précédent.

Laissez lever la pâte pendant 1 heure dans un endroit tiède.

Pour la compotée banane-ananas
Pelez et coupez les bananes en petits dés.

Pelez l'ananas et coupez-le en dés de la même taille.

Saupoudrez du sucre vanillé, ajoutez la gousse de vanille grattée et la badiane.

Faites cuire 30 minutes à feu doux en remuant régulièrement.

Faites cuire les gaufres dans votre gaufrier préalablement graissé.

Pour les brochettes
Faites fondre le chocolat au bain-marie.

Pelez et coupez les bananes en morceaux.

Plongez les morceaux de banane dans le chocolat, puis roulez-les dans la noix de coco. Posez-les sur une feuille de papier sulfurisé et placez-les 30 minutes au réfrigérateur.

Pour finir
Piquez les morceaux de banane sur des brochettes. Disposez-les sur les assiettes avec les gaufres tièdes et la compotée.

SI VOUS ÊTES PRESSÉ, PLACEZ LES MORCEAUX DE BANANE 15 MINUTES AU CONGÉLATEUR AVANT DE LES PLONGER DANS LE CHOCOLAT FONDU CHAUD. DE LA SORTE, UNE COQUE SE FORMERA IMMÉDIATEMENT TOUT AUTOUR ET IL NE VOUS RESTERA QU'À LES PIQUER SUR UNE BROCHETTE ET À LES SERVIR ILLICO !

Délice au melon

Pour 6 personnes
Préparation : 25 minutes
Cuisson : 35 minutes
Repos : 2 heures

Pour la pâte
1 œuf
50 g de sucre
50 g de beurre ramolli
50 g de farine
1 pincée de levure chimique
1 petite pincée de sel

Pour la garniture au melon
1 sachet de sucre vanillé
1 étoile de badiane (anis étoilé)
1 melon
4 boules de sorbet à la fraise

Pour les allumettes glacées
150 g de sucre glace
1 blanc d'œuf
2 gouttes de jus de citron
1 pâte feuilletée déjà étalée

Pour la garniture
Faites chauffer 10 cl d'eau, le sucre et l'anis étoilé. Laissez infuser le temps de préparer le melon.

Coupez le melon en deux et épépinez-le.

Prélevez la moitié de sa chair en formant des boules à l'aide d'une cuillère parisienne. Réservez-les sur une assiette.

Prélevez la chair de l'autre moitié à l'aide d'une cuillère à soupe.

Mixez cette chair de melon avec le sirop à l'anis étoilé.

Placez au réfrigérateur pendant 2 heures avec les billes de melon.

Pour les petits gâteaux
Préchauffez le four à 210 °C (th. 7).

Fouettez l'œuf et le sucre. Incorporez le beurre mou, puis ajoutez la farine, la levure et le sel tamisés.

Versez la pâte dans les alvéoles d'un moule à mini-cannelés en silicone.

Enfournez à 170 °C (th. 5-6) pendant 25 à 30 minutes.

Patientez 5 minutes avant de les démouler sur une grille.

Pour les allumettes glacées
Préparez une glace royale en mélangeant le sucre glace, le blanc d'œuf et le jus de citron.

Découpez la pâte feuilletée en bandelettes. Badigeonnez-les d'une fine couche de glace royale.

Enfournez pour 15 minutes, jusqu'à ce que la pâte soit bien gonflée et dorée.

Pour finir
Disposez dans chaque assiette un peu de soupe de melon. Posez un petit gâteau, placez par-dessus une boule de sorbet à la fraise.

Disposez quelques billes de melon et placez une allumette glacée. Servez sans attendre.

POUR CHOISIR UN MELON PARFUMÉ, REGARDEZ AUTOUR DE SON PÉDONCULE : IL DOIT ÊTRE LÉGÈREMENT CRAQUELÉ, SIGNE QU'IL EST BIEN MÛR. N'OUBLIEZ PAS DE LE SENTIR – IL DOIT DÉGAGER UNE ODEUR APPÉTISSANTE – ET ÊTRE BIEN LOURD DANS VOTRE MAIN.

Sablés d'agrumes, ananas mariné et « yaourt » au gingembre

Pour 6 personnes
Préparation : 20 minutes
Cuisson : 15 minutes
Repos : 10 minutes

Sablés
4 jaunes d'œufs (soit 80 g) + 1 pour la dorure
150 g de sucre brun
150 g de beurre
1 zeste de citron non traité râpé
1 zeste d'orange non traitée râpée
190 g de farine type 55
15 g de levure chimique
80 g de pépites de chocolat noir
1 cuill. à soupe de fleur d'oranger
2 g de fleur de sel

Garniture
200 g de cassonade
1 gousse de vanille Bourbon
1 cuill. à soupe de gingembre frais haché
½ zeste de citron
½ zeste râpé d'orange non traitée
½ ananas en dés
4 cuill. à soupe de fromage blanc
4 cuill. à soupe de yaourt nature
2 cuill. à soupe de gingembre confit finement haché
50 g de chocolat blanc fondu

Pour les sablés
Préchauffez le four à 160 °C (th. 5).

Fouettez les jaunes avec le sucre jusqu'à ce que le mélange blanchisse. Ajoutez le beurre en pommade, les zestes d'agrumes, la farine tamisée avec la levure chimique, les pépites de chocolat, la fleur d'oranger et la fleur de sel.

Étalez finement la pâte, découpez-la en cercles de 10 cm de diamètre, dorez au jaune d'œuf battu et enfournez pour 12 à 15 minutes.

Pour la garniture
Portez à ébullition la cassonade, 50 cl d'eau, les grains grattés de la gousse de vanille, le gingembre frais et les zestes. Couvrez et laissez infuser 10 minutes.

Plongez l'ananas dans le sirop.

Pour finir
Mélangez le fromage blanc, le yaourt, et le gingembre confit.

Sortez les sablés du four.

Égouttez l'ananas du sirop.

Étalez le chocolat blanc sur le sablé refroidi à l'aide d'un pinceau.

Déposez par-dessus 1 cuill. à café de yaourt au gingembre.

Recouvrez avec 1 cuill. à soupe d'ananas mariné.

Astuce
Pour une présentation encore plus soignée, faites confire 15 minutes les zestes de citron dans le sirop réservé de l'ananas.

LÉGER !

Soufflés aux fruits de la passion en coque

Pour 4 personnes
Préparation : 15 minutes
Cuisson : 18 minutes

2 jaunes d'œufs
3 blancs d'œufs
8 fruits de la passion
1 zeste de citron vert râpé
30 g de cassonade
2 cuill. à café de fécule de pomme de terre
20 g de noix de coco râpé
Beurre pour les coques

Préchauffez le four à 190 °C (th. 6). Séparez les blancs des jaunes d'œufs. Ouvrez en deux les fruits de la passion et prélevez leur pulpe avec une petite cuillère. Gardez les demi-coques pour la présentation.

Mélangez dans une petite casserole la pulpe de fruits de la passion, le zeste de citron, 10 g de cassonade, la fécule et la noix de coco râpée.

Faites cuire 1 à 2 minutes en tournant, jusqu'à épaississement.

Ajoutez les jaunes d'œufs hors du feu et mélangez bien.

Montez les blancs en neige. Quand ils commencent à monter, ajoutez un peu de jus de citron vert et le reste de cassonade sans cesser de fouetter.

Incorporez délicatement les blancs au mélange précédent.

Beurrez les coques réservées.

Versez l'appareil dans ces coques et enfournez pour environ 15 minutes.

Dégustez au sortir du four.

LES FRUITS DE LA PASSION SE CHOISISSENT AVEC LES YEUX… ET AVEC LES MAINS ! LORSQU'ILS SONT MÛRS, LEUR PEAU DEVIENT FRIPÉE, SIGNE QU'ILS SERONT PLUS PARFUMÉS. ILS DOIVENT AUSSI ÊTRE ASSEZ LOURDS DANS VOS MAINS, CAR PLEINS DE PULPE ET DE GRAINES SAVOUREUSES. S'ILS NE VOUS SEMBLENT PAS ASSEZ SUCRÉS, AJOUTEZ UN PEU DE PULPE DE MANGUE MIXÉE À L'APPAREIL SOUFFLÉ : RÉSULTAT GARANTI.

Mon clafoutis tiède aux framboises

Pour 4 personnes
Préparation : 15 minutes
Cuisson : 25 à 30 minutes

100 g de beurre
Glaçons
250 g de framboises fraîches
3 œufs
1 pincée de sel
100 g de sucre
40 g de farine à levure incorporée
1 pincée de quatre-épices
120 g de crème épaisse

Pour les moules
30 g de beurre
50 g de cassonade

Préparez un beurre noisette.

Coupez le beurre en morceaux.

Placez-le dans une petite casserole et faites-le fondre à feu moyen.

Versez des glaçons dans un saladier. Posez à l'intérieur de ce saladier un bol sur le lit de glaçons.

Laissez les impuretés du beurre remonter à la surface et se mettre à dorer : une odeur de noisette se dégage et le beurre prend une couleur ambrée.

Versez immédiatement le beurre dans le bol posé sur les glaçons pour stopper la cuisson.

Préchauffez le four à 200 °C (th. 6-7).

Rincez et séchez les framboises.

Séparez les blancs des jaunes.

Fouettez les blancs en neige avec le sel. Ajoutez le sucre en pluie et incorporez-le de quelques coups de fouet.

Ajoutez délicatement les jaunes, la farine, le quatre-épices. Versez le beurre noisette froid en filet puis la crème.

Beurrez quatre petits moules ou ramequins et saupoudrez-les de cassonade.

Versez la pâte dans les moules. Disposez les framboises dans la pâte en les enfonçant légèrement.

Enfournez pour 25 à 30 minutes et servez tiède avec une boule de sorbet à la framboise.

ASTUCE
Vous pouvez légèrement parfumer votre pâte avec une branche de verveine hachée pour souligner le goût des framboises.

Crêpes de blé noir aux poires

Pour 6 personnes
Préparation : 30 minutes
Cuisson : 30 minutes

Pour les crêpes
100 g de farine de sarrasin
300 g de farine de blé
1 cuill. à soupe de sucre
1 pincée de sel
1 pincée de quatre-épices
2 œufs
25 cl de lait entier
1 cuill. à soupe d'huile

Pour la garniture
3 poires
½ citron
Beurre pour la cuisson
3 cuill. à soupe de cassonade

Pour les crêpes
Mélangez la farine de sarrasin, la farine de blé, le sucre, le sel et le quatre-épices.

Mélangez dans un bol les œufs, le lait, 25 cl d'eau et l'huile.

Versez ce mélange dans les farines, mélangez jusqu'à obtenir une pâte lisse. Si besoin, mixez la pâte à l'aide d'un mixeur plongeant pour éliminer les grumeaux.

Pour la garniture
Pelez et coupez les poires. Coupez-les en lamelles. Citronnez-les pour leur éviter de noircir.

Faites fondre une noisette de beurre dans une poêle. Faites-y rapidement dorer les poires saupoudrées de cassonade, jusqu'à ce qu'elles soient dorées.

Pour finir
Faites fondre du beurre dans une poêle antiadhésive.

Versez une louche de pâte et étalez-la finement. Faites-la cuire 1 minute, puis retournez-la.

Recommencez jusqu'à épuisement de la pâte.

Garnissez les crêpes des poires revenues et servez le tout tiède.

Tasse gourmande chocolatée, guimauve noix de coco

POUR LES CACAO-MANIAQUES !

Pour 4 personnes
Préparation : 40 minutes
Cuisson : 20 minutes
Repos : au moins 2 heures

Pour les tasses
40 g de beurre (+ un peu pour le moule)
80 g de chocolat noir pâtissier
2 œufs
40 g de sucre
1 cuill. à soupe de farine
4 bonbons de chocolat
(Ferrero Rocher®, Mon Chéri®…)

Pour les guimauves
3 feuilles de gélatine (soit 6 g)
120 g de sucre
2 blancs d'œufs
1 pincée de sel
¼ de citron jaune
1 cuill. à soupe d'alcool de coco (type Malibu®)

Pour l'enrobage des guimauves
50 g de fécule de pommes de terre
100 g de noix de coco

Pour les guimauves

Recouvrez un grand plat à gratin rectangulaire d'une feuille de papier sulfurisé.

Faites ramollir la gélatine dans de l'eau froide.

Portez à ébullition 4 cl d'eau et le sucre. Faites cuire à feu moyen jusqu'à ce que le sirop atteigne les 130 °C. Vérifiez la température à l'aide d'un thermomètre à sucre.

Montez les blancs d'œufs avec la pincée de sel et quelques gouttes de jus de citron.

Incorporez le sirop aux blancs montés en le versant lentement le long des parois du bol du robot.

Ajoutez alors la gélatine essorée fortement entre vos mains.

Continuez de battre jusqu'à ce que le mélange soit tiède.

Ajoutez la liqueur de noix de coco et mélangez encore quelques instants.

Pour les enrober, tamisez la fécule avec la noix de coco et saupoudrez-en le fond du plat à gratin.

Versez la guimauve dans le plat et lissez sa surface à l'aide d'une maryse en silicone.

Saupoudrez du mélange fécule-noix de coco et laissez sécher à température ambiante pendant 2 heures.

Retournez la plaque de guimauve sur une planche à découper.

Coupez-la en cubes à l'aide d'un couteau légèrement humidifié, pour lui éviter de coller.

Roulez les cubes de guimauve dans le mélange noix de coco-fécule.

Pour les tasses au chocolat
Préchauffez le four à 220 °C (th. 7-8).

Beurrez quatre tasses à café ou petits mugs.

Faites fondre au bain-marie le beurre et le chocolat.

Fouettez les œufs avec le sucre.

Ajoutez-les au chocolat. Versez la farine et mélangez jusqu'à obtenir une pâte homogène.

Versez la pâte au tiers de la hauteur des tasses.

Posez un bonbon déballé dans chaque tasse et recouvrez à nouveau de pâte.

Enfournez pour 8 minutes.

Dégustez chaud dès la sortie du four, avec une guimauve à la noix de coco.

Sucettes pomme de terre et citron vert, espuma coco

Pour 4 personnes
Préparation : 20 minutes
Cuisson : 25 minutes
Repos : 1 heure

Pour les sucettes
500 g de pommes de terre
5 cuill. à soupe de sucre
20 g de sucre glace
1 zeste râpé de citron vert non traité
40 g de fécule
1 œuf
30 g de beurre
1 cuill. à soupe d'huile de tournesol
Piques en bois ou bâtons de sucettes

Pour l'espuma coco
5 cl de lait
1 zeste de citron vert
20 cl de lait de coco
1 cuill. à soupe de sucre glace

Pelez et lavez les pommes de terre.

Faites-les cuire dans de l'eau bouillante additionnée d'1 cuill. à soupe de sucre pendant 20 minutes.

Égouttez-les et passez-les au presse-purée. Ajoutez-y le sucre glace et le zeste de citron vert.

Faites dessécher quelques instants cette purée sur feu doux, sans cesser de tourner.

Ajoutez hors du feu la fécule et l'œuf.

Façonnez cette pâte en boulettes en la roulant entre les paumes de vos mains.

Faites chauffer l'huile et le beurre dans une poêle antiadhésive. Faites-y dorer les boulettes 2 à 3 minutes en remuant la poêle. Égouttez sur du papier absorbant, roulez-les dans le sucre et piquez-les sur des piques.

Égouttez-les sur du papier absorbant et roulez-les dans le sucre. Piquez-les sur des piques en bois.

Pour l'espuma coco
Faites chauffer le lait et faites-y infuser le zeste de citron vert. Ajoutez le lait de coco et le sucre glace.

Versez dans le siphon, placez une cartouche de gaz, secouez et réservez au réfrigérateur 1 heure en position couchée.

Versez l'espuma dans des petits ramequins et trempez-y les sucettes au fur et à mesure de la dégustation.

Sucettes pop cake

Pour une vingtaine de sucettes
Préparation : 30 minutes
Cuisson : 30 minutes
Repos : 10 minutes

Pour la pâte à gâteau
100 g de sucre
2 œufs
100 g de beurre ramolli
100 g de farine
1 cuill. à café de levure chimique
Au choix : extrait de vanille liquide, zeste d'orange ou de citron... (selon votre goût)
1 pincée de sel

Pour la décoration
1 blanc d'œuf
150 g de sucre glace
2 gouttes de jus de citron
Perles colorées en sucre

Pour les pop cakes
Préchauffez le four à 210 °C (th. 7).

Fouettez le sucre et les œufs. Incorporez le beurre mou, puis ajoutez la farine et la levure tamisées.

Parfumez la pâte selon votre goût.

Versez la pâte dans un moule à pop cakes suivant son mode d'emploi. Refermez-le.

Enfournez à 170 °C (th. 5-6) pendant 30 minutes – selon les moules, la cuisson peut être moins longue : surveillez-la attentivement.

Après 10 minutes de repos hors du four, démoulez les pop cakes. Laissez-les refroidir sur une grille.

Pour la décoration
Préparez une glace royale.

Mélangez le blanc d'œuf, le sucre glace et le jus de citron jusqu'à obtenir une pâte onctueuse.

Plongez un bâton à sucette dans la glace royale.

Piquez avec une boule de gâteau. Plongez-la dans la glace royale, soulevez-la vivement et lissez-la avec votre doigt propre pour enlever le surplus de glace royale.

Roulez-la dans les perles colorées en sucre.

Recommencez jusqu'à épuisement des pop cakes.

DU BOUT DES DOIGTS !

Crêpes soufflées au citron

Pour 4 personnes
Préparation : 25 minutes
Cuisson : 30 minutes
Repos : 1 heure

Pour la pâte à crêpes
120 g de farine
1 cuill. à soupe de sucre
1 pincée de sel
1 œuf
50 cl de lait entier
1 cuill. à soupe de beurre fondu

Pour le soufflé au citron
25 cl de lait
2 zestes râpés de citrons bios ou non traités
4 œufs
80 g de sucre
40 g de farine
1 pincée de sel
Beurre pour le plat

Pour les crêpes
Mélangez la farine, le sucre et le sel dans un saladier.

Ajoutez l'œuf en mélangeant à l'aide d'un fouet.

Délayez progressivement avec le lait et le beurre fondu.

Couvrez et laissez reposer 1 heure à température ambiante.

Vérifiez la fluidité de la pâte : si besoin, ajoutez un peu de lait.

Faites cuire les crêpes dans une poêle bien chaude 1 minute sur un seul côté. Inutile de les retourner : elles finiront leur cuisson au four.

Pour le soufflé au citron
Portez à ébullition le lait avec les zestes de citron.

Cassez les œufs en séparant les blancs des jaunes.

Fouettez le sucre avec les jaunes d'œufs jusqu'à ce que le mélange blanchisse. Incorporez la farine.

Versez le lait dans ce mélange en fouettant, puis reversez la crème dans la casserole. Faites-la cuire 2 à 3 minutes en mélangeant sans cesse pour éviter qu'elle attache : elle doit devenir bien épaisse.

Versez cette crème dans un plat et étalez-la pour qu'elle refroidisse.

Pour finir
Préchauffez le four à 180 °C (th. 6).

Beurrez un plat pouvant aller au four.

Fouettez les blancs d'œufs avec le sel en neige très ferme.

Incorporez-les délicatement à la crème en soulevant la préparation.

Déposez 1 à 2 cuill. à soupe de cette préparation sur chaque crêpe.

Pliez-les en deux sans appuyer et rangez-les sur le plat.

Enfournez pour 15 minutes et servez aussitôt.

BLUFFANTES !

Flans de quinoa et smoothie fruité

Pour 4 personnes
Préparation : 15 minutes
Cuisson : 35 minutes

Pour le flan de quinoa
50 g de quinoa
30 g de raisins secs
50 cl de lait de soja
30 g de flocons de quinoa
1 gousse de vanille
3 œufs
50 g de sucre rapadura

Pour le smoothie
1 pomme Pink Lady®
2 kiwis
1 orange
1 cuill. à soupe de sucre rapadura
4 glaçons (plus ou moins, selon la consistance souhaitée)

Pour les flans de quinoa
Préchauffez le four à 170 °C (th. 5-6).

Faites cuire le quinoa 3 minutes dans l'eau bouillante.

Égouttez-le et rincez-le à l'eau froide. Mélangez-le avec les raisins secs. Répartissez-le dans les alvéoles du moule souple de votre choix.

Portez à ébullition le lait de soja. Ajoutez hors du feu les flocons de quinoa et la gousse de vanille grattée.

Fouettez les œufs avec le rapadura, versez le lait chaud et faites cuire à feu moyen 1 à 2 minutes.

Versez dans les moules sur le quinoa, et enfournez pour 30 minutes.

Démoulez les flans tièdes, laissez refroidir.

Pour le smoothie
Pelez les kiwis. Épluchez et épépinez la pomme.

Pressez l'orange.

Mixez les kiwis, la pomme, le jus d'orange, le sucre rapadura et les glaçons dans un blender.

Pour finir
Versez le smoothie dans de petits verres, servez avec un flan.

SANS GLUTEN ET SANS LACTOSE, CE FLAN DE QUINOA EST PARTICULIÈREMENT DIGESTE. VOUS POUVEZ ÉGALEMENT LE RÉALISER AVEC DES FLOCONS DE RIZ, À LA SAVEUR NEUTRE, OU AVEC DES FLOCONS DE CHÂTAIGNE, AU GOÛT PLUS MARQUÉ. QUANT AU SUCRE RAPADURA, IL S'AGIT DU SUC DE CANNE À SUCRE SÉCHÉ, D'OÙ SA COULEUR GRISÂTRE. IL EST TRÈS SAVOUREUX, AVEC UN PARFUM DE RÉGLISSE. SI CETTE SAVEUR VOUS DÉPLAÎT, REMPLACEZ-LE PAR DE LA VERGEOISE OU DE LA CASSONADE.

Soufflé chaud au chocolat

Pour 6 personnes
Préparation : 10 minutes
Cuisson : 10 minutes

320 g de chocolat pâtissier à 66 %
30 cl de lait entier
20 g de Maïzena®
6 blancs d'œufs
80 g de sucre
3 jaunes d'œufs
Beurre et sucre pour les moules

Préchauffez le four à 190-200 °C (th. 6-7).

Faites fondre le chocolat au bain-marie.

Mélangez le lait avec la Maïzena® et portez le tout à ébullition.

Versez en filet sur le chocolat fondu jusqu'à obtenir une crème lisse.

Fouettez les blancs en neige en ajoutant progressivement le sucre.

Ajoutez un quart des blancs dans le mélange au chocolat, puis incorporez les jaunes.

Ajoutez délicatement les blancs restants en soulevant le mélange.

Beurrez et saupoudrez de sucre six ramequins.

Lissez et terminez le mélange avec le reste des blancs.

Versez la préparation dans les moules.

Enfournez 8 à 10 minutes environ et servez sans attendre.

Abricots soufflés et glace au lait d'amande

Pour 6 personnes
Préparation : 30 minutes
Repos : 2 heures
Cuisson : 8 minutes

Pour les abricots soufflés
12 abricots
2 œufs
10 cl de crème liquide
70 g de pâte d'amande
1 pincée de sel
30 g de sucre

Pour la glace au lait d'amande
50 cl de lait entier
300 g de poudre d'amandes
100 g de sucre
250 g de crème fraîche épaisse
4 jaunes d'œufs

Pour la glace au lait d'amande
Faites infuser 20 minutes la poudre d'amandes dans 25 cl de lait bouillant.

Filtrez ce lait avec un chinois, et complétez avec le lait restant pour obtenir 25 cl de lait d'amande. Ajoutez le sucre et la crème fraîche et faites tiédir à 65 °C.

Versez en filet sur les jaunes d'œufs, mélangez et reversez dans la casserole. Faites cuire à feu doux sans cesser de tourner jusqu'à ce que la crème épaississe légèrement : elle ne doit pas bouillir.

Laissez refroidir et versez dans une sorbetière en suivant le mode d'emploi de l'appareil pour obtenir la glace.

Pour les abricots soufflés
Préchauffez le four à 180 °C (th. 6).

Rincez les abricots, coupez-les en deux et dénoyautez-les.

Séparez les jaunes des blancs. Mixez dans un robot les jaunes d'œufs, la crème fraîche et la pâte d'amande coupée en petits morceaux.

Montez les blancs d'œufs en neige ferme avec une pincée de sel et ajoutez le sucre sans cesser de fouetter. Incorporez-les délicatement au mélange précédent.

Placez les abricots dans un plat à gratin, remplissez-les de cette pâte et enfournez pour 7 à 10 minutes.

Servez sans attendre avec la glace.

C'EST GONFLÉ !

VITE FAIT !

Soupe au chocolat, crumble noisette

Pour 6 personnes
Préparation : 20 minutes
Cuisson : 25 minutes

Pour la soupe
75 cl de crème liquide entière
1 bonne pointe de couteau de piment d'Espelette
300 g de chocolat noir pâtissier à 70% de cacao

Pour le crumble
50 g de beurre pommade
50 g de sucre cassonade
50 g de poudre de noisettes
50 g de farine

Pour la soupe
Portez à ébullition 25 cl de crème avec le piment d'Espelette.

Versez-la sur le chocolat cassé en morceaux et mélangez jusqu'à ce qu'il soit fondu.

Placez le saladier dans un autre récipient rempli de glaçons pour le faire refroidir plus rapidement.

Fouettez la crème restante en chantilly ferme.

Ajoutez-la délicatement dans le mélange au chocolat refroidi.

Pour le crumble
Préchauffez le four à 170 °C (th. 5-6).

Mélangez du bout des doigts le beurre, le sucre, la poudre de noisettes et la farine jusqu'à obtenir un mélange sableux.

Émiettez cette pâte sur une plaque recouverte de papier sulfurisé.

Enfournez pour 10 minutes puis mélangez la pâte à l'aide d'une spatule.

Enfournez à nouveau pour 8 à 10 minutes, jusqu'à ce que la pâte soit dorée.

Pour finir
Déposez un peu de crumble au fond de six coupelles.

Faites réchauffer doucement la soupe au chocolat, versez-la tiède dans les coupelles et saupoudrez de miettes de crumble.

Ajoutez si vous le souhaitez une boule de glace à la vanille.

Crêpes pomme-banane

Pour 6 personnes
Préparation : 30 minutes
Cuisson : 30 minutes
Repos : 1 heure

Pour la pâte à crêpes
250 g de farine
1 pincée de sel
3 œufs
50 cl de lait entier
1 cuill. à soupe d'huile de tournesol
2 cuill. à soupe d'eau de fleur d'oranger
2 belles pommes à cuire

Pour la garniture
3 bananes
½ jus de citron
2 cuill. à soupe de cassonade
30 g de beurre

Pour la pâte à crêpes
Mélangez la farine et le sel dans un saladier.

Ajoutez les œufs un par un en mélangeant à l'aide d'un fouet.

Délayez progressivement avec le lait, puis l'huile et l'eau de fleur d'oranger.

Pelez les pommes et coupez-les en petits morceaux. Ajoutez-les à la pâte.

Couvrez et laissez reposer 1 heure à température ambiante.

Pour finir
Préchauffez le four à 180 °C (th. 6).

Pelez, coupez en fines lamelles et citronnez les bananes.

Placez un cercle à tartelette (d'environ 10 cm de diamètre) au fond d'une poêle antiadhésive.

Versez une louche de pâte et faites cuire 2 minutes : la pâte doit être épaisse d'environ 8 mm.

Retournez la crêpe avec le cercle et laissez à nouveau cuire 2 minutes.

Recommencez pour obtenir six crêpes épaisses.

Placez-les sur une plaque et recouvrez-les de banane en rondelles. Saupoudrez de cassonade, ajoutez quelques noisettes de beurre et enfournez pour 10 à 15 minutes.

Dégustez chaud, avec ou sans boule de sorbet.

CETTE TARTE-CRÊPE PEUT SE DÉCLINER EN TOUTES SAISONS AVEC LES FRUITS DE VOTRE CHOIX, NOTAMMENT DES FRUITS ROUGES, DES PÊCHES ET DES NECTARINES, VOIRE DES GRAINS DE RAISIN MUSCAT, DES MORCEAUX D'ANANAS OU DE MANGUE...

RECETTES DE BASE

Beurre clarifié

Pour 100 g
Préparation : 5 à 7 minutes

115 g de beurre

Coupez le beurre en morceaux.

Placez-le dans une petite casserole et faites-le fondre à feu doux. Écumez les impuretés formant une mousse blanche qui remontent à la surface, à l'aide d'une cuillère à soupe.

Lorsque les impuretés ne remontent plus, le beurre clarifié est prêt.

Versez dans un bol ou un bocal hermétique jusqu'à utilisation.

Beurre noisette

Pour 100 g
Préparation : 10 à 15 minutes

115 g de beurre
Glaçons

Coupez le beurre en morceaux.

Placez-le dans une petite casserole et faites-le fondre à feu moyen.

Versez des glaçons dans un saladier. Posez à l'intérieur de ce saladier un bol sur le lit de glaçons.

Laissez les impuretés remonter à la surface et se mettre à dorer : une odeur de noisette se dégage et le beurre prend une couleur ambrée.

Versez immédiatement le beurre dans le bol posé sur les glaçons pour stopper la cuisson.

AVEC SON PETIT GOÛT CARAMÉLISÉ, LE BEURRE NOISETTE EST INDISPENSABLE AUX FINANCIERS ET POUR DONNER UN PARFUM UNIQUE À CERTAINS PETITS GÂTEAUX.

PAS DE GÂCHIS !

Sucre vanillé

Pour 200 g
Préparation : 5 minutes
Repos : 1 semaine au moins

200 g de sucre
2 gousses de vanille débarrassées de leurs graines (utilisées dans une autre recette)

Placez les gousses de vanille bien sèches dans un bocal hermétique contenant le sucre.

Laissez reposer au moins 1 semaine pour que le sucre s'imprègne du goût de la vanille.

Vous pouvez également utiliser de la cassonade de la même façon.

Pâte sucrée

Pour une tarte de 6 à 8 personnes
Préparation : 10 minutes
Cuisson : 20 minutes
Repos : 2 heures

80 g de sucre glace
120 g de beurre mou
30 g de poudre d'amandes
1 gousse de vanille
1 pincée de sel
1 œuf
200 g de farine
1 blanc d'œuf

Tamisez le sucre glace sur le beurre mou.

Ajoutez la poudre d'amandes, les graines contenues dans la gousse de vanille grattée et le sel. Mélangez à l'aide d'une spatule souple puis ajoutez l'œuf.

Tamisez la farine sur ce mélange et incorporez-la sans trop travailler la pâte.

Emballez dans du film étirable et placez 2 heures au réfrigérateur.

Étalez-la sur un plan de travail fariné et garnissez-en un moule à tarte beurré. Badigeonnez de blanc d'œuf battu et enfournez pour 20 minutes à 180 °C (th. 6).

Pâte à foncer

Pour une tarte pour 6 à 8 personnes
Préparation : 10 minutes
Repos : 2 heures au moins

250 g de farine
3 cuill. à café rases de sucre
125 g de beurre
1 petit œuf
3 cl d'eau (soit 2 cuill. à soupe environ)
1 cuill. à café de sel

Mélangez la farine et le sucre. Ajoutez le beurre coupé en morceaux et incorporez-le du bout des doigts jusqu'à obtenir une texture sableuse.

Fouettez l'œuf avec l'eau et le sel.

Ajoutez ce mélange et pétrissez rapidement la pâte obtenue sans trop la travailler.

Emballez-la dans du film étirable et placez-la au réfrigérateur jusqu'à utilisation.

Étalez-la sur un plan de travail fariné et garnissez-en un moule à tarte beurré.

Façonnez selon la recette et faites cuire 20 à 25 minutes à 180 °C (th. 6).

Pâte à tarte sans gluten

Pour une tarte pour 6 à 8 personnes
Préparation : 10 minutes
Repos : 20 minutes

60 g de margarine végétale à température ambiante
60 g de sucre de canne blond
60 g de poudre d'amandes
2 œufs
250 g de farine de riz complet

Mélangez la margarine, le sucre, la poudre d'amandes, les œufs et 200 g de farine à l'aide d'un robot pâtissier.

Pétrissez l'ensemble et ajoutez de la farine de riz jusqu'à former une boule de pâte qui se détache des parois du robot.

Réservez-la 20 minutes au frais afin que la pâte repose.

Façonnez selon la recette et faites cuire 30 à 35 minutes à 180 °C (th. 6).

Pâte sablée

Pour une tarte pour 6 à 8 personnes
Préparation : 15 minutes
Repos : 3 heures

140 g de farine
40 g de farine complète
60 g de sucre glace
2 g de sel fin (soit ½ cuill. à café)
170 g de beurre
1 cuill. à soupe d'eau glacée

Mélangez la farine, la farine complète, le sucre glace et le sel.

Ajoutez le beurre coupé en petits morceaux et travaillez la pâte du bout des doigts. Ajoutez si nécessaire l'eau glacée pour obtenir une boule de pâte.

Emballez dans du film alimentaire et placez au moins 3 heures au réfrigérateur (ou 1 heure au congélateur).

Préchauffez le four à 150 °C (th. 5).

Étalez et détaillez en fonction de la recette, puis enfournez pour 20 minutes.

Pâte sablée au chocolat

Pour une tarte pour 6 à 8 personnes
Préparation : 15 minutes
Repos : 3 heures
Cuisson : 20 minutes

140 g de farine
20 g de cacao amer en poudre
60 g de sucre glace
2 g de sel fin (soit ½ cuill. à café)
170 g de beurre

Mélangez la farine, le cacao, le sucre glace et le sel.

Ajoutez le beurre coupé en petits morceaux et travaillez la pâte du bout des doigts.

Ajoutez si nécessaire 1 cuill. à soupe d'eau glacée pour obtenir une boule de pâte.

Emballez dans du film alimentaire et placez au moins 3 heures au réfrigérateur (ou 1 heure au congélateur).

Préchauffez le four à 150 °C (th. 5).

Étalez et détaillez en fonction de la recette, puis enfournez pour 20 minutes.

Pâte à crumble

Pour 6 personnes
Préparation : 10 minutes
Cuisson : 20 minutes
Repos : 3 heures

150 g de beurre à température ambiante
150 g de farine
75 g de cassonade
75 g de sucre
150 g de poudre d'amandes
2 pincées de sel fin

Coupez le beurre en cubes.

Mélangez la farine, la cassonade, le sucre, la poudre d'amandes et le sel.

Incorporez le beurre du bout des doigts.

Deux façonnages sont possibles :
• Façonnez la pâte ainsi obtenue en boule. Enveloppez-la de film alimentaire et laissez-la reposer 3 heures au réfrigérateur. Quand elle est bien froide, passez-la à la râpe à fromage afin d'obtenir de grosses miettes de pâte.
• Sinon, étalez la pâte au fond d'une terrine et laissez-la reposer 3 heures au réfrigérateur. Une fois bien dure, coupez-la en petits cubes à l'aide d'un couteau bien aiguisé. Laissez ensuite sécher la pâte à l'air libre pendant 20 minutes.

Pour la cuisson
Préchauffez le four à 180 °C (th. 6).

Éparpillez les miettes de pâte sur une plaque de cuisson recouverte de papier sulfurisé.

Enfournez pour 20 minutes, en retournant la plaque à mi-cuisson.

N'HÉSITEZ PAS À AJOUTER L'ÉPICE DE VOTRE CHOIX POUR PARFUMER CE CRUMBLE. CANNELLE, GINGEMBRE, ÉPICES À PAIN D'ÉPICES SONT LES BIENVENUS !

Crumble aux fraises séchées

Pour un crumble pour 6 personnes
Préparation : 5 minutes

50 g de beurre mou
50 g de farine
50 g de poudre d'amandes
50 g de cassonade
50 g de fraises séchées coupées en morceaux
1 pincée de vanille en poudre

Mixez tous les ingrédients dans le bol d'un robot jusqu'à l'obtention d'un sable grossier.

Suivant la recette, faites cuire sur le crumble au four suivant le temps indiqué, ou bien faites-le cuire sur une feuille de silicone ou de papier sulfurisé pendant 10 minutes à 180 °C (th. 6) en surveillant attentivement.

À SAVOIR
Les fraises séchées s'achètent en épiceries fines.

Pâte à sablé breton

Pour une tarte pour 6 personnes
Préparation : 15 minutes
Repos : 1 heure
Cuisson : 15 à 20 minutes

90 g de beurre
90 g de sucre
3 petits jaunes d'œufs (soit 50 g)
125 g de farine
8 g de levure chimique
1 pointe de couteau de fleur de sel

Fouettez le beurre jusqu'à ce qu'il soit souple et crémeux, puis ajoutez le sucre ainsi que les jaunes d'œufs petit à petit.

Ajoutez la farine tamisée avec la levure chimique, ainsi que la fleur de sel. Recouvrez la pâte de film étirable et placez-la 1 heure au réfrigérateur.

Préchauffez le four à 160 °C (th. 5-6).

Étalez selon l'épaisseur souhaitée sur une feuille de papier sulfurisé.

Découpez en laissant le(s) cercle(s) autour de la pâte.

Enfournez pour 15 à 20 minutes suivant l'épaisseur.

Pâte à brioche

Pour 6 personnes
Préparation : 15 minutes
Repos : au moins 3 heures

7 g de levure de boulanger fraîche
200 g de farine
25 g de sucre
2 g de sel fin (soit ½ cuill. à café)
3 œufs
100 g de beurre

Diluez la levure dans 2 cuill. à soupe d'eau tiède.

Mélangez la farine, le sucre, le sel et la levure.

Ajoutez les œufs un à un en mélangeant vigoureusement à la spatule pour les incorporer parfaitement.

Coupez le beurre à température ambiante en morceaux de la taille d'une noisette. Ajoutez-les peu à peu à la pâte, en les incorporant à la spatule.

Mélangez jusqu'à ce que la pâte se détache des parois du saladier.

Vous pouvez également utiliser un robot pâtissier si vous le souhaitez.

Couvrez la pâte d'un film alimentaire et laissez-la lever pendant 3 heures, dans un endroit chaud (aux alentours de 20 °C).

Lorsqu'elle a bien levé, enfoncez votre poing dans la pâte pour en ôter l'air.

Emballez-la à nouveau dans du film alimentaire et conservez-la au réfrigérateur jusqu'à utilisation.

Façonnez et faites cuire selon la recette.

LA PÂTE À BRIOCHE EST RICHE EN ŒUFS ET EN BEURRE, ALORS QUE LA PÂTE À PAIN AU LAIT CONTIENT DU LAIT, ET BEAUCOUP MOINS D'ŒUFS ET DE BEURRE. L'UNE EST PLUS MOELLEUSE ET L'AUTRE PLUS LÉGÈRE : À VOUS DE CHOISIR !

Pâte pour pain au lait

Pour 8 personnes
Préparation : 15 minutes
Repos : 30 minutes + 2 à 3 heures

10 g de levure de boulanger fraîche
25 cl de lait tiède entier
40 g de sucre
500 g de farine
10 g de sel fin
1 œuf entier
80 g de beurre mou

Pour la dorure
1 œuf battu avec 1 cuill. à soupe de lait

Délayez la levure dans 2 cuill. à soupe de lait et 1 pincée de sucre.

Laissez-la s'activer pendant 30 minutes : elle doit se mettre à mousser.

Mélangez dans un grand saladier la farine et la levure délayée.

Ajoutez le sucre, le sel, le lait et l'œuf battu et pétrissez légèrement la pâte.

Ajoutez alors le beurre en morceaux.

Renversez le saladier sur un plan de travail fariné et pétrissez la pâte en étirant et rabattant la boule de pâte à plusieurs reprises, pendant une dizaine de minutes.

Vous pouvez également pétrir la pâte 5 minutes avec un robot pâtissier muni d'un crochet, à petite vitesse.

Laissez reposer la pâte recouverte d'un linge dans un endroit tiède jusqu'à ce qu'elle double de volume, soit 2 à 3 heures.

Façonnez et faites cuire selon la recette.

Pâte feuilletée

Pour 1 kg environ de feuilletage
Préparation : 1 h 30
Repos : 2 h 45

Pour la pâte de détrempe
500 g de farine
1 cuill. à café de sel fin
25 g de beurre
22,5 cl d'eau

Pour le feuilletage
325 g de beurre (Charentes-Poitou de préférence)

Mélangez la farine, le sel, le beurre coupé en petits morceaux et l'eau. Pétrissez pendant 3 minutes, jusqu'à obtenir une pâte homogène. Vous pouvez également utiliser un robot pâtissier, en pétrissant la pâte 3 minutes à vitesse 1. Emballez la pâte dans un film étirable et placez-la 15 minutes au réfrigérateur.

Étalez la pâte en un rectangle de 20 x 40 cm environ.

Placez le beurre pour le feuilletage entre deux feuilles de papier sulfurisé. À l'aide d'un rouleau à pâtisserie, écrasez-le pour obtenir un rectangle d'environ 18 cm x 15 cm.

Posez ce carré de beurre au milieu de la pâte. Rabattez les bords de la pâte sur le beurre pour l'emprisonner. Étalez le tout dans le sens de la longueur et repliez à nouveau le rectangle de pâte en trois.

Faites pivoter la pâte d'un quart de tour, repliez à nouveau la pâte en trois et étalez-la en rectangle. Faites-la reposer 45 minutes au réfrigérateur.

Pliez à nouveau la pâte en trois, puis étalez-la en rectangle. Tournez-la d'un quart de tour, pliez-la et étalez-la à nouveau. Placez-la à nouveau au réfrigérateur 45 minutes.

Recommencez à plier et étalez la pâte comme ci-dessous deux fois, en faisant à chaque fois tourner la pâte d'un quart de tour.

Placez la pâte 1 heure au réfrigérateur avant de l'étaler, de la découper et de la faire cuire selon la recette choisie.

Cette pâte peut se conserver au congélateur pendant trois mois. Divisez-la en pâtons de 250 g avant de la congeler pour pouvoir la décongeler au fur et à mesure de vos besoins.

FACILE

Pâte feuilletée express

Pour une tarte pour 6 à 8 personnes
Préparation : 15 minutes
Repos : 30 minutes

250 g de farine
1 pincée de sel
180 g de beurre froid
2 petits-suisses

Mélangez la farine et le sel. Coupez le beurre en dés.

Incorporez le beurre à la farine du bout des doigts.

Ajoutez les petits-suisses et malaxez pour obtenir une pâte homogène.

Enveloppez-la dans du film étirable et placez-la 30 minutes au réfrigérateur.

Étalez votre pâte en rectangle sur un plan de travail fariné.

Repliez la pâte en trois : imaginez le rectangle coupé en trois parts égales, rabattez le bord du haut vers le centre et couvrez avec le bord du bas. Tournez le carré de pâte obtenu d'un quart de tour vers la droite.

Étalez à nouveau la pâte en rectangle, pliez-la à nouveau en trois de la même façon que précédemment.

Étalez selon votre recette et faites cuire 30 minutes à 180 °C (th. 6).

Pâte à croissant

Pour 8 à 10 croissants
Préparation : 45 minutes
Repos : 3 heures

170 g de farine T55
70 g de farine T45
30 g de sucre
5 g de poudre de lait entier (soit 1 cuill. à café)
1 cuill. à café de sel
50 g de beurre ramolli
10 g de levure fraîche de boulanger
11 cl d'eau froide
120 g de beurre ferme

Placez dans la cuve d'un robot pâtissier les deux farines, le sucre, la poudre de lait, le sel, le beurre ramolli et la levure fraîche. Ajoutez progressivement l'eau froide.

Pétrissez à vitesse moyenne pendant 6 minutes jusqu'à ce que la pâte se décolle des bords de la cuve.

Façonnez grossièrement la pâte en une forme de rectangle, enveloppez-la dans du film alimentaire et placez-la au réfrigérateur pendant 2 heures.

Étalez le beurre bien froid au rouleau, sur le plan de travail : donnez-lui la forme d'un rectangle à moitié plus petit que le rectangle de pâte.

Posez le beurre sur la partie inférieure de la pâte et repliez complètement la pâte sur le beurre.

Tournez la pâte d'un quart de tour et étalez-la dans la longueur sur 6 mm d'épaisseur.

Veillez à toujours passer le rouleau dans le même sens.

Pliez la partie inférieure aux deux tiers de la pâte et pliez la partie supérieure afin qu'elle rejoigne la partie inférieure.

Pliez alors le rectangle obtenu en deux. Aplatissez légèrement la pâte.

Enveloppez-la dans du film alimentaire et placez-la 1 heure au réfrigérateur.

Placez la pliure de la pâte à votre droite et étalez-la sur 6 mm d'épaisseur.

Pliez un tiers de la pâte sur elle-même et pliez le tiers restant pour avoir trois épaisseurs de pâte.

Recouvrez de film étirable et placez au réfrigérateur jusqu'à utilisation.

Façonnez et faites cuire selon la recette.

VIVE LE GOÛTER !

Pâte à crêpes

Pour une quinzaine de crêpes
Préparation : 10 minutes
Repos : 1 heure

250 g de farine
1 pincée de sel
3 œufs
50 cl de lait entier
2 cuill. à soupe d'eau de fleur d'oranger
1 cuill. à soupe d'huile de tournesol

Mélangez la farine et le sel dans un saladier.

Ajoutez les œufs un par un en mélangeant à l'aide d'un fouet.

Délayez progressivement avec le lait, puis l'huile et l'eau de fleur d'oranger.

Couvrez et laissez reposer 1 heure à température ambiante.

Au moment de l'emploi, vérifiez la fluidité de la pâte. Si besoin, ajoutez un peu de lait.

Pâte à gaufres rapide

Pour 6 personnes
Préparation : 15 minutes

4 œufs
400 g de farine
2 pointes de sel
60 g de sucre
1 cuill. à café d'extrait de vanille
25 cl d'eau tiède
125 g de beurre fondu tiède
25 cl de lait entier

Séparez les blancs des jaunes d'œufs.

Dans un saladier, tamisez la farine avec 1 pincée de sel et le sucre. Ajoutez les jaunes d'œufs, la vanille et l'eau tiède. Mélangez.

Ajoutez le beurre et mélangez jusqu'à l'obtention d'une pâte homogène. Ajoutez alors le lait et mélangez.

Dans un autre saladier, montez les blancs d'œufs en neige ferme avec 1 pincée de sel. Versez la pâte sur les blancs et mélangez délicatement à l'aide d'une spatule souple. Cessez de mélanger dès que l'ensemble est homogène.

Faites cuire les gaufres dans un gaufrier selon la recette.

POUR ÉTALER FACILEMENT UNE PÂTE,
IL N'Y A PAS QUE LA FARINE ! PENSEZ AUSSI
À LA FÉCULE DE POMME DE TERRE.

SI UNE PÂTE VOUS SEMBLE DIFFICILE À ÉTALER,
PENSEZ À UTILISER DEUX FEUILLES DE PAPIER SULFURISÉ
ET À L'ÉTALER ENTRE : CELA DEVIENDRA UN JEU D'ENFANT !

Pâte à choux

Pour 6 personnes
Préparation : 20 minutes
Cuisson : 30 minutes

12 cl d'eau
12 cl de lait entier
1 cuill. à soupe de sucre
100 g de beurre
1 pincée de sel
150 g de farine fluide
4 œufs
1 jaune d'œuf

Préchauffez le four à 210 °C (th. 7).

Dans une casserole, faites chauffer sans bouillir l'eau, le lait, le sucre, le beurre coupé en morceaux et le sel.

Ajoutez la farine hors du feu en mélangeant vivement la pâte.

Placez à nouveau la casserole sur le feu et faites dessécher la pâte quelques instants en la remuant à l'aide d'une spatule.

Incorporez les œufs un à un, en mélangeant vivement entre chaque. Veillez à ce que l'œuf précédent soit parfaitement incorporé avant d'ajouter le suivant.

Vous devez obtenir une pâte souple et brillante.

Sur une plaque recouverte de papier sulfurisé, déposez la pâte à choux à l'aide d'une poche à douille munie d'une douille lisse ou à l'aide de deux cuillères, selon la recette. Veillez à bien espacer les choux car ils gonflent à la cuisson.

Badigeonnez les choux de jaune d'œuf.

Enfournez pendant 1 minute, puis baissez le thermostat à 180 °C (th. 6). Laissez cuire 15 à 20 minutes suivant la grosseur des choux, sans ouvrir la porte du four.

2 minutes avant la fin de cuisson, entrouvrez la porte du four pour enlever toute l'humidité du four.

Laissez refroidir les choux sur une grille.

Pâte à baba

Pour 1 gros baba pour 6 à 8 personnes ou 12 babas bouchons
Préparation : 30 minutes
Cuisson : 20 minutes
Repos : 2 h 30

10 g de levure de boulanger fraîche
5 cl de lait
3 œufs à température ambiante
250 g de farine
1 cuill. à café de sel (soit 5 g)
1 cuill. à soupe de sucre
50 g de beurre mou

Émiettez la levure dans le lait tiède.

Battez les œufs.

Tamisez la farine avec le sucre et le sel. Creusez un puits en son centre, et versez-y la levure. Commencez à pétrir puis incorporez les œufs peu à peu en battant énergiquement la pâte : vous pouvez utiliser un robot ménager pour mener à bien cette opération.

Ajoutez le beurre fondu et continuez à pétrir jusqu'à ce que la pâte se détache du saladier.

Recouvrez la pâte d'un torchon propre légèrement humide et laissez-la reposer 2 heures, jusqu'à ce qu'elle double de volume.

Beurrez le moule à savarin ou les moules à babas bouchons.

Dégazez la pâte en y enfonçant votre poing, puis répartissez-la dans le(s) moule(s) en le(s) remplissant aux deux tiers.

Laissez lever environ 30 minutes, jusqu'à ce que la pâte double de volume.

Enfournez pour 20 minutes à 200 °C (th. 6-7).

Démoulez le(s) baba(s) à la sortie du four. Laissez-les tiédir sur une grille.

À IMBIBER

Quatre-quarts

Pour 6 à 8 personnes
Préparation : 15 minutes
Cuisson : 40 minutes

200 g de sucre
4 œufs
200 g de beurre ramolli
200 g de farine
½ sachet de levure chimique
1 pincée de sel

Préchauffez le four à 210 °C (th. 7).

Fouettez le sucre et les œufs. Incorporez le beurre mou, puis ajoutez la farine tamisée avec la levure et le sel.

Versez la pâte dans un moule à cake beurré et fariné.

Enfournez à 170 °C (th. 5-6) pendant 40 minutes.

Après 10 minutes de repos hors du four, démoulez le quatre-quarts sur une grille.

Biscuit aux amandes (biscuit Joconde)

Pour un entremets pour 6 à 8 personnes
Préparation : 15 minutes
Cuisson : 10 minutes

5 œufs
125 g de sucre
125 g de poudre d'amandes
4 blancs d'œufs
30 g de farine
20 g de beurre clarifié

Préchauffez le four à 200 °C (th. 6-7).

Battez les œufs entiers avec le sucre et la poudre d'amandes jusqu'à ce que le mélange double de volume.

Montez les blancs d'œufs en neige bien ferme.

Incorporez délicatement la farine et le beurre clarifié au mélange sucre-amandes.

Ajoutez ensuite les blancs d'œufs et mélangez-les délicatement à l'aide d'une spatule souple.

Versez la pâte sur une plaque recouverte de papier sulfurisé et étalez-la en couche régulière à l'aide d'une spatule.

Enfournez pour 10 minutes.

Laissez refroidir sur une grille.

Génoise

Pour un entremets pour 6 personnes
Préparation : 15 minutes
Cuisson : 40 minutes
Repos : 5 minutes

90 g de beurre + un peu pour le moule
3 œufs
90 g de sucre
90 g de farine + un peu pour le moule

Préchauffez le four à 180 °C (th. 6).

Faites fondre le beurre à feu doux. Laissez-le refroidir.

Placez les œufs avec le sucre dans un saladier résistant à la chaleur.

Placez le tout au bain-marie et fouettez jusqu'à ce que le mélange blanchisse et triple de volume.

Retirez du bain-marie et continuez à battre pendant 8 à 10 minutes jusqu'à ce que le mélange soit parfaitement froid.

Ajoutez 2 cuill. à soupe du mélange œuf-sucre au beurre fondu.

Ajoutez délicatement la farine tamisée au mélange œuf-sucre en l'incorporant à l'aide d'une maryse.

Ajoutez le beurre en mélangeant la pâte le moins possible.

Versez la pâte dans le moule de votre choix, beurré et fariné.

Enfournez pour 20 à 30 minutes.

Patientez 5 minutes avant de démouler.

Laissez refroidir sur une grille.

Biscuit à la noix de coco

Pour un entremets pour 6 à 8 personnes
Préparation : 15 minutes
Cuisson : 15 minutes

50 g de farine
115 g de sucre glace
115 g de noix de coco râpée en poudre
1 cuill. à soupe de crème liquide entière
8 gros blancs d'œufs (soit environ 300 g)
125 g de sucre

Préchauffez le four à 175 °C (th. 5-6).

Tamisez la farine et le sucre glace.

Mélangez avec la poudre de coco, la crème liquide et 2 blancs d'œufs.

Fouettez les 6 blancs d'œufs restants en neige. Ajoutez le sucre en poudre sans cesser de fouetter.

Ajoutez le tiers de ce mélange au mélange à la noix de coco. Incorporez ensuite délicatement le reste des blancs.

Étalez sur une plaque recouverte de papier sulfurisé et enfournez pour 15 minutes.

Biscuit croquant à la pistache

Pour un entremets pour 6 à 8 personnes
Préparation : 15 minutes
Cuisson : 12 à 15 minutes

Crumble
50 g de beurre
50 g de sucre glace
20 g de farine
20 g de poudre d'amandes
10 g de cacao amer non sucré

Biscuit
80 g de pâte de pistache
120 g de sucre
2 petits blancs d'œufs
2 jaunes d'œufs
70 g de farine
5 blancs d'œufs

Préchauffez le four à 190 °C (th. 6-7).

Préparez la pâte à crumble en sablant tous les éléments entre les paumes de vos mains.

Fouettez la pâte de pistache avec 60 g de sucre et les 2 blancs d'œufs.

Ajoutez peu à peu les jaunes. Incorporez ensuite progressivement la farine.

Fouettez les 5 blancs avec le sucre restant. Ajoutez délicatement au mélange à la pistache.

Étalez sur une plaque recouverte de papier sulfurisé.

Saupoudrez le crumble.

Enfournez pour 12 à 15 minutes.

Biscuit dacquoise

Pour un gâteau pour 6 à 8 personnes
Préparation : 30 minutes
Cuisson : 20 minutes

120 g de sucre glace
120 g poudre d'amandes
5 blancs d'œufs
50 g de sucre
1 cuill. à soupe de Maïzena®
50 g d'amandes entières pelées
50 g de sucre glace

Préchauffez le four à 180 °C (th. 6).

Garnissez une plaque à pâtisserie de papier sulfurisé.

Mélangez le sucre glace et la poudre d'amandes.

Montez les blancs d'œufs en neige à l'aide d'un batteur électrique.

Quand ils commencent à monter, ajoutez le sucre sans cesser de fouetter, jusqu'à obtenir une neige très ferme et brillante.

Ajoutez délicatement, à l'aide d'une spatule, le mélange sucre glace-amandes et la Maïzena®.

À l'aide d'une poche à douille lisse, déposez la pâte en formant une spirale, en une couche régulière de 1 cm environ. Vous pouvez la façonner en cercle, en rectangle… selon la forme souhaitée pour votre gâteau.

Broyez les amandes entières en poudre grossière à l'aide d'un robot.

Saupoudrez la surface de la pâte de ces amandes. Saupoudrez d'une fine couche de sucre glace.

Enfournez pour 20 minutes.

Laissez refroidir à température ambiante.

Biscuit au chocolat sans farine

Pour un gâteau de 6 à 8 parts
Préparation : 15 minutes
Cuisson : 10 à 15 minutes

80 g de chocolat à 70 % de cacao
4 jaunes d'œufs
140 g de sucre
6 blancs d'œufs

Préchauffez le four à 200 °C (th. 6-7).

Faites fondre le chocolat au bain-marie.

Fouettez les jaunes d'œufs avec 70 g de sucre jusqu'à ce que le mélange blanchisse.

Montez les blancs d'œufs à vitesse moyenne et dès qu'ils commencent à mousser, ajoutez le sucre restant. Continuez à fouetter jusqu'à ce qu'ils soient bien lisses et brillants.

Ajoutez les jaunes et continuez à battre 15 secondes, le temps qu'ils soient bien incorporés.

Incorporez délicatement le chocolat fondu en soulevant bien la pâte, comme pour une mousse au chocolat.

Sur une plaque recouverte de papier sulfurisé ou d'un tapis de cuisson en silicone, versez la pâte et étalez-la en couche épaisse.

Enfournez pour 10 à 15 minutes : ce biscuit doit rester légèrement moelleux.

Laissez refroidir au moins 1 heure avant de découper ou de manipuler.

Biscuit pain de Gênes

Pour 6 personnes
Préparation : 15 minutes
Cuisson : 18 minutes

200 g de pâte d'amande à 50 % d'amandes
4 œufs
40 g de farine
2 g de levure chimique (soit ½ cuill. à café)
60 g de beurre fondu

Préchauffez le four à 160 °C (th. 5-6).

Fouettez la pâte d'amande coupée en petits morceaux avec les œufs dans un saladier résistant à la chaleur.

Placez-le sur un bain-marie et faites-le chauffer jusqu'à 45 °C sans cesser de fouetter à l'aide d'un batteur électrique.

Incorporez la farine tamisée avec la levure.

Ajoutez ensuite le beurre fondu.

Versez la pâte dans un moule à manqué beurré.

Enfournez pour 18 minutes.

Démoulez tiède.

Biscuits à la cuillère

Pour une vingtaine de biscuits
Préparation : 20 minutes
Cuisson : 10 à 12 minutes
Repos : 20 minutes

30 g de farine
30 g de fécule de pomme de terre
3 œufs
60 g de sucre
Sucre glace

Tamisez la farine avec la fécule.

Séparez les blancs des jaunes d'œufs.

Montez les blancs d'œufs à vitesse moyenne et, dès qu'ils commencent à mousser, ajoutez le sucre en trois fois.

Quand les blancs sont bien gonflés, lisses et brillants, diminuez la vitesse du batteur. Versez les 3 jaunes et continuez à battre 15 secondes, le temps qu'ils soient bien incorporés.

Versez en pluie le mélange farine-fécule et incorporez-le délicatement à l'aide d'une maryse.

Versez la pâte dans une poche à douille munie d'une douille n° 10.

Sur une plaque recouverte de papier sulfurisé, déposez des bâtonnets de pâte bien espacés. À défaut de poche à douille, utilisez une cuillère à soupe.

Saupoudrez les biscuits de sucre glace.

Préchauffez le four à 200 °C (th. 6-7).

Quand les biscuits ont absorbé le sucre glace, saupoudrez-les à nouveau généreusement de sucre glace.

Patientez 10 minutes, puis enfournez-les pour 10 à 12 minutes.

Laissez les biscuits refroidir avant utilisation.

Biscuits à la cuillère au chocolat

Pour une trentaine de biscuits
Préparation : 20 minutes
Cuisson : 12 minutes

5 œufs
1 pincée de sel
150 g de sucre en poudre
55 g de farine
55 g de fécule de pomme de terre
35 g de cacao en poudre
Sucre glace

Préchauffez le four à 180 °C (th. 6).

Cassez les œufs en séparant les blancs des jaunes.

Battez les blancs en neige avec le sel. Lorsqu'ils sont bien montés, ajoutez peu à peu le sucre sans cesser de battre.

Ajoutez délicatement les jaunes, puis la farine, la fécule et le cacao à l'aide d'une spatule souple.

Versez la préparation dans une poche à douille. Sur deux feuilles de papier sulfurisé posées sur des plaques, réalisez de petits bâtonnets hauts d'environ 5 cm bien espacés.

Enfournez pour 12 minutes. Une fois refroidis, saupoudrez les biscuits de sucre glace.

Biscuit roulé

Pour 6 personnes
Préparation : 15 minutes
Cuisson : 8 à 10 minutes

100 g de farine (+ un peu pour la cuisson)
30 g de Maïzena®
4 œufs
120 g de sucre
20 g de sucre glace
Une noix de beurre

Préchauffez le four à 200 °C (th. 6-7).

Tamisez la farine et la Maïzena®.

Séparez les blancs des jaunes.

Fouettez les jaunes d'œufs avec le sucre, jusqu'à ce que le mélange blanchisse.

Montez les blancs en neige en y ajoutant le sucre glace.

Incorporez délicatement les blancs en neige au premier mélange, puis ajoutez délicatement le mélange farine et Maïzena® à l'aide d'une spatule souple.

Faites fondre le beurre. À l'aide d'un pinceau, appliquez-en aux quatre coins et au centre d'une plaque à génoise, puis recouvrez-la d'une feuille de papier sulfurisé : elle sera ainsi fixée. Badigeonnez-la ensuite du beurre fondu restant.

Saupoudrez la feuille d'un peu de farine et ôtez l'excédent en tapotant.

Versez la pâte sur la plaque et étalez-la sur une épaisseur régulière.

Baissez la température à 180 °C (th. 6) et enfournez pour 8 à 10 minutes.

Retournez le biscuit sur un torchon propre et légèrement humide. Ôtez délicatement la feuille de papier sulfurisé, puis roulez immédiatement le biscuit à l'aide du torchon.

Laissez-le refroidir bien enroulé avant de le garnir.

Biscuit brownie

Pour 6 personnes
Préparation : 20 minutes
Cuisson : 45 minutes

180 g de beurre
200 g de chocolat pâtissier
350 g de sucre en poudre
4 œufs
1 cuill. à café d'extrait de vanille
110 g de farine
1 cuill. à café de levure chimique
35 g de cacao en poudre
Au choix : amandes effilées, noisettes caramélisées, cacahuètes, beurre de cacahuète, mini-guimauves...

Préchauffez le four à 180 °C (th. 6).

Chemisez un grand plat rectangulaire de papier sulfurisé.

Faites fondre au bain-marie le beurre et le chocolat, jusqu'à obtenir un mélange lisse. Laissez tiédir quelques instants.

Ajoutez le sucre, les œufs et l'extrait de vanille. Mélangez bien, puis versez la farine tamisée avec la levure et le cacao en poudre.

Versez la pâte dans le moule et déposez sur le dessus la garniture de votre choix.

Enfoncez délicatement la garniture à l'aide d'une petite cuillère.

Enfournez pour 45 minutes.

Laissez le gâteau refroidir dans le moule avant de le découper en carrés.

Pâte à cake

Pour 6 à 8 personnes
Préparation : 20 minutes
Cuisson : 40 minutes
Repos : 4 heures

160 g de sucre
200 g de beurre fondu
50 g de poudre d'amandes
50 g de sucre glace
200 g de farine
½ sachet de levure chimique
4 œufs
4 cuill. à soupe de lait entier
Au choix : extrait de vanille, zeste d'orange ou de citron…

Préchauffez le four à 180 °C (th. 6).

Mélangez le sucre et le beurre fondu. Ajoutez la poudre d'amandes et le sucre glace, puis la farine et la levure chimique. Versez enfin les œufs, le lait et le parfum choisi sans trop travailler la pâte.

Versez la pâte dans un moule à cake beurré et fariné.

Enfournez pour 10 minutes, puis baissez la température du four à 160 °C et faites cuire de 30 à 40 minutes.

Démoulez tiède.

Pâte à whoopie

Pour 12 whoopies
Préparation : 20 minutes
Cuisson : 30 minutes
Repos : 15 minutes

1 œuf
120 g de sucre
110 g de beurre
200 g de farine
1 cuill. à café de levure chimique
½ cuill. à café de bicarbonate de sodium
50 g de crème épaisse
1 petit-suisse
1 cuill. à café d'extrait de vanille

Fouettez l'œuf avec le sucre. Ajoutez le beurre fondu tiède, la farine, la levure, le bicarbonate de sodium et l'extrait de vanille.

Incorporez la crème fraîche et le petit-suisse. Placez la pâte au réfrigérateur 15 minutes.

Préchauffez le four à 180 °C (th. 6).

Déposez vingt-quatre petits tas de pâte sur une plaque recouverte de papier sulfurisé en les espaçant.

Enfournez pour 15 minutes. Décollez tiède de la feuille et garnissez-les.

Pâte à gâteau au yaourt

Préparation : 15 minutes
Cuisson : 30 minutes

1 pot de yaourt nature au lait entier
2 pots de vergeoise
3 œufs
3 pots de farine
½ sachet de levure chimique
¾ de pot de beurre fondu
Parfum au choix : extrait de vanille ou d'amande amère, zeste de citron ou d'orange non traité

Préchauffez le four à 180 °C (th. 6).

Videz le pot de yaourt dans un saladier. Rincez-le et mesurez les 2 pots de vergeoise à l'aide du pot.

Mélangez le yaourt et le sucre, puis ajoutez les œufs.

Mesurez ensuite la farine, ajoutez-la au mélange précédent avec la levure chimique.

Ajoutez enfin le beurre fondu et le parfum de votre choix.

Versez dans un moule de votre choix beurré et fariné.

Enfournez pour 30 minutes.

Laissez tiédir avant de démouler sur une grille.

CES TROIS RECETTES PEUVENT SE RÉALISER SANS DIFFICULTÉ AVEC LES PLUS PETITS. PENSEZ À UTILISER DE GRANDS SALADIERS POUR ÉVITER TOUT DÉBORDEMENT DE PÂTE INTEMPESTIF… ET LAISSEZ-LEUR LÉCHER LA CUILLÈRE.

POUR LES ENFANTS !

Crème pâtissière

Pour 4 personnes
Préparation : 5 minutes
Cuisson : 5 minutes

20 g de farine
20 g de Maïzena®
½ de gousse de vanille
50 cl de lait entier
4 jaunes d'œufs
70 g de sucre

Tamisez la farine et la Maïzena®.

Grattez les grains contenus dans la gousse de vanille et mélangez-les avec le lait.

Faites chauffer le lait avec la vanille en remuant de temps en temps pour bien mélanger le tout.

D'autre part, battez les jaunes d'œufs avec le sucre jusqu'à ce que le mélange blanchisse. Ajoutez petit à petit, sans cesser de fouetter, la farine et la Maïzena®.

Versez la moitié du lait chaud en fouettant sans faire mousser.

Versez ce mélange dans la casserole contenant le reste de lait et portez doucement à ébullition sans cesser de remuer pendant 2 minutes environ, jusqu'à ce que la crème épaississe.

Recouvrez d'un film étirable placé en contact avec la crème pour éviter la formation d'une pellicule le temps qu'elle refroidisse.

Crème mousseline

Pour un entremets pour 6 à 8 personnes
Préparation : 20 minutes
Cuisson : 10 minutes

50 cl de lait entier
½ gousse de vanille
4 jaunes d'œufs
75 g de sucre
30 g de farine
30 g de Maïzena®
1 pincée de sel
275 g de beurre

Faites chauffer le lait avec la vanille grattée.

Fouettez les jaunes d'œufs avec le sucre et le sel jusqu'à ce qu'ils blanchissent.

Incorporez progressivement la farine et la Maïzena® tamisées.

Ajoutez la moitié du lait chaud en filet en fouettant.

Versez cette crème dans la casserole contenant le reste du lait et portez doucement à ébullition sans cesser de remuer à l'aide d'un fouet, jusqu'à ce que la crème épaississe.

Incorporez en fouettant 150 g de beurre dans cette crème encore chaude.

Laissez la crème refroidir puis incorporez le beurre en pommade restant à l'aide d'un mixeur plongeant.

À SAVOIR
Pour parfumer la crème, vous pouvez utiliser un extrait (café, amande amère) à ajouter dans le lait, ou faire infuser 15 minutes le parfum de votre choix (cannelle, badiane…)

Crème montée

Pour 4 personnes
Préparation : 5 minutes

25 cl de crème liquide entière

Placez les fouets de votre batteur 30 minutes au congélateur au préalable afin qu'ils soient le plus froid possible.

Fouettez la crème jusqu'à ce qu'elle triple de volume et prenne la consistance d'une mousse à raser onctueuse.

Réservez au réfrigérateur jusqu'à utilisation.

Crème chantilly inratable

Pour 4 personnes
Préparation : 5 minutes

25 cl de crème liquide entière
2 cuill. à soupe de mascarpone
1 cuill. à soupe de sucre glace
1 sachet de sucre vanillé

Placez les fouets de votre batteur 30 minutes au congélateur au préalable afin qu'ils soient le plus froid possible.

Veillez à ce que la crème et le mascarpone soient bien froids.

Fouettez la crème à l'aide de votre batteur électrique avec la moitié du sucre et le sucre vanillé.

Lorsque la crème est bien ferme, ajoutez le reste du sucre et le mascarpone.

Réservez au frais.

Crème mousseline au chocolat

Pour un gâteau pour 6 à 8 personnes
Préparation : 5 minutes
Cuisson : 10 minutes

50 cl de lait entier
4 petits jaunes d'œufs (soit 80 g)
1 petit œuf (environ 50 g)
120 g de sucre
50 g de fécule de pomme de terre
160 g de chocolat noir pâtissier
120 g de beurre

Faites chauffer le lait.

Fouettez les jaunes d'œufs et l'œuf entier avec le sucre jusqu'à ce qu'ils blanchissent.

Ajoutez la fécule tamisée.

Ajoutez la moitié du lait chaud en filet en fouettant.

Versez cette crème dans la casserole contenant le reste du lait et portez doucement à ébullition sans cesser de remuer à l'aide d'un fouet, jusqu'à ce que la crème épaississe.

Incorporez en fouettant le chocolat haché ainsi que 60 g de beurre dans cette crème encore chaude.

Laissez la crème refroidir puis incorporez le beurre en pommade restant à l'aide d'un mixeur plongeant.

ESSENTIEL !

N'HÉSITEZ PAS À UTILISER VOTRE MIXEUR PLONGEANT : IL PERMET D'ÉLIMINER LE MOINDRE GRUMEAU, D'OBTENIR UNE TEXTURE LISSE ET FONDANTE ET D'INCORPORER PARFAITEMENT LE BEURRE POMMADE.

Crème anglaise

Pour 25 cl de crème
Préparation : 10 minutes
Cuisson : 10 minutes

4 jaunes d'œufs
50 g de sucre
20 cl de lait entier
½ gousse de vanille

Fouettez les jaunes d'œufs avec le sucre jusqu'à ce que le mélange blanchisse.

Portez à frémissement le lait avec la gousse de vanille grattée de ses graines.

Versez le lait chaud en filet sans cesser de mélanger.

Reversez le tout dans la casserole et faites cuire à feu doux sans cesser de tourner, jusqu'à ce que la crème nappe la cuillère. Le mélange ne doit pas bouillir.

Crème au beurre

Pour 6 à 8 personnes
Préparation : 45 minutes
Cuisson : 30 minutes
Repos : 24 heures + 2 heures

250 g de sucre
5 cl d'eau
8 jaunes d'œufs à température ambiante
250 g de beurre pommade
Selon la recette :
2 cuill. à café d'extrait de vanille, de café…

Mélangez le sucre avec l'eau.

Portez à ébullition et laissez cuire jusqu'à ce que le sirop atteigne 121 °C, en contrôlant la température avec un thermomètre à sucre.

Fouettez les jaunes d'œufs au batteur électrique et versez doucement le sirop en filet sur les jaunes sans cesser de battre.

Fouettez à vitesse rapide jusqu'à ce que le mélange soit froid.

Incorporez peu à peu le beurre en continuant à fouetter jusqu'à obtenir une crème lisse.

Ajoutez le parfum choisi.

Conservez au réfrigérateur jusqu'à utilisation.

ASTUCE
Si vous n'avez pas de thermomètre, pour contrôler la cuisson du sucre, trempez les dents d'une fourchette dans le sirop de sucre en ébullition.

Si des fils se forment, c'est que le sucre est prêt !

LA CRÈME LÉGÈRE SERT À GARNIR LES MILLEFEUILLES. MAIS ELLE EST AUSSI DÉLICIEUSE POUR FOURRER DES PETITS CHOUX OU NAPPER DES FONDS DE TARTE. UTILISEZ-LA À LA DERNIÈRE MINUTE POUR ÉVITER QU'ELLE NE DÉTREMPE LES PÂTES ET ÔTE TOUT CROUSTILLANT À VÔTRE DESSERT.

Bavaroise à la vanille

Pour 6 personnes
Préparation : 20 minutes
Cuisson : 5 minutes
Repos : 1 heure

4 feuilles de gélatine (soit 8 g)
5 jaunes d'œufs
80 g de sucre
30 cl de lait entier
½ gousse de vanille
25 cl de crème liquide entière

Faites tremper la gélatine dans un grand bol d'eau froide.

Fouettez les jaunes d'œufs avec le sucre jusqu'à ce que le mélange blanchisse.

Portez à frémissement le lait avec la gousse de vanille grattée de ses graines.

Versez le lait chaud en filet sans cesser de mélanger.

Reversez le tout dans la casserole et faites cuire à feu doux sans cesser de tourner, jusqu'à ce que la crème nappe la cuillère. Le mélange ne doit pas bouillir.

Essorez la gélatine fortement entre vos mains et incorporez-la dans la crème anglaise chaude.

Laissez refroidir à température ambiante pendant 1 heure environ : elle doit être encore liquide mais froide.

Fouettez la crème en chantilly et ajoutez-la délicatement à la crème précédente.

Placez au réfrigérateur pour permettre à la gélatine de prendre et obtenir ainsi une texture ferme.

Crème légère

Pour 6 à 8 personnes
Préparation : 15 minutes
Cuisson : 10 minutes
Repos : 1 heure

1 gousse de vanille
50 cl de lait entier
4 jaunes d'œufs
1 œuf
120 g de sucre en poudre
40 g de fécule de pomme de terre
40 g de beurre
25 cl de crème liquide

Portez à ébullition le lait mélangé avec les grains de la gousse de vanille.

D'autre part, battez les jaunes d'œufs et l'œuf avec le sucre jusqu'à ce que le mélange blanchisse. Ajoutez petit à petit, sans cesser de fouetter, la fécule.

Versez la moitié du lait chaud en fouettant sans faire mousser.

Versez ce mélange dans la casserole contenant le reste de lait et portez doucement à ébullition sans cesser de remuer pendant 2 minutes environ, jusqu'à ce que la crème épaississe. Ajoutez le beurre coupé en petits morceaux.

Recouvrez d'un film étirable placé en contact avec la crème pour éviter la formation d'une pellicule le temps qu'elle refroidisse.

Fouettez la crème liquide en chantilly.

Une fois la crème refroidie, mélangez-la au fouet pour la lisser.

Incorporez délicatement la chantilly et réservez au frais.

Crème au citron

Pour un entremets ou une tarte pour 6 personnes
Préparation : 10 minutes
Cuisson : 5 minutes

3 œufs
120 g de sucre
15 cl de jus de citron (soit environ 3 citrons)
2 zestes de citrons jaunes non traités
170 g de beurre

Mélangez dans une petite casserole les œufs, le sucre, le jus et le zeste de citron.

Faites chauffer au bain-marie en remuant à l'aide d'un fouet jusqu'à ce que le mélange épaississe.

Incorporez hors du feu le beurre en morceaux et mixez à l'aide d'un mixeur plongeant.

SANS GLUTEN

Crème d'amandes

Pour un entremets ou une tarte pour 6 personnes
Préparation : 5 minutes

100 g de sucre
100 g de beurre mou
2 œufs
100 g de poudre d'amandes
2 cuill. à soupe de fécule de pomme de terre

Fouettez le beurre ramolli avec le sucre.

Ajoutez les œufs un par un, puis la poudre d'amandes et la fécule.

Mélangez jusqu'à obtenir une préparation homogène.

Crème de riz

Pour un fond de tarte pour 6 personnes
Préparation : 5 minutes
Cuisson : 2 minutes

20 cl de crème de riz
25 cl de lait de riz ou lait de soja
40 g de sucre
1 cuill. à café rase d'agar-agar
1 cuill. à soupe d'eau de fleur d'oranger

Portez à ébullition la crème de riz mélangée au lait.

Ajoutez le sucre, l'agar-agar et poursuivez l'ébullition 30 secondes en mélangeant sans cesse.

Ajoutez l'eau de fleur d'oranger hors du feu.

Étalez sur le fond de tarte précuit et faites cuire selon la recette.

À SAVOIR
La crème de riz est une fécule de riz précuite. Vous la trouverez dans les magasins bios, au rayon des farines.

Semoule au lait

Pour 4 personnes
Préparation : 5 minutes
Cuisson : 5 minutes
Repos : au moins 2 heures

12 cl de lait entier
½ gousse de vanille
25 g de sucre
20 g de semoule de blé dure fine ou moyenne
5 cl de crème liquide

Portez le lait à ébullition avec la gousse de vanille fendue, puis ajoutez le sucre.

Versez la semoule en pluie fine.

Laissez cuire 3 minutes à petits frémissements en mélangeant avec une cuillère en bois. Goûtez pour vérifier la cuisson qui peut varier selon les types de semoule. Hors du feu, couvrez et laissez refroidir.

Lorsque la semoule a refroidi, versez la crème liquide et incorporez-la délicatement.

Retirez la gousse de vanille, recouvrez d'un film étirable et placez au réfrigérateur pour au moins 2 heures.

Sabayon

Pour 4 personnes
Préparation : 15 minutes
Cuisson : 7 à 10 minutes

4 jaunes d'œufs
80 g de sucre
10 cl de champagne, vin ou alcool de votre choix
1 cuill. à soupe de crème fraîche épaisse

Battez les jaunes d'œufs avec le sucre jusqu'à obtenir un mélange mousseux. Ajoutez petit à petit le champagne ou l'alcool choisi en fouettant.

Posez le récipient dans un bain-marie, et faites épaissir en fouettant jusqu'à l'obtention d'une crème qui garde la trace des mouvements du fouet.

Ajoutez la crème fraîche et mélangez soigneusement.

Versez sur une salade de fruits, des biscuits à la cuillère…

Palet de crème brûlée

Pour 4 personnes
Préparation : 5 minutes
Cuisson : 35 minutes
Repos : 4 heures

13 cl de lait entier
40 g de sucre
4 jaunes d'œufs
13 cl de crème liquide entière + 2 cuill. à soupe
Parfum au choix : extrait de vanille, de café, de pistache…
2 feuilles de gélatine (soit 4 g)

Portez à ébullition le lait avec 1 cuill. à soupe du sucre.

Fouettez les jaunes avec le restant du sucre.

Versez le lait dans les jaunes sans cesser de fouetter, puis ajoutez la crème et le parfum choisi.

Faites ramollir la gélatine dans un bol d'eau froide. Égouttez-la et faites-la fondre 5 secondes au micro-ondes dans 2 cuill. à soupe de crème liquide puis mélangez-la à la crème.

Filtrez à l'aide d'un chinois et versez aux deux tiers dans un moule en silicone rond (ou d'une autre forme selon la forme de votre entremets).

Enfournez à 95 °C (th. 3) pendant 35 minutes.

Sortez du four lorsqu'elle est tremblotante, laissez reposer 30 minutes puis placez au congélateur au moins 4 heures. Insérez directement dans l'entremets de votre choix suivant la recette.

Pâte d'amande crue

Pour environ 250 g de pâte d'amande
Préparation : 10 minutes

125 g de poudre d'amandes
125 g de sucre glace
1 blanc d'œuf

Mixez la poudre d'amandes avec le sucre glace.

Ajoutez le blanc d'œuf, incorporez-le en mixant par à-coups.

Pétrissez la pâte jusqu'à obtenir une boule compacte.

Emballez dans du film étirable et conservez au réfrigérateur jusqu'à l'emploi.

Pâte d'amande cuite

Pour 600 g environ
Préparation : 20 minutes
Cuisson : 10 minutes
Repos : 30 minutes

200 g de poudre d'amandes
260 g de sucre
9 cl d'eau
80 g de glucose liquide
20 g de sorbitol cristallisé

Mixez finement la poudre d'amandes et tamisez-la deux fois.

Mélangez le sucre, le sorbitol, l'eau et 1 cuill. à soupe de glucose.

Portez à ébullition et laissez cuire jusqu'à ce que le sirop atteigne 118 °C. Comptez 8 à 10 minutes.

Placez la poudre d'amandes dans la cuve d'un robot pâtissier muni d'une feuille (accessoire pour mélanger sans fouetter).

Versez le sirop chaud sans cesser de mélanger jusqu'à obtenir une poudre grossière et sableuse.

Laissez refroidir aux alentours de 20 °C.

Remettez le batteur en marche et ajoutez le sirop de glucose en filet sans cesser de battre. Mélangez durant 2 minutes, puis transférez cette pâte dans un mixeur muni d'un couteau.

Mixez-la pendant 1 minute, jusqu'à obtenir une pâte homogène.

Ne mixez pas trop longtemps pour éviter à l'huile d'amande de sortir de la pâte.

Emballez dans du film étirable jusqu'à utilisation.

LE GLUCOSE LIQUIDE ET LE SORBITOL S'ACHÈTENT EN PHARMACIE AINSI QUE DANS LES MAGASINS DÉDIÉS À LA PÂTISSERIE PROFESSIONNELLE.

Meringue française

Pour 300 g de meringue
Préparation : 15 minutes
Cuisson : 2 heures

3 blancs d'œufs (environ 100 g)
100 g de sucre
100 g de sucre glace tamisé + un peu pour la finition

Préchauffez le four à 80 °C (th. 2-3).

Fouettez les blancs avec 1 cuill. à café de sucre jusqu'à ce que les blancs soient bien mousseux.

Ajoutez alors 1 cuill. à soupe de sucre sans cesser de fouetter.

Lorsqu'ils sont fermes, ajoutez progressivement le reste de sucre.

Incorporez délicatement à l'aide d'une spatule souple le sucre glace tamisé aux blancs montés.

Formez des boules de meringues sur une plaque de cuisson recouverte de papier sulfurisé à l'aide d'une cuillère à soupe. Vous pouvez également utiliser une poche à douille.

Enfournez pour 2 heures en veillant à ce qu'elles ne colorent pas.

Éteignez le four et laissez les meringues refroidir à l'intérieur.

Conservez les meringues dans une boîte métallique hermétique pour qu'elles restent bien sèches.

Meringue italienne

Pour 6 personnes
Préparation : 20 minutes
Cuisson : 15 minutes environ

250 g de sucre
10 cl d'eau
4 blancs d'œufs

Faites fondre à feu doux le sucre et l'eau. Lorsque le sucre est fondu, portez à ébullition. À l'aide d'un thermomètre à sucre, surveillez la température du sirop.

Commencez à monter les blancs en neige lorsque le sirop atteint 110 °C. Lorsqu'il atteint 120-121 °C, versez-le en filet sur les blancs sans cesser de les battre, jusqu'à ce que la meringue devienne très épaisse et brillante.

Confit de fruits rouges

Pour 4 personnes
Préparation : 5 minutes
Cuisson : 15 minutes

7 feuilles de gélatine (soit 14 g)
100 g de framboises
100 g de cassis
50 g de groseilles
120 g de sucre
1 cuill. à soupe de miel liquide
40 g de framboises
40 g de groseilles
40 g de cassis

Faites ramollir les feuilles de gélatine en les plaçant dans un bol d'eau froide.

Placez les fruits, le sucre et le miel dans une casserole.

Portez à ébullition et laissez mijoter une dizaine de minutes.

Ajoutez les feuilles de gélatine ramollies et soigneusement essorées entre vos mains. Mélangez.

Ajoutez 40 g de framboises, 40 g de groseilles et 40 g de cassis. Portez de nouveau à ébullition.

Laissez refroidir avant utilisation.

Gelée de griottes

Pour 1 entremets pour 6 personnes
Préparation : 5 minutes
Cuisson : 3 minutes
Repos : 30 minutes

200 g de griottes surgelées
1 cuill. à soupe de sucre
½ cuill. à café de Maïzena®

Dans une casserole, portez à ébullition les griottes. Ajoutez le sucre et la Maïzena® mélangées, faites cuire 2 à 3 minutes en mélangeant.

Mixez grossièrement à l'aide d'un mixeur plongeant.

Laissez reposer 30 minutes avant utilisation.

Cubes de citron confit

Pour 4 personnes
Préparation : 10 minutes
Cuisson : 2 h 15
Repos : une nuit

500 g de citrons frais bios ou non traités
70 cl d'eau
350 g de sucre

Lavez les citrons.

Coupez leurs extrémités puis coupez-les en deux.

Placez-les dans une casserole, couvrez-les d'eau froide et portez-les à ébullition.

Videz l'eau, recouvrez d'eau froide et portez à nouveau à ébullition, égouttez : recommencez cette opération deux fois.

Portez l'eau et le sucre à ébullition.

Plongez-y les citrons et faites frémir pendant 2 heures à feu très doux.

Laissez refroidir dans le sirop toute une nuit.

Le lendemain, videz l'intérieur des citrons à l'aide d'une cuillère. Découpez la peau confite en cubes.

ASTUCE
Utilisez le sirop restant pour imbiber un cake ou un biscuit.

Compotée banane-ananas

Pour 6 personnes
Préparation : 15 minutes
Cuisson : 30 minutes

3 bananes
1 ananas
1 gousse de vanille grattée
2 sachets de sucre vanillé
1 morceau de badiane (anis étoilé)

Pelez et coupez les bananes en petits dés.

Pelez l'ananas et coupez-le en dés de la même taille.

Saupoudrez du sucre vanillé, ajoutez la gousse de vanille grattée et la badiane.

Faites cuire 30 minutes à feu doux en remuant régulièrement.

POUR L'ÉTÉ

Confiture d'abricot aux amandes et romarin

Pour 4 pots
Préparation : 25 minutes
Cuisson : 15 minutes
Repos : une nuit

1 kg de chair d'abricot (soit environ 1,6 kg non dénoyautés)
600 g de sucre
50 g d'amandes entières
4 belles branches de romarin frais

Lavez et dénoyautez les abricots.

Cassez une dizaine de noyaux à l'aide d'un casse-noix pour récupérer les amandes se trouvant à l'intérieur. Plongez-les 5 minutes dans une casserole d'eau en ébullition puis pelez-les.

Dans un grand saladier, disposez en couches successives le sucre et les abricots.

Laissez reposer toute une nuit.

Versez le contenu du saladier dans une grande cocotte et portez à ébullition à feu vif en remuant sans cesse.

Écumez au fur et à mesure. Au bout d'une dizaine de minutes, la préparation réduit rapidement et la confiture commence à prendre.

Ajoutez alors les amandes d'abricots, les amandes entières et le romarin.

Au bout de 15 minutes environ, la confiture est cuite. Vérifiez sa cuisson en versant 1 cuill. à café de confiture sur une assiette froide. Elle ne doit pas couler lorsqu'on penche l'assiette.

Versez brûlant dans des pots de verre stérilisés. Fermez hermétiquement, retournez les pots et laissez-les refroidir ainsi.

Confit de citron vert

Pour 4 personnes
Préparation : 15 minutes
Cuisson : 20 minutes

5 citrons verts
50 cl d'eau
300 g de sucre

Pelez les citrons à vif à l'aide d'un couteau bien aiguisé. Coupez-les en morceaux.

Dans une casserole, portez à ébullition le sucre et l'eau. Ajoutez les citrons verts coupés en morceaux et laissez-les confire 20 minutes à feu doux à découvert.

Hors du feu, laissez les citrons refroidir dans le sirop.

Confiture de lait

Pour environ 350 g
Préparation : 5 minutes
Cuisson : 20 minutes

1 boîte de lait concentré sucré de 397 g

Percez la boîte de deux trous.

Posez-la dans le panier métallique d'un autocuiseur.

Ajoutez ½ litre d'eau. Portez à ébullition. Fermez la cocotte. Montez en pression. Baissez le feu et comptez 20 minutes de cuisson à partir du sifflement de la cocotte.

Au terme de la cuisson, laissez échapper la vapeur par la soupape amovible. Une fois froide, ouvrez la boîte des deux côtés.

Poussez le cercle de fer d'un des fonds pour faire sortir la confiture de lait.

Mélangez pour obtenir une crème homogène et laissez refroidir jusqu'à utilisation.

Cette confiture se conserve trois semaines au réfrigérateur dans un bocal hermétiquement fermé.

POUR STÉRILISER VOS BOCAUX À CONFITURE, VOUS POUVEZ LES ÉBOUILLANTER PENDANT 15 MINUTES. VOUS POUVEZ ÉGALEMENT LES PLACER 15 MINUTES DANS UN FOUR CHAUFFÉ À 120 °C : CELA ÉVITE DE MANIPULER DE L'EAU CHAUDE ET DE LES SÉCHER. UNE MÉTHODE ÉPROUVÉE QUI NE DISPENSE PAS D'ÉBOUILLANTER LES COUVERCLES !

Compotée de mandarine

Pour 4 personnes
Préparation : 15 minutes
Cuisson : 15 minutes

300 g de mandarines
1 petite pomme
7 cl d'eau minérale
40 g de sucre

Épluchez, épépinez et coupez en morceaux les mandarines et la pomme. Mettez ces morceaux de fruits dans une casserole avec l'eau et le sucre. Faites cuire à feu doux pendant 15 minutes. Mixez puis laissez refroidir.

POUR L'HIVER

Marmelade d'agrumes

Pour 4 à 5 pots
Préparation : 20 minutes
Cuisson : 2 heures

3 oranges bios ou non traitées
2 pamplemousses bios ou non traités
1 citron bio ou non traité
1 l d'eau
1 kg de sucre

Lavez les fruits, brossez-les, essuyez-les puis coupez-les en morceaux.

Épépinez-les et placez les pépins dans une mousseline que vous nouez hermétiquement.

Placez les fruits dans une casserole avec l'eau.

Portez à ébullition et faites cuire à frémissement pendant 1 heure.

Égouttez et gardez l'eau de cuisson.

Mélangez l'eau avec le sucre, portez à ébullition puis ajoutez les fruits et la mousseline de pépins.

Faites cuire à frémissement pendant 1 heure environ.

Vérifiez la cuisson en versant 1 cuill. à café de marmelade sur une assiette froide. Elle ne doit pas couler lorsqu'on penche l'assiette.

Ôtez la mousseline et versez brûlant dans des pots de verre stérilisés.

Fermez hermétiquement, retournez les pots et laissez-les refroidir ainsi.

Compotée de fraise

Pour 4 personnes
Préparation : 5 minutes
Cuisson : 5 minutes

250 g de fraises mara des bois mûres
80 g de sucre à confiture
2 cuill. à soupe d'eau
½ jus de citron

Rincez et équeutez les fraises.

Coupez-les en quatre, placez-les dans une casserole avec le sucre et l'eau.

Portez à ébullition puis faites cuire 5 minutes à feu doux.

Ajoutez le jus de citron hors du feu et réservez.

Ganache au chocolat noir

Pour environ 350 g
Préparation : 5 minutes
Cuisson : 5 minutes

12,5 cl de crème liquide entière
1 cuill. à soupe de miel liquide
150 g de chocolat noir pâtissier
25 g de beurre

Portez à ébullition la crème et le miel.

Cassez le chocolat en petits morceaux et versez par-dessus le mélange crème-miel brûlant.

Mélangez à l'aide d'une spatule souple afin d'obtenir un mélange homogène et lisse.

Incorporez alors le beurre pommade et laissez refroidir pour que le mélange durcisse.

Ganache au chocolat au lait

Préparation : 5 minutes
Cuisson : 5 minutes
Repos : 20 minutes

15 cl de crème liquide entière
220 g de chocolat au lait pâtissier
50 g de beurre

Portez la crème à ébullition.

Versez en filet sur le chocolat au lait, mélangez soigneusement.

Ajoutez le beurre en morceaux.

Mélangez pour obtenir une crème lisse.

Laissez refroidir 20 minutes à température ambiante avant d'utiliser.

CHOCOLAT À GOGO !

VEILLEZ À UTILISER TOUJOURS DU CHOCOLAT À PÂTISSER, PLUS RICHE EN BEURRE DE CACAO QU'UN CHOCOLAT ORDINAIRE. FAITES-LE FONDRE AU BAIN-MARIE ET NE LUI AJOUTEZ JAMAIS D'EAU POUR LE FAIRE FONDRE !

Ganache au chocolat blanc

Pour environ 250 g
Préparation : 5 minutes
Cuisson : 3 minutes

10 cl de crème liquide entière
40 g de miel liquide toutes fleurs
200 g de chocolat blanc pâtissier

Portez à ébullition la crème et le miel.

Versez cette crème chaude sur le chocolat blanc.

Mélangez jusqu'à ce que le chocolat soit fondu, puis laissez refroidir.

Ganache au lait de coco

Pour environ 300 g
Préparation : 5 minutes
Cuisson : 3 minutes

200 g de chocolat noir pâtissier
12 cl de lait de coco
50 g de beurre

Portez à ébullition le lait de coco et versez-le en trois fois sur le chocolat coupé en morceaux.

Mélangez à l'aide d'une spatule souple jusqu'à obtenir une crème homogène.

Ajoutez le beurre coupé en petits morceaux et réservez.

Ganache au thé matcha

Pour 4 personnes
Préparation : 5 minutes
Cuisson : 3 minutes

10 cl de crème liquide entière
40 g de miel liquide toutes fleurs
200 g de chocolat blanc pâtissier haché
½ cuill. à café de poudre de thé matcha

Portez à ébullition la crème et le miel. Faites-y infuser le thé matcha 2 minutes hors du feu à couvert.

Versez cette crème chaude sur le chocolat blanc.

Mélangez jusqu'à ce que le chocolat soit fondu, puis laissez refroidir.

Ganache à cuire

Pour 4 personnes
Préparation : 5 minutes
Cuisson : 5 minutes
Repos : 3 heures

150 g de chocolat à 50% de cacao
12 cl de crème liquide entière
5 g de Maïzena®
10 g de miel d'acacia

Faites fondre le chocolat au bain-marie.

Portez à ébullition la crème mélangée avec la Maïzena®. Ajoutez le miel hors du feu.

Versez la crème dans le chocolat tiédi (aux alentours de 40 °C : il doit être à peine chaud quand vous y plongez votre doigt).

Mélangez jusqu'à obtenir une texture crémeuse.

Façonnez selon la recette.

Placez au moins 3 heures au réfrigérateur avant utilisation.

Glaçage rapide

Pour un gâteau pour 6 personnes
Préparation : 5 minutes
Cuisson : 3 minutes

100 g de chocolat noir pâtissier
10 cl de crème liquide entière
1 noix de beurre

Faites fondre le chocolat coupé en morceaux dans la crème.

Ajoutez le beurre hors du feu.

Utilisez chaud pour napper (cake, gâteau, sablés…), ou tiède pour garnir (cupcakes, muffins…).

Glaçage au chocolat noir

Pour un gâteau pour 6 à 8 personnes
Préparation : 5 minutes
Cuisson : 10 minutes
Repos : 1 heure

9 g de gélatine (soit 4,5 feuilles)
17 cl d'eau
220 g de sucre
30 g de cacao amer en poudre sans sucre
13 cl de crème liquide entière

Faites ramollir les feuilles de gélatine dans un grand bol d'eau froide.

Portez à ébullition le sucre et l'eau.

Ajoutez hors du feu le cacao tamisé et la crème et placez à nouveau sur le feu.

Portez à nouveau à ébullition.

Pressez la gélatine entre vos mains et ajoutez-la hors du feu au glaçage.

Filtrez le glaçage à l'aide d'un chinois.

Laissez refroidir jusqu'à obtenir une consistance nappante, et utilisez de suite.

POUR HACHER FINEMENT DU CHOCOLAT, UTILISEZ UNE PLANCHE À DÉCOUPER ET UN COUTEAU CRANTÉ, TYPE COUTEAU À PAIN : C'EST CELUI QUI VOUS PERMETTRA D'OBTENIR RAPIDEMENT UN BON RÉSULTAT, SANS QUE LE CHOCOLAT N'AIT LE TEMPS DE FONDRE !

Glaçage au chocolat blanc

Pour un gâteau de 6 à 8 personnes
Préparation : 5 minutes
Cuisson : 5 minutes

100 g de chocolat blanc pâtissier
12 cl de crème liquide entière
30 g de miel d'acacia
30 g de beurre

Faites fondre le chocolat au bain-marie.

Portez à ébullition la crème avec le miel.

Versez la crème en trois fois dans le chocolat jusqu'à obtenir une crème lisse.

Quand la température du mélange est entre 35 °C et 40 °C, ajoutez le beurre coupé en dés et lissez.

Glaçage praliné

Pour un gâteau pour 6 personnes
Préparation : 10 minutes
Cuisson : 2 minutes
Repos : 30 minutes

½ feuille de gélatine (soit 1 g)
50 g de chocolat au lait pâtissier
60 g de pâte de praliné
3 cl de crème liquide entière
1 cuill. à café de miel

Faites tremper la gélatine dans un bol d'eau froide.

Hachez le chocolat au lait et mélangez-le avec le praliné.

Portez à ébullition la crème avec le miel.

Ajoutez hors du feu la gélatine fortement pressée entre vos mains.

Versez sur le chocolat et mélangez jusqu'à ce que le chocolat soit fondu.

Mixez à l'aide d'un mixeur plongeant pour obtenir une pâte homogène.

Laissez refroidir 30 minutes avant de napper le gâteau.

POUR CHANGER !

Glaçage au caramel

Pour un gâteau pour 6 à 8 personnes
Préparation : 15 minutes
Cuisson : 5 minutes
Repos : 30 minutes

50 g de sucre
50 g de crème liquide entière
50 g de chocolat noir pâtissier

Faites chauffer le sucre dans une casserole jusqu'à obtenir un caramel blond.

Faites tiédir la crème au micro-ondes.

Hors du feu, ajoutez la crème dans le caramel et mélangez.

Versez ce caramel sur le chocolat haché et mélangez jusqu'à ce que le chocolat soit fondu. Laissez reposer 30 minutes avant d'utiliser.

Glaçage au chocolat au lait

Pour un gâteau pour 6 à 8 personnes
Préparation : 5 minutes
Cuisson : 5 minutes
Repos : au moins 30 minutes

100 g de chocolat au lait à 40% de cacao
12 cl de crème liquide entière
30 g de miel d'acacia
30 g de beurre

Faites fondre le chocolat au bain-marie.

Portez à ébullition la crème avec le miel.

Versez la crème en trois fois dans le chocolat jusqu'à obtenir une crème lisse.

Quand la température du mélange est entre 35 °C et 40 °C, ajoutez le beurre coupé en dés et lissez.

Glaçage aux fruits rouges

Pour 1 gâteau pour 6 à 8 personnes
Préparation : 10 minutes
Cuisson : 5 minutes
Repos : 3 h 30

2 feuilles de gélatine (soit 4 g)
200 g de coulis de fruits rouges
2 gouttes de colorant rouge
½ cuill. à café de sucre glace

Faites tremper la gélatine dans un grand bol d'eau froide.

Faites frémir 100 g de coulis et ajoutez hors du feu la gélatine bien essorée entre vos mains.

Mélangez jusqu'à ce qu'elle soit dissoute puis ajoutez les 100 g de coulis restant, le colorant et le sucre glace.

Laissez refroidir à température ambiante 1 heure à 1 h 30 en remuant de temps en temps : le glaçage épaissit et devient nappant.

Glacez le gâteau et placez au réfrigérateur au moins 1 heure.

Glace royale

Pour 1 gâteau
Préparation : 5 minutes

1 blanc d'œuf
150 g de sucre glace
2 gouttes de jus de citron

Mélangez le blanc d'œuf, le sucre glace et le jus de citron jusqu'à obtenir une pâte onctueuse.

Versez sur un gâteau pour le glacer, ou plongez-y des petits gâteaux.

Sauce caramel au beurre salé

Pour 20 cl
Préparation : 5 minutes
Cuisson : 10 minutes

80 g de sucre en poudre
10 cl de crème liquide entière
40 g de beurre demi-sel
3 pincées de fleur de sel

Préparez un caramel à sec.

Versez le sucre dans une casserole et faites-le chauffer à feu moyen sans remuer.

Le sucre va commencer à se dissoudre, jusqu'à se transformer en un liquide ambré.

Pendant ce temps, faites chauffer la crème liquide.

Ajoutez-la hors du feu au caramel en mélangeant vivement : attention aux éclaboussures.

Ajoutez rapidement le beurre et remuez à nouveau, jusqu'à ce que la sauce soit bien crémeuse.

Remettez la casserole sur feu doux et remuez sans cesse pendant 2 à 3 minutes.

Ajoutez la fleur de sel et mélangez.

Réservez à température ambiante, dans un bocal en verre.

Caramel poudre

Pour 200 g
Préparation : 15 minutes
Cuisson : 5 minutes
Repos : 30 minutes

1 gousse de vanille
200 g de sucre
4 cuill. à soupe d'eau

Ouvrez la gousse de vanille en deux et grattez ses graines.

Mélangez le sucre et l'eau avec les graines de vanille et la gousse.

Portez à ébullition et laissez cuire jusqu'à obtenir un caramel blond.

Versez sur une plaque recouverte d'une feuille de silicone. Ôtez la gousse de vanille et laissez durcir 30 minutes.

Cassez en morceaux ce caramel et broyez-le en poudre dans le bol d'un blender.

Conservez dans une boîte hermétique et servez-vous en pour saupoudrer sur des cupcakes, des gâteaux, de la glace…

ASTUCE
Vous pouvez remplacer la vanille par du zeste d'orange, de la cannelle, une étoile de badiane… pour obtenir un caramel aromatisé.

Pâte à tartiner

Pour 1 pot
Préparation : 15 minutes
Cuisson : 20 minutes

250 g de lait concentré sucré
120 g de beurre
150 g de chocolat noir haché
100 g de praliné
1 cuill. à café d'extrait de vanille

Faites réduire le lait concentré à feu doux dans une casserole jusqu'à ce qu'il soit caramélisé : remuez souvent et soyez attentif !

Pendant ce temps, faites fondre le beurre, le chocolat haché, le pralin et l'extrait de vanille au bain-marie.

Hors du feu, ajoutez le lait concentré au mélange chocolat.

Mélangez bien et versez dans un pot. Conservez au réfrigérateur.

Pâte à tartiner à la barre chocolatée

Pour 1 pot
Préparation : 5 minutes
Cuisson : 5 minutes

200 g de barres chocolatées (Mars®)
50 cl de crème liquide entière
7 cl de lait concentré sucré
3 fruits de la passion bien mûrs

Cassez en morceaux les barres chocolatées.

Placez ceux-ci ainsi que la crème et le lait concentré à fondre au bain-marie en remuant sans cesse.

Laissez refroidir.

Pendant ce temps, coupez les fruits de la passion en deux et retirez leurs graines à l'aide d'une cuillère.

Incorporez les graines des fruits de la passion à la pâte.

Versez dans un pot de verre et conservez au réfrigérateur.

Praliné

Pour 500 g de pâte
Préparation : 30 minutes
Cuisson : 45 minutes
Repos : 2 heures

125 g d'amandes entières blanches
125 g de noisettes pelées
200 g de sucre cristallisé
5 cl d'eau

Préchauffez le four à 200 °C (th. 6-7).

Placez les amandes et les noisettes sur une plaque recouverte de papier sulfurisé.

Placez-les 15 minutes au four en les mélangeant de temps en temps pour les faire torréfier.

Versez le sucre cristallisé et l'eau dans une casserole et faites chauffer jusqu'à atteindre 130 °C : vérifiez la température à l'aide d'un thermomètre à sucre.

Lorsque le sucre est à température, ajoutez les amandes et les noisettes grillées en une fois et mélangez rapidement jusqu'à ce que le sucre blanchisse et recristallise autour des fruits secs.

Replacez la casserole sur feu moyen et faites caraméliser la préparation.

Versez cette préparation sur une lèchefrite légèrement huilée et laissez refroidir 2 heures.

Cassez la nougatine ainsi obtenue à l'aide de vos mains.

Placez-la dans un mixeur ou un blender puissant et mixez-la : vous devriez obtenir une poudre.

Continuez à mixeur jusqu'à obtenir une pâte épaisse.

Procédez si nécessaire en plusieurs fois afin de préserver votre mixeur.

Versez dans un bocal et réservez jusqu'à utilisation.

Pesto sucré

Pour 1 bocal
Préparation : 5 minutes

20 feuilles de coriandre
50 g de pignons de pin
20 g de sucre
40 g de poudre de pistaches
10 cl d'huile de pistache

Mixez grossièrement la coriandre, les pignons et le sucre.

Ajoutez la poudre de pistaches et l'huile, mélangez.

Servez avec des gressins, des mouillettes de brioche grillée…

Sirop de base

Pour 15 cl de sirop
Préparation : 5 minutes

60 g de sucre
14 cl d'eau

Versez l'eau puis le sucre dans une casserole.

Portez à ébullition et stoppez la cuisson immédiatement.

Utilisez une fois refroidi pour imbiber cakes et gâteaux, réaliser des glaçages…

Conservez dans un bocal au réfrigérateur.

À SAVOIR
Ce sirop peut être aromatisé d'1 cuill. à soupe de l'alcool de votre choix.

Mousse au chocolat à base de pâte à bombe

Préparation : 20 minutes
Cuisson : 25 minutes
Repos : 3 à 4 heures

75 g de sucre
2,5 cl d'eau
4 jaunes d'œufs
1 gros œuf (ou 2 petits)
25 cl de crème liquide entière
200 g de chocolat noir pâtissier à 70 % de cacao

Portez à ébullition le sucre et l'eau. Laissez cuire 6 à 7 minutes, jusqu'à ce que sa température atteigne 121 °C.

Fouettez les jaunes avec l'œuf et ajoutez le sirop de sucre en filet sans cesser de fouetter, jusqu'à ce que le mélange soit presque froid (aux alentours de 35 °C).

Fouettez la crème.

Faites fondre le chocolat haché au bain-marie.

Ajoutez-y le tiers de la crème fouettée, puis la moitié de la mousse aux jaunes d'œufs. Mélangez énergiquement, puis ajoutez délicatement le restant de la crème fouettée, ainsi que le restant de la mousse aux œufs.

Recouvrez de film étirable et placez au réfrigérateur 3 à 4 heures.

Sirop pour baba et savarin

Pour imbiber 1 gros baba pour 6 à 8 personnes ou une quinzaine de petits babas
Préparation : 5 minutes
Cuisson : 5 minutes
Repos : 10 minutes

1 l d'eau de source
400 g de sucre
1 zeste de citron jaune non traité
1 zeste d'orange non traitée
10 cl de rhum brun

Portez à ébullition l'eau et le sucre.

Ajoutez les zestes de fruits, couvrez et laissez infuser 10 minutes.

Ajoutez le rhum hors du feu.

Utilisez une fois refroidi. S'il vous en reste, versez dans un bocal et conservez au réfrigérateur.

Mousse au chocolat chantilly

AÉRIENNE

Pour 6 personnes
Préparation : 10 minutes
Cuisson : 5 minutes
Repos : 2 h 10

22 cl de crème fouettée
160 g de chocolat noir pâtissier
6 cl de lait chaud

Fouettez la crème en chantilly.

Hachez finement le chocolat.

Portez le lait à ébullition et versez-le sur le chocolat.

Mélangez le tout jusqu'à ce que le chocolat soit fondu.

Patientez quelques minutes jusqu'à ce que le mélange atteigne environ 40 °C (vous devez ressentir une légère sensation de chaleur, sans vous brûler, lorsque vous y plongez un doigt).

Incorporez délicatement la crème fouettée.

Recouvrez de film étirable et placez au réfrigérateur au moins 2 heures.

Mousse au chocolat à base de crème anglaise

Pour 6 personnes
Préparation : 20 minutes
Cuisson : 10 minutes
Repos : 2 heures

6 jaunes d'œufs
30 g de sucre
20 cl de lait
1 cuill. à soupe de miel liquide
200 g de chocolat pâtissier à 70 % de cacao haché
20 cl de crème liquide entière

Fouettez les jaunes d'œufs avec le sucre jusqu'à ce que le mélange blanchisse.

Portez à frémissement le lait avec le miel.

Versez le lait chaud en filet sur les jaunes sans cesser de mélanger.

Reversez le tout dans la casserole et faites cuire à feu doux sans cesser de tourner, jusqu'à ce que la crème nappe la cuillère. Le mélange ne doit pas bouillir.

Versez sur le chocolat haché en trois fois, et mélangez jusqu'à ce que le chocolat soit fondu.

Laissez tiédir.

Fouettez la crème liquide en chantilly.

Ajoutez-la délicatement à la crème au chocolat, lorsque celle-ci atteint environ 38 °C.

Réservez au réfrigérateur au moins 2 heures avant dégustation.

SURVEILLEZ TOUJOURS DE PRÈS LA CRÈME ANGLAISE DONT LA TEMPÉRATURE NE DOIT PAS DÉPASSER LES 82° SOUS PEINE DE TOURNER. SI JAMAIS CELA VOUS ARRIVAIT, MIXEZ-LA DANS UN BLENDER OU À L'AIDE D'UN MIXEUR PLONGEANT POUR LA RATTRAPER.

EN FINESSE

Mousse blanche

Pour 6 personnes
Préparation : 20 minutes
Cuisson : 30 minutes
Repos : 3 heures

75 g de sucre
4 jaunes d'œufs
1 gros œuf
2 gousses de vanille
7 feuilles de gélatine (soit 14 g)
45 cl de crème liquide entière

Portez à ébullition le sucre et 2,5 cl d'eau. Laissez cuire 6 à 7 minutes, jusqu'à ce que sa température atteigne 121 °C.

Fouettez les jaunes avec l'œuf et ajoutez le sirop de sucre en filet sans cesser de fouetter, jusqu'à ce que le mélange soit presque froid (aux alentours de 35 °C).

Fendez les gousses de vanille et récupérez leurs graines en grattant.

Ajoutez-les à l'appareil précédent.

Faites ramollir la gélatine dans l'eau froide. Essorez-la fortement dans vos mains.

Faites-la fondre 5 secondes au micro-ondes avec 2 cuill. à soupe d'eau.

Ajoutez-la à l'appareil, mélangez jusqu'à ce qu'elle soit parfaitement incorporée.

Fouettez la crème et ajoutez-la délicatement à l'appareil à la vanille.

Recouvrez de film étirable et conservez au réfrigérateur jusqu'à utilisation.

Mousse de fruits

Pour 4 personnes
Préparation : 15 minutes
Cuisson : 2 minutes
Repos : au moins 3 heures

2 feuilles de gélatine (soit 4 g)
200 g de fraises, framboises ou pêches bien mûres
2 cuill. à soupe de sucre
½ citron vert
10 cl de yaourt nature
20 cl de crème liquide entière

Faites ramollir les feuilles de gélatine dans de l'eau froide.

Préparez les fruits choisis en les équeutant ou les dénoyautant.

Mixez-les en purée avec le sucre.

Dans une casserole, faites chauffer la moitié du jus de citron.

Hors du feu, ajoutez les feuilles de gélatine égouttées et laissez fondre.

Mélangez le yaourt, la purée de fraises et la gélatine fondue.

Fouettez la crème en chantilly et incorporez-la délicatement à la préparation précédente.

Versez dans les ramequins et placez au réfrigérateur pendant 3 heures.

Mousse mascarpone

Pour 4 personnes
Préparation : 15 minutes
Cuisson : 5 minutes

5 cl de lait entier
1 gousse de vanille
40 g de sucre
200 g de mascarpone
200 g de crème fouettée

Portez à ébullition le lait, la gousse de vanille grattée et le sucre.

Laissez tiédir et lorsque le mélange atteint 25 °C, mélangez-le avec le mascarpone froid.

Ajoutez la crème fouettée.

ASTUCE
Pour utiliser cette mousse dans un entremets, ajoutez-lui 4 g (soit 2 feuilles) de gélatine.

Glace à la vanille

Pour 4 personnes
Préparation : 10 minutes
Cuisson : 10 minutes
Repos : 1 heure

8 jaunes d'œufs
100 g de sucre
40 cl de lait entier
1 gousse de vanille
1 cuill. à soupe de lait en poudre

Fouettez les jaunes d'œufs avec le sucre jusqu'à ce que le mélange blanchisse.

Portez à frémissement le lait avec la gousse de vanille grattée de ses graines.

Versez le lait chaud en filet sans cesser de mélanger.

Reversez le tout dans la casserole et faites cuire à feu doux sans cesser de tourner, jusqu'à ce que la crème nappe la cuillère. Le mélange ne doit pas bouillir.

Ajoutez le lait en poudre et mélangez.

Laissez refroidir puis passez à la sorbetière selon le mode d'emploi de la machine.

Sorbet aux fruits sans sorbetière

Pour 4 personnes
Préparation : 10 minutes
Repos : 2 heures

400 g de fruits surgelés (ananas, mangue, framboises, abricots, mirabelle ou melon)
2 yaourts nature
1 cuill. à café de cassonade
1 cuill. à café d'extrait de vanille

Mixez les fruits dans un blender avec un yaourt à puissance maximale.

Lorsque vous avez obtenu une texture homogène, versez le dernier yaourt, la cassonade et l'extrait de vanille.

Incorporez-les en mixant brièvement puis placez le sorbet obtenu 2 heures au congélateur avant dégustation.

EXPRESS

Yaourts sans yaourtière

Pour 8 yaourts
Préparation : 10 minutes
Repos : 9 h 30

1 yaourt nature
4 cuill. à soupe de lait en poudre
1 l de lait entier

Faites tiédir le lait jusqu'à 40 °C : vous devez ressentir une légère sensation de chaleur lorsque vous y plongez le doigt.

Fouettez le yaourt avec le lait en poudre.

Versez le lait et mélangez soigneusement.

Faites bouillir trois verres d'eau dans un autocuiseur.

Videz l'eau et disposez rapidement les pots de yaourt remplis presqu'à ras bord dans la cocotte. Fermez le couvercle et laissez fermenter pendant 5 h 30.

Ouvrez la cocotte et retirez-en les pots de yaourt.

Placez-les au réfrigérateur au moins 4 heures avant dégustation.

Sauce au chocolat

Pour environ 50 cl de sauce
Préparation : 10 minutes
Cuisson : 5 minutes

250 g de sucre
25 cl d'eau
90 g de cacao amer en poudre
1 cuill. à soupe de crème liquide entière

Portez à ébullition le sucre et l'eau.

Ajoutez le cacao hors du feu, mélangez et portez à nouveau à ébullition.

Dans une autre casserole, portez à ébullition la crème. Mélangez la crème et le sirop au chocolat.

Filtrez et utilisez chaud ou froid.

ESSENTIELS

Sauce profiteroles

Pour 6 personnes
Préparation : 5 minutes
Cuisson : 5 minutes

10 cl d'eau
100 g de sucre
50 g de crème liquide entière
40 g de cacao en poudre

Portez à ébullition l'eau et le sucre.

Faites chauffer la crème.

Versez le cacao en poudre dans le sirop bouillant.

Portez à nouveau à ébullition.

Ajoutez la crème, mélangez et utilisez chaud ou tiède.

Jus de fraise

Pour 12,5 cl de jus
Préparation : 5 minutes
Cuisson : 20 minutes

125 g de fraises
2 cuill. à soupe de sucre glace

Équeutez et coupez les fraises en morceaux. Mélangez-les avec le sucre dans un récipient résistant à la chaleur. Placez-les sur une casserole pleine d'eau bouillante et laissez cuire 20 minutes au bain-marie.

Mixez puis filtrez ce jus, laissez-le refroidir.

Utilisez comme un coulis, sur une crème, une salade de fruits…

Coulis de framboises

Pour environ 40 cl
Préparation : 5 minutes
Cuisson : 3 minutes
Repos : 1 heure

7 cl d'eau
30 g de sucre
300 g de framboises
Quelques gouttes de jus de citron

Versez l'eau puis le sucre dans une casserole.

Portez à ébullition puis laissez refroidir 1 heure.

Mixez avec les framboises et le jus de citron.

Conservez au réfrigérateur jusqu'à utilisation.

Pâte de pistache maison

Pour 3 cuill. à soupe de pâte
Préparation : 5 minutes

4 cuill. à soupe de pistaches non salées, sans leur peau
1 cuill. à soupe de sirop d'orgeat

Mixez les pistaches à l'aide d'un blender.

Ajoutez le sirop par la goulotte et continuez à mixer jusqu'à obtenir une pâte.

Utilisez la pâte de suite ou conservez-la 1 semaine au réfrigérateur, dans une boîte hermétique.

ENCORE MEILLEUR

Copeaux de chocolat

Préparation : 10 minutes

1 tablette de chocolat noir pâtissier

Préchauffez le four à 180 °C (th. 6) pendant 10 minutes.

Déballez la tablette.

Passez brièvement la tablette de chocolat noir devant le four ouvert pour légèrement ramollir sa surface.

Faites coulisser un emporte-pièce rond tout le long de la surface lisse de la tablette pour en détacher des copeaux.

Recommencez pour découper de nouveaux copeaux. Posez-les au fur et à mesure sur une plaque ou une assiette recouverte de papier sulfurisé et conservez-les au réfrigérateur jusqu'à utilisation.

ASTUCE
Vous pouvez également utiliser une tablette de Pralinoise (chocolat au lait praliné) : sa texture est idéale pour découper des copeaux sans difficulté. Pas besoin de la faire ramollir, vous pouvez l'utiliser dès la sortie de l'emballage à température ambiante.

ANNEXES

TABLE DES RECETTES

DESSERTS DU QUOTIDIEN : TARTES, CRUMBLES ET CRÈMES

GÂTEAUX POUR LE GOÛTER : CAKES, CUPCAKES, VIENNOISERIES

DU BOUT DES DOIGTS : SABLÉS, PETITS-FOURS, MACARONS, CHOCOLATS ET CONFISERIES

À PARTAGER : GÂTEAUX DE FÊTES ET DU DIMANCHE

COMME AU RESTAURANT : DESSERTS À L'ASSIETTE

RECETTES DE BASE

INDEX ALPHABÉTIQUE DES RECETTES

G

I

J

K

L

M

N

O

P

Q

R

S

T

V

W

Y

SHOPPING

Catherine Madani et **les éditions de La Martinière** remercient
chaleureusement les boutiques, créateurs d'art de la table
et de décoration qui ont gracieusement prêté les objets nécessaires
à la réalisation des photos, et tout particulièrement :
Linum
Linge particulier
Merci
Alix d. Reynis
Caravane

Waagrecht:

1 $6! + 5! + 4! + 3! + 2! + 1! + 0! =$ ____

4 Flächeninhalt A des Dreiecks, das die Gerade g: $2x - 3y = 72$ mit den Koordinatenachsen bildet: A = ____ FE

7 $3^x = 729$; $5^y = 625$; $x, y \in \mathbb{Z}$; $xy =$ ____

8 $0{,}5^x = 512$; $10^y = 0{,}1$; $x, y \in \mathbb{Z}$; $y - x =$ ____

9 Lösung der Gleichung $\frac{160 - x}{72 - x} = \frac{14}{3}$ über der Grundmenge $G = \mathbb{N}\backslash\{72\}$

10 Kubikzahl

11 Anzahl der dreistelligen natürlichen Zahlen mit lauter verschiedenen Ziffern

13 $P(x_P \mid 4)$ liegt auf g: $x + 2y - 30 = 0$; $x_P =$ ____

14 Wert einer Zweierpotenz

16

x	0,24	0,9	0,7	0,55
y	0,72	2,7	2,1	1,65

Proportionalitätsfaktor: ____

17 Flächeninhalt eines Kreises mit Radiuslänge 13,5 cm (auf cm^2 gerundet): ____ cm^2

19 $(6! \cdot 2!) : (5! \cdot 3!) =$ ____

20 Anzahl der ganzzahligen Werte des Terms $T(x) = \frac{18}{x + 1}$ für $x \in \mathbb{Z}\backslash\{-1\}$

21 Eine Münze wird viermal geworfen. Anzahl der möglichen verschiedenen Ergebnisse: ____

22 Anzahl der Diagonalen eines 33-Ecks

23 Anzahl der verschiedenen Telefonverbindungen in einem Dorf mit 45 Telefonanschlüssen

Senkrecht:

1 Palindromzahl

2 Kehrwert der Lösung der Gleichung $75x - 19 = x - 18$ über $G = \mathbb{Q}$

3 $P(-2 \mid y_P) \in$ g: $5x - 2y + 18 = 0$; $y_P =$ ____

4 $0{,}1^{-z} = 10\,000$; $z \in \mathbb{Z}$; $z =$ ____

5 I $x + y = 70$
II $x - 9y = 50$; $x, y \in \mathbb{Q}^+$; $x : y =$ ____

6 Flächeninhalt eines Quadrats mit der Seitenlänge 17 m: A = ____ m^2

8 Lösung der Gleichung $\frac{x^2 + 0{,}25x - 20}{x^2 + 1} = 1$ über $G = \mathbb{Q}$

11 Wert der vierten Potenz einer ganzen Zahl

12 $3 \cdot 17^2 - 2 \cdot 17 =$ ____

13 f: $f(x) = \frac{x^2 + 27}{x^2 + 1}$; $D_f = \mathbb{Q}$; $f(5) =$ ____

15 Natürliche Zahl, die gleich dem Vierfachen ihres Kehrwerts ist

16 Länge eines Halbkreisbogens mit Radiuslänge 100 m (auf m gerundet): ____ m

18 I $x + y = 19$
II $x - y = -7$; $x, y \in \mathbb{Q}$; $xy =$ ____

19 $x^{11} = 2\,048$; $5^y = 390\,625$; $x, y \in \mathbb{N}$; $x^x + x^y =$ ____

21 $(4^2 + 2^4) : 2 + 2^1 + 4^0 =$ ____

23 Lösung der Gleichung $\frac{7x - 21}{x + 5} = 3$ über $G = \mathbb{Q}\backslash\{-5\}$

Beispiele für
Fakultäten: $5! = 1 \cdot 2 \cdot 3 \cdot 4 \cdot 5$ (= 120)
Palindromzahlen: 21 788 712

1. Suche jeweils zwei rationale Zahlen z und zwei irrationale Zahlen r zwischen den Zahlen a und b.

	a	b	z	r
a)	0,6	0,7	z. B. 0,66; 0,6999	z. B. $\sqrt{0{,}4}$; $\sqrt{0{,}45}$
b)	−0,8	0,9		
c)	0,999	1,0		
d)	$\sqrt{2}$	$\sqrt{3}$		
e)	4,5	2π		

2. Kreuze die wahren Aussagen an und verbessere die falschen Aussagen.

	Aussage	wahr	falsch; richtig wäre z. B.
a)	$\sqrt{24} : \sqrt{6} = 4$		$\sqrt{24} : \sqrt{6} = 2$
b)	$\sqrt{18} - 3\sqrt{6} < 0$		
c)	$(\sqrt{40} : \sqrt{8}) : \frac{1}{\sqrt{20}} = 5$		
d)	$\sqrt{9} + \sqrt{16} = \sqrt{25}$		
e)	$\sqrt{3x} - 3x = -72$, wenn $x = 27$ ist		
f)	$\sqrt{a} \cdot \sqrt{a^2} = a$ für jeden Wert von $a \in \mathbb{Q}_0^+$		
g)	$2\sqrt{a} \cdot \sqrt{a} = 3\sqrt{a}$ für jeden Wert von $a \in \mathbb{Q}_0^+$		
h)	$(2\sqrt{a} + \sqrt{a}) : \sqrt{a} = 3$ für jeden Wert von $a \in \mathbb{Q}^+$		
i)	$\sqrt{(-a)^2} = -a$ für jeden Wert von $a \in \mathbb{Q}^-$		
j)	$\sqrt{2a} + \sqrt{a} = \sqrt{3a}$ für jeden Wert von $a \in \mathbb{Q}_0^+$		
k)	$(\sqrt{a} \cdot \sqrt{a^3}) : a^2 = a^2$ für jeden Wert von $a \in \mathbb{Q}^+$		
l)	$\sqrt{12a^3} : \sqrt{3a} = 2a$ für jeden Wert von $a \in \mathbb{Q}^+$		
m)	$\frac{\sqrt{a^3} - \sqrt{a^2}}{\sqrt{a}} = a - \sqrt{a}$ für jeden Wert von $a \in \mathbb{Q}^+$		

3. (1) Zeige jeweils, dass gilt:

a) $5 \cdot \sqrt{\frac{5}{24}} = \sqrt{25 \cdot \frac{5}{24}} = \sqrt{5\frac{5}{24}}$

b) $6 \cdot \sqrt{\frac{6}{35}} = \sqrt{6\frac{6}{35}}$

(2) Ersetze jeweils den Platzhalter so, dass eine wahre Aussage entsteht.

c) $7 \cdot \sqrt{\frac{7}{\square}} = \sqrt{7\frac{7}{\square}}$

d) $8 \cdot \sqrt{\frac{8}{\square}} = \sqrt{8\frac{8}{\square}}$

(3) Sophie hat eine Gleichung aufgestellt: $n \cdot \sqrt{\frac{n}{n^2 - 1}} = \sqrt{n + \frac{n}{n^2 - 1}}$; $n \in \mathbb{N}\setminus\{1\}$.
Überprüfe Sophies „Formel“ zunächst an zwei weiteren Beispielen und zeige dann, dass sie über $\mathbb{N}\setminus\{1\}$ allgemein gültig ist. Verwende ein Extrablatt.

1. Gib jeweils die maximale Definitionsmenge D_{max} über der Grundmenge G = $\mathbb{R}$ an.

	Term	D_{max}
a)	$\sqrt{x+1}$	$[-1; \infty[$
b)	$\sqrt{x^2+1}$	
c)	$\frac{1}{\sqrt{x+1}}$	
d)	$\sqrt{\lvert x\rvert+1}$	
e)	$\frac{1}{\sqrt{\lvert x\rvert}}$	

	Term	D_{max}
f)	$\frac{1}{\sqrt{1+\lvert x\rvert}}$	
g)	$\frac{1}{\sqrt{1-\lvert x\rvert}}$	
h)	$\frac{\sqrt{x}}{\lvert x\rvert}$	
i)	$\sqrt{x^2-1}$	
j)	$\sqrt{x(x-2)}$	

2. Ermittle jeweils den Wert des Terms für x = –25, falls dies möglich ist.

a) $\sqrt{-25x}$: ______ b) $\sqrt{\lvert -25x\rvert}$: ______

c) $\sqrt{-x}$: ______ d) $\sqrt{\lvert x\rvert}$: ______

e) $5-\sqrt{\lvert x\rvert}$: ______ f) $5+\sqrt{25x}$: ______

g) $\sqrt{-5x\cdot\sqrt{-x}}$: ______ h) $\sqrt{-x\cdot(-25)^2}$: ______

3. a) Berechne den Wert des Terms.

$(1+\sqrt{2}+\sqrt{3})(1-\sqrt{2}+\sqrt{3})(1+\sqrt{2}-\sqrt{3})(1-\sqrt{2}-\sqrt{3})$

______

______

______

b) Vereinfache den Term möglichst weitgehend ($x \geqq 0$).

$(1+\sqrt{x}+\sqrt{x+1})(1-\sqrt{x}+\sqrt{x+1})(1+\sqrt{x}-\sqrt{x+1})(1-\sqrt{x}-\sqrt{x+1})$

______

______

______

4. Finde jeweils die Lösungsmenge durch Überlegen und/oder gezieltes Probieren heraus.

a) $\sqrt{x} \geqq x;\ x \in \mathbb{R}_0^+$ b) $\sqrt{x} = 2x;\ x \in \mathbb{Q}_0^+$ c) $\sqrt{x^2}+\sqrt{x^2+28}=\sqrt{x^2+160};\ x \in \mathbb{N}$

L = ______ L = ______ L = ______

d) $\frac{1}{\sqrt{x}} = \frac{\sqrt{x}}{2};\ x \in \mathbb{Q}^+$ e) $\frac{x+\sqrt{x}}{\sqrt{x}} = 7;\ x \in \mathbb{N}$ f) $\frac{\sqrt{x}-x}{\sqrt{x}} = \frac{1}{2};\ x \in \mathbb{R}^+$

L = ______ L = ______ L = ______

1. Vereinfache ohne Verwendung des Taschenrechners jeden der zehn Terme so weit wie möglich.

a) $\sqrt{5^2} + \sqrt{3^2} - \sqrt{5^2 - 3^2} =$

b) $\sqrt{27} - 3\sqrt{3} + (9 - \sqrt{27}) : 3 =$

c) $\sqrt{32} - \sqrt{128} =$

d) $\sqrt{75} - \sqrt{108} =$

e) $\sqrt{45} - \sqrt{125} + \sqrt{20} =$

f) $\sqrt{5} \cdot \sqrt{15} + \sqrt{7} \cdot \sqrt{63} =$

g) $\sqrt{\frac{1}{2}} \cdot \sqrt{8} - \sqrt{\frac{1}{3}} \cdot \sqrt{27} =$

h) $(2\sqrt{8} - 2\sqrt{32}) \cdot (\sqrt{2} + \sqrt{8}) =$

i) $3\sqrt{10} \cdot \sqrt{20} - \frac{2}{3} \cdot \sqrt{288} =$

j) $3\sqrt{48} - \frac{4}{5} \cdot \sqrt{300} =$

Die Lösungen der Teilaufgaben a) bis j) sind in einer Ungleichungskette angeschrieben. Jeder Lösung ist ein Buchstabe zugeordnet. Die Buchstaben ergeben in der Reihenfolge der Teilaufgaben den Familiennamen einer Mathematikerin, die sich als Mann verkleiden musste, um an wissenschaftlichen Diskussionen teilnehmen zu können. Gib ihren Familiennamen an und finde ihren Vornamen heraus.

-24	$< -4\sqrt{2}$	$< -\sqrt{3}$	< -1	< 0	$< 3 - \sqrt{3}$	< 4	$< 4\sqrt{3}$	$< 5\sqrt{3} + 21$	$< 22\sqrt{2}$
L	C	H	E	A	U	D	T	T	E

Name der Mathematikerin: E . . . . . D . C . . . .

2. In den 15 Feldern links und in den 15 Feldern rechts findest du Terme (mit $a > 0$). Die Terme rechts entstehen durch Vereinfachung aus den Termen links. Markiere zusammengehörige Felder mit gleicher Farbe. Rechne möglichst viel im Kopf.

$\frac{1}{\sqrt{2}}$	$\sqrt{a} - \frac{\sqrt{a}}{3}$	$\sqrt{4 + \frac{1}{\sqrt{4}}}$	$\frac{1}{3}\sqrt{3}$	$1 + \frac{2}{\sqrt{2}}$
$\frac{a}{\sqrt{4a}}$	$\sqrt{a^3} - a\sqrt{a}$	$\frac{8}{\sqrt{8}}$	$\sqrt{(1 + \sqrt{3})^2}$	$\frac{\sqrt{169} - \sqrt{144}}{\sqrt{169 - 144}}$
$\sqrt{(2 + \sqrt{2})^2}$	$\sqrt{4} - \frac{1}{\sqrt{4}}$	$\sqrt{5 + \frac{1}{\sqrt{9}}}$	$\sqrt{0{,}01a}$	$\sqrt{\frac{a}{4}} \cdot \frac{2}{\sqrt{a}}$

$\frac{3}{2}\sqrt{2}$	$2 + \sqrt{2}$	$\sqrt{3} + 1$	1,5	$\frac{\sqrt{a}}{2}$
$\frac{4}{3}\sqrt{3}$	$\frac{\sqrt{a}}{10}$	$\frac{\sqrt{2}}{2}$	0	$2\sqrt{2}$
$\frac{2}{3}\sqrt{a}$	1	$\sqrt{2} + 1$	0,2	$\frac{\sqrt{3}}{3}$

______________________ ______________________

______________________ ______________________

______________________ ______________________

______________________ ______________________

______________________ ______________________

______________________ ______________________

______________________ ______________________

3. Vereinfache jeden der Terme so weit wie möglich; führe Zwischenrechnungen auf einem Extrablatt durch. In der Tabelle findest du die vereinfachten Terme; über jedem von ihnen steht eine Silbe usw. In der Reihenfolge von a) bis t) ergeben diese Silben usw. ein Zitat eines französischen Philosophen.

a) $\sqrt{b^3} - \sqrt{b};\ b \geqq 0$ b) $\sqrt{24} + \sqrt{96}$ c) $\sqrt{\sqrt{12 + \sqrt{16}}}$ d) $\sqrt{\frac{5}{4}} \cdot \sqrt{\frac{36}{125}}$

e) $\frac{\sqrt{\sqrt{100} + \sqrt{225}}}{\sqrt{\sqrt{289} - \sqrt{169}}}$ f) $((x\sqrt{x} + 1)(\sqrt{x^3} - 1);\ x \geqq 0$ g) $5 \cdot \sqrt{4 + 2\sqrt{3}} \cdot \sqrt{4 - 2\sqrt{3}}$

h) $\left(\frac{1}{\sqrt{2}} + \frac{\sqrt{4}}{\sqrt{2}} - \frac{\sqrt{9}}{\sqrt{2}}\right)^2$ i) $\sqrt{x} + \frac{\sqrt{25x^2}}{\sqrt{x}};\ x > 0$ j) $\sqrt{12\frac{4}{5}} : \sqrt{\frac{16}{80}}$ k) $\sqrt{(-x)^8}$

l) $12\sqrt{(-5)^2}$ m) $\sqrt{32x^{-4}} : \sqrt{0{,}02x^6};\ x > 0$ n) $\frac{3(\sqrt{8} + \sqrt{1})}{\sqrt{8} + 1}$ o) $\frac{19\sqrt{2} - 5\sqrt{8}}{\sqrt{2} - \sqrt{32}}$

p) $3 \cdot \sqrt{\frac{6}{3}} - \frac{2}{\sqrt{2}}$ q) $\frac{\sqrt{10}}{\sqrt{60}} + \frac{5}{\sqrt{6}}$ r) $\left(\frac{\sqrt{2}}{2} - \frac{1}{2}\sqrt{2} + \frac{1}{\sqrt{2}}\right)^2$ s) $(1 - \sqrt{3})^2$

t) $\dfrac{2}{\sqrt{2} + \dfrac{2}{\sqrt{2} + \dfrac{2}{\sqrt{2}}}}$

beim	chen	Wer	am	beim	lang	ist	schnells	ten	Hal
$x^3 - 1$	$6\sqrt{x}$	$(b-1)\sqrt{b}$	$6\sqrt{6}$	-3	2	x^4	$40x^{-5}$	2,5	$2\sqrt{2}$

sams	ist,	ten	am	ten.	Ver	(Jean	Rousseau)	spre	Jacques
0,6	8	$2\sqrt{2} + 1$	60	$\sqrt{6}$	10	0,5	$\frac{2\sqrt{2}}{3}$	0	$2(2 - \sqrt{3})$

Lösungssatz: ____

____

4. Finde jeweils *ohne* Taschenrechner heraus, welche der Terme den gleichen Wert haben.

(1) (a) $\frac{\sqrt{2}}{2}$ (b) $\sqrt{\frac{1}{2}}$ (c) $\frac{1}{2}\sqrt{2}$ (d) $\frac{1}{\sqrt{2}}$ (e) $2 \cdot \sqrt{\frac{1}{8}}$ (f) $\frac{\sqrt{4}}{\sqrt{2}}$ (g) $\sqrt{\frac{\sqrt{4}}{4}}$

Den gleichen Wert besitzen die Terme ______________________

(2) (a) $\frac{\sqrt{5}}{5}$ (b) $\sqrt{\frac{2^2 + 1^2}{5^2}}$ (c) $\frac{1}{5}\sqrt{5}$ (d) $\frac{5}{\sqrt{5}}$ (e) $5 \cdot \sqrt{\frac{25}{125}}$ (f) $\frac{\sqrt{10}}{\sqrt{50}}$ (g) $\sqrt{\frac{\sqrt{25}}{5}}$

Den gleichen Wert besitzen die Terme ______________________

(3) (a) $\frac{\sqrt{12}}{2}$ (b) $\frac{3\sqrt{3}}{(\sqrt{5} - \sqrt{2})(\sqrt{5} + \sqrt{2})}$ (c) $\frac{1}{3}\sqrt{27}$ (d) $\frac{9}{\sqrt{3}}$ (e) $\sqrt{6} \cdot \sqrt{\frac{18}{81}}$

Den gleichen Wert besitzen die Terme ______________________

(4) (a) $(2\sqrt{2})^2$ (b) $\sqrt{4\sqrt{256}}$ (c) 8 (d) $\frac{1}{\sqrt{2}} \cdot \sqrt{128}$ (e) $\sqrt{6} \cdot \sqrt{\frac{18}{81}}$

Den gleichen Wert besitzen die Terme ______________________

1. Berechne jeweils die Länge(n) der rot markierten Strecke(n); die Abbildungen sind nicht maßstäblich.

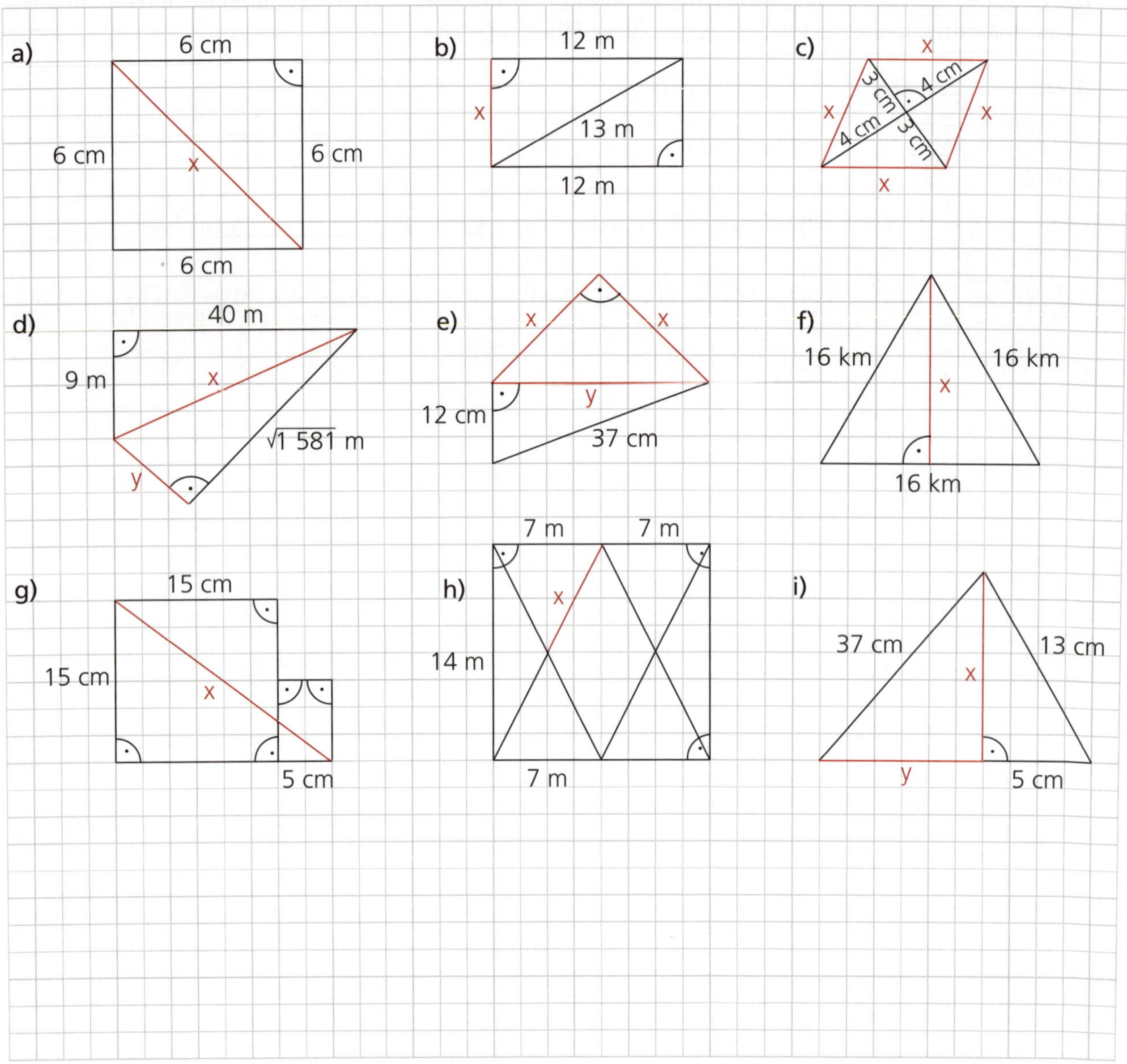

2. Berechne bei jedem der drei gleichschenkligen Dreiecke den Flächeninhalt sowie die Seitenlänge eines flächeninhaltsgleichen Quadrats (die Abbildungen sind nicht maßstäblich).

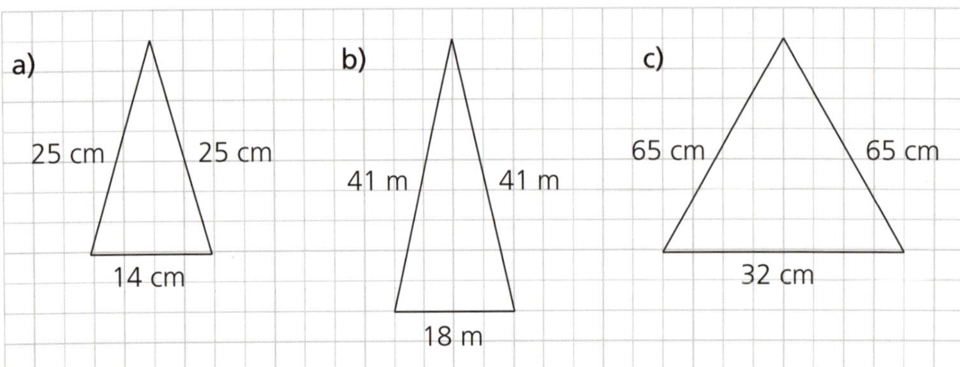

3. Vier Wohnhäuser bilden die Ecken eines Rechtecks mit den Seitenlängen 300 m und 400 m. Im Zentrum des Rechtecks befindet sich eine Umspannstation. Es gibt sechs Vorschläge, die Umspannstation mit den Wohnhäusern durch Erdkabel zu verbinden:

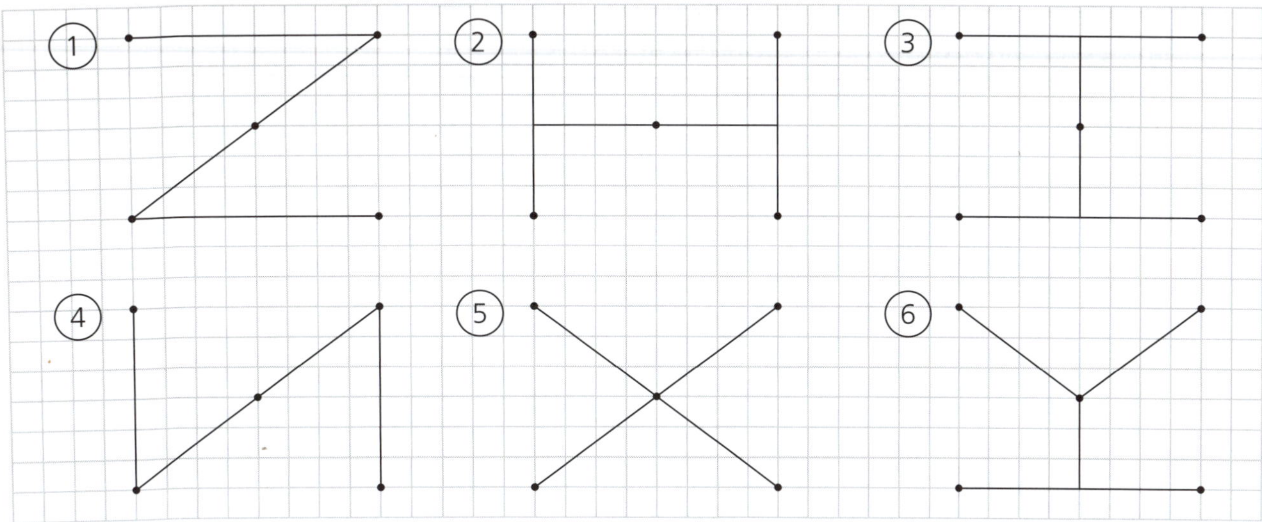

Ordne diese sechs Vorschläge nach zunehmender Gesamtlänge der Erdkabelverbindungen:

◯ ist kürzer als oder gleich ◯ ist kürzer als oder gleich ◯ ist kürzer als oder gleich ◯ ist kürzer als oder gleich ◯ ist kürzer als oder gleich ◯

______________________ ______________________

______________________ ______________________

______________________ ______________________

4. Der Eingang E von Gregors Tennisplatz hat von der Straße AB einen Abstand von 28 m; die beiden Fußwege [EA] und [EB] sind 45 m bzw. 96 m lang.

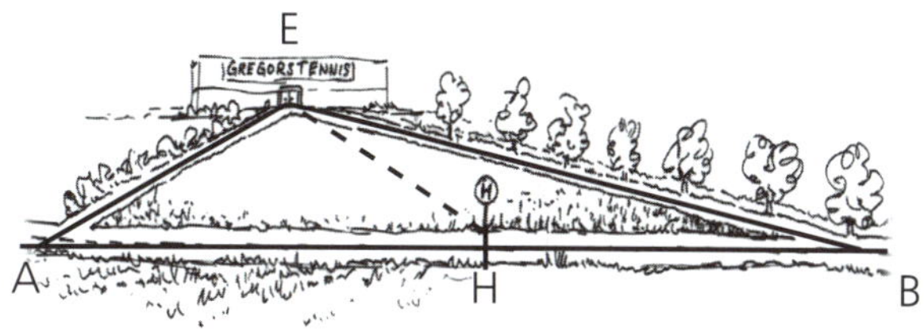

a) Ermittle, wie weit (auf m gerundet) die Einmündungen A bzw. B der beiden Fußwege voneinander entfernt sind.

b) Die Bushaltestelle H liegt in der Mitte zwischen den beiden Einmündungen A und B.
Um wie viel Prozent ist der „direkte“ Weg [HE] von der Haltestelle zum Eingang des Tennisplatzes kürzer als der Weg über A?
Um wie viel Prozent ist der Weg über B länger als der „direkte“ Weg [HE]?
Verwende ggf. ein Extrablatt.

______________________ ______________________

______________________ ______________________

______________________ ______________________

5. Dem Rechteck MESA ist ein Dreieck NAM so einbeschrieben, dass der Punkt N die 8 cm lange Strecke [ES] im Verhältnis 1 : 3 teilt und dass ∢ NAS = ∢ MNE ist.

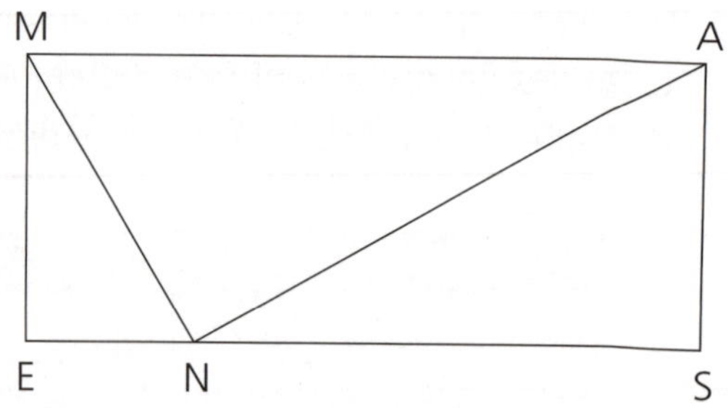

a) Begründe, dass die Dreiecke MEN und SAN zueinander ähnlich sind und dass das Dreieck NAM rechtwinklig ist.

b) Gib an, welchen Bruchteil der Fläche des Rechtecks MESA das Dreieck NAM einnimmt, und begründe dein Ergebnis.

c) Berechne die Länge der Strecke [ME] sowie den Flächeninhalt und die Umfangslänge des Dreiecks NAM.

6. Lucas will einen 54 cm hohen Koffer durch eine 65 cm breite Luke in den Dachboden schieben. Finde durch Rechnung heraus, ob der Koffer aufrecht durch die Luke passt.

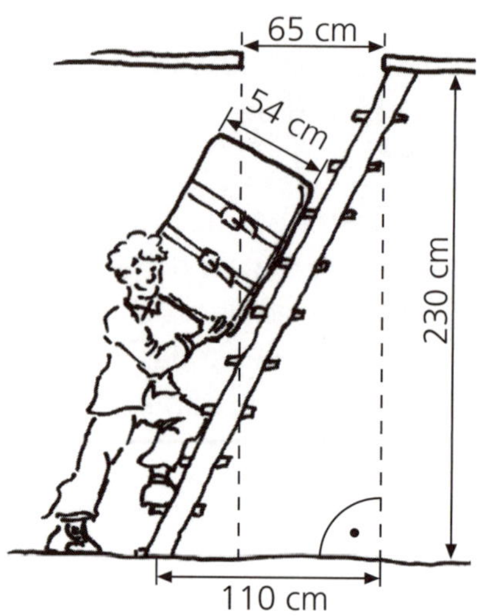

7. Finde heraus, welche der durch die Längen ihrer Seiten gegebenen Dreiecke rechtwinklig, welche spitzwinklig und welche stumpfwinklig sind, und gib jeweils eine Begründung an.
Lucas: „Bei einer der Aufgaben entsteht überhaupt kein Dreieck." Hat Lucas Recht?

a) a = 34 cm; b = 30 cm; c = 16 cm
b) a = 26 m; b = 24 m; c = 10 m
c) a = b = 34 cm; c = 40 cm
d) a = 15 cm; b = 12 cm; c = 20 cm
e) a = 15 km; b = 8 km; c = 7 km
f) a = 61 m; b = 60 m; c = 11 m

8. Zwei Dreiecke sind jeweils durch die drei Seitenlängen gegeben:
1. Dreieck: Seitenlängen 9 cm, 12 cm und 15 cm.
2. Dreieck: Seitenlängen 7 cm, 15 cm und 20 cm.
Zeige zunächst, dass eines dieser beiden Dreiecke rechtwinklig ist, und finde dann eine Möglichkeit heraus, die beiden Dreiecke zu einem größeren rechtwinkligen Dreieck UVW zusammenzulegen. Gib einen Konstruktionsplan an und konstruiere das Dreieck UVW.
Laura: „Statt eine Überlegungsfigur zu zeichnen, habe ich die beiden Dreiecke im Maßstab 1 : 2 gezeichnet. Dann habe ich sie ausgeschnitten und passend aneinander gelegt."

1 cm

9. „Pythagoras hilft Porto sparen"

Auch heute werden z. B. beim Internetversand ohBoy 30-cm-Langspielplatten (Hüllenmaße: etwa 31,5 cm × 31,5 cm) gekauft und verschickt. Jede LP konnte bis vor kurzem in einer flachen Tasche als Warensendung für 1,65 € Porto verschickt werden. Als die Post jedoch das Versandmaß für Warensendungen auf 353 mm × 300 mm × 150 mm änderte, konnten LPs zunächst nicht mehr als Warensendung, sondern nur noch als Päckchen für 4,30 € verschickt werden, bis sich ein findiger Hersteller an den Satz von Pythagoras erinnerte und das unten links mit seinen Innenmaßen abgebildete, innen 32,5 cm hohe quaderförmige Packset entwarf.

Zeige, dass in den Innenraum dieser Schachtel eine LP passt, dass es also mit dieser neuen Packung möglich war, auch weiterhin für 1,65 € statt für 4,30 € LPs zu versenden.

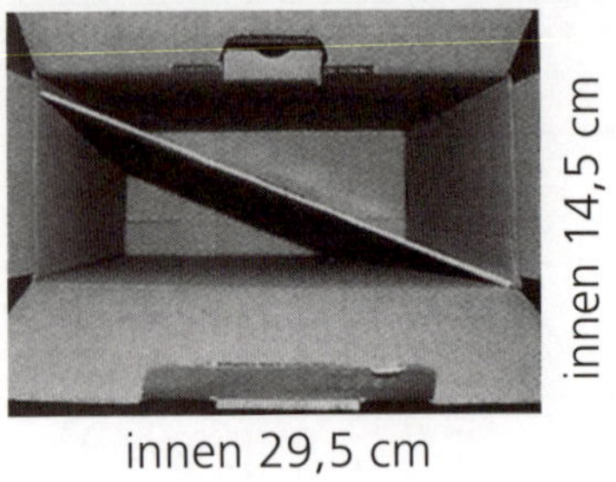

Diskutiere mit einem Mitschüler / einer Mitschülerin über die oben beschriebene neue Versandweise der Firma ohBoy.

10. a) Trage die Punkte G (–2 | 0), O (0 | 0), L (4 | 0,5), D (5,5 | –0,5), F (5,5 | 2,5), I (4 | 1,5), S (0 | 2,5), C (–2 | 2) und H (–3,5 | 1) in das Koordinatensystem (Einheit: 1 cm) ein. Berechne die Umfangslänge sowie den Flächeninhalt des Neunecks GOLDFISCH auf einem Extrablatt.

b) Gib an, wie viel Prozent der Neuneckseiten Längen mit (in cm) rationalen Maßzahlen besitzen.

c) Ermittle die Seitenlänge eines Quadrats, das den gleichen Flächeninhalt hat wie das Neuneck GOLDFISCH.

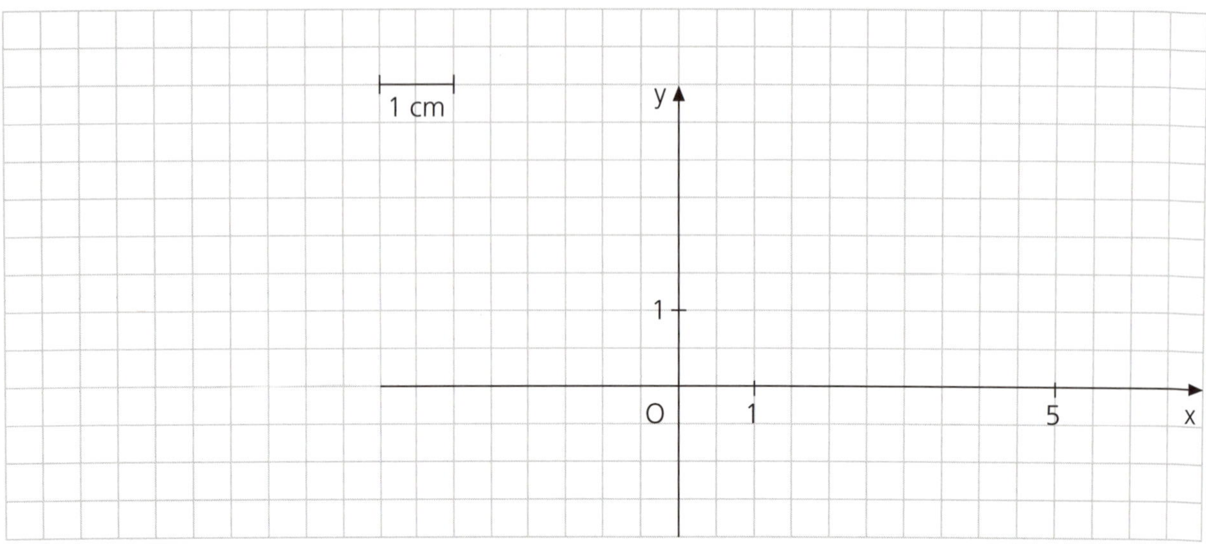

11. Eine Jugendgruppe möchte den Uferweg entlang der Traun zwischen den Brücken A und B instand setzen (siehe die nicht maßstäbliche Zeichnung). Tom, der Leiter der Gruppe, geht davon aus, dass die Arbeit in zehn Tagen zu bewältigen ist, wenn täglich 50 m geschafft werden. Hat Tom Recht?

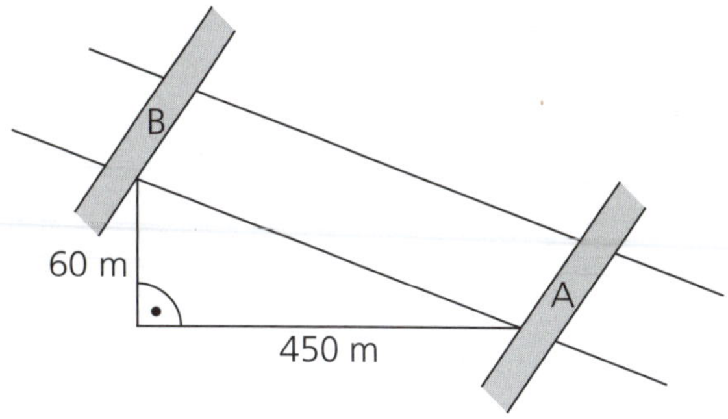

12. Lucas fliegt mit Italair genau nach Süden (Fluggeschwindigkeit 800 $\frac{km}{h}$), Sophie mit Westernair genau nach Westen (Fluggeschwindigkeit 960 $\frac{km}{h}$). Beide Flugzeuge starten um 8.30 Uhr.

Berechne,

a) etwa welche Entfernung voneinander die Flugzeuge um 9.00 Uhr besitzen.

b) nach etwa wie viel Stunden die Flugzeuge 2 000 km voneinander entfernt sind.

Hinweis: Die Erdkrümmung darf bei dieser Aufgabe vernachlässigt werden.

______

______

______

13. Einem Kreis k (Durchmesserlänge d = 10 cm) sind das Quadrat ACEG und das regelmäßige Achteck ABCDEFGH einbeschrieben.

a) Berechne die Seitenlänge a des Quadrats.
Lucas behauptet, dass $a = 5\sqrt{2}$ cm ist. Hat er Recht?

______

______

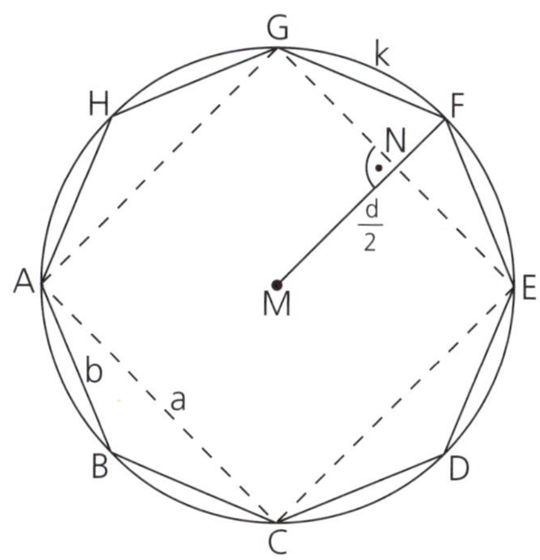

b) Berechne die Seitenlänge b des regelmäßigen Achtecks.
Lucas' Ansatz zur Berechnung von b ist $b^2 = \left(\frac{a}{2}\right)^2 + \left(\frac{d}{2} - \frac{a}{2}\right)^2$;
erkläre seinen Ansatz. Verwende ggf. ein Extrablatt.

______

______

______

______

Die Umfangslänge U_k des Kreises k ist um ______ % größer als die Umfangslänge U_8 des Achtecks.

14. Berechne die Streckenlängen a bis e.
Hinweis: Die Streckenendpunkte sind sämtlich Gitterpunkte.

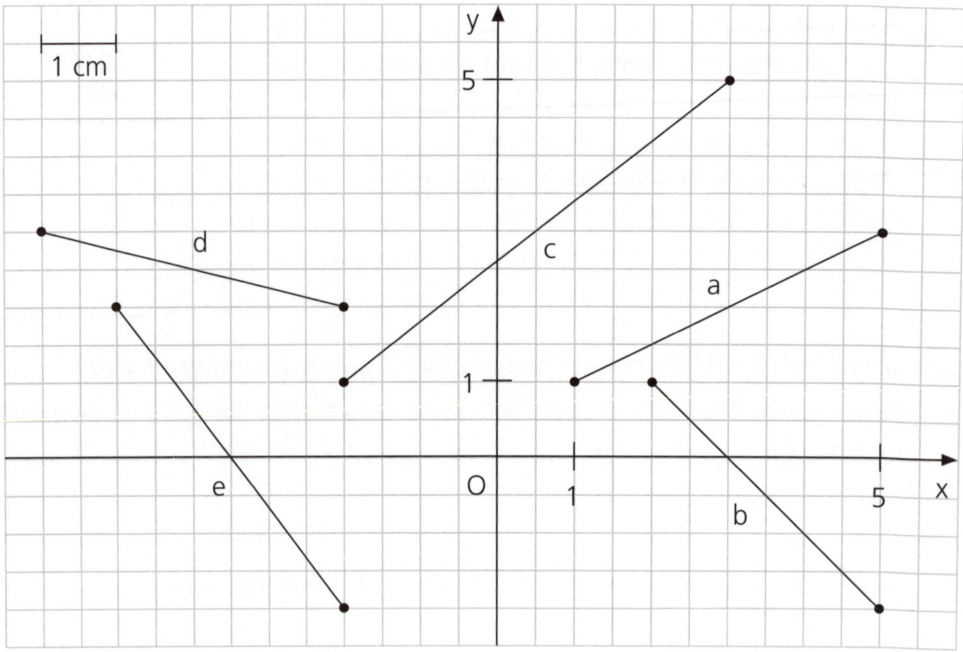

15. Finde heraus, ob das Dreieck OMA mit den Eckpunkten O (0 | 0), M (7 | –1) und A (4 | 3) gleichschenklig-rechtwinklig oder nur gleichschenklig oder nur rechtwinklig ist oder zu keiner dieser Dreiecksarten gehört.

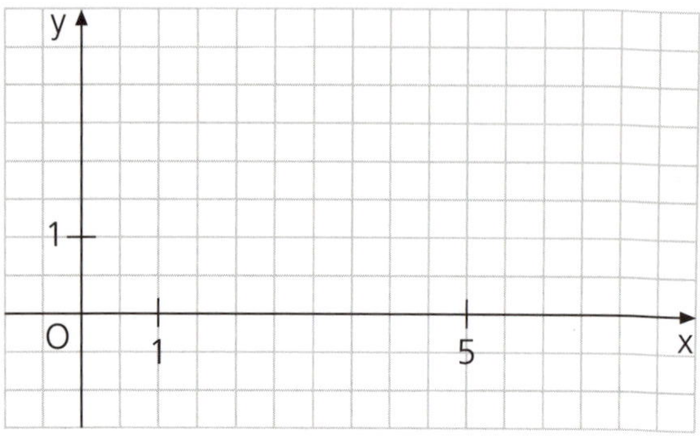

16. Die Geraden g: $y = -\frac{1}{2}x$, h: $4x + 3y - 10 = 0$ und k: $-3x + 4y - 30 = 0$ beranden ein Dreieck.
Berechne auf einem Extrablatt die Koordinaten der Eckpunkte dieses Dreiecks sowie seine Umfangslänge.

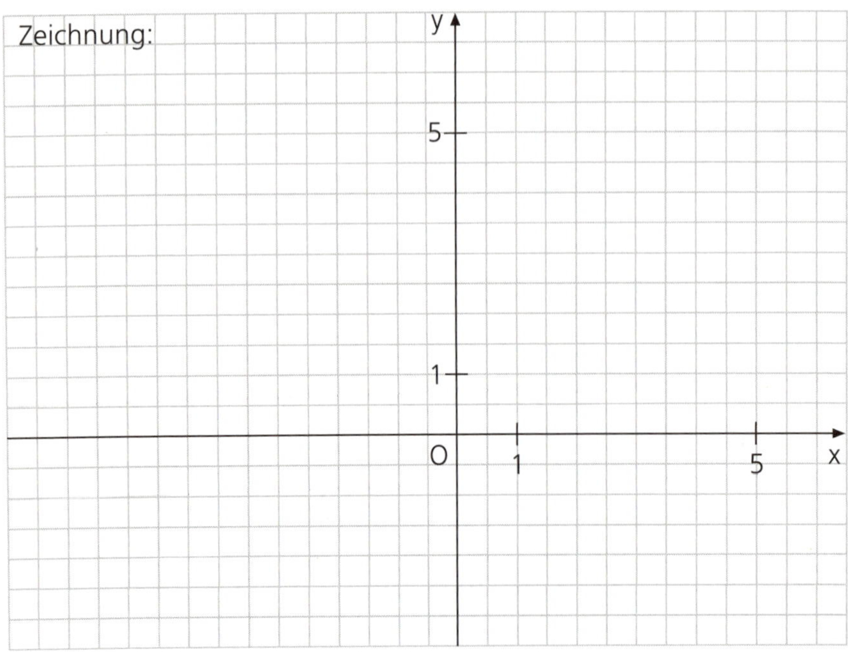

Die Bezeichnungen in den rechtwinkligen Dreiecken beziehen sich auf nebenstehende nicht maßstäbliche Abbildung.

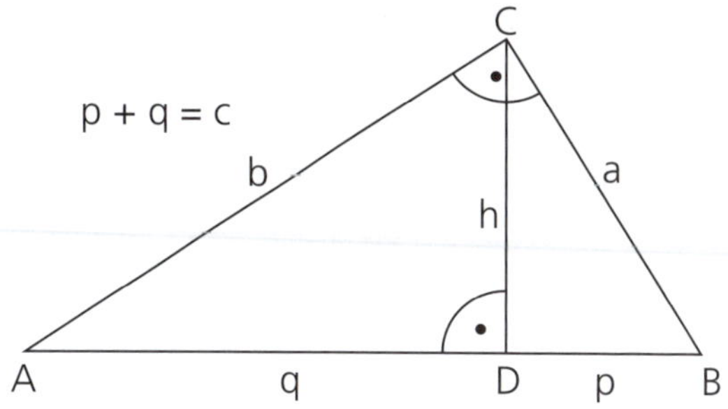

Löse die zwölf Aufgaben auf einem Extrablatt. Mögliche Maßzahlen der gesuchten Größen findest du unten in einer Tabelle. Trage die über ihnen stehenden Buchstaben in die rechte Spalte ein; sie ergeben zusammen einen Ausspruch des Pythagoras.

a)	Im rechtwinkligen Dreieck ABC ist c = 6 cm und p = 2 cm; berechne h, a und b.	
b)	In einer Raute sind die Diagonalen 16 cm bzw. 30 cm lang. Berechne die Seitenlänge sowie den Flächeninhalt der Raute.	
c)	Im rechtwinkligen Dreieck ABC ist h = 4 cm und b = 5 cm; berechne a und c.	
d)	Im rechtwinkligen Dreieck ABC ist h = 4 cm und p = 2 cm; berechne a, b und c.	
e)	Jede der vier Raumdiagonalen eines Würfels ist 6 cm lang. Berechne den Oberflächeninhalt und das Volumen dieses Würfels.	
f)	Die Höhe h_c ist 12 cm lang; sie teilt die 10 cm lange Seite [AB] eines spitzwinkligen Dreiecks ABC im Verhältnis 2 : 3. Berechne die Umfangslänge des Dreiecks ABC gerundet auf cm.	
g)	Ein Quader ist 12 cm lang, 6 cm breit und 6 cm hoch. Berechne die Länge jeder seiner Raumdiagonalen und seinen Oberflächeninhalt.	
h)	Im rechtwinkligen Dreieck ABC mit dem Flächeninhalt 120 cm^2 ist eine der Katheten 24 cm lang. Finde die Längen der beiden anderen Seiten heraus.	
i)	In einem rechtwinkligen Dreieck ist die Hypotenuse 5 cm und die Hypotenusenhöhe $\sqrt{6}$ cm lang. Finde durch Überlegen und gezieltes Probieren die Längen der Hypotenusenabschnitte p und q.	
j)	Im rechtwinkligen Dreieck ABC ist die Kathete [BC] 10 cm und die Höhe [CD] 8 cm lang. Berechne die Länge der Hypotenuse [AB].	
k)	Der Flächeninhalt eines rechtwinkligen Dreiecks beträgt 240 cm^2; die Kathete [BC] ist 16 cm lang. Berechne die Längen der Kathete [CA] und der Hypotenusenhöhe [CD].	
l)	Ein Quader ist 6 cm lang, 3 cm breit und 2 cm hoch. Berechne die Länge jeder seiner Raumdiagonalen und sein Volumen.	

E	A	S	A	T	S	I	L	Z	H	L	L
2; 3	$6\frac{2}{3}$; $8\frac{1}{3}$	10; 26	7; 36	72; $24\sqrt{3}$	36	$6\sqrt{6}$; 360	$2\sqrt{2}$; $2\sqrt{3}$; $2\sqrt{6}$	$2\sqrt{5}$; $4\sqrt{5}$; 10	17; 240	$16\frac{2}{3}$	30; $14\frac{2}{17}$

Der Ausspruch des Pythagoras lautet:

____

Von einem Trapez TRAP ist bekannt, dass TR ∥ AP und TA ⊥ RP ist.

a) Begründe, dass $\overline{TA}^2 + \overline{RP}^2 = (\overline{TR} + \overline{AP})^2$ ist.
Tipp: Verwende die Parallele zu PR durch A.

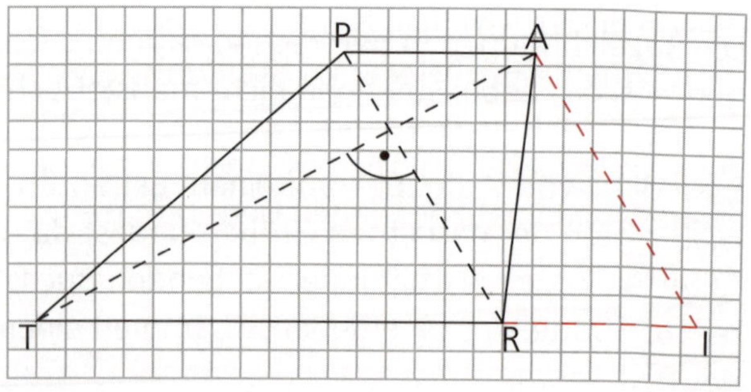

b) Von dem Trapez TRAP sind die Länge der einen Parallelseite [TR] sowie die Längen der beiden Diagonalen [TA] und [RP] bekannt: $\overline{TR} = 10$ cm, $\overline{TA} = 8$ cm und $\overline{RP} = 15$ cm.
Laura hat zuerst eine Planfigur gezeichnet und dann das Trapez TRAP konstruiert; ihre Überlegungen und Konstruktionsschritte hat sie auf Kärtchen notiert.
Bringe die Kärtchen in die richtige Reihenfolge und konstruiere dann das Trapez TRAP auf einem Extrablatt.

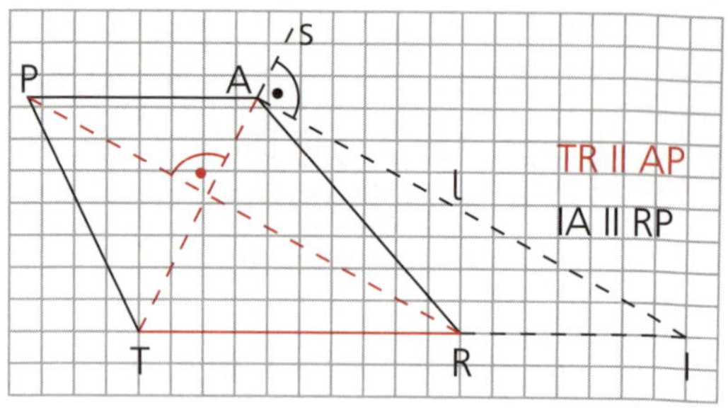

- Strecke der Länge $\overline{TA}$ von T aus auf s abtragen; Endpunkt mit A bezeichnen
- Punkt T wählen; Strahl s (z. B. unter 60° gegen die Waagrechte geneigt) mit Anfangspunkt T zeichnen ①
- Strecke der Länge ($\overline{AI}$ =) $\overline{PR}$ von A aus auf l abtragen; Endpunkt mit I bezeichnen
- Den Punkt I mit dem Punkt T verbinden
- Kreis k_2 mit Mittelpunkt A und $r = \overline{RI}$ zeichnen (das Viereck RIAP ist ein Parallelogramm)
- Strecke der Länge $\overline{TR}$ von T aus auf [TI] abtragen; Endpunkt mit R bezeichnen
- Trapez TRAP vervollständigen
- Lot l zu s durch den Punkt A konstruieren
- Kreis k_1 mit Mittelpunkt R und $r = \overline{RP}$ zeichnen
- Denjenigen Schnittpunkt der Kreise k_1 und k_2, der auf der Parallelen zu TR durch A liegt, mit P bezeichnen

Wende die binomischen Formeln $(a + b)^2 = a^2 + 2ab + b^2$, $(a - b)^2 = a^2 - 2ab + b^2$ und $(a + b)(a - b) = a^2 - b^2$ an; rechne möglichst viel im Kopf und führe nur umfangreichere Rechnungen auf einem Extrablatt durch. Die Ergebnisse findest du unten in einer Tabelle; trage die unter ihnen stehenden Buchstaben in die rechte Spalte ein. Die Lösungsbuchstaben ergeben den Namen eines Lands, aus dem du inzwischen einige Mathematiker kennen gelernt hast.

a)	$(a + 0{,}5)^2 = a^2 + a + 0{,}25$	
b)	$\left(2 + \frac{1}{4}b\right)\left(2 - \frac{1}{4}b\right) =$	
c)	$(1{,}3 + 2a)^2 =$	
d)	$(a + 2{,}6)^2 + 4{,}8(3{,}8 + a) = \qquad = (a + \square)^2$	
e)	$(a + 1)^2 + (a - 1)^2 - 2(a + 1)(a - 1) =$	
f)	$2(a - 4b)^2 + \frac{1}{3}(6a - 9b)(6a + 9b) =$	
g)	$(2a + 0{,}5b)^2 - \frac{1}{4}(2a - 8b)^2 =$	
h)	$a > 0;\ b > 0: \left(\sqrt{a} + \frac{1}{\sqrt{a}}\right)^2 - \left(\sqrt{b} - \frac{1}{\sqrt{b}}\right)^2 =$	
i)	$a \geqq 0;\ b \geqq 0:$ $(\sqrt{a} + \sqrt{b})^2 - (\sqrt{2a} - \sqrt{2b})^2 + (\sqrt{3a} + \sqrt{3b})(\sqrt{3a} - \sqrt{3b}) - 6\sqrt{ab} =$	
j)	$a > 0: \left(\sqrt{\frac{2}{a}} + \sqrt{\frac{a}{2}}\right)^2 - \left(\sqrt{\frac{a}{2}} - \sqrt{\frac{2}{a}}\right)^2 + 4 =$	
k)	$(2a + \square)^2 = 4a^2 + 16ab + \nabla$	
l)	$(\square + \Delta)^2 = \square^2 + 56ab + \Delta^2 = 16a^2 + 56ab + \Delta^2$	

$1{,}69 + 5{,}2a + 4a^2$	$2a - 4b$	$3a^2 + 10ab - 15{,}75b^2$	$a^2 + a + 0{,}25$	$(a + 5)^2$	$4b;\ 16b^2$	$a + \frac{1}{a} - b - \frac{1}{b} + 4$
A	E	H	D	L	R	C

4	$4a;\ 7b$	8	$14a^2 - 16ab + 5b^2$	$4 - \frac{b^2}{16}$
N	G	I	E	N

Finde ggf. mithilfe einer Internetrecherche die Namen von mindestens fünf Mathematikern aus dem „Lösungsland“:

____

____

1. Der Graph jeder der acht Funktionen f_1, f_2, … und f_8 mit $D_{f_1} = D_{f_2} = \ldots = D_{f_8} = \mathbb{R}$ ist eine Parabel, die zur Normalparabel kongruent ist. Gib jeweils die Koordinaten des Parabelscheitels an.

Funktionsterm	$f_1(x) = x^2 + 2$	$f_2(x) = x^2 - 0{,}5$	$f_3(x) = x^2 + 1$	$f_4(x) = x^2$	$f_5(x) = -x^2$	$f_6(x) = x^2 + 6$	$f_7(x) = -x^2 - 1$	$f_8(x) = -x^2 - 2$
Scheitel	S_1 (0 I 2)	S_2	S_3	S_4	S_5	S_6	S_7	S_8

Gib die Gleichungen derjenigen dieser acht Parabeln an, die zueinander symmetrisch bezüglich der x-Achse liegen:

______________ ______________ ______________

______________ ______________ ______________

Bei wie viel Prozent dieser acht Parabeln liegt der Scheitel im Ursprung? ______________

Bei wie viel Prozent liegt der Scheitel nicht auf der negativen y-Achse? ______________

In welchem Verhältnis teilt S_2 die Strecke $[S_6S_7]$? ______________

In welchem Verhältnis teilt S_4 die Strecke $[S_3S_8]$? ______________

2. Zeichne in das Koordinatensystem (Einheit: 1 cm) die Graphen P_1 und P_2 der Funktionen f_1: $f_1(x) = x^2 - 4$; $D_{f_1} = \mathbb{R}$, und f_2: $f_2(x) = -x^2 + 4$; $D_{f_2} = \mathbb{R}$, im Intervall [−2,1; 2,1] sowie die Raute RAUT mit R (−2 I 0), A (0 I −4), U (2 I 0) und T (0 I 4) und die beiden Kreise k_1 bzw. k_2 mit Mittelpunkt O (0 I 0) und Radiuslänge r_1 = 2 cm bzw. r_2 = 4 cm.
Berechne, welchen Prozentsatz der Fläche des Kreises k_2

a) der Kreis k_1 einnimmt:

____

____

____

____

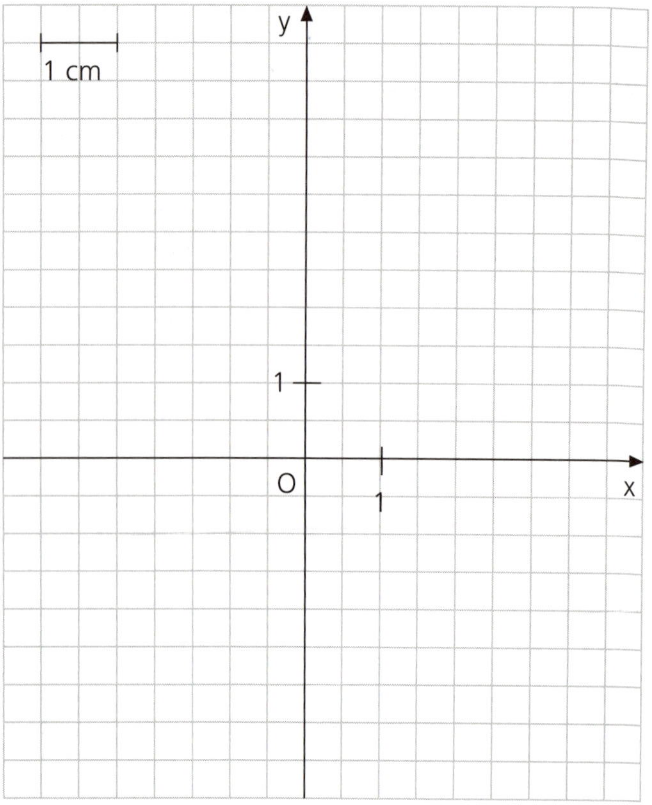

b) die Raute RAUT einnimmt:

____

____

____

____

____

1. Kontrolliere Tanjas Hausaufgabe (die Zeichnungen sind nicht maßstäblich).

a)

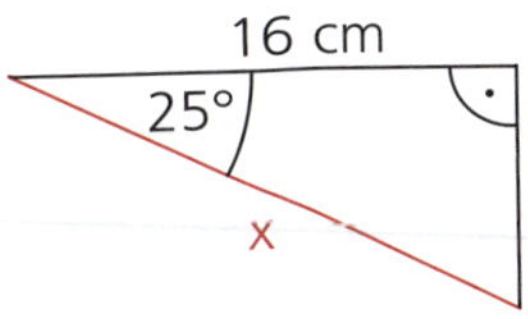

$\cos 25° = \frac{16\text{ cm}}{x}$;

$x = \frac{16\text{ cm}}{\cos 25°} = 17{,}654\ldots\text{ cm} \approx 17{,}6\text{ cm}$

b)

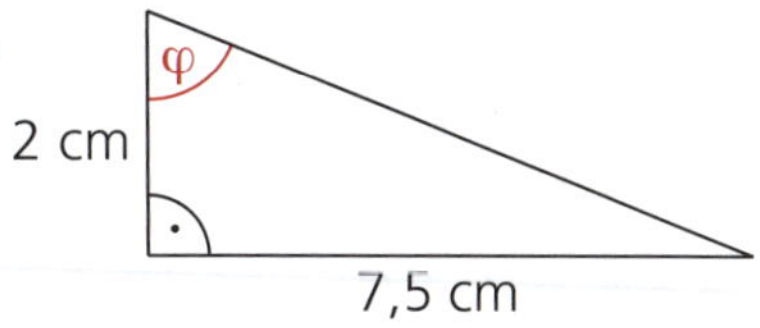

$\tan \varphi = \frac{7{,}5\text{ cm}}{2\text{ cm}} = 3{,}75$;

$\varphi \approx 75{,}1°$

c)

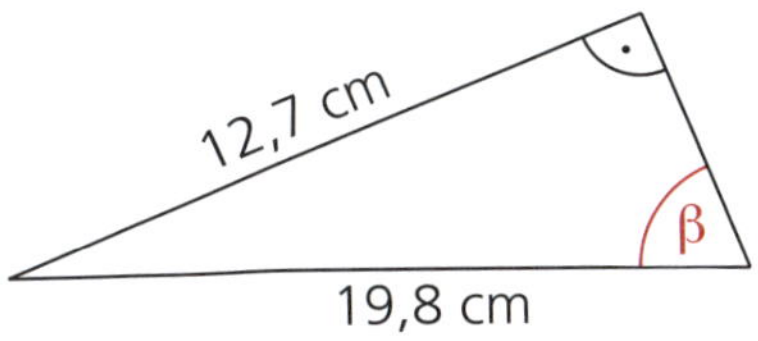

$\sin \beta = \frac{12{,}7\text{ cm}}{19{,}8\text{ cm}} = 0{,}6414\ldots$;

$\beta \approx 50{,}1°$

d)

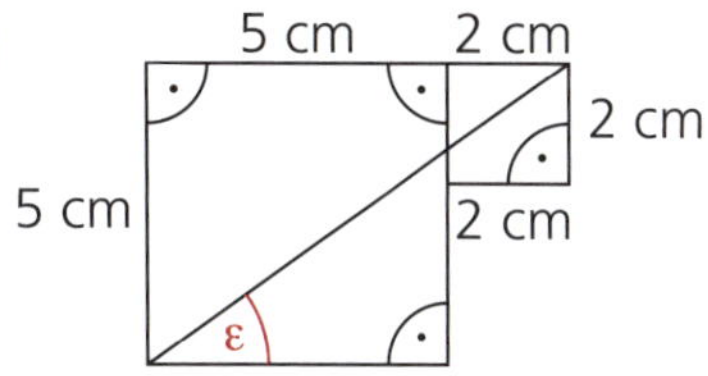

$\tan \varepsilon = \frac{7\text{ cm}}{5\text{ cm}} = 1{,}4$;

$\varepsilon \approx 54{,}5°$

2. a) Die Zeichnung gibt ein Steigungsdreieck mit der Steigung $\frac{h}{b}$ und dem Steigungswinkel φ wieder. Kreuze die zutreffende Gleichung für den Tangens von φ an.

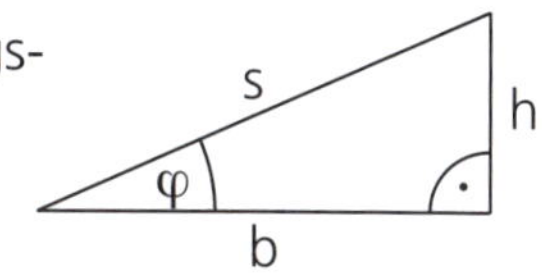

☐ $\tan \varphi = \frac{b}{s}$ ☐ $\tan \varphi = \frac{b}{h}$ ☐ $\tan \varphi = \frac{h}{s}$ ☐ $\tan \varphi = \frac{h}{b}$

Eine Bergstraße hat eine Steigung von 20%.

b) Zeige, dass die Steigung von 20% von dem nebenstehend abgebildeten Verkehrsschild nicht richtig wiedergegeben wird. Miss dazu geeignete Strecken in der Abbildung ab.

____

____

c) Kreuze den Term an, der angibt, wie viel Meter man auf dieser Bergstraße zurücklegen muss, um einen Höhenunterschied von 100 m zu erzielen.

☐ $0{,}2 \cdot 100$ m ☐ $5 \cdot 100$ m ☐ $\sqrt{500^2 - 100^2}$ m ☐ $\sqrt{500^2 \cdot 100^2}$ m ☐ $\sqrt{500^2 + 100^2}$ m

3. Berechne jeweils – ggf. auf einem Extrablatt – die gesuchte(n) Größe(n) (Zeichnungen nicht maßstäblich).

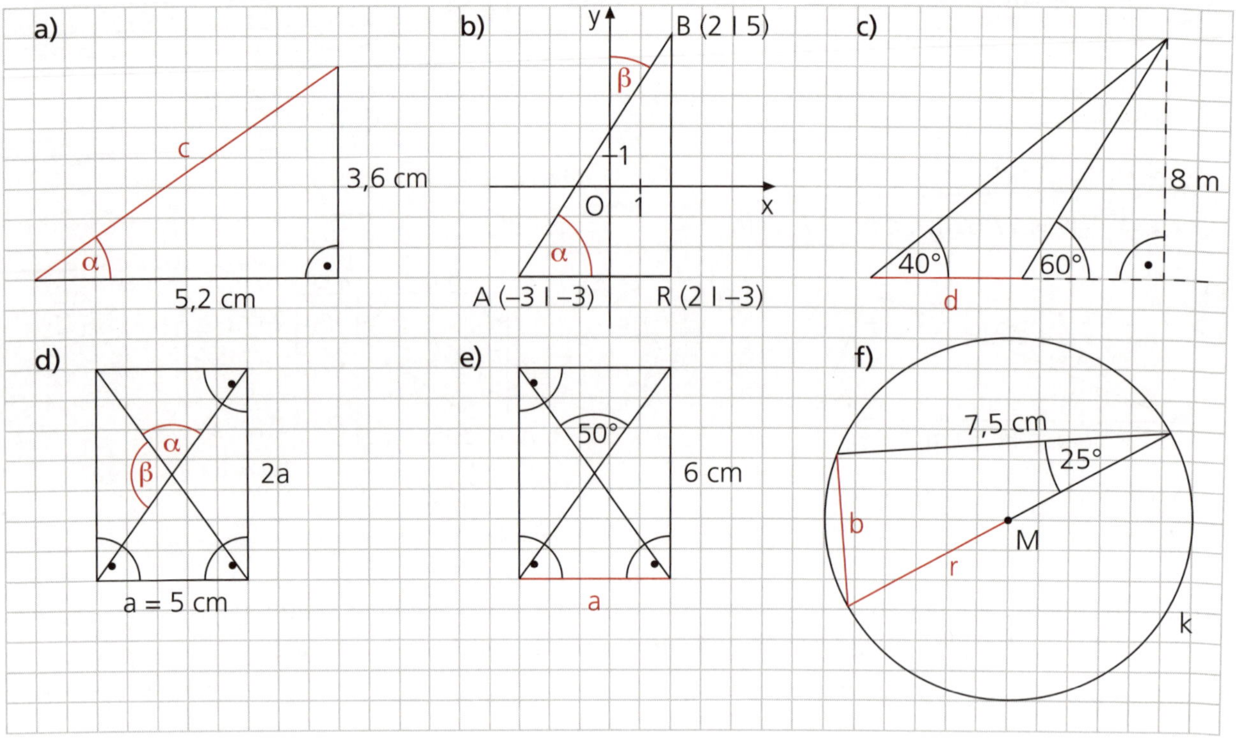

4. **a)** Für den spitzen Winkel α gilt sin α = 0,6. Ermittle cos α und tan α ohne Verwendung eines Taschenrechners.

____

____

b) Vereinfache jeden der Terme möglichst weitgehend (0° < α < 90°).

(1) $\frac{2 - 2(\cos\alpha)^2}{(\sin\alpha)\cdot\cos\alpha} =$ ______________________________

(2) $(\tan\alpha)\cdot\sqrt{1 + \frac{1}{(\tan\alpha)^2}} =$ ______________________________

(3) $\frac{\sin\alpha}{\cos(90° - \alpha)} =$ ______________________________

5. Eine 10 m lange Leiter lehnt an einer Hausmauer. Finde jeweils heraus, bis zu welcher Höhe h diese Leiter reicht und wie weit ihr unteres Ende von der Hausmauer entfernt ist, wenn α gleich

a) 45° ist. b) 60° ist. c) 75° ist.

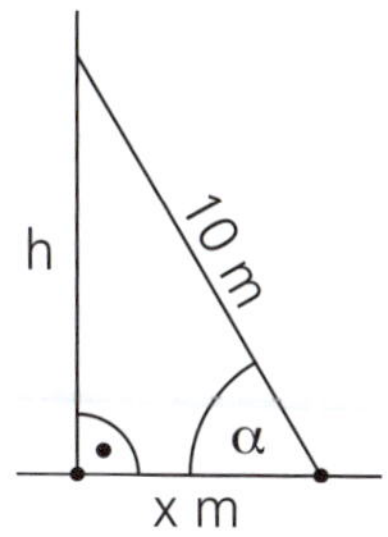

6. Die Basis [AB] des gleichschenkligen Dreiecks ABC ist 12 cm lang; jeder der beiden Schenkel ist um 40% länger als die Basis. Der Punkt D ist 4 cm vom Punkt A, der Punkt E ist 4 cm vom Punkt B entfernt.
Berechne die Längen der Strecken [AC], [BC], [DC] und [EC] sowie die Größen aller in der Figur gekennzeichneten Winkel.

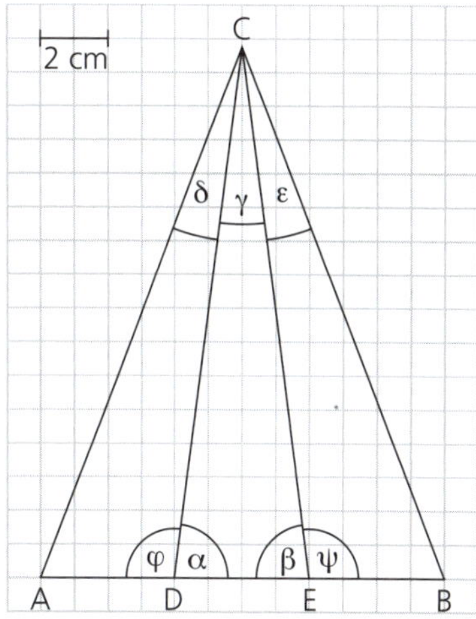

7. Berechne die Radiuslänge r des Breitenkreises, auf dem München liegt (geographische Breite von München ≈ 48,1°; $R_{Erde} \approx 6\,370$ km), und finde heraus, mit welcher Geschwindigkeit München um die Erdachse rotiert.

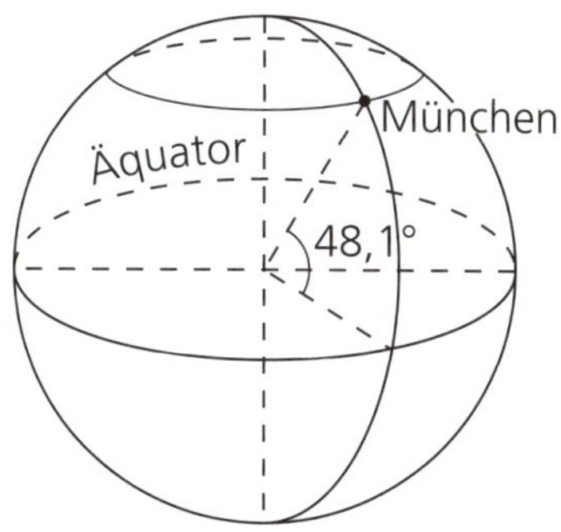

1. Eine „gezinkte" Münze zeigt „**W**appen" mit einer Wahrscheinlichkeit von 70%. Diese Münze wird dreimal geworfen. Mit welcher Wahrscheinlichkeit

a) fällt jedesmal „**W**appen"?

b) fällt genau zweimal „**W**appen"?

c) fällt nur beim ersten Wurf „**W**appen"?

Ist das Werfen einer „gezinkten" Münze ein Laplace-Experiment? Gib eine Begründung an.

2. Auf den Gebäcktellern von Tina und Tom liegen gefüllte und ungefüllte Lebkuchenherzen, die alle gleich aussehen. Auf jedem Teller sind doppelt so viele ungefüllte wie gefüllte Herzen.

a) Tina nimmt von ihrem Teller ein Lebkuchenherz. Wie groß ist die Wahrscheinlichkeit, dass es ungefüllt ist?

b) Tina nimmt sowohl von ihrem Teller wie auch von Toms Teller je ein Herz. Wie groß ist die Wahrscheinlichkeit, dass die beiden Herzen von der gleichen Sorte sind?

3. In einer Dose sind dreißig gleich große Kugeln, die mit den natürlichen Zahlen von 1 bis 30 beschriftet sind. Thomas zieht „blind" eine Kugel und gibt die Wahrscheinlichkeit für das Ziehen der von ihm gezogenen Zahlenart mit $\frac{2}{15}$ an. Formuliere eine passende Aufgabe.

4. Bei einem Spiel werden ein roter und ein blauer L-Spielwürfel gleichzeitig geworfen. Danach wird ein Spielstein im Koordinatensystem um die Augenanzahl des blauen Würfels in Richtung „blau" und um die Augenanzahl des roten Würfels in Richtung „rot" verschoben. Das Spiel startet im Punkt O (0|0). Löse die Teilaufgaben auf einem Extrablatt.

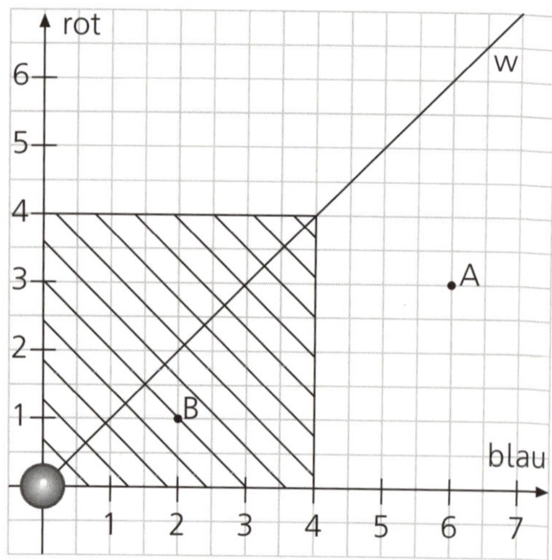

a) Mit welcher Wahrscheinlichkeit befindet sich der Spielstein nach dem ersten Wurf im Punkt A (6|3)?

b) Mit welcher Wahrscheinlichkeit verlässt der Spielstein bereits nach dem ersten Wurf die schraffierte Fläche?

c) Mit welcher Wahrscheinlichkeit bewegt sich der Spielstein bei den ersten beiden Würfen nur auf der Winkelhalbierenden w?

d) Mit welcher Wahrscheinlichkeit überspringt der Spielstein mit einem Wurf vom Punkt B (2|1) aus die Winkelhalbierende w?

5. In einer Lostrommel befinden sich zehn Kugeln, die von 1 bis 10 durchnummeriert, aber sonst nicht voneinander unterscheidbar sind. Bei einem Zufallsexperiment werden gleichzeitig zwei Kugeln „blind" gezogen.
Ermittle die Wahrscheinlichkeiten der folgenden Ereignisse ggf. mithilfe je eines Baumdiagramms:

A: „Es werden zwei gerade Nummern gezogen"

B: „Es werden zwei benachbarte Nummern gezogen"

C: „Keine der beiden gezogenen Nummern ist größer als 6"

____

____

____

6. Dana zieht aus einer Dose mit sechs **r**oten und vier **g**rünen Gummibärchen nacheinander zwei Gummibärchen. Zu diesem Zufallsexperiment gehört das nebenstehende Baumdiagramm.

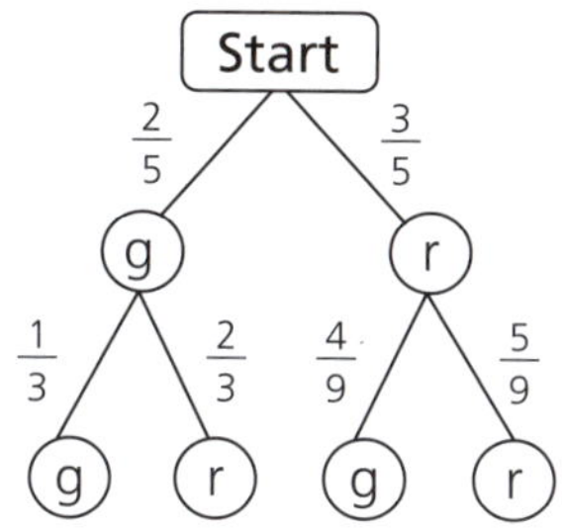

a) Berechne die Wahrscheinlichkeit, mit der Dana zwei gleichfarbige Gummibärchen zieht, und runde das Ergebnis auf Zehntel Prozent.

____

____

b) Hat Dana bei diesem Zufallsexperiment mit oder ohne Zurücklegen gezogen? Begründe deine Entscheidung anhand des Baumdiagramms.

____

____

7. 60% der Kunden eines Münchner Feinkostgeschäfts sind Touristen; von ihnen tätigen 70% einen Einkauf. 4% aller Kunden tätigen weder einen Einkauf noch sind sie Touristen. Ergänze zunächst das Baumdiagramm, erläutere es einem Mitschüler / einer Mitschülerin und beantworte dann die Fragen a) und b).

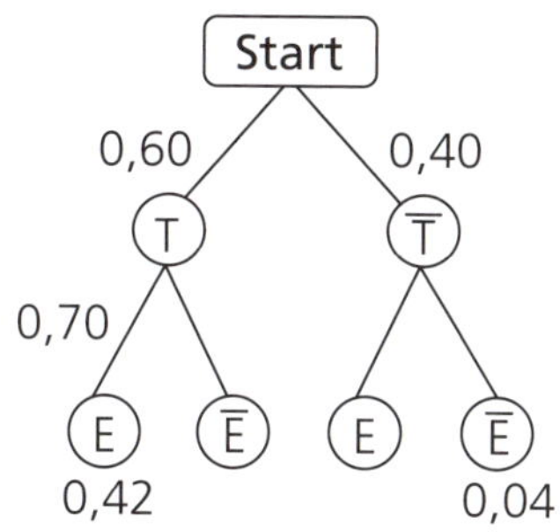

Im Baumdiagramm bedeutet
E: Kunde tätigt einen Einkauf
$\overline{E}$: Kunde tätigt keinen Einkauf
T: Kunde ist Tourist
$\overline{T}$: Kunde ist kein Tourist

a) Wie viel Prozent aller Kunden tätigen einen Einkauf?

____

b) Wie viel Prozent aller ortsansässigen Kunden tätigen einen Einkauf?

____

8. Wettervorhersage

An Lucas' Ferienort erklärt der Hotelbesitzer Schön seine Wettervorhersage:
„Langfristige Beobachtungen haben ergeben: Wenn es heute nicht regnet, dann regnet es morgen mit einer Wahrscheinlichkeit von $\frac{5}{6}$ auch nicht. Wenn es heute regnet, dann regnet es morgen mit einer Wahrscheinlichkeit von $\frac{2}{3}$ ebenfalls."

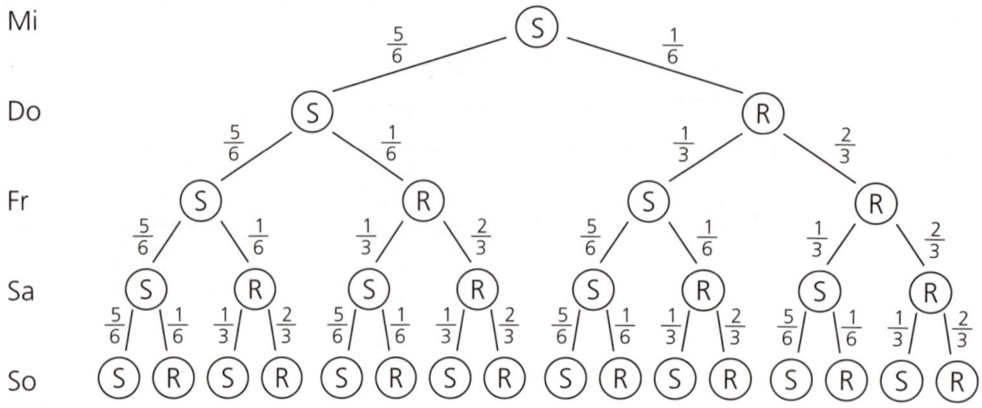

Am Mittwoch hat es nicht geregnet. Finde mithilfe von Lucas' Baumdiagramm heraus, mit welcher Wahrscheinlichkeit es

a) am Freitag regnet.

____

b) am Sonntag nicht regnet.

____

____

9. Stadtratswahl

Nach einer Stadtratswahl, bei der 234 600 Personen wahlberechtigt waren, wird die Wahlbeteiligung analysiert. Die wahlberechtigte Bevölkerung wird dabei in drei Altersgruppen eingeteilt.

Die wahlberechtigten Personen sind …	Wahlbeteiligung
… jünger als 35 Jahre.	87%
… 35 bis 65 Jahre alt.	80%
… älter als 65 Jahre.	55%

Die Anzahlen der Wahlberechtigten in den drei Altersgruppen verhalten sich wie 6 : 9 : 5. Ermittle mithilfe von Lauras Gliederung, wie groß die Wahlbeteiligung insgesamt war.

Lauras Gliederung:

- Zuerst ermittle ich, wie viele Personen in jeder der drei Altersgruppen wahlberechtigt waren.
- Dann berechne ich, wie viele Personen in jeder der drei Altersgruppen gewählt haben.
- Schließlich ermittle ich die Wahlbeteiligung insgesamt.

Löse die Aufgabe auf einem Extrablatt.

10. Welche Farbe hat Sophies Hut?

Sophie, Gregor und Laura sitzen auf drei Stühlen hintereinander. Laura, die auf dem hintersten Stuhl sitzt, sieht Gregor und Sophie. Gregor, der auf dem mittleren Stuhl sitzt, sieht nur Sophie. Sophie sieht weder Gregor noch Laura. Alle drei wissen, dass ihnen ein Hut aus der Garderobe eines Theaters aufgesetzt wurde, und sie wissen auch, dass diese Garderobe dafür fünf Hüte, nämlich zwei rote und drei schwarze, zur Verfügung gestellt hat. Aber weder Gregor noch Laura noch Sophie hat die Farbe des eigenen Huts erfahren.
Lucas fragt Laura: „Kennst du die Farbe deines Huts?"
Laura antwortet wahrheitsgemäß: „Nein."
Lucas fragt dann Gregor: „Kennst du jetzt die Farbe deines Huts?"
Gregor antwortet wahrheitsgemäß: „Nein."
Schließlich fragt Lucas Sophie: „Kennst du jetzt die Farbe deines Huts?"
Sophie denkt kurz nach und sagt dann: „Ja."
Erstelle zuerst ein Baumdiagramm, ergänze dann die Tabelle und finde heraus, welche Farbe Sophies Hut hat.

Baumdiagramm:

	Farbe von …						
… Lauras Hut	r						
… Gregors Hut	r						
… Sophies Hut	s						

11. Hungrige Mäuse

Hungrige Mäuse tummeln sich vor dem Eingang A (0 | 4) des nebenstehenden Labyrinths. Ein Laplace-Zufallsgenerator öffnet jeder Maus genau einen „Minimalweg" längs Gitterlinien vom Punkt A (0 | 4) zum Punkt Z (3 | 0). Im Punkt K (2 | 2) gibt es Käse, im Punkt S (3 | 1) Speck. Finde heraus, wie viele verschiedene „Minimalwege" von A nach Z führen.

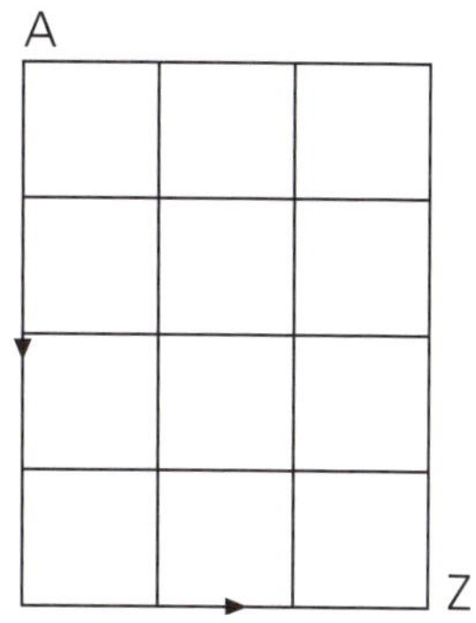

Lucas: Die Maus darf nur „nach unten" und „nach rechts" laufen, aber nie zurücklaufen.

Ermittle, wie viel Prozent der „Minimalwege" von A nach Z

a) über S führen:

b) über K führen:

c) über S und K führen:

d) weder über S noch über K führen:

Gib ein Urnenmodell an, mit dem sich der Weg einer Maus von A nach Z simulieren lässt.

1. Von dem massiven Würfel ABCDEFGH sind zwei Ecken abgeschnitten. Finde heraus, mit welchem/welchen der (verkleinert abgebildeten) Netze sich die Oberfläche des abgebildeten Restkörpers modellieren ließe.

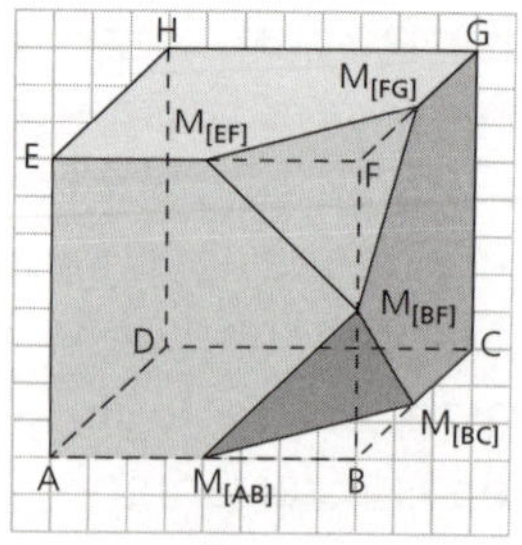

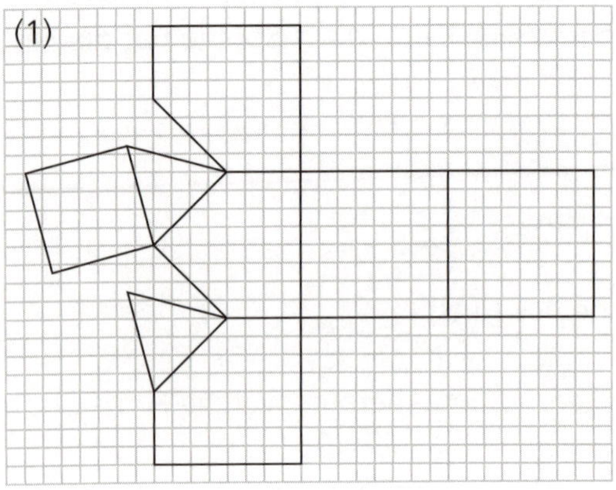

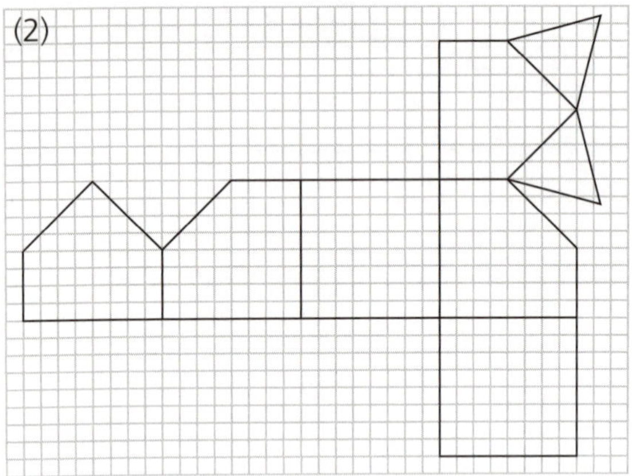

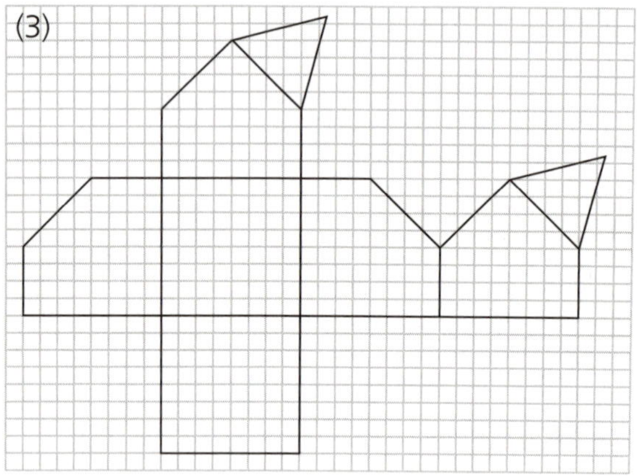

---

2. Zeichne zunächst ein Schrägbild ($\omega = 45°$; $q = \frac{1}{2}$) eines Quaders ABCDEFGH mit Seitenlängen $\overline{AB} = 5$ cm, $\overline{BC} = 4$ cm und $\overline{CG} = 3$ cm. Trage dann das Dreieck ABM ein und zeichne es anschließend in wahrer Größe (M ist der Mittelpunkt der Strecke [GH]).
Ermittle die Längen aller drei Seiten und die Größen aller drei Innenwinkel des Dreiecks ABM auf einem Extrablatt.

1. Ein Schreiner fräst aus einem 1,30 m langen quaderförmigen Balken mit quadratischem Querschnitt (Quadratseitenlänge 40 cm) ein möglichst großes Rundholz mit kreisförmigem Querschnitt und aus einem zweiten, gleich großen Balken vier möglichst große, aber gleich große Rundstäbe mit kreisförmigem Querschnitt.
Berechne, wie viel Abfall bei der Herstellung des großen Rundholzes entsteht, und begründe dann ohne weitere TR-Rechnung, dass bei der Herstellung der vier kleineren Rundstäbe ebenso viel Abfall entsteht.

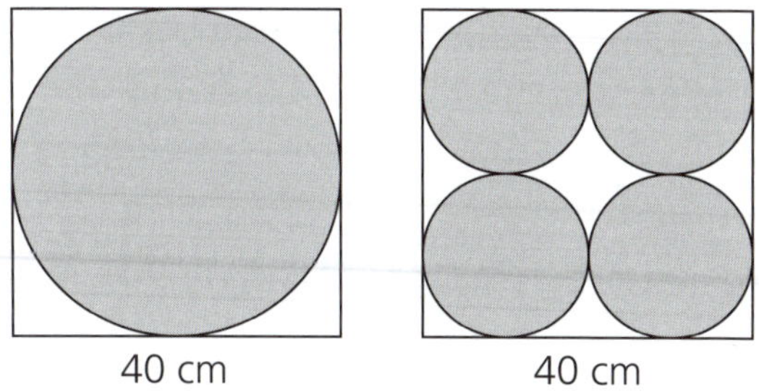

2. Aus zwei rot lackierten Holzwürfeln jeweils der Kantenlänge 20 cm ist ein gerades sechsseitiges Prisma bzw. ein gerades dreiseitiges Prisma herausgesägt worden (die Punkte M_1, M_2, . . . und M_8 sind jeweils Kantenmittelpunkte).

a) Berechne das Volumen des sechsseitigen Prismas.

b) Finde heraus, welcher Prozentsatz der Oberfläche des dreiseitigen Prismas rot lackiert ist.

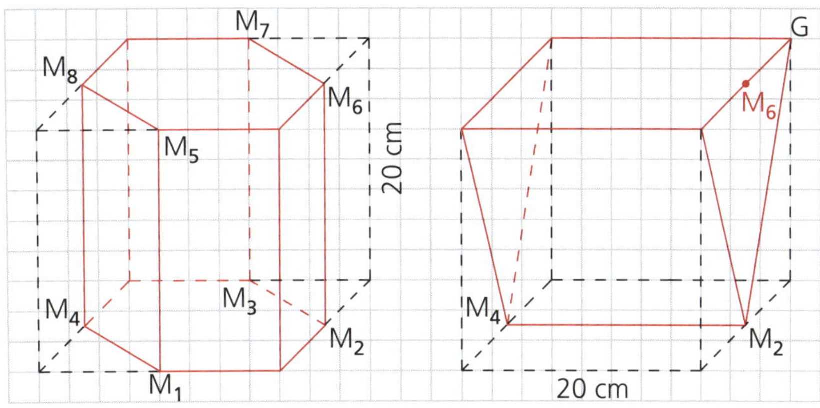

3. Drei der Flächendiagonalen des Quaders ABCDEFGH haben die Längen $\overline{AF} = \sqrt{34}$ cm, $\overline{FH} = \sqrt{41}$ cm bzw. $\overline{HA} = 5$ cm. Ermittle den Oberflächeninhalt und das Volumen dieses Quaders.

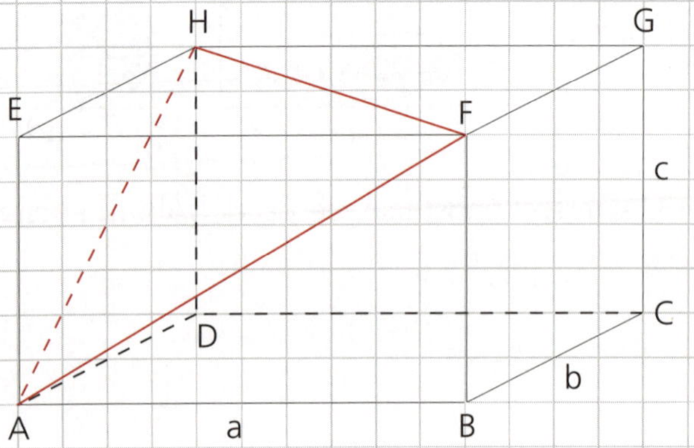

4. Durch ein gerades dreiseitiges Prisma aus Stahl ($\rho_{Stahl} = 7{,}8\ \frac{kg}{dm^3}$) wird parallel zu den Seitenkanten eine kreiszylindrische Öffnung gefräst. Berechne auf Zehntel Kilogramm gerundet die Masse des Restkörpers.

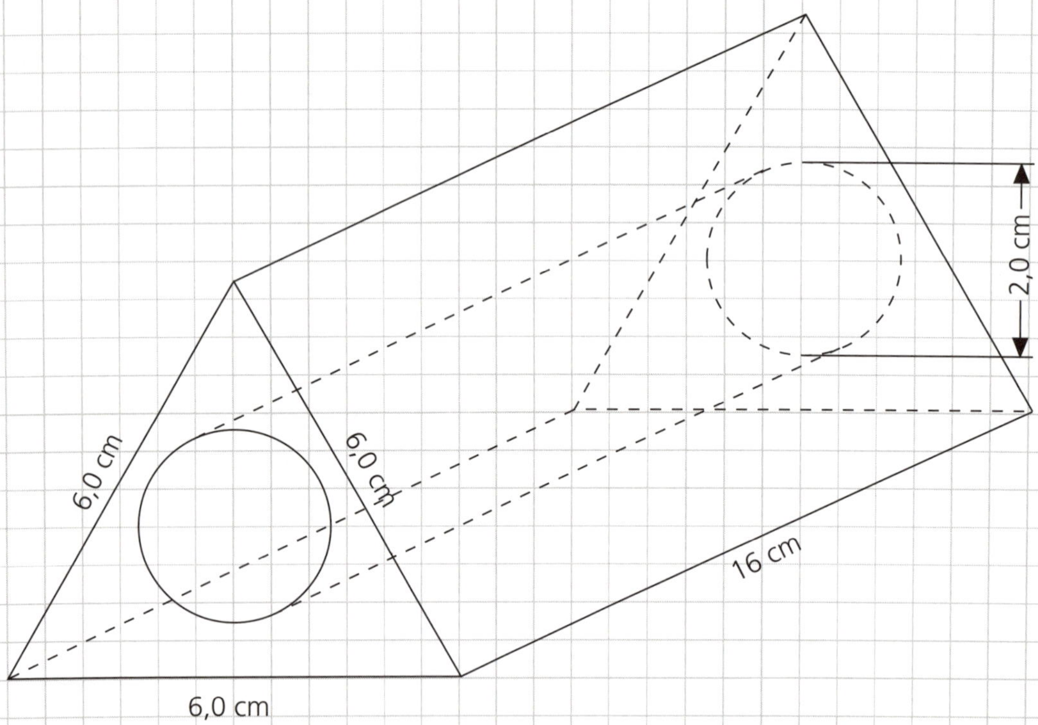

1. Die Abbildung zeigt eine gerade Pyramide der Höhe h.
Die quadratische Grundfläche hat die Seitenlänge a.

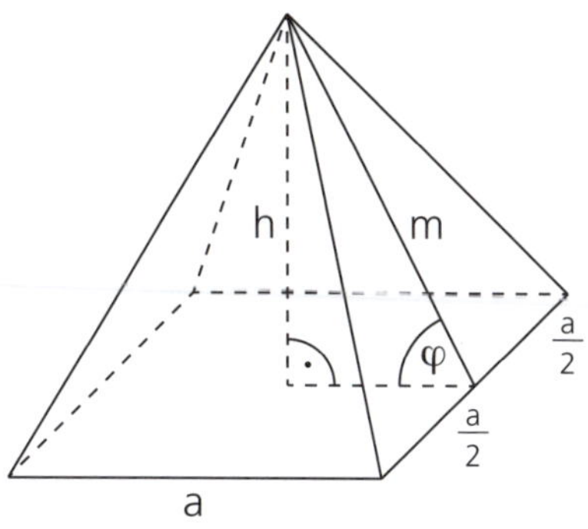

a) Ergänze die Gleichung m =_______________ durch einen Term, mit dem m aus a und h berechnet werden kann.

Nebenrechnung: ______________________________

____

b) Mit welchen der folgenden Gleichungen lässt sich die Größe φ des Neigungswinkels einer Seitenfläche gegen die Grundfläche berechnen? Kreuze an.

☐ $\tan\varphi = \frac{2h}{a}$ ☐ $\tan\varphi = \frac{a}{2h}$ ☐ $\sin\varphi = \frac{h}{m}$

☐ $\sin\varphi = \frac{m}{2h}$ ☐ $\cos\varphi = \frac{a}{2m}$ ☐ $\cos\varphi = \frac{m}{a}$

2. Die gerade Pyramide ABCDS ist 6 cm hoch. Das Rechteck ABCD ist 10 cm lang und 8 cm breit (vgl. die nicht maßstäbliche Abbildung). Berechne das Volumen V und den Oberflächeninhalt A der Pyramide sowie die Größe β des Winkels ∢ BSC.

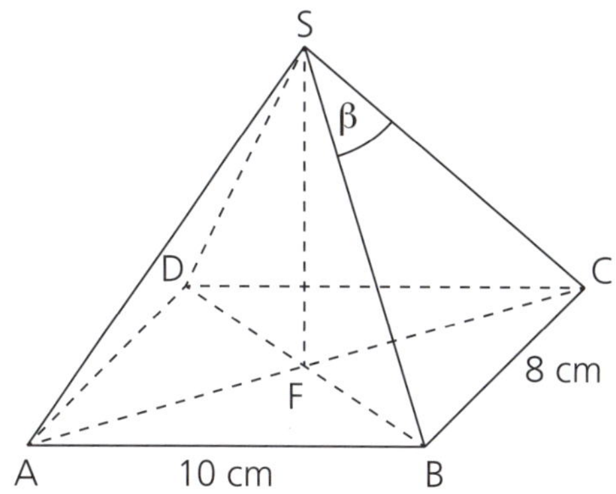

____

____

____

____

____

____

3. Die Abbildung zeigt einen Teil eines verkleinerten Netzes einer geraden quadratischen Pyramide (Grundkantenlänge a = 6 m).
Ergänze zunächst das (verkleinerte) Netz und berechne dann

a) die Pyramidenhöhe h (verwende die Abbildung zu Aufgabe 1.).

b) das Volumen und den Oberflächeninhalt der Pyramide.

c) die Größe φ des Winkels, unter dem jede der vier Seitenflächen gegen die Grundfläche geneigt ist.

Führe die Berechnungen ggf. auf einem Extrablatt durch.

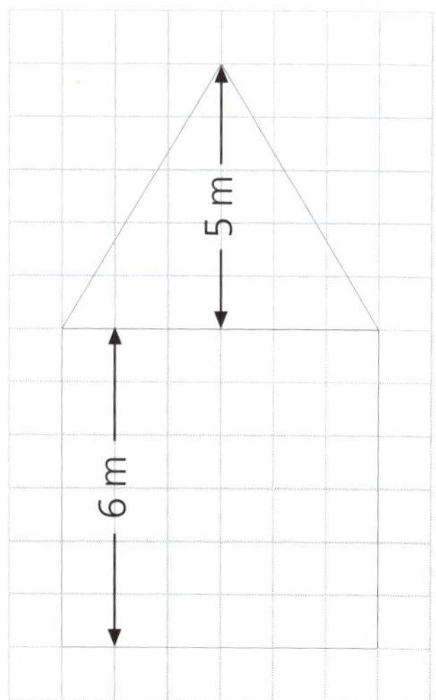

____

____

____

4. Der Holzwürfel ABCDEFGH besitzt eine Kantenlänge von 5 cm.

a) Zeichne ein Schrägbild dieses Würfels ($\omega = 45°$; $q = \frac{1}{2}$).

1 cm

b) Von diesem Würfel wird die gerade dreiseitige Pyramide BGEF abgesägt; ergänze deine Zeichnung zu Teilaufgabe a). Gib bei jeder der Pyramidenflächen EBF, BGF, GEF und EGB die Art des Dreiecks an und ermittle die Längen der sechs Pyramidenkanten.

c) Berechne den Oberflächeninhalt A und das Volumen V der Pyramide BGEF von Teilaufgabe b) möglichst günstig.

Lucas' Tipp: „*Mein Ansatz für das Pyramidenvolumen ist* $V = \frac{1}{3} A_{EBF} \cdot \overline{FG}$.“

Lauras Tipp: „*Mein Ansatz für das Pyramidenvolumen ist* $V = \frac{1}{3} A_{BGF} \cdot \overline{FE}$.“

Gregors Tipp: „*Mein Ansatz für das Pyramidenvolumen ist* $V = \frac{1}{3} A_{GEF} \cdot \overline{FB}$.“

Vergleiche die drei Tipps miteinander und ermittle dann A und V.

1. Berechne jeweils die fehlenden Größen.

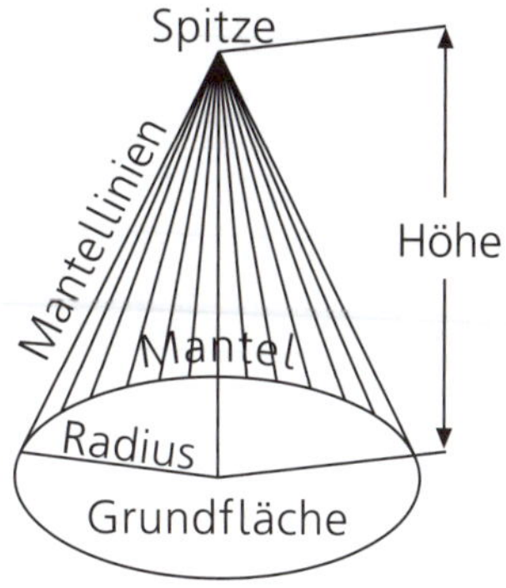

	Radiuslänge r des Grundkreises	Kegelhöhe h	Mantel-linienlänge s	Mantelflächen-inhalt M	Kegel-volumen V
a)	8 cm		17 cm		
b)	6 dm				96π dm³
c)			13 cm	65π cm²	
d)		12 m	20 m		
e)	10 cm	24 cm			

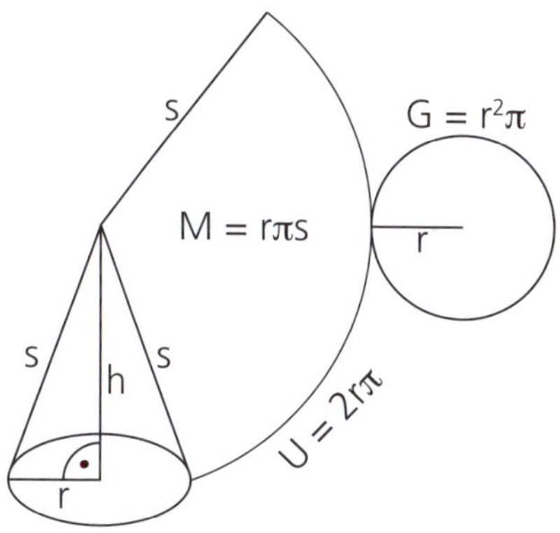

2. Aus einem (etwa 59,5 cm langen und etwa 42,0 cm breiten) DIN-A2-Bogen Tonpapier bastelt Laura eine Schultüte. Sie schneidet dazu aus dem Papierbogen einen möglichst großen Viertelkreissektor mit Klebelasche aus. Finde heraus, welches Volumen die fertige Schultüte hat.

Bogenlänge des Viertelkreisbogens: ______________________

Mantellinienlänge und Kegelradiuslänge:

Kegelhöhe:

Volumen der Schultüte: ______________________

1. Sophie hat den nebenstehend abgebildeten Faltkörper als Modell für einen zusammensetzten (Drehkörper oder) Rotationskörper hergestellt. Gib an, welche einfachen Teilkörper du erkennen kannst.

___

___

___

2. Jede der abgebildeten acht schraffierten Flächen rotiert um die angegebene Drehachse; dabei entsteht jeweils ein Rotationskörper. Benenne bzw. beschreibe die entstehenden acht Rotationskörper auf einem Extrablatt.

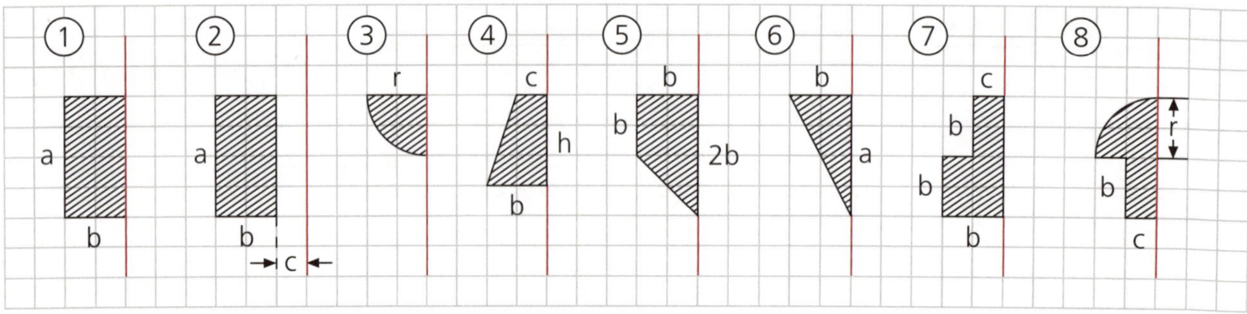

3. Das rechtwinklige Dreieck ABC (Seitenlängen 6 cm, 8 cm bzw. 10 cm; Abbildungen nicht maßstäblich) rotiert jeweils um die Achse a. Beschreibe jeweils zunächst den entstehenden Rotationskörper und berechne dann seinen Oberflächeninhalt und sein Volumen; verwende dafür ein Extrablatt. Ordne die Oberflächeninhalte in Form einer steigenden Ungleichungskette, die Volumina in Form einer fallenden Ungleichungskette.

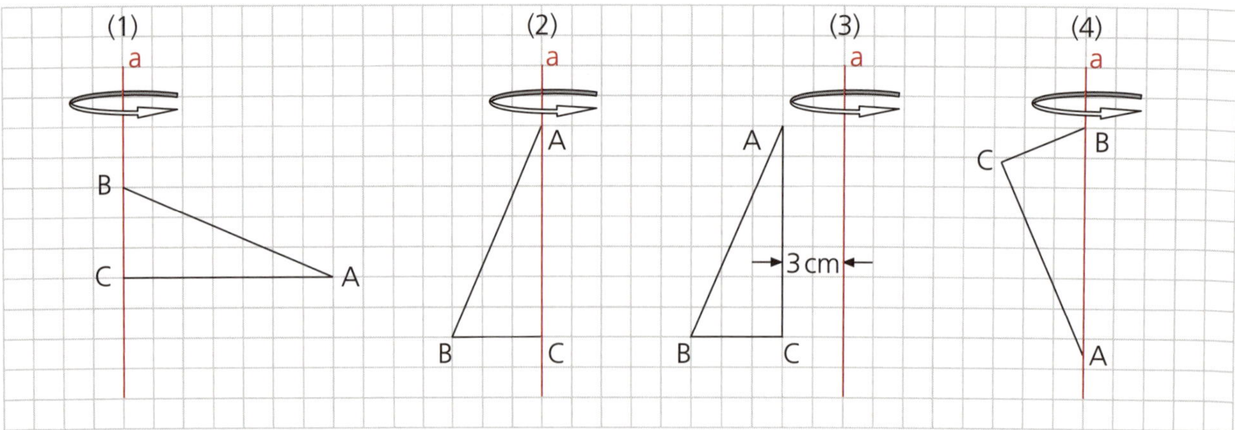

Ungleichungsketten:

___

___

1. Das rechteckige Pultdach ABEF (10 m x 12 m) soll die rechteckige Dachbodenfläche ABCD (Flächeninhalt: 96 m²) abdecken. Ermittle die Größe α des Winkels $\sphericalangle$ FAD, unter dem das Dach gegen den Dachboden geneigt sein muss, sowie die Dachhöhe $h = \overline{DF}$.

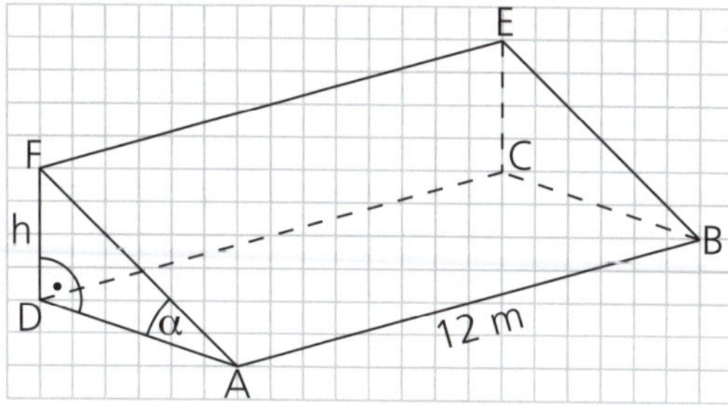

____

____

____

2. Drei der vier Flächen der Pyramide SINA, nämlich SIA, SIN und SNA, sind rechtwinklige Dreiecke (der Scheitel des rechten Winkels ist jeweils S) mit $A_{SIA} = 6\text{ cm}^2$, $A_{SIN} = 16\text{ cm}^2$ und $A_{SNA} = 12\text{ cm}^2$.
Berechne das Volumen der Pyramide SINA.

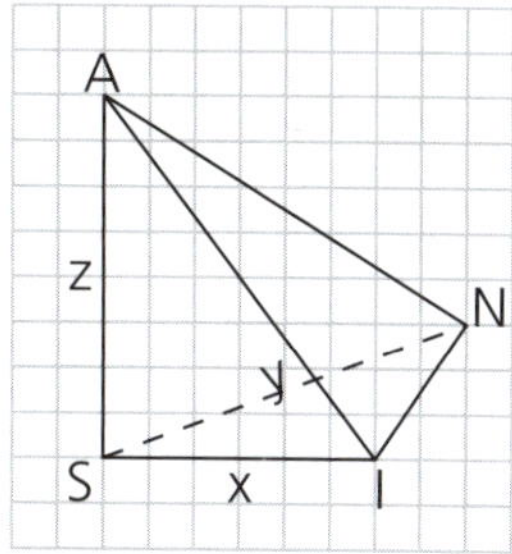

Lucas' Tipps:
- *A_{SIA}, A_{SIN} bzw. A_{SNA} durch x, y und z ausdrücken; dies ergibt drei Gleichungen (1), (2) bzw. (3) für x, y und z*
- *(1) z. B. nach z auflösen und den Lösungsterm in (3) einsetzen; dies ergibt die Gleichung (I)*
- *(I) nach y auflösen und den Lösungsterm in (2) einsetzen; dies ergibt die Gleichung (II) für x*

3. Ersetze jeweils den Platzhalter ◊ so, dass eine wahre Aussage entsteht.

a) $\frac{1}{\sqrt[3]{2}} = 2^{◊}$ b) $\frac{2}{\sqrt[4]{8}} = 2^{◊}$ c) $\sqrt[4]{10^{-3}} = \frac{\sqrt[4]{10^{◊}}}{10}$ d) $\sqrt[3]{5^{-4}} = \frac{\sqrt[3]{◊}}{5^2}$ e) $\sqrt[4]{2} = \frac{2 \cdot \sqrt[4]{◊}}{\sqrt{8}}$

4. Bestimme jeweils die Lösungsmenge L über der angegebenen Grundmenge G ggf. auf einem Extrablatt.

a) $\frac{3}{x-1} = x + 1$; $G = \mathbb{R}\setminus\{1\}$ b) $\frac{2-x}{x+0{,}5} = x + 1$; $G = \mathbb{R}\setminus\{-0{,}5\}$ c) $\frac{1}{x^2} + \frac{3}{x} - 28 = 0$; $G = \mathbb{R}\setminus\{0\}$

______________ ______________ ______________

______________ ______________ ______________

5. Gib jeweils die Koordinaten des Scheitels der Parabel an.

a) P_1: $y = 0{,}5(x - 1{,}5)^2 + 4$ b) P_2: $y = 5(x + 4)(x - 4) + 1$ c) P_3: $y = -3x^2 + 6x$

Von diesen drei Parabeln ist ______ am engsten und ______ am weitesten.

6. Aus jedem der drei getönten Kreissektoren mit der gleichen Radiuslänge r = 12 cm wird ein gerader Kreiskegel geformt. Finde heraus, welcher der drei Kegel K_1, K_2 und K_3

a) am höchsten ist.
b) den größten Grundflächeninhalt besitzt.
c) den größten Mantelflächeninhalt besitzt.
d) das größte Volumen besitzt.

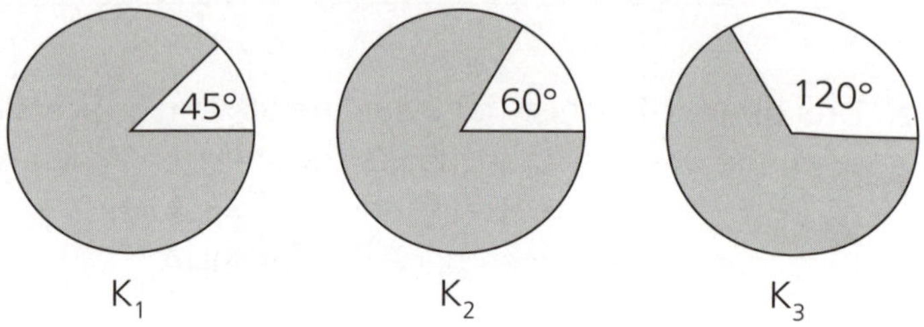

a) ______ b) ______ c) ______ d) ______

Gib jeweils eine Begründung an; verwende dazu ein Extrablatt.

7. Beim „Mensch ärgere dich nicht"-Spiel darf man erst „raus", wenn man eine Sechs gewürfelt hat. Mit welcher Wahrscheinlichkeit erhält man mit einem Laplace-Spielwürfel

a) erst beim dritten Wurf die erste Sechs?
b) beim ersten Wurf eine Eins und beim zweiten und beim dritten Wurf jeweils eine Sechs?
c) beim ersten Wurf keine Sechs und beim zweiten und beim dritten Wurf jeweils eine Sechs?
d) frühestens beim dritten Wurf die erste Sechs?

8. Ein Fernsehgerät mit rechteckigem 16 : 9 - Bildschirm und jeweils 106 cm langen Bildschirmdiagonalen hat rings um den Bildschirm einen 6 cm breiten Gehäuserand.
Finde heraus, wie breit und wie hoch das Fernsehfach in der Schrankwand mindestens sein muss.
Lauras Tipp: Zuerst ein Gleichungssystem aufstellen; dann aus der linearen Gleichung in die quadratische Gleichung einsetzen.

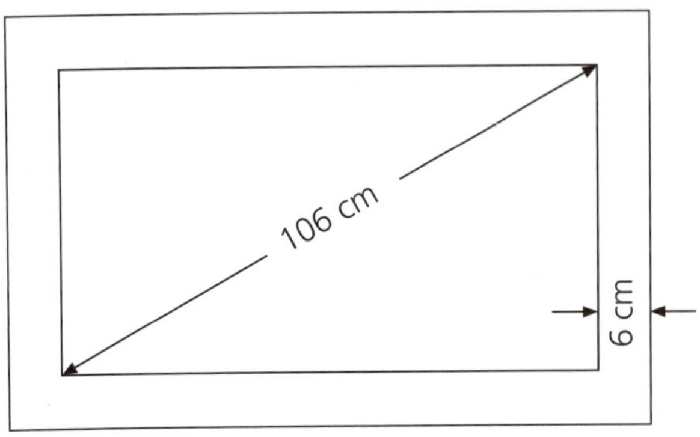

NEU delta 9

Mathematik für Gymnasien

Schätz
Eisentraut

Arbeitsheft
Lösungen

C.C.BUCHNER

Seite 1

[1] 8	[2] 7	[3] 4		[4] 4	[5] 3	[6] 2
[7] 2	4		[8] 8		[9] 4	8
[10] 8		[11] 6	4	[12] 8		9
	[13] 2	2		[14] 3	[15] 2	
[16] 3		[17] 5	[18] 7	3		[19] 2
[20] 1	2		8		[21] 1	6
[22] 4	9	5		[23] 9	9	0

Seite 2

1.

	a	b	z	r
a)	0,6	0,7	z. B. 0,66; 0,6999	z. B. $\sqrt{0{,}4}$; $\sqrt{0{,}45}$
b)	−0,8	0,9	z. B. −0,1; $\frac{5}{9}$	z. B. $-\sqrt{\frac{\pi}{10}}$; $\frac{\pi}{4}$
c)	0,999	1,0	z. B. 0,9991; 0,99999	z. B. $\sqrt{0{,}999}$; $\sqrt{0{,}99999}$
d)	$\sqrt{2}$	$\sqrt{3}$	z. B. 1,55; $\sqrt{2{,}89}$	z. B. $\sqrt{2{,}5}$; $\sqrt{2{,}9}$
e)	4,5	2π	z. B. 5; 6,28	z. B. $\sqrt{29}$; $1{,}5\pi$

2.

	wahr	falsch; richtig wäre z. B.
a)		$\sqrt{24} : \sqrt{6} = 2$
b)	x	
c)		$(\sqrt{40} : \sqrt{8}) : \frac{1}{\sqrt{20}} = 10$
d)		$\sqrt{9} + \sqrt{16} = \sqrt{49}$
e)	x	
f)	x	
g)		$2\sqrt{a} \cdot \sqrt{a} = 2a$
h)	x	
i)	x	
j)		$\sqrt{2a} + \sqrt{a} = \sqrt{a} \cdot (\sqrt{2} + 1)$
k)		$(\sqrt{a} \cdot \sqrt{a^3}) : a^2 = 1$
l)	x	
m)	x	

3. (1) **a)** $5 \cdot \sqrt{\frac{5}{24}} = \sqrt{25} \cdot \sqrt{\frac{5}{24}} = \sqrt{25 \cdot \frac{5}{24}} = \sqrt{\frac{25 \cdot 5}{24}} = \sqrt{\frac{125}{24}} = \sqrt{5 + \frac{5}{24}} = \sqrt{5\frac{5}{24}}$ ✓

b) $6 \cdot \sqrt{\frac{6}{35}} = \sqrt{\frac{36 \cdot 6}{35}} = \sqrt{\frac{216}{35}} = \sqrt{6 + \frac{6}{35}} = \sqrt{6\frac{6}{35}}$ ✓

(2) **c)** $7 \cdot \sqrt{\frac{7}{48}} = \sqrt{7\frac{7}{48}}$ **d)** $8 \cdot \sqrt{\frac{8}{63}} = \sqrt{8\frac{8}{63}}$

(3) Stichprobe mit n = 10: $10 \cdot \sqrt{\frac{10}{100-1}} = \sqrt{\frac{100 \cdot 10}{99}} = \sqrt{\frac{1\,000}{99}} = \sqrt{10 + \frac{10}{99}}$

Stichprobe mit n = 11: $11 \cdot \sqrt{\frac{11}{121-1}} = \sqrt{\frac{121 \cdot 11}{120}} = \sqrt{\frac{1\,331}{120}} = \sqrt{11 + \frac{11}{120}}$

Beweis von Sophies „Formel" für jeden Wert von $n \in \mathbb{N}\setminus\{1\}$:

$$n \cdot \sqrt{\frac{n}{n^2-1}} = \sqrt{\frac{n^2 \cdot n}{n^2-1}} = \sqrt{\frac{n^3}{n^2-1}} = \sqrt{\frac{n^3-n+n}{n^2-1}} = \sqrt{\frac{n(n^2-1)+n}{n^2-1}} = \sqrt{n + \frac{n}{n^2-1}}$$

1.

	Term	D_{max}
a)	$\sqrt{x+1}$	$[-1; \infty[$
b)	$\sqrt{x^2+1}$	$\mathbb{R}$
c)	$\frac{1}{\sqrt{x+1}}$	$]-1; \infty[$
d)	$\sqrt{\lvert x\rvert+1}$	$\mathbb{R}$
e)	$\frac{1}{\sqrt{\lvert x\rvert}}$	$\mathbb{R}\setminus\{0\}$
f)	$\frac{1}{\sqrt{1+\lvert x\rvert}}$	$\mathbb{R}$
g)	$\frac{1}{\sqrt{1-\lvert x\rvert}}$	$]-1; 1[$
h)	$\frac{\sqrt{x}}{\lvert x\rvert}$	$\mathbb{R}^+$
i)	$\sqrt{x^2-1}$	$\mathbb{R}\setminus]-1; 1[$
j)	$\sqrt{x(x-2)}$	$\mathbb{R}\setminus]0; 2[$

2. a) $\sqrt{-25\cdot(-25)} = \sqrt{25^2} = 25$

b) $\sqrt{\lvert-25\cdot(-25)\rvert} = \sqrt{\lvert 25^2\rvert} = \sqrt{25^2} = 25$

c) $\sqrt{-(-25)} = \sqrt{25} = 5$

d) $\sqrt{\lvert-25\rvert} = \sqrt{25} = 5$

e) $5 - \sqrt{\lvert-25\rvert} = 5 - \sqrt{25} = 5 - 5 = 0$

f) $5 + \sqrt{25\cdot(-25)} = 5 + \sqrt{-625}$: nicht definiert

g) $\sqrt{125\cdot\sqrt{25}} = \sqrt{125\cdot 5} = \sqrt{625} = 25$

h) $\sqrt{25\cdot(-25)^2} = \sqrt{25\cdot 625} = \sqrt{25}\cdot\sqrt{625} = 5\cdot 25 = 125$

3. a) $(1+\sqrt{2}+\sqrt{3})(1-\sqrt{2}+\sqrt{3})(1+\sqrt{2}-\sqrt{3})(1-\sqrt{2}-\sqrt{3})$

$= (1-\sqrt{2}+\sqrt{3}+\sqrt{2}-2+\sqrt{6}+\sqrt{3}-\sqrt{6}+3)\cdot$

$(1-\sqrt{2}-\sqrt{3}+\sqrt{2}-2-\sqrt{6}-\sqrt{3}+\sqrt{6}+3)$

$= (2+2\sqrt{3})(2-2\sqrt{3})$

$= 4 - 12 = -8$

b) $(1+\sqrt{x}+\sqrt{x+1})(1-\sqrt{x}+\sqrt{x+1})(1+\sqrt{x}-\sqrt{x+1})(1-\sqrt{x}-\sqrt{x+1})$

$= (1-\sqrt{x}+\sqrt{x+1}+\sqrt{x}-x+\sqrt{x(x+1)}+\sqrt{x+1}-\sqrt{x(x+1)}+x+1)\cdot$

$(1-\sqrt{x}-\sqrt{x+1}+\sqrt{x}-x-\sqrt{x(x+1)}-\sqrt{x+1}+\sqrt{x(x+1)}+x+1)$

$= (2+2\sqrt{x+1})\cdot(2-2\sqrt{x+1})$

$= 4 - 4(x+1) = 4 - 4x - 4 = -4x$

4. a) $L = [0; 1]$ b) $L = \{0; 0{,}25\}$ c) $L = \{6\}$

d) $L = \{2\}$ e) $L = \{36\}$ f) $L = \{0{,}25\}$

Seite 4

1. a) $\sqrt{5^2} + \sqrt{3^2} - \sqrt{5^2 - 3^2} = 5 + 3 - \sqrt{16} = 8 - 4 = 4$ D

b) $\sqrt{27} - 3\sqrt{3} + (9 - \sqrt{27}) : 3 = 3\sqrt{3} - 3\sqrt{3} + 3 - \sqrt{3} = 3 - \sqrt{3}$ U

c) $\sqrt{32} - \sqrt{128} = 4\sqrt{2} - 8\sqrt{2} = -4\sqrt{2}$ C

d) $\sqrt{75} - \sqrt{108} = 5\sqrt{3} - 6\sqrt{3} = -\sqrt{3}$ H

e) $\sqrt{45} - \sqrt{125} + \sqrt{20} = 3\sqrt{5} - 5\sqrt{5} + 2\sqrt{5} = 0$ A

f) $\sqrt{5} \cdot \sqrt{15} + \sqrt{7} \cdot \sqrt{63} = \sqrt{5} \cdot \sqrt{5} \cdot \sqrt{3} + \sqrt{7} \cdot 3\sqrt{7} = 5\sqrt{3} + 21$ T

g) $\sqrt{\frac{1}{2}} \cdot \sqrt{8} - \sqrt{\frac{1}{3}} \cdot \sqrt{27} = \sqrt{4} - \sqrt{9} = 2 - 3 = -1$ E

h) $(2\sqrt{8} - 2\sqrt{32}) \cdot (\sqrt{2} + \sqrt{8}) = 2 \cdot \sqrt{8 \cdot 2} + 2 \cdot 8 - 2 \cdot \sqrt{32 \cdot 2} - 2 \cdot \sqrt{32 \cdot 8} =$
$= 2 \cdot 4 + 16 - 2 \cdot 8 - 2 \cdot 16 = 8 + 16 - 16 - 32 = -24$ L

i) $3\sqrt{10} \cdot \sqrt{20} - \frac{2}{3} \cdot \sqrt{288} = 3\sqrt{10 \cdot 2 \cdot 10} - \frac{2}{3} \cdot \sqrt{2 \cdot 144} = 30\sqrt{2} - \frac{2}{3} \cdot 12\sqrt{2} =$
$= 30\sqrt{2} - 8\sqrt{2} = 22\sqrt{2}$ E

j) $3\sqrt{48} - \frac{4}{5} \cdot \sqrt{300} = 3 \cdot 4\sqrt{3} - \frac{4}{5} \cdot 10\sqrt{3} = 12\sqrt{3} - 8\sqrt{3} = 4\sqrt{3}$ T

Name der Mathematikerin: EMILIE DU CHATELET

2. $\frac{1}{\sqrt{2}} = \frac{\sqrt{2}}{2}$; $\frac{a}{\sqrt{4a}} = \frac{\sqrt{a}}{2}$; $\sqrt{(2 + \sqrt{2})^2} = 2 + \sqrt{2}$;

$\sqrt{a} - \frac{\sqrt{a}}{3} = \frac{2}{3}\sqrt{a}$; $\sqrt{a^3} - a\sqrt{a} = a\sqrt{a} - a\sqrt{a} = 0$; $\sqrt{4} - \frac{1}{\sqrt{4}} = 2 - \frac{1}{2} = \frac{3}{2} = 1{,}5$;

$\sqrt{4 + \frac{1}{\sqrt{4}}} = \sqrt{4 + \frac{1}{2}} = \sqrt{\frac{9}{2}} = \frac{3}{2}\sqrt{2}$; $\frac{8}{\sqrt{8}} = \sqrt{8} = 2\sqrt{2}$; $\sqrt{5 + \frac{1}{\sqrt{9}}} = \sqrt{5 + \frac{1}{3}} = \sqrt{\frac{16}{3}} = \frac{4}{3}\sqrt{3}$;

$\frac{1}{3}\sqrt{3} = \frac{\sqrt{3}}{3}$; $\sqrt{(1 + \sqrt{3})^2} = 1 + \sqrt{3} = \sqrt{3} + 1$; $\sqrt{0{,}01a} = \frac{\sqrt{a}}{10}$;

$1 + \frac{2}{\sqrt{2}} = 1 + \sqrt{2} = \sqrt{2} + 1$; $\frac{\sqrt{169} - \sqrt{144}}{\sqrt{169 - 144}} = \frac{13 - 12}{\sqrt{25}} = \frac{1}{5} = 0{,}2$; $\sqrt{\frac{a}{4}} \cdot \frac{2}{\sqrt{a}} = \frac{\sqrt{a}}{2} \cdot \frac{2}{\sqrt{a}} = 1$

Seite 5

3. a) $b \geqq 0$: $\sqrt{b^3} - \sqrt{b} = (b - 1)\sqrt{b}$

b) $\sqrt{24} + \sqrt{96} = 2\sqrt{6} + 4\sqrt{6} = 6\sqrt{6}$

c) $\sqrt{\sqrt{12 + \sqrt{16}}} = \sqrt{\sqrt{12 + 4}} = \sqrt{\sqrt{16}} = \sqrt{4} = 2$

d) $\sqrt{\frac{5}{4}} \cdot \sqrt{\frac{36}{125}} = \sqrt{\frac{5 \cdot 36}{4 \cdot 125}} = \sqrt{\frac{1 \cdot 9}{1 \cdot 25}} = \frac{3}{5} = 0{,}6$

e) $\frac{\sqrt{\sqrt{100} + \sqrt{225}}}{\sqrt{\sqrt{289} - \sqrt{169}}} = \frac{\sqrt{10 + 15}}{\sqrt{17 - 13}} = \sqrt{\frac{25}{4}} = \frac{5}{2} = 2{,}5$

f) $x \geqq 0$: $(x\sqrt{x} + 1)(\sqrt{x^3} - 1) = x\sqrt{x^4} - x\sqrt{x} + x\sqrt{x} - 1 = x \cdot x^2 - 1 = x^3 - 1$

g) $5 \cdot \sqrt{4 + 2\sqrt{3}} \cdot \sqrt{4 - 2\sqrt{3}} = 5 \cdot \sqrt{(4 + 2\sqrt{3})(4 - 2\sqrt{3})} = 5 \cdot \sqrt{16 - 8\sqrt{3} + 8\sqrt{3} - 12} =$
$= 5 \cdot \sqrt{4} = 10$

h) $\left(\frac{1}{\sqrt{2}} + \frac{\sqrt{4}}{\sqrt{2}} - \frac{\sqrt{9}}{\sqrt{2}}\right)^2 = \left(\frac{1 + 2 - 3}{\sqrt{2}}\right)^2 = \left(\frac{0}{\sqrt{2}}\right)^2 = 0$

i) $x > 0$: $\sqrt{x} + \frac{\sqrt{25x^2}}{\sqrt{x}} = \sqrt{x} + \frac{5x}{\sqrt{x}} = \sqrt{x} + 5\sqrt{x} = 6\sqrt{x}$

j) $\sqrt{12\frac{4}{5}} : \sqrt{\frac{16}{80}} = \sqrt{\frac{64}{5}} \cdot \sqrt{\frac{80}{16}} = \sqrt{\frac{64 \cdot 80}{5 \cdot 16}} = \sqrt{64} = 8$

k) $\sqrt{(-x)^8} = x^4$

l) $12 \cdot \sqrt{(-5)^2} = 12 \cdot 5 = 60$

m) $x > 0$: $\sqrt{32x^{-4}} : \sqrt{0{,}02x^6} = \sqrt{\frac{32x^{-4}}{0{,}02x^6}} = \sqrt{1\,600x^{-10}} = 40x^{-5}$

n) $\frac{3(\sqrt{8} + \sqrt{1})}{\sqrt{8 + 1}} = \frac{3(2\sqrt{2} + 1)}{\sqrt{9}} = 2\sqrt{2} + 1$

o) $\frac{19\sqrt{2} - 5\sqrt{8}}{\sqrt{2} - \sqrt{32}} = \frac{19\sqrt{2} - 5 \cdot 2 \cdot \sqrt{2}}{\sqrt{2} - 4\sqrt{2}} = \frac{9\sqrt{2}}{-3\sqrt{2}} = -3$

p) $3 \cdot \sqrt{\frac{6}{3}} - \frac{2}{\sqrt{2}} = 3\sqrt{2} - \sqrt{2} = 2\sqrt{2}$

q) $\frac{\sqrt{10}}{\sqrt{60}} + \frac{5}{\sqrt{6}} = \sqrt{\frac{10}{60}} + \frac{5\sqrt{6}}{6} = \sqrt{\frac{1}{6}} + \frac{5\sqrt{6}}{6} = \frac{\sqrt{6}}{6} + \frac{5\sqrt{6}}{6} = \frac{6\sqrt{6}}{6} = \sqrt{6}$

r) $\left(\frac{\sqrt{2}}{2} - \frac{1}{2}\sqrt{2} + \frac{1}{\sqrt{2}}\right)^2 = \left(\frac{\sqrt{2}}{2} - \frac{\sqrt{2}}{2} + \frac{\sqrt{2}}{2}\right)^2 = \left(\frac{\sqrt{2}}{2}\right)^2 = \frac{2}{4} = \frac{1}{2} = 0{,}5$

s) $(1 - \sqrt{3})^2 = (1 - \sqrt{3})(1 - \sqrt{3}) = 1 - \sqrt{3} - \sqrt{3} + 3 = 4 - 2\sqrt{3} = 2(2 - \sqrt{3})$

t) $\frac{2}{\sqrt{2} + \frac{2}{\sqrt{2} + \frac{2}{\sqrt{2}}}} = \frac{2}{\sqrt{2} + \frac{2}{\sqrt{2} + \sqrt{2}}} = \frac{2}{\sqrt{2} + \frac{2}{2\sqrt{2}}} = \frac{2}{\sqrt{2} + \frac{1}{\sqrt{2}}} = \frac{2}{\sqrt{2} + \frac{\sqrt{2}}{2}} = \frac{2}{\frac{3\sqrt{2}}{2}} = \frac{4}{3\sqrt{2}} = \frac{4\sqrt{2}}{3 \cdot 2} = \frac{2\sqrt{2}}{3}$

Lösungssatz: Wer am langsamsten beim Versprechen ist, ist am schnellsten beim Halten.
(Jean Jacques Rousseau)

4. (1) Den gleichen Wert besitzen die Terme $\frac{\sqrt{2}}{2}$; $\sqrt{\frac{1}{2}}$; $\frac{1}{2}\sqrt{2}$; $\frac{1}{\sqrt{2}}$; $2 \cdot \sqrt{\frac{1}{8}}$ und $\sqrt{\frac{\sqrt{4}}{4}}$.

(2) Jeweils den gleichen Wert besitzen die Terme $\frac{\sqrt{5}}{5}$; $\sqrt{\frac{2^2 + 1^2}{5^2}}$; $\frac{1}{5}\sqrt{5}$ und $\frac{\sqrt{10}}{\sqrt{50}}$
bzw. die Terme $\frac{5}{\sqrt{5}}$ und $5 \cdot \sqrt{\frac{25}{125}}$.

(3) Den gleichen Wert besitzen die Terme $\frac{\sqrt{12}}{2}$; $\frac{3\sqrt{3}}{(\sqrt{5} - \sqrt{2})(\sqrt{5} + \sqrt{2})}$ und $\frac{1}{3}\sqrt{27}$.

(4) Den gleichen Wert besitzen die Terme $(2\sqrt{2})^2$; $\sqrt{4\sqrt{256}}$; 8 und $\frac{1}{\sqrt{2}} \cdot \sqrt{128}$.

Seite 6

1. a) $(6\text{ cm})^2 + (6\text{ cm})^2 = x^2$; $x^2 = 72\text{ cm}^2$;
$x = 6\sqrt{2}\text{ cm} \approx 8{,}5\text{ cm}$

b) $x^2 + (12\text{ m})^2 = (13\text{ m})^2$;
$x^2 = 169\text{ m}^2 - 144\text{ m}^2 = 25\text{ m}^2$;
$x = 5\text{ m}$

c) $x^2 = (4\text{ cm})^2 + (3\text{ cm})^2 = 16\text{ cm}^2 + 9\text{ cm}^2 = 25\text{ cm}^2$;
$x = 5\text{ cm}$

d) $x^2 = (40\text{ m})^2 + (9\text{ m})^2 = 1\,600\text{ m}^2 + 81\text{ m}^2 = 1\,681\text{ m}^2$;
$x = 41\text{ m}$;
$y^2 + (\sqrt{1\,581}\text{ m})^2 = (41\text{ m})^2$;
$y^2 = 1\,681\text{ m}^2 - 1\,581\text{ m}^2 = 100\text{ m}^2$;
$y = 10\text{ m}$

e) $y^2 = (37\text{ cm})^2 - (12\text{ cm})^2 = 1\,369\text{ cm}^2 - 144\text{ cm}^2 = 1\,225\text{ cm}^2$;
$y = 35\text{ cm}$;
$x^2 + x^2 = (35\text{ cm})^2$;
$2x^2 = 1\,225\text{ cm}^2$;
$x^2 = \frac{1\,225}{2}\text{ cm}^2 = \frac{1\,225 \cdot 2}{4}\text{ cm}^2$;
$x = \frac{35}{2} \cdot \sqrt{2}\text{ cm} \approx 24{,}7\text{ cm}$

f) $x^2 + (8\text{ km})^2 = (16\text{ km})^2$;
$x^2 + 64\text{ km}^2 = 256\text{ km}^2$;
$x^2 = 256\text{ km}^2 - 64\text{ km}^2 = 192\text{ km}^2$;
$x = \sqrt{192}\text{ km} = 8\sqrt{3}\text{ km} \approx 13{,}9\text{ km}$

g) $x^2 = (15\text{ cm})^2 + (20\text{ cm})^2 = 225\text{ cm}^2 + 400\text{ cm}^2 = 625\text{ cm}^2$;
$x = 25\text{ cm}$

h) $(2x)^2 = (14\text{ m})^2 + (7\text{ m})^2$;
$4x^2 = 196\text{ m}^2 + 49\text{ m}^2 = 245\text{ m}^2$;
$x^2 = \frac{245}{4}\text{ m}^2$;
$x = \frac{7}{2}\sqrt{5}\text{ m} \approx 7{,}8\text{ m}$

i) $x^2 = (13\text{ cm})^2 - (5\text{ cm})^2 = 169\text{ cm}^2 - 25\text{ cm}^2 = 144\text{ cm}^2$;
$x = 12\text{ cm}$;
$y^2 = (37\text{ cm})^2 - (12\text{ cm})^2 = 1\,369\text{ cm}^2 - 144\text{ cm}^2 = 1\,225\text{ cm}^2$;
$y = 35\text{ cm}$

2. Basishöhe: h; Flächeninhalt: A; Quadratseitenlänge: a

a) $h^2 = (25\text{ cm})^2 - (7\text{ cm})^2 = 625\text{ cm}^2 - 49\text{ cm}^2 = 576\text{ cm}^2$;
$h = 24\text{ cm}$;
$A = \frac{1}{2} \cdot 14\text{ cm} \cdot 24\text{ cm} = 168\text{ cm}^2$;
$a^2 = A = 168\text{ cm}^2$;
$a = 2\sqrt{42}\text{ cm} \approx 13{,}0\text{ cm}$

b) $h^2 = (41\text{ m})^2 - (9\text{ m})^2 = 1\,681\text{ m}^2 - 81\text{ m}^2 = 1\,600\text{ m}^2$;
$h = 40\text{ m}$;
$A = \frac{1}{2} \cdot 18\text{ m} \cdot 40\text{ m} = 360\text{ m}^2$;
$a^2 = 360\text{ m}^2$;
$a = 6\sqrt{10}\text{ m} \approx 19{,}0\text{ m}$

c) $h^2 = (65\text{ cm})^2 - (16\text{ cm})^2 = 4\,225\text{ cm}^2 - 256\text{ cm}^2 = 3\,969\text{ cm}^2$;
$h = 63\text{ cm}$;
$A = \frac{1}{2} \cdot 32\text{ cm} \cdot 63\text{ cm} = 1\,008\text{ cm}^2$;
$a^2 = 1\,008\text{ cm}^2$;
$a = \sqrt{1\,008}\text{ cm} = 12\sqrt{7}\text{ cm} \approx 31{,}7\text{ cm}$

Seite 7

3. $l_1 = 2 \cdot 400\text{ m} + 500\text{ m} = 1\,300\text{ m}$
$l_2 = 2 \cdot 300\text{ m} + 400\text{ m} = 1\,000\text{ m}$
$l_3 = 2 \cdot 400\text{ m} + 300\text{ m} = 1\,100\text{ m}$
$l_4 = 2 \cdot 300\text{ m} + 500\text{ m} = 1\,100\text{ m}$
$l_5 = 2 \cdot 500\text{ m} = 1\,000\text{ m}$
$l_6 = 2 \cdot 250\text{ m} + 150\text{ m} + 400\text{ m} = 1\,050\text{ m}$
Ergebnis: $l_2 = l_5 < l_6 < l_3 = l_4 < l_1$

4.

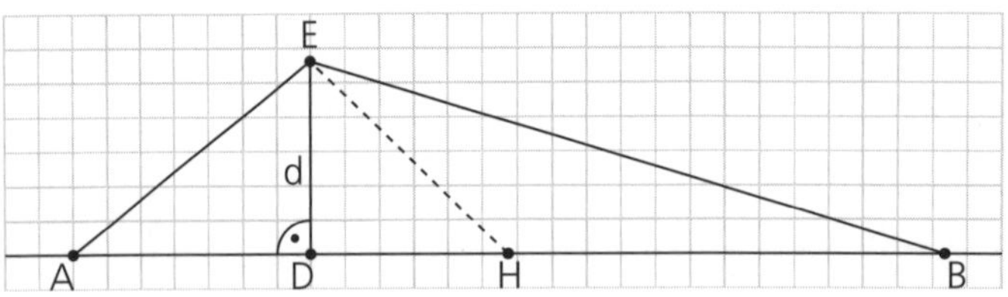

a) $\overline{AD}^2 = \overline{EA}^2 - d^2 = (45\text{ m})^2 - (28\text{ m})^2 = 1\,241\text{ m}^2$; $\overline{AD} \approx 35{,}2\text{ m} \approx 35\text{ m}$;
$\overline{DB}^2 = \overline{BE}^2 - d^2 = (96\text{ m})^2 - (28\text{ m})^2 = 8\,432\text{ m}^2$; $\overline{DB} \approx 91{,}8\text{ m} \approx 92\text{ m}$
Entfernung der Einmündungen: $\overline{AB} = \overline{AD} + \overline{DB} \approx 35{,}2\text{ m} + 91{,}8\text{ m} = 127\text{ m}$

b) Direkter Weg: $\overline{DH} = \overline{AB} : 2 - \overline{AD} \approx 127\text{ m} : 2 - 35{,}2\text{ m} = 63{,}5\text{ m} - 35{,}2\text{ m} = 28{,}3\text{ m} \approx 28\text{ m}$;
$\overline{HE}^2 = d^2 + \overline{DH}^2 \approx (28\text{ m})^2 + (28{,}3\text{ m})^2 \approx 784\text{ m}^2 + 801\text{ m}^2 = 1\,585\text{ m}^2$; $\overline{HE} \approx 39{,}8\text{ m} \approx 40\text{ m}$:
Der Weg über A ist etwa (45 m + 127 m : 2 =) 108,5 m ≈ 109 m lang.
Der direkte Weg [HE] ist um etwa (108,5 m – 39,8 m =) 68,7 m ≈ 69 m kürzer als der Weg über A.
Prozentsatz: $\frac{68{,}7\text{ m}}{108{,}5\text{ m}} \approx 63\%$
Der Weg über B ist etwa (96 m + 127 m : 2 =) 159,5 m ≈ 160 m lang, also um etwa (159,5 m – 39,8 m =) 119,7 m ≈ 120 m länger als der direkte Weg [HE].
Prozentsatz: $\frac{119{,}7\text{ m}}{39{,}8\text{ m}} \approx 301\%$

Seite 8

5. a) Die Dreiecke MEN und SAN stimmen in zwei Winkeln und deshalb (wegen der Winkelsumme) in allen drei Winkeln miteinander überein: Beide besitzen einen rechten Winkel (Scheitel E bzw. S); außerdem ist ∢ NAS = ∢ MNE. Sie sind also nach WWW zueinander ähnlich.
∢ ANM = 180° – ∢ MNE – (90° – ∢ NAS) (gestreckter Winkel; Winkelsumme)
= 180° – ∢ MNE – 90° + ∢ NAS = 90° (∢ NAS = ∢ MNE)
Das Dreieck NAM ist also rechtwinklig.

b) $A_{\text{Rechteck MESA}} = 8\text{ cm} \cdot \overline{ME}$; $A_{\text{Dreieck NAM}} = (8\text{ cm} \cdot \overline{ME}) : 2$; also nimmt das Dreieck NAM die Hälfte der Fläche des Rechtecks MESA ein.

c) Da die Dreiecke MEN und SAN zueinander ähnlich sind [vgl. a)], gilt
$\frac{\overline{ME}}{\overline{EN}} = \frac{\overline{NS}}{\overline{SA}}$; wegen $\overline{SA} = \overline{ME}$ und $\overline{EN} : \overline{NS} = 1 : 3$ ist $\frac{\overline{ME}}{2\text{ cm}} = \frac{6\text{ cm}}{\overline{ME}}$; $| \cdot (2\text{ cm} \cdot \overline{ME})$
$\overline{ME}^2 = 12\text{ cm}^2$; $\overline{ME} = 2\sqrt{3}\text{ cm} \approx 3{,}5\text{ cm}$
$A_{NAM} = (8\text{ cm} \cdot 2\sqrt{3}\text{ cm}) : 2 = 8\sqrt{3}\text{ cm}^2 \approx 14\text{ cm}^2$
$\overline{MN}^2 = \overline{ME}^2 + \overline{EN}^2 = 12\text{ cm}^2 + (2\text{ cm})^2 = 12\text{ cm}^2 + 4\text{ cm}^2 = 16\text{ cm}^2$; $\overline{MN} = 4\text{ cm}$;
$\overline{NA}^2 = \overline{NS}^2 + \overline{SA}^2 = (6\text{ cm})^2 + 12\text{ cm}^2 = 36\text{ cm}^2 + 12\text{ cm}^2 = 48\text{ cm}^2$; $\overline{NA} = 4\sqrt{3}\text{ cm}$;
$U_{NAM} = \overline{MN} + \overline{NA} + \overline{AM} = 4\text{ cm} + 4\sqrt{3}\text{ cm} + 8\text{ cm} = 4(3 + \sqrt{3})\text{ cm} \approx 19\text{ cm}$

6. $\overline{CA}^2 = (230\text{ cm})^2 + (110\text{ cm})^2 = 65\,000\text{ cm}^2$; $\overline{CA} = 50\sqrt{26}\text{ cm} \approx 255\text{ cm}$
Die Dreiecke ABC und CDE stimmen in zwei (und damit in allen drei) Winkeln miteinander überein, sind also nach WWW zueinander ähnlich.
$\frac{\overline{EC}}{\overline{CD}} = \frac{\overline{AB}}{\overline{CA}}$; $\frac{\overline{EC}}{65\text{ cm}} \approx \frac{110\text{ cm}}{255\text{ cm}}$; $| \cdot 65\text{ cm}$ $\quad \overline{EC} \approx 28{,}0\text{ cm}$;
$\overline{DE} = \sqrt{\overline{CD}^2 - \overline{EC}^2} \approx \sqrt{(65\text{ cm})^2 - (28\text{ cm})^2} = \sqrt{3\,441\text{ cm}^2}$
$\approx 58{,}7\text{ cm} > 54\text{ cm}$.
Der Koffer passt also aufrecht durch die Luke.

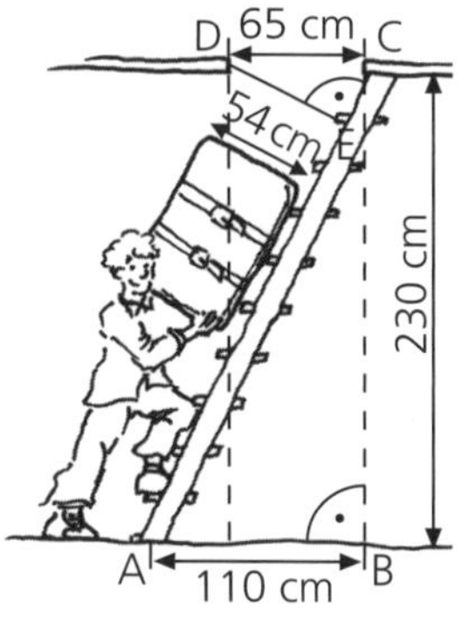

7. a) $b^2 + c^2 = (30\text{ cm})^2 + (16\text{ cm})^2 = 900\text{ cm}^2 + 256\text{ cm}^2 = 1\,156\text{ cm}^2 = (34\text{ cm})^2 = a^2$:
Das Dreieck ist rechtwinklig.

b) $b^2 + c^2 = (24\text{ m})^2 + (10\text{ m})^2 = 576\text{ m}^2 + 100\text{ m}^2 = 676\text{ m}^2 = (26\text{ m})^2 = a^2$:
Das Dreieck ist rechtwinklig.

c) $a^2 + b^2 = (34\text{ cm})^2 + (34\text{ cm})^2 = 1\,156\text{ cm}^2 + 1\,156\text{ cm}^2 = 2\,312\text{ cm}^2$;
$c^2 = (40\text{ cm})^2 = 1\,600\text{ cm}^2 < 2\,312\text{ cm}^2$:
Das Dreieck ist spitzwinklig.

d) $a^2 + b^2 = (15\text{ cm})^2 + (12\text{ cm})^2 = 225\text{ cm}^2 + 144\text{ cm}^2 = 369\text{ cm}^2$;
$c^2 = (20\text{ cm})^2 = 400\text{ cm}^2 > 369\text{ cm}^2$:
Das Dreieck ist stumpfwinklig.

e) Es ergibt sich kein Dreieck, da $b + c = 8\text{ km} + 7\text{ km} = 15\text{ km} = a$ ist.

f) $b^2 + c^2 = (60\text{ m})^2 + (11\text{ m})^2 = 3\,600\text{ m}^2 + 121\text{ m}^2 = 3\,721\text{ m}^2 = (61\text{ m})^2 = a^2$:
Das Dreieck ist rechtwinklig.

Lucas hat also Recht.

8. 1. Dreieck: $(9\text{ cm})^2 + (12\text{ cm})^2 = 81\text{ cm}^2 + 144\text{ cm}^2 = 225\text{ cm}^2 = (15\text{ cm})^2$:
Dieses Dreieck ist rechtwinklig.
2. Dreieck: $(7\text{ cm})^2 + (15\text{ cm})^2 = 49\text{ cm}^2 + 225\text{ cm}^2 = 274\text{ cm}^2 < (20\text{ cm})^2 = 400\text{ cm}^2$:
Dieses Dreieck ist stumpfwinklig.

Wenn man die beiden Dreiecke wie in der Abbildung zusammenlegt, erhält man das Dreieck UVW; es ist wegen $(9\text{ cm} + 7\text{ cm})^2 + (12\text{ cm})^2 = (16\text{ cm})^2 + 144\text{ cm}^2$
$= 256\text{ cm}^2 + 144\text{ cm}^2 = 400\text{ cm}^2 = (20\text{ cm})^2$ rechtwinklig.

Konstruktionsplan:
Man konstruiert ein rechtwinkliges Dreieck mit Katheten [WU] der Länge 12 cm und [UV] der Länge 9 cm + 7 cm = 16 cm.

Konstruktion:

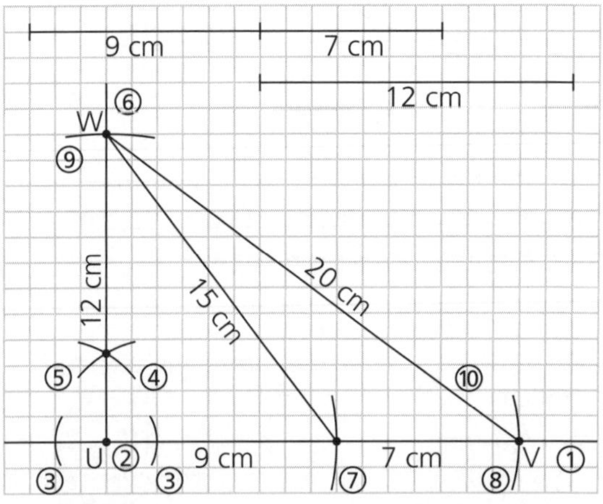

Seite 10

9. Der Innenraum der Schachtel ist ein Quader mit den Kantenlängen 29,5 cm, 14,5 cm und 32,5 cm. Länge jeder der beiden Flächendiagonalen des Innenbodens:
$\sqrt{(29{,}5\text{ cm})^2 + (14{,}5\text{ cm})^2} = \sqrt{870{,}25\text{ cm}^2 + 210{,}25\text{ cm}^2} = \sqrt{1\,080{,}5\text{ cm}^2} \approx$
$32{,}87\text{ cm} > 31{,}5\text{ cm}$
Da die Höhe des Quaders 32,5 cm, also ebenfalls größer als 31,5 cm ist, reicht der Platz zum Verschicken einer Langspielplatte aus; die LP konnte also (falls die Pappe nicht stärker als 2,5 mm ist) als Warensendung für 1,65 € Porto verschickt werden.

10. a)

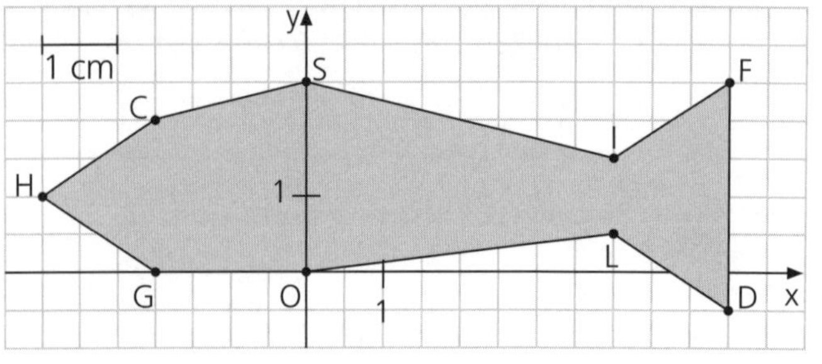

Seite	[GO]	[OL]	[LD]	[DF]	[FI]
Seitenlänge (in cm)	2	$\sqrt{4^2 + 0{,}5^2} = \frac{1}{2}\sqrt{65}$	$\sqrt{1{,}5^2 + 1^2} = \frac{1}{2}\sqrt{13}$	3	$\sqrt{1{,}5^2 + 1^2} = \frac{1}{2}\sqrt{13}$
Die Maßzahl ist	rational	irrational	irrational	rational	irrational

Seite	[IS]	[SC]	[CH]	[HG]
Seitenlänge (in cm)	$\sqrt{4^2 + 1^2} = \sqrt{17}$	$\sqrt{2^2 + 0{,}5^2} = \frac{1}{2}\sqrt{17}$	$\sqrt{1{,}5^2 + 1^2} = \frac{1}{2}\sqrt{13}$	$\sqrt{1{,}5^2 + 1^2} = \frac{1}{2}\sqrt{13}$
Die Maßzahl ist	irrational	irrational	irrational	irrational

$$U_{\text{GOLDFISCH}} = \left(2 + \frac{1}{2}\sqrt{65} + \frac{1}{2}\sqrt{13} + 3 + \frac{1}{2}\sqrt{13} + \sqrt{17} + \frac{1}{2}\sqrt{17} + \frac{1}{2}\sqrt{13} + \frac{1}{2}\sqrt{13}\right)\text{ cm} =$$
$$= \left(5 + 2\sqrt{13} + \frac{3}{2}\sqrt{17} + \frac{1}{2}\sqrt{65}\right)\text{ cm} \approx 22{,}4\text{ cm};$$

$$A_{\text{GOLDFISCH}} = A_{\text{Dreieck HGC}} + A_{\text{Trapez GOSC}} + A_{\text{Trapez OLIS}} + A_{\text{Trapez LDFI}} =$$
$$= \left[\frac{1}{2} \cdot 2 \cdot 1{,}5 + \frac{1}{2}(2 + 2{,}5) \cdot 2 + \frac{1}{2}(2{,}5 + 1) \cdot 4 + \frac{1}{2}(1 + 3) \cdot 1{,}5\right]\text{ cm}^2 =$$
$$= [1{,}5 + 4{,}5 + 7 + 3]\text{ cm}^2 = 16\text{ cm}^2$$

b) $\frac{2}{9}$, also etwa 22%, der Seitenlängen [vgl. a)] besitzen in cm gemessen rationale Maßzahlen.

c) Jedes Quadrat mit der Seitenlänge 4 cm besitzt den gleichen Flächeninhalt wie das Neuneck GOLDFISCH.

Seite 11

11. Weglänge zwischen den Brücken: $s = \sqrt{(450\text{ m})^2 + (60\text{ m})^2} = 30\sqrt{229}\text{ m} \approx 454\text{ m}$

Arbeitszeit: $\frac{s}{50\frac{\text{m}}{\text{d}}} \approx 9{,}1\text{ d}$

Ergebnis: Zehn Arbeitstage reichen also aus: Tom hat Recht.

12. a) Flugzeit: 9.00 Uhr – 8.30 Uhr = 0,50 h

Flugstrecken: $s_L = 800\,\frac{\text{km}}{\text{h}} \cdot 0{,}50\text{ h} = 400\text{ km}$;

$s_S = 960\,\frac{\text{km}}{\text{h}} \cdot 0{,}50\text{ h} = 480\text{ km}$

Entfernung: $\overline{LS} = \sqrt{(400\text{ km})^2 + (480\text{ km})^2} = 80\sqrt{61}\text{ km} \approx 620\text{ km}$

b) Entfernung nach x Stunden: $\overline{LS}^* = \sqrt{(800\text{ km} \cdot x)^2 + (960\text{ km} \cdot x)^2} =$

$= 160\,x \cdot \sqrt{61}\text{ km}$

Flugzeit in Stunden: $160x \cdot \sqrt{61}\text{ km} = 2\,000\text{ km};\ | : (160 \cdot \sqrt{61}\text{ km})$

$x = \frac{2\,000}{160\sqrt{61}} \approx 1{,}6$

Ergebnis: Nach etwa 1,6 h = 96 min $\approx 1\frac{1}{2}$ h sind sie 2 000 km voneinander entfernt.

13. a) Länge jeder der beiden Quadratdiagonalen: d = 10 cm. Hat ein Quadrat die Seitenlänge a, dann beträgt die Länge jeder seiner beiden Diagonalen $a\sqrt{2}$.

Also ist $a\sqrt{2} = 10\text{ cm};\ | : \sqrt{2}$ $\quad a = \frac{10\text{ cm}}{\sqrt{2}} = 5\sqrt{2}\text{ cm}$. Lucas hat somit Recht.

oder: Im gleichschenklig-rechtwinkligen Dreieck ACM gilt $\overline{AC}^2 = \overline{CM}^2 + \overline{MA}^2$, also $a^2 = (5\text{ cm})^2 + (5\text{ cm})^2 = 50\text{ cm}^2$, d. h. $a = 5\sqrt{2}\text{ cm}$.

b) Das Dreieck NFG ist rechtwinklig.

Wendet man den Satz von Pythagoras an, so erhält man $b^2 = \left(\frac{a}{2}\right)^2 + \left(\frac{d}{2} - \frac{a}{2}\right)^2$.

Mit $a = 5\sqrt{2}$ cm und d = 10 cm ergibt sich hieraus

$b^2 = \left(\frac{5\sqrt{2}}{2}\text{ cm}\right)^2 + \left(5\text{ cm} - \frac{5\sqrt{2}}{2}\text{ cm}\right)^2 =$

$= \frac{25}{2}\text{ cm}^2 + 25\text{ cm}^2 - 25\sqrt{2}\text{ cm}^2 + \frac{25}{2}\text{ cm}^2 =$

$= 50\text{ cm}^2 - 25\sqrt{2}\text{ cm}^2 = 25(2 - \sqrt{2})\text{ cm}^2$, also

$b = 5\sqrt{2 - \sqrt{2}}\text{ cm} \approx 3{,}83\text{ cm}$.

$U_8 = 8b = 40\sqrt{2 - \sqrt{2}}\text{ cm} \approx 30{,}61\text{ cm}$;

$U_4 = 4a = 4 \cdot 5\sqrt{2}\text{ cm} = 20\sqrt{2}\text{ cm} \approx 28{,}28\text{ cm}$;

$U_k = d \cdot \pi = 10\pi\text{ cm} \approx 31{,}42\text{ cm}$:

Die Umfangslänge U_k des Kreises ist um $\frac{U_k - U_8}{U_8} = \frac{10\pi - 40\sqrt{2 - \sqrt{2}}}{40\sqrt{2 - \sqrt{2}}} \approx 2{,}6\%$ größer als die des Achtecks.

Seite 12

14. $a^2 = (4\text{ cm})^2 + (2\text{ cm})^2 = 16\text{ cm}^2 + 4\text{ cm}^2 = 20\text{ cm}^2$;

$a = 2\sqrt{5}\text{ cm} \approx 4{,}5\text{ cm}$;

$b^2 = (3\text{ cm})^2 + (3\text{ cm})^2 = 9\text{ cm}^2 + 9\text{ cm}^2 = 18\text{ cm}^2$;

$b = 3\sqrt{2}\text{ cm} \approx 4{,}2\text{ cm}$;

$c^2 = (5\text{ cm}^2) + (4\text{ cm})^2 = 25\text{ cm}^2 + 16\text{ cm}^2 = 41\text{ cm}^2$;

$c = \sqrt{41}\text{ cm} \approx 6{,}4\text{ cm}$;

$d^2 = (4\text{ cm})^2 + (1\text{ cm})^2 = 16\text{ cm}^2 + 1\text{ cm}^2 = 17\text{ cm}^2$;

$d = \sqrt{17}\text{ cm} \approx 4{,}1\text{ cm}$;

$e^2 = (3\text{ cm})^2 + (4\text{ cm})^2 = 9\text{ cm}^2 + 16\text{ cm}^2 = 25\text{ cm}^2$;

$e = 5\text{ cm}$

15.

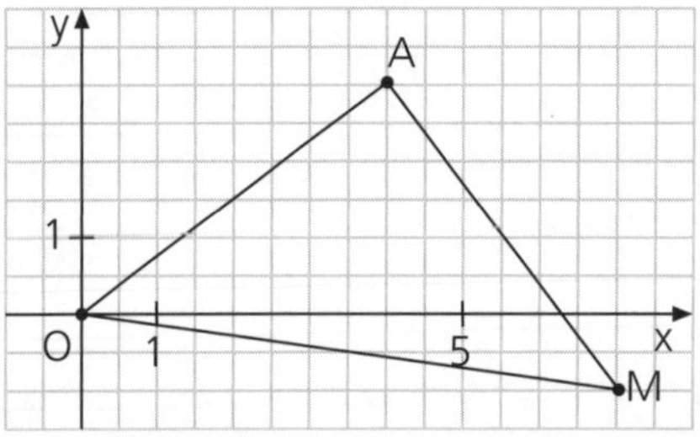

Entfernung $\overline{PQ}$ zweier Punkte P (x_1 | y_1) und Q (x_2 | y_2) voneinander:

$\overline{PQ} = \sqrt{(x_2 - x_1)^2 + (y_2 - y_1)^2}$

Längen der Dreiecksseiten:

$\overline{OM} = \sqrt{(7-0)^2 + (-1-0)^2} = \sqrt{49+1} = \sqrt{50} = 5\sqrt{2}$;

$\overline{MA} = \sqrt{(4-7)^2 + [3-(-1)]^2} = \sqrt{9+16} = \sqrt{25} = 5$;

$\overline{AO} = \sqrt{(0-4)^2 + (0-3)^2} = \sqrt{16+9} = \sqrt{25} = 5$

Ergebnis:

Da $\overline{MA} = \overline{AO}$ ist, ist das Dreieck OMA gleichschenklig; da außerdem $\overline{MA}^2 + \overline{AO}^2$ (= 25 + 25 = 50) = $\overline{OM}^2$ ist, ist das Dreieck OMA sogar gleichschenklig-rechtwinklig.

16.

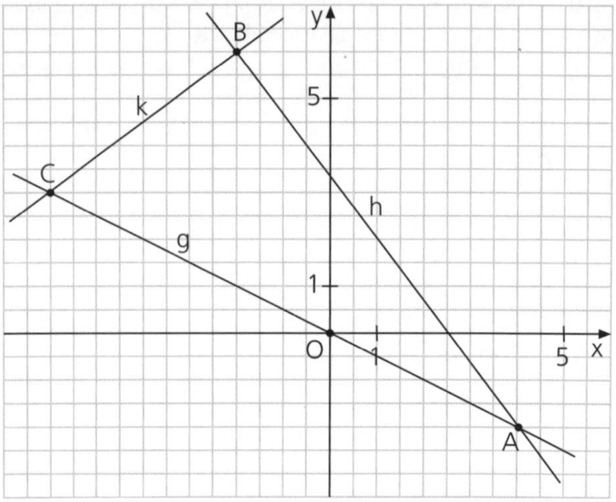

Eckpunkte:

$g \cap h = \{A\}$; $y = -\frac{1}{2}x$ eingesetzt in h:

$4x - 1{,}5x - 10 = 0;$

$2{,}5x = 10;$

$x = 4;\ y = -2:$ A (4 | −2)

$h \cap k = \{B\}$; (1) $4x + 3y - 10 = 0;\ | \cdot 3$

(2) $-3x + 4y - 30 = 0;\ | \cdot 4$

(1′) $12x + 9y - 30 = 0;$

(2′) $-12x + 16y - 120 = 0;$

(1′) + (2′) $25y - 150 = 0;$

$y = 6$ eingesetzt in (1):

$4x + 18 - 10 = 0;$

$4x = -8;\ x = -2:$ B (−2 | 6)

$k \cap g = \{C\}$; $y = -\frac{1}{2}x$ eingesetzt in k:

$-3x - 2x - 30 = 0;$

$-5x = 30;$

$x = -6;\ y = 3:$ C (−6 | 3)

Umfangslänge:

$\overline{AB} = \sqrt{(-2-4)^2 + (6+2)^2} = \sqrt{36+64} = \sqrt{100} = 10$;

$\overline{BC} = \sqrt{(-6+2)^2 + (3-6)^2} = \sqrt{16+9} = \sqrt{25} = 5$;

$\overline{CA} = \sqrt{(4+6)^2 + (-2-3)^2} = \sqrt{100+25} = \sqrt{125} = 5\sqrt{5}$;

$U = \overline{AB} + \overline{BC} + \overline{CA} = 10 + 5 + 5\sqrt{5} = 15 + 5\sqrt{5} \approx 26{,}2$

Seite 13

a)	$h^2 = pq = 2\text{ cm} \cdot (6\text{ cm} - 2\text{ cm}) = 8\text{ cm}^2$; $h = 2\sqrt{2}\text{ cm}$ $a^2 = h^2 + p^2 = 8\text{ cm}^2 + 4\text{ cm}^2 = 12\text{ cm}^2$; $a = 2\sqrt{3}\text{ cm}$ $b^2 = c^2 - a^2 = 36\text{ cm}^2 - 12\text{ cm}^2 = 24\text{ cm}^2$; $b = 2\sqrt{6}\text{ cm}$	L
b)	$a^2 = (16\text{ cm} : 2)^2 + (30\text{ cm} : 2)^2 = 64\text{ cm}^2 + 225\text{ cm}^2 = 289\text{ cm}^2$; $a = 17\text{ cm}$ $A = \frac{1}{2} \cdot (16\text{ cm} \cdot 30\text{ cm}) = \frac{1}{2} \cdot 480\text{ cm}^2 = 240\text{ cm}^2$	H
c)	$q^2 = b^2 - h^2 = 25\text{ cm}^2 - 16\text{ cm}^2 = 9\text{ cm}^2$; $q = 3\text{ cm}$ $h^2 = pq$; $\mid : q$ $\quad p = \frac{h^2}{q} = \frac{16\text{ cm}^2}{3\text{ cm}} = \frac{16}{3}\text{ cm} = 5\frac{1}{3}\text{ cm}$; $c = p + q = 5\frac{1}{3}\text{ cm} + 3\text{ cm} = 8\frac{1}{3}\text{ cm}$ $a^2 = c^2 - b^2 = \left(8\frac{1}{3}\text{ cm}\right)^2 - (5\text{ cm})^2 = 44\frac{4}{9}\text{ cm}^2$; $a = 6\frac{2}{3}\text{ cm}$	A
d)	$q = \frac{h^2}{p} = \frac{(4\text{ cm})^2}{2\text{ cm}} = 8\text{ cm}$; $c = p + q = 2\text{ cm} + 8\text{ cm} = 10\text{ cm}$ $a^2 = cp = 10\text{ cm} \cdot 2\text{ cm} = 20\text{ cm}^2$; $a = 2\sqrt{5}\text{ cm}$ $b^2 = cq = 10\text{ cm} \cdot 8\text{ cm} = 80\text{ cm}^2$; $b = 4\sqrt{5}\text{ cm}$	Z
e)	Würfelkantenlänge: $a\sqrt{3} = 6\text{ cm}$; $\mid : \sqrt{3}$ $\quad a = \frac{6\text{ cm}}{\sqrt{3}} = 2\sqrt{3}\text{ cm}$ Oberflächeninhalt: $A = 6a^2 = 6 \cdot (2\sqrt{3}\text{ cm})^2 = 6 \cdot 12\text{ cm}^2 = 72\text{ cm}^2$ Volumen: $V = a^3 = (2\sqrt{3}\text{ cm})^3 = 24\sqrt{3}\text{ cm}^3$	T
f)	$\overline{AD} = \frac{2}{5} \cdot 10\text{ cm} = 4\text{ cm}$; $\quad \overline{BD} = \frac{3}{5} \cdot 10\text{ cm} = 6\text{ cm}$ $\overline{BC}^2 = \overline{BD}^2 + h_c^2 = (6\text{ cm})^2 + (12\text{ cm})^2 = 36\text{ cm}^2 + 144\text{ cm}^2 = 180\text{ cm}^2$; $\overline{BC} = 6\sqrt{5}\text{ cm} \approx 13{,}4\text{ cm}$ $\overline{CA}^2 = \overline{AD}^2 + h_c^2 = (4\text{ cm})^2 + (12\text{ cm})^2 = 16\text{ cm}^2 + 144\text{ cm}^2 = 160\text{ cm}^2$; $\overline{CA} = 4\sqrt{10}\text{ cm} \approx 12{,}6\text{ cm}$ $U = \overline{AB} + \overline{BC} + \overline{CA} \approx 10\text{ cm} + 13{,}4\text{ cm} + 12{,}6\text{ cm} = 36\text{ cm}$	S
g)	$d^2 = (12\text{ cm})^2 + (6\text{ cm})^2 + (6\text{ cm})^2 = 216\text{ cm}^2$; $d = 6\sqrt{6}\text{ cm}$ $A = 2(12\text{ cm} \cdot 6\text{ cm} + 12\text{ cm} \cdot 6\text{ cm} + 6\text{ cm} \cdot 6\text{ cm}) =$ $= 2(72\text{ cm}^2 + 72\text{ cm}^2 + 36\text{ cm}^2) = 2 \cdot 180\text{ cm}^2 = 360\text{ cm}^2$	I
h)	$\frac{ab}{2} = A$; $\frac{24\text{ cm} \cdot b}{2} = 120\text{ cm}^2$; $12\text{ cm} \cdot b = 120\text{ cm}^2$; $\mid : 12\text{ cm}$ $\quad b = 10\text{ cm}$ $c^2 = a^2 + b^2 = (24\text{ cm})^2 + (10\text{ cm})^2 = 576\text{ cm}^2 + 100\text{ cm}^2 = 676\text{ cm}^2$; $c = 26\text{ cm}$	S
i)	$p + q = 5\text{ cm}$; $\quad pq = (\sqrt{6}\text{ cm})^2$, also $pq = 6\text{ cm}^2$ Durch Überlegen findet man, dass die Hypotenusenabschnitte 2 cm bzw. 3 cm lang sind.	E
j)	$p^2 = \overline{BC}^2 - \overline{CD}^2 = (10\text{ cm})^2 - (8\text{ cm})^2 = 100\text{ cm}^2 - 64\text{ cm}^2 = 36\text{ cm}^2$; $p = 6\text{ cm}$ $pq = \overline{CD}^2$; $q \cdot 6\text{ cm} = (8\text{ cm})^2$; $q \cdot 6\text{ cm} = 64\text{ cm}^2$; $\mid : 6\text{ cm}$ $q = \frac{64}{6}\text{ cm} = 10\frac{2}{3}\text{ cm}$ $c = p + q = 6\text{ cm} + 10\frac{2}{3}\text{ cm} = 16\frac{2}{3}\text{ cm}$	L
k)	$\frac{ab}{2} = A$; $\frac{16\text{ cm} \cdot b}{2} = 240\text{ cm}^2$; $8\text{ cm} \cdot b = 240\text{ cm}^2$; $\mid : 8\text{ cm}$ $b = 30\text{ cm} = \overline{CA}$ $c^2 = a^2 + b^2 = (16\text{ cm})^2 + (30\text{ cm})^2 = 256\text{ cm}^2 + 900\text{ cm}^2 = 1\,156\text{ cm}^2$; $c = 34\text{ cm}$ $\frac{c \cdot h}{2} = A$; $\frac{34\text{ cm} \cdot h}{2} = 240\text{ cm}^2$; $17\text{ cm} \cdot h = 240\text{ cm}^2$; $\mid : 17\text{ cm}$ $h = \frac{240\text{ cm}^2}{17\text{ cm}} = 14\frac{2}{17}\text{ cm} = \overline{CD}$	L
l)	$d^2 = (6\text{ cm})^2 + (3\text{ cm})^2 + (2\text{ cm})^2 = 36\text{ cm}^2 + 9\text{ cm}^2 + 4\text{ cm}^2 = 49\text{ cm}^2$; $d = 7\text{ cm}$ $V = 6\text{ cm} \cdot 3\text{ cm} \cdot 2\text{ cm} = 36\text{ cm}^3$	A

Der Ausspruch von Pythagoras lautet: ALLES IST ZAHL.

Seite 14

a) Zeichnet man die Parallele zu PR durch den Punkt A, so entsteht wegen IA II RP und TA ⊥ RP nach dem Satz über Stufenwinkel an Parallelen das rechtwinklige Dreieck TIA und das Parallelogramm RIAP. Somit ist $\overline{RI} = \overline{AP}$ und $\overline{IA} = \overline{RP}$. Wendet man auf das Dreieck TIA den Satz von Pythagoras an, so erhält man (wegen $\overline{IA} = \overline{RP}$ und $\overline{TI} = \overline{TR} + \overline{RI} = \overline{TR} + \overline{AP}$) $\overline{TA}^2 + \overline{IA}^2 = \overline{TI}^2$ und weiter
$\overline{TA}^2 + \overline{RP}^2 = (\overline{TR} + \overline{AP})^2$.

b) Konstruktion im Maßstab 1 : 2

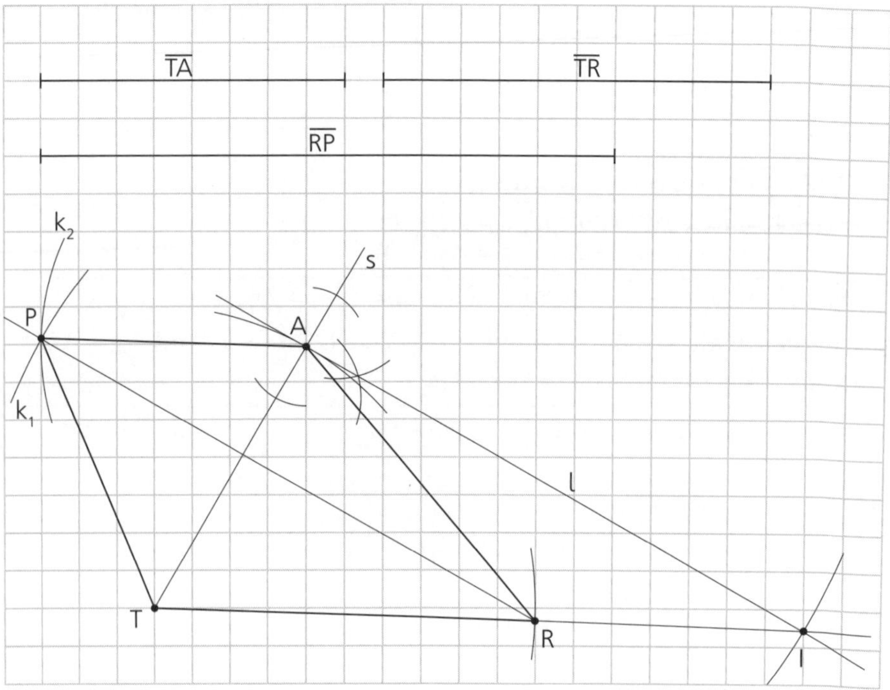

Punkt T wählen; Strahl s (z. B. unter 60° gegen die Waagrechte geneigt) mit Anfangspunkt T zeichnen ①

Strecke der Länge $\overline{TA}$ von T aus auf s abtragen; Endpunkt mit A bezeichnen ②

Lot l zu s durch den Punkt A konstruieren ③

Strecke der Länge ($\overline{AI}$ =) $\overline{RP}$ von A aus auf l abtragen; Endpunkt mit I bezeichnen ④

Den Punkt I mit dem Punkt T verbinden ⑤

Strecke der Länge $\overline{TR}$ von T aus auf [TI] abtragen; Endpunkt mit R bezeichnen ⑥

Kreis k_1 mit Mittelpunkt R und r = $\overline{RP}$ zeichnen ⑦

Kreis k_2 mit Mittelpunkt A und r = $\overline{RI}$ zeichnen (das Viereck RIAP ist ein Parallelogramm) ⑧

Denjenigen Schnittpunkt der Kreise k_1 und k_2 , der auf der Parallelen zu TR durch A liegt, mit P bezeichnen ⑨

Trapez TRAP vervollständigen ⑩

Seite 15

a)	$(a + 0{,}5)^2 = a^2 + a + 0{,}25$	D
b)	$\left(2 + \frac{1}{4}b\right)\left(2 - \frac{1}{4}b\right) = 4 - \frac{1}{16}b^2$	N
c)	$(1{,}3 + 2a)^2 = 1{,}69 + 5{,}2a + 4a^2$	A
d)	$(a + 2{,}6)^2 + 4{,}8(3{,}8 + a) = a^2 + 5{,}2a + 6{,}76 + 18{,}24 + 4{,}8a = a^2 + 10a + 25 = (a + 5)^2$	L
e)	$(a + 1)^2 + (a - 1)^2 - 2(a + 1)(a - 1) = a^2 + 2a + 1 + a^2 - 2a + 1 - 2a^2 + 2 = 4$	N
f)	$2(a - 4b)^2 + \frac{1}{3}(6a - 9b)(6a + 9b) = 2(a^2 - 8ab + 16b^2) + \frac{1}{3}(36a^2 - 81b^2) =$ $= 2a^2 - 16ab + 32b^2 + 12a^2 - 27b^2 = 14a^2 - 16ab + 5b^2$	E
g)	$(2a + 0{,}5b)^2 - \frac{1}{4}(2a - 8b)^2 = 4a^2 + 2ab + 0{,}25b^2 - \frac{1}{4}(4a^2 - 32ab + 64\,b^2) =$ $= 4a^2 + 2ab + 0{,}25b^2 - a^2 + 8ab - 16b^2 = 3a^2 + 10ab - 15{,}75b^2$	H
h)	$a > 0;\ b > 0:\ \left(\sqrt{a} + \frac{1}{\sqrt{a}}\right)^2 - \left(\sqrt{b} - \frac{1}{\sqrt{b}}\right)^2 = a + 2 + \frac{1}{a} - b + 2 - \frac{1}{b} = a + \frac{1}{a} - b - \frac{1}{b} + 4$	C
i)	$a \geqq 0;\ b \geqq 0:$ $(\sqrt{a} + \sqrt{b})^2 - (\sqrt{2a} - \sqrt{2b})^2 + (\sqrt{3a} + \sqrt{3b})(\sqrt{3a} - \sqrt{3b}) - 6\sqrt{ab} =$ $= a + 2\sqrt{ab} + b - 2a + 4\sqrt{ab} - 2b + 3a - 3b - 6\sqrt{ab} = 2a - 4b$	E
j)	$a > 0:\ \left(\sqrt{\frac{2}{a}} + \sqrt{\frac{a}{2}}\right)^2 - \left(\sqrt{\frac{a}{2}} - \sqrt{\frac{2}{a}}\right)^2 + 4 = \frac{2}{a} + 2 + \frac{a}{2} - \frac{a}{2} + 2 - \frac{2}{a} + 4 = 8$	I
k)	$(2a + 4b)^2 = 4a^2 + 16ab + 16b^2$	R
l)	$(4a + 7b)^2 = 16a^2 + 56ab + 49b^2$	G

Griechische Mathematiker: Archimedes, Eratosthenes, Euklid, Platon, Pythagoras, Thales …

Seite 16

1.

Funktionsterm	$f_1(x) = x^2 + 2$	$f_2(x) = x^2 - 0{,}5$	$f_3(x) = x^2 + 1$	$f_4(x) = x^2$	$f_5(x) = -x^2$	$f_6(x) = x^2 + 6$	$f_7(x) = -x^2 - 1$	$f_8(x) = -x^2 - 2$
Scheitel	$S_1\,(0 \mid 2)$	$S_2\,(0 \mid -0{,}5)$	$S_3\,(0 \mid 1)$	$S_4\,(0 \mid 0)$	$S_5\,(0 \mid 0)$	$S_6\,(0 \mid 6)$	$S_7\,(0 \mid -1)$	$S_8\,(0 \mid -2)$
Parabel	P_1	P_2	P_3	P_4	P_5	P_6	P_7	P_8

Zueinander symmetrisch bezüglich der x-Achse liegen P_1: $y = x^2 + 2$ und P_8: $y = -x^2 - 2$, P_3: $y = x^2 + 1$ und P_7: $y = -x^2 - 1$ sowie P_4: $y = x^2$ und P_5: $y = -x^2$.
Bei P_4 und P_5, also bei $(\frac{2}{8} = \frac{1}{4} =)$ 25% dieser acht Parabeln, liegt der Scheitel im Ursprung.
Bei $(\frac{5}{8} =)$ 62,5% dieser acht Parabeln liegt der Scheitel nicht auf der negativen y-Achse.
Der Punkt S_2 teilt die Strecke $[S_6S_7]$ im Verhältnis 13 : 1.
Der Punkt S_4 teilt die Strecke $[S_3S_8]$ im Verhältnis 1 : 2.

2. a) k_2: $r_2 = 4\text{ cm}$; $A_2 = r_2^{\,2}\,\pi = (4\text{ cm})^2 \cdot \pi = 16\pi\text{ cm}^2$
k_1: $r_1 = 2\text{ cm}$; $A_1 = r_1^{\,2}\,\pi = (2\text{ cm})^2 \cdot \pi = 4\pi\text{ cm}^2$
Bruchteil: $\frac{4\pi}{16\pi} = \frac{1}{4} = 25\%$

b) $A_{RAUT} = \frac{1}{2} \cdot 8\text{ cm} \cdot 4\text{ cm} = 16\text{ cm}^2$
Bruchteil: $\frac{16}{16\pi} = \frac{1}{\pi} \approx 32\%$

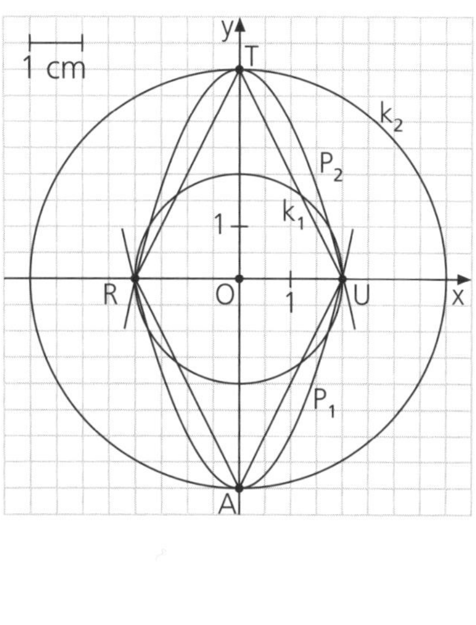

Seite 17

S_1	S_2	S_3	S_4	S_5	S_6	S_7	S_8	S_9	S_{10}
(–3 I 4)	(–2 I 0)	(–3 I –4)	(–1 I –1,5)	(0 I –4)	(1 I –1,5)	(3 I –4)	(2 I 0)	(3 I 4)	(0 I 3)

Zueinander symmetrisch bezüglich der y-Achse liegen die Punkte S_1 und S_9, S_2 und S_8, S_3 und S_7 sowie S_4 und S_6.
Zueinander symmetrisch bezüglich der x-Achse liegen die Punkte S_1 und S_3 sowie S_7 und S_9.

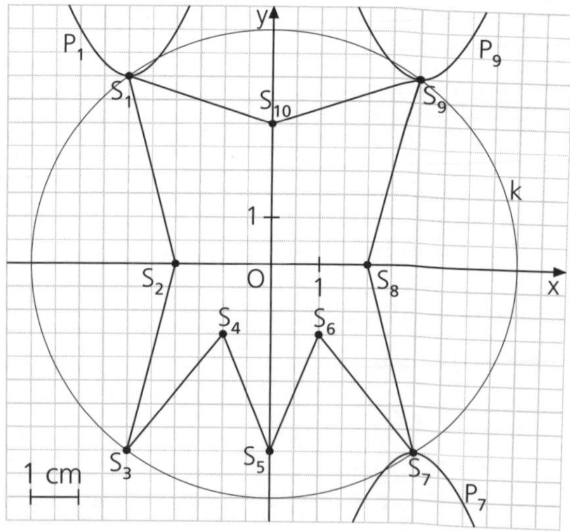

Da zueinander symmetrische Strecken gleich lang sind, gilt

$\overline{S_{10}S_1} = \overline{S_9S_{10}} = \sqrt{1^2 + 3^2}$ cm $= \sqrt{10}$ cm;

$\overline{S_1S_2} = \overline{S_8S_9} = \overline{S_2S_3} = \overline{S_7S_8} = \sqrt{1^2 + 4^2}$ cm $= \sqrt{17}$ cm;

$\overline{S_3S_4} = \overline{S_6S_7} = \sqrt{2^2 + 2{,}5^2}$ cm $= \sqrt{10{,}25}$ cm;

$\overline{S_4S_5} = \overline{S_5S_6} = \sqrt{1^2 + 2{,}5^2}$ cm $= \sqrt{7{,}25}$ cm.

Man muss nur vier verschiedene Streckenlängen berechnen; Gregor hat also Recht.

$U = \overline{S_1S_2} + \overline{S_2S_3} + \overline{S_3S_4} + \overline{S_4S_5} + \overline{S_5S_6} + \overline{S_6S_7} + \overline{S_7S_8} + \overline{S_8S_9} + \overline{S_9S_{10}} + \overline{S_{10}S_1} =$

$= \sqrt{17}$ cm $+ \sqrt{17}$ cm $+ \sqrt{10{,}25}$ cm $+ \sqrt{7{,}25}$ cm $+ \sqrt{7{,}25}$ cm $+ \sqrt{10{,}25}$ cm $+ \sqrt{17}$ cm $+ \sqrt{17}$ cm $+ \sqrt{10}$ cm $+ \sqrt{10}$ cm $= 4\sqrt{17}$ cm $+ 2\sqrt{10}$ cm $+ 2\sqrt{10{,}25}$ cm $+ 2\sqrt{7{,}25}$ cm $=$

$= (2\sqrt{10} + 4\sqrt{17} + \sqrt{29} + \sqrt{41})$ cm ≈ 35 cm

Die vier Punkte S_1, S_3, S_7 und S_9, also 40% der Scheitel, haben vom Ursprung die Entfernung $\sqrt{3^2 + 4^2}$ cm = 5 cm; sie liegen also auf der Kreislinie k mit Mittelpunkt O (0 I 0) und Radiuslänge 5 cm.

Mit der x-Achse keinen Punkt gemeinsam hat die Parabel	Begründung
P_1	P_1 ist nach oben geöffnet; S_1 liegt im II. Quadranten.
P_7	P_7 ist nach unten geöffnet; S_7 liegt im IV. Quadranten.
P_9	P_9 ist nach oben geöffnet; S_9 liegt im I. Quadranten.

Seite 18

1.

Gleichung der Parabel P	Scheitel S der Parabel P	Die Parabel P ist				
		nach oben geöffnet	nach unten geöffnet	kongruent zur Normalparabel	enger als die Normalparabel	weiter als die Normalparabel
$y = 4(x-3)^2 + 5$	(3 I 5)	x			x	
$y = 0{,}5(x+3)^2$	(–3 I 0)	x				x
$y = -4(x-1)^2$	(1 I 0)		x		x	
$y = 0{,}1(x+2)^2 + 1$	(–2 I 1)	x				x
$y = 2x^2$	(0 I 0)	x			x	
$y = x^2 - 1$	(0 I –1)	x		x		
$y = -(3-x)^2 - 2$	(3 I –2)		x	x		
$y = 2x^2 + 9$	(0 I 9)	x			x	
$y = (x+2)(x-2)$	(0 I –4)	x		x		
$y = (3-x)(3+x)$	(0 I 9)		x	x		
$y = (x-1)^2 + 1$	(1 I 1)	x		x		
$y = -(x-2)^2 - 1$	(2 I –1)		x	x		

2.

Gleichung der Parabel P	mit der x-Achse gemeinsame Punkte	Abszisse des Parabelscheitels	Ordinate des Parabelscheitels	Der Scheitel liegt
$y = (x-3)(x+5)$	$N_1\,(3 \mid 0)$; $N_2\,(-5 \mid 0)$	$x_S = -1$	$y_S = -16$	im III. Quadranten.
$y = 0{,}5(x+3)^2$	$N\,(-3 \mid 0)$	$x_S = -3$	$y_S = 0$	auf der negativen x-Achse.
$y = x(x+6)$	$N_1\,(-6 \mid 0)$; $N_2\,(0 \mid 0)$	$x_S = -3$	$y_S = -9$	im III. Quadranten.
$y = 3(x+2)(x-6)$	$N_1\,(-2 \mid 0)$; $N_2\,(6 \mid 0)$	$x_S = 2$	$y_S = -48$	im IV. Quadranten.
$y = x^2 + 6$	–	$x_S = 0$	$y_S = 6$	auf der positiven y-Achse.
$y = x^2 - 1$	$N_1\,(-1 \mid 0)$; $N_2\,(1 \mid 0)$	$x_S = 0$	$y_S = -1$	auf der negativen y-Achse.
$y = (x+3)^2 + 2$	–	$x_S = -3$	$y_S = 2$	im II. Quadranten.
$y = -x^2 - 1$	–	$x_S = 0$	$y_S = -1$	auf der negativen y-Achse.
$y = -(x-1)^2$	$N\,(1 \mid 0)$	$x_S = 1$	$y_S = 0$	auf der positiven x-Achse.
$y = -(4-x)(2-x)$	$N_1\,(2 \mid 0)$; $N_2\,(4 \mid 0)$	$x_S = 3$	$y_S = 1$	im I. Quadranten.

Seite 19

Der Scheitel der Parabel liegt …

… auf der positiven x-Achse	… zwischen der positiven x-Achse und s_1	… auf dem Strahl s_1	… zwischen s_1 und der positiven y-Achse	… auf der positiven y-Achse	… zwischen der positiven y-Achse und s_2	… auf dem Strahl s_2	… zwischen s_2 und der negativen x-Achse
P_1	P_4	P_2; P_3	P_{10}	P_8	P_{14}; P_{15}	P_3; P_{11}; P_{13}	P_9

… auf der negativen x-Achse	… zwischen der negativen x-Achse und s_3	… auf dem Strahl s_3	… zwischen s_3 und der negativen y-Achse	… auf der negativen y-Achse	… zwischen der negativen y-Achse und s_4	… auf dem Strahl s_4	… zwischen s_4 und der positiven x-Achse
P_7	P_{18}	P_3; P_6	P_{16}	P_5	P_{12}	P_3	P_{17}

Seite 20

[1] 4	[2] 6	[3] 5		[4] 6		[5] 1	[6] 3	[7] 5
[8] 4	7		[9] 1	6	[10] 9		[11] 1	2
[12] 1		[13] 2	6	6	3	[14] 2		9
	[15] 1	3				[16] 1	[17] 7	
[18] 1	2	6				[19] 7	2	[20] 0
	[21] 5	1				[22] 2	9	
[23] 6		[24] 4	[25] 2	[26] 3	[27] 3	6		[28] 8
[29] 4	[30] 3		[31] 7	3	0		[32] 2	4
[33] 8	6	4		6		[34] 2	1	0

Seite 21

a) $y = \frac{2}{3}x^2$ b) $y = -0{,}24\,x^2$ c) $y = -\frac{5}{8}x^2$

d) $y = 1{,}5\,x^2$ e) $y = \frac{1}{2}x^2$ f) $y = \frac{1}{6}x^2$

Seite 22

2. a) f_2: $f_2(x) = -x^2 + 1$; $D_{f_2} = \mathbb{R}$

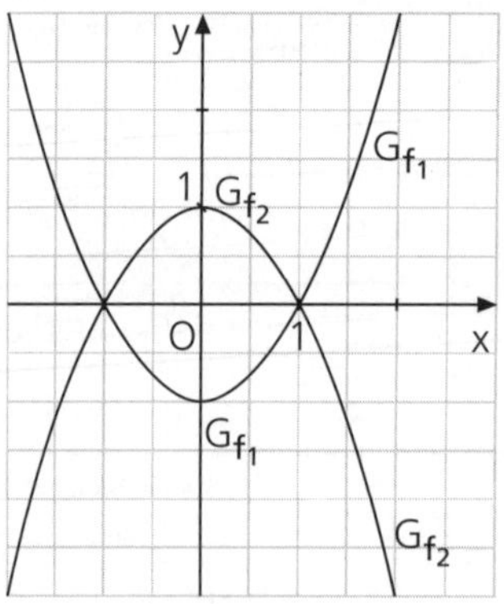

b) f_3: $f_3(x) = \frac{1}{x^2 - 1}$; $D_{f_3} = \mathbb{R}\backslash\{-1; 1\}$

G_{f_3} verläuft durch alle vier Quadranten, da G_{f_1} durch alle vier Quadranten verläuft. G_{f_3} hat mit G_{f_1} die drei Punkte P (0 | –1), Q ($\sqrt{2}$ | 1) und R ($-\sqrt{2}$ | 1) gemeinsam, da dort die Ordinaten den Betrag 1 haben. G_{f_3} besitzt die Asymptoten g_1: y = 0, g_2: x = 1 und g_3: x = –1.

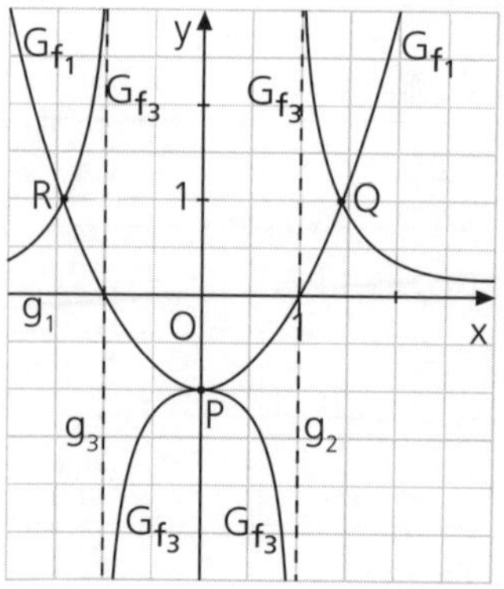

3. (1) Gregor: $y = -\frac{1}{8}(x-2)^2 + 2 = -\frac{1}{8}x^2 + \frac{1}{2}x + \frac{3}{2}$

(2) Laura: $y = 2(x-1)^2 = 2x^2 - 4x + 2$

(3) Lucas: $y = -x^2 + 2$

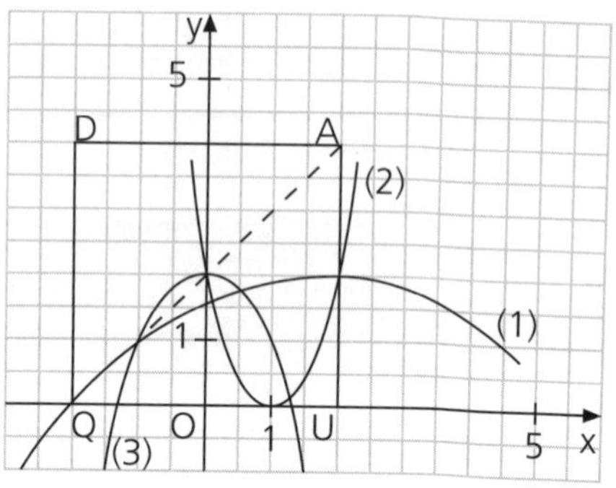

Seite 23

a)	L = {(7; 3; 2)}	S
b)	L = {(–2; 12; 3)}	I
c)	L = {(4; 4; 4)}	N
d)	L = {(1; 9; 15)}	B
e)	L = {(1; 0; –1)}	E
f)	L = {(0,5; 1; 2)}	L
g)	L = { }	R
h)	L = {(10; 0; 20)}	E
i)	L = {(1; 2; 3)}	S
j)	L = {(0,5; 0,25; 0,125)}	G
k)	L = {(17; –10; –14)}	L
l)	L = {(0; 0; 0)}	O
m)	L = {(15; 2; 11)}	F
n)	L = {($\frac{1}{3}$; $\frac{1}{6}$; 0)}	R
o)	L = {(1; 1; 1)}	E

Lösungswort: ERFOLGSERLEBNIS

1. a) $y = 0{,}5(x-2)^2 + 1$;
$y = 0{,}5x^2 - 2x + 3$

b) $f(x) = 2$; $0{,}5x^2 - 2x + 3 = 2$
Aus der Zeichnung erhält man die Lösungen
$x_1 \approx 0{,}6$ und $x_2 \approx 3{,}4$.

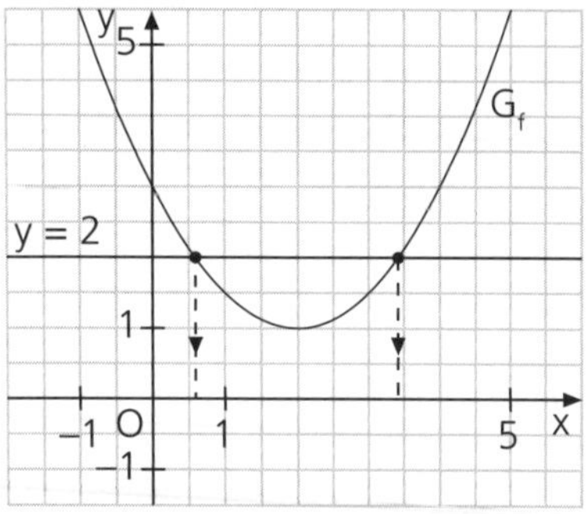

2.

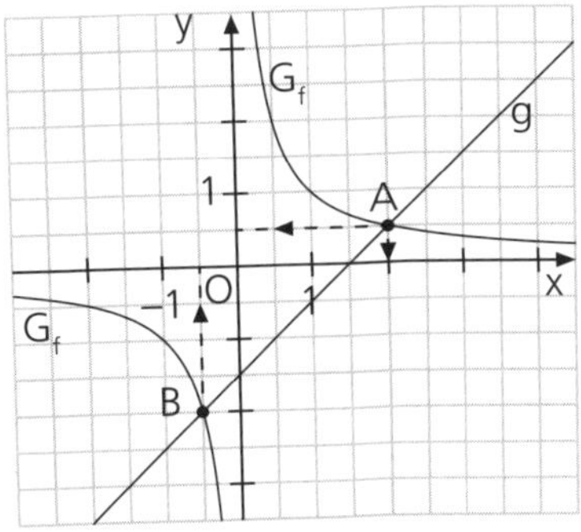

Aus der Zeichnung kann man näherungsweise die Koordinaten A (2,0 | 0,5) und B (−0,5 | −2,0) entnehmen.
Rechnung:

$\frac{1}{x} = x - 1{,}5$; $| \cdot x \; (x \neq 0)$

$1 = x^2 - \frac{3}{2}x$;

$x^2 - \frac{3}{2}x - 1 = 0$;

$x_{1,2} = \frac{\frac{3}{2} \pm \sqrt{\frac{9}{4} + 4}}{2} = \frac{\frac{3}{2} \pm \sqrt{\frac{25}{4}}}{2} = \frac{\frac{3}{2} \pm \frac{5}{2}}{2}$;

$x_1 = 2$; $x_2 = -\frac{1}{2}$;

$y_1 = 2 - 1{,}5 = 0{,}5$; $y_2 = -\frac{1}{2} - 1{,}5 = -2$:

A (2 | 0,5); B (−0,5 | −2)

3.

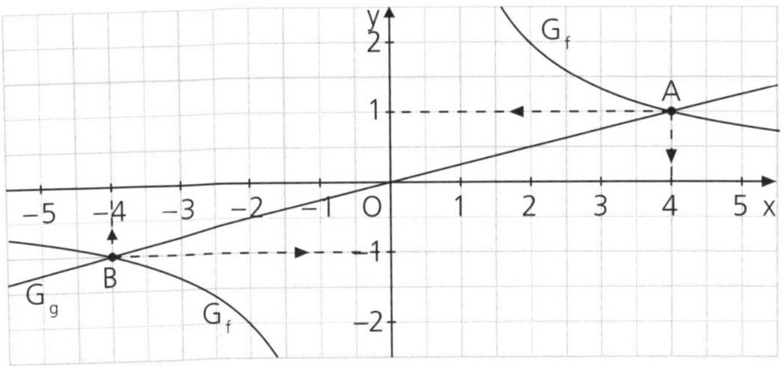

Aus der Zeichnung ergibt sich näherungsweise A (4,0 | 1,0) sowie B (−4,0 | −1,0).
Rechnung:

$\frac{4}{x} = 0{,}25x$; $| \cdot 4x \; (x \neq 0)$

$16 = x^2$;

$x^2 = 16$;

$x_1 = 4$; $y_1 = 1$: A (4 | 1);

$x_2 = -4$; $y_2 = -1$: B (−4 | −1);

$\overline{AB} = \sqrt{(-4-4)^2 + (-1-1)^2} = \sqrt{64 + 4} = \sqrt{68} = 2\sqrt{17} \approx 8{,}2$

Seite 25 Mögliche Formen der Parabelgleichung:

(1) Gleichung einer Parabel mit dem Scheitel S $(x_S \mid y_S)$: $y = a(x - x_S)^2 + y_S$; $a \neq 0$

(2) Gleichung einer Parabel, die die x-Achse in den Punkten $N_1 (x_1 \mid 0)$ und $N_2 (x_2 \mid 0) \neq N_1$ schneidet: $y = a(x - x_1)(x - x_2)$; $a \neq 0$

(3) Gleichung einer Parabel, die die x-Achse im Punkt S $(x_S \mid 0)$ berührt: $y = a(x - x_S)^2$; $a \neq 0$

(4) Allgemeine Form der Parabelgleichung: $y = ax^2 + bx + c$; $a \neq 0$

a) Ansatz: P: $y = a(x - 1)^2 + 2$
A $\in$ P: $1{,}5 = a \cdot (0 - 1)^2 + 2$; $1{,}5 = a + 2$; $a = -0{,}5$
P: $y = -0{,}5(x - 1)^2 + 2$, also P: $y = -0{,}5x^2 + x + 1{,}5$

b) Ansatz: P: $y = a(x - 1)^2 + 1$
A $\in$ P: $3 = a \cdot 1 + 1$; $a = 2$
P: $y = 2(x - 1)^2 + 1$, also P: $y = 2x^2 - 4x + 3$

c) Ansatz: P: $y = a(x + 5)(x - 4)$
A $\in$ P: $-8 = a \cdot 8 \cdot (-1)$; $a = 1$
P: $y = (x + 5)(x - 4)$, also P: $y = x^2 + x - 20$

d) Ansatz: P: $y = a(x - 2)(x - 6)$
A $\in$ P: $-24 = a \cdot (-2) \cdot (-6)$; $a = -2$
P: $y = -2(x - 2)(x - 6)$, also P: $y = -2x^2 + 16x - 24$

e) Ansatz: P: $y = a(x - 4)^2$
A $\in$ P: $-6 = a \cdot 1$; $a = -6$
P: $y = -6(x - 4)^2$, also P: $y = -6x^2 + 48x - 96$

f) Ansatz: P: $y = a(x + 2)^2$
A $\in$ P: $-1 = a \cdot 4$; $a = -\frac{1}{4}$
P: $y = -\frac{1}{4}(x + 2)^2$, also P: $y = -\frac{1}{4}x^2 - x - 1$

g) Ansatz: P: $y = ax^2 + bx + c$
A $\in$ P: $c = 8$
B $\in$ P: $a + b + c = 3$ (I)
C $\in$ P: $a - b + c = 15$ (II)
(I) – (II) $2b = -12$; $b = -6$
$b = -6$ und $c = 8$ eingesetzt in (I): $a - 6 + 8 = 3$; $a = 1$
P: $y = x^2 - 6x + 8$

h) Ansatz: P: $y = ax^2 + bx + c$
A $\in$ P: $a + b + c = -4$ (I)
B $\in$ P: $4a + 2b + c = -16$ (II)
C $\in$ P: $a - b + c = 8$ (III)
(I) – (III) $2b = -12$; $b = -6$
eingesetzt in (I) und in (II):
$a - 6 + c = -4$ (I')
$4a - 12 + c = -16$ (II')
(I') – (II') $-3a + 6 = 12$; $-3a = 6$; $a = -2$ eingesetzt in (I'):
$-2 - 6 + c = -4$; $c = 4$
P: $y = -2x^2 - 6x + 4$

Seite 26

a)	$x^2 - 25 = 0;\ x^2 = 25;\ L = \{-5; 5\}$	L
b)	$x^2 + 15x + 56 = 0;\ (x + 8)(x + 7) = 0;\ L = \{-8; -7\}$	L
c)	$x^2 - 9x = 0;\ x(x - 9) = 0;\ L = \{0; 9\}$	E
d)	$100x^2 + 1 = 0;\ L = \{\ \}$	D
e)	$x^2 - 9x - 10 = 0;\ (x + 1)(x - 10) = 0;\ L = \{-1; 10\}$	O
f)	$x^2 + 9x + 18 = 0;\ (x + 6)(x + 3) = 0;\ L = \{-6; -3\}$	M
g)	$4x^2 - 1 = 0;\ x^2 = 0{,}25;\ L = \{-0{,}5; 0{,}5\}$	S
h)	$x^2 + 10x + 25 = 0;\ (x + 5)^2 = 0;\ L = \{-5\}$	G
i)	$6x^2 - 11x - 2 = 0;\ x_{1,2} = \frac{11 \pm \sqrt{(-11)^2 - 4 \cdot 6 \cdot (-2)}}{12} = \frac{11 \pm 13}{12};$ $L = \{-\frac{1}{6}; 2\}$	L
j)	$x^2 - 2 = 0;\ x^2 = 2;\ L = \{-\sqrt{2}; \sqrt{2}\}$	O
k)	$2x^2 - 288 = 0;\ x^2 = 144;\ L = \{-12; 12\}$	F
l)	$(3x - 1)(4x + 4) = 0;\ L = \{-1; \frac{1}{3}\}$	R
m)	$6x^2 + 11x + 5 = 0;\ x_{1,2} = \frac{-11 \pm \sqrt{11^2 - 4 \cdot 6 \cdot 5}}{12} = \frac{-11 \pm 1}{12};$ $L = \{-1; -\frac{5}{6}\}$	E

Lösungswort: ERFOLGSMODELL

Seite 27

1. I $A = b \cdot h$

II $\frac{b : 2}{10\ m : 2} = \frac{5\ m - h}{5\ m};\ |\cdot 10\ m$ (2. Strahlensatz; V-Figur; Scheitel: im Dachfirst)

II′ $b = 2(5\ m - h)$ in I

$A = b \cdot h = 2h(5\ m - h) = -2h^2 + h \cdot 10\ m = -2[h^2 - h \cdot 5\ m + (2{,}5\ m)^2] + 2 \cdot 6{,}25\ m^2$

$= -2(h - 2{,}5\ m)^2 + 12{,}5\ m^2$:

$h_{opt} = 2{,}5\ m$ in II′ $b_{opt} = 5\ m;$ $A_{max} = 12{,}5\ m^2$

Gregor hat Recht. Die Querschnittsfläche ist am größten, wenn der Zwischenboden 5 m breit ist und 2,5 m hohe Wände eingezogen werden.

2. $\overline{VE^*} = y$ cm

$y^2 = (28 - 2x)^2 + (6 + x)^2 = 784 - 112x + 4x^2 + 36 + 12x + x^2 = 5x^2 - 100x + 820 =$

$= 5(x^2 - 20x + 10^2) + 820 - 5 \cdot 100 = 5(x - 10)^2 + 320$

Somit ist der Flächeninhalt des Quadrats am kleinsten, nämlich 320 cm², wenn x = 10 ist. Dann hat das Rechteck VI*E*R* die Seitenlängen 8 cm und 16 cm.

Konstruktion:

Man konstruiert eine Seite des Quadrats mit dem Flächeninhalt 320 cm² z. B. nach dem Höhensatz z. B. entsprechend der Zerlegung 320 cm² = 16 cm · 20 cm.

Da die Konstruktion im Maßstab 1 : 4 erfolgen soll, konstruiert man ein rechtwinkliges Dreieck mit den Hypotenusenabschnitten p = 4 cm und q = 5 cm; die Hypotenusenhöhe ist dann die gesuchte Quadratseite.

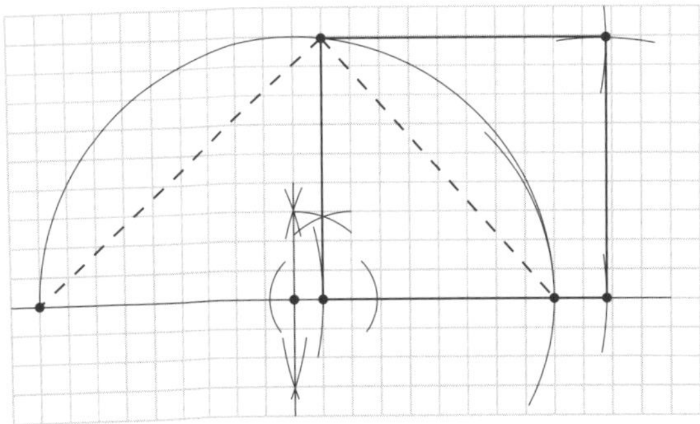

Seite 28

3. Rechnung mit Maßzahlen (Einheit cm bzw. cm²):

$A_{DUR} = A_{ABCD} - 2 \cdot A_{DAU} - A_{RUB} =$

$= 100 - 10 \cdot (10 - x) - \frac{1}{2}x^2 =$

$= 10x - \frac{1}{2}x^2 = -\frac{1}{2}(x^2 - 20x + 100) + \frac{1}{2} \cdot 100 =$

$= -\frac{1}{2}(x - 10)^2 + 50;\ 0 < x \leqq 10:$

Das Dreieck DUR besitzt für $x = 10$ den größten Flächeninhalt, nämlich 50 cm²; es ist dann gleichschenkligrechtwinklig mit $10\sqrt{2}$ cm langer Basis (Hypotenuse) und je 10 cm langen Schenkeln (Katheten) und bedeckt die linke obere Hälfte ACD des Quadrats ABCD.

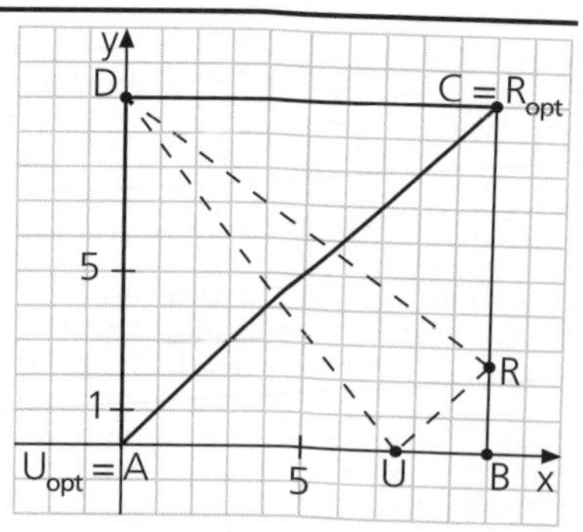

4. $d(a) = a^2 - 2a + 2 - (-4a - 1) = a^2 - 2a + 2 + 4a + 1 =$

$= a^2 + 2a + 3 = a^2 + 2a + 1^2 - 1^2 + 3 = (a + 1)^2 + 2:$

Die Strecke [AB] ist am kürzesten, wenn $a = -1$ ist; in diesem Fall ist die Strecke [AB] 2 cm lang, und ihre Endpunkte sind A (–1 I 5) und B (–1 I 3).

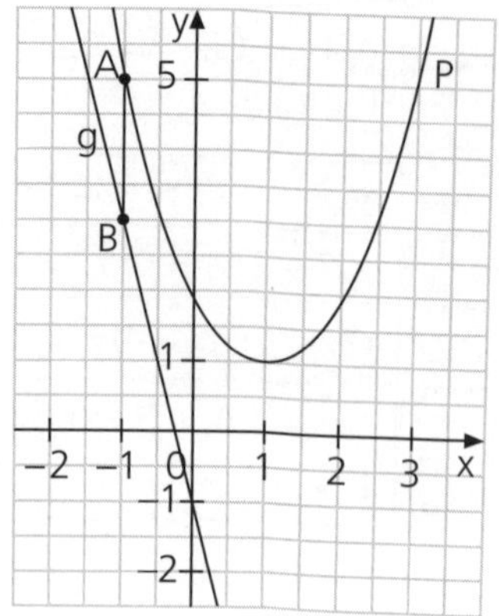

Seite 29

a) $\sqrt[3]{16} - \sqrt[3]{128} = \sqrt[3]{2 \cdot 8} - \sqrt[3]{2 \cdot 64} = 2 \cdot \sqrt[3]{2} - 4 \cdot \sqrt[3]{2} = -2 \cdot \sqrt[3]{2}$

b) $\left(\sqrt[3]{16} - \sqrt[3]{54}\right) \cdot \left(\sqrt[3]{16} + \sqrt[3]{54}\right) =$

$= \left(\sqrt[3]{2 \cdot 8} - \sqrt[3]{2 \cdot 27}\right) \cdot \left(\sqrt[3]{2 \cdot 8} + \sqrt[3]{2 \cdot 27}\right) =$

$= \left(2 \cdot \sqrt[3]{2} - 3 \cdot \sqrt[3]{2}\right) \cdot \left(2 \cdot \sqrt[3]{2} + 3 \cdot \sqrt[3]{2}\right) =$

$= -\sqrt[3]{2} \cdot 5 \cdot \sqrt[3]{2} = -5 \cdot \sqrt[3]{4}$

c) $\left(2 \cdot \sqrt[4]{8} - \sqrt[4]{32}\right) \cdot \left(\sqrt[4]{2} + \sqrt[4]{8}\right) =$

$= 2 \cdot \sqrt[4]{16} + 2 \cdot \sqrt[4]{64} - \sqrt[4]{64} - \sqrt[4]{256} =$

$= 2 \cdot 2 + \sqrt[4]{64} - 4 = \sqrt[4]{8^2} = \sqrt{8} = 2\sqrt{2}$

d) $\left(4 \cdot \sqrt[3]{625} - 3 \cdot \sqrt[3]{49}\right) \cdot \left(\sqrt[3]{25} + 3 \cdot \sqrt[3]{7}\right) + 3 \cdot \sqrt[3]{1\,225} =$

$= 4 \cdot \sqrt[3]{5^4 \cdot 5^2} + 12 \cdot \sqrt[3]{5^4 \cdot 7} - 3 \cdot \sqrt[3]{49 \cdot 25} - 9 \cdot \sqrt[3]{7^2 \cdot 7} + 3 \cdot \sqrt[3]{1\,225} =$

$= 4 \cdot 5^2 + 12 \cdot 5 \cdot \sqrt[3]{5 \cdot 7} - 3 \cdot \sqrt[3]{1\,225} - 9 \cdot 7 + 3 \cdot \sqrt[3]{1\,225} =$

$= 100 + 60 \cdot \sqrt[3]{35} - 63 = 37 + 60 \cdot \sqrt[3]{35}$

e) $\left(8^{-\frac{2}{3}} \cdot \sqrt[5]{128^{-1}}\right)^{-5} : \left(27 \cdot 128^{-\frac{6}{7}}\right)^{-\frac{2}{3}} =$

$= \left[(2^3)^{-\frac{2}{3}} \cdot 2^{-\frac{7}{5}}\right]^{-5} : \left[3^3 \cdot (2^7)^{-\frac{6}{7}}\right]^{-\frac{2}{3}} =$

$= \left[2^{-2} \cdot 2^{-\frac{7}{5}}\right]^{-5} : [3^3 \cdot 2^{-6}]^{-\frac{2}{3}} = \left[2^{-\frac{17}{5}}\right]^{-5} : [3^{-2} \cdot 2^4] = 2^{17} \cdot (3^2 \cdot 2^{-4}) = 2^{13} \cdot 3^2$

f) $a > 0$: $\left(\frac{a^{\frac{2}{3}}}{a^{\frac{1}{6}}} + \frac{a^{\frac{1}{3}}}{a^{\frac{1}{4}}}\right) \cdot \left(\frac{a}{\sqrt{a}} - \frac{\sqrt[6]{a}}{\sqrt[12]{a}}\right) = \left(a^{\frac{1}{2}} + a^{\frac{1}{12}}\right) \cdot \left(a^{1-\frac{1}{2}} - a^{\frac{1}{6}-\frac{1}{12}}\right) =$

$= \left(a^{\frac{1}{2}} + a^{\frac{1}{12}}\right) \cdot \left(a^{\frac{1}{2}} - a^{\frac{1}{12}}\right) = a - a^{\frac{1}{6}} = a - \sqrt[6]{a}$

g) $a, b > 0$: $\sqrt[3]{\frac{150a^3}{64a^{-3}b^6}} : \sqrt[3]{\frac{10\,000b^5a^{-6}}{225a^3b^2}} = \sqrt[3]{\frac{150a^6}{64b^6} : \frac{10\,000 \cdot a^{-9} \cdot b^3}{225}} =$

$= \sqrt[3]{\frac{150a^6 \cdot 225}{64b^6 \cdot 10\,000 \cdot a^{-9} \cdot b^3}} = \sqrt[3]{\frac{15 \cdot 15^2 \cdot a^{15}}{4^3 \cdot 10^3 \cdot b^9}} = \frac{15 \cdot a^5}{4 \cdot 10 \cdot b^3} = \frac{3}{8}a^5b^{-3}$

Seite 30

Seite 31

1.	2.	3.	4.	5.	6.	7.	8.	9.	10.	11.	12.	13.	14.	15.	16.	17.
w	w	f	w	w	w	w	f	w	w	f	w	f	w	w	f	w

Begründung für „f" bzw. Richtigstellung der falschen Aussagen:

3. $5^x = \sqrt{\frac{1}{25^{-4}}} = \sqrt{25^4} = 25^2$; $5^x = 5^4$; $x = 4$; $L = \{4\}$

8. $\sqrt[4]{16} = 2$

11. $\sqrt[3]{8} - \sqrt[5]{32} + \sqrt[7]{128} - \sqrt[9]{512} = 2 - 2 + 2 - 2 = 0$

13. Wenn $G = \mathbb{N}_0$ ist, dann ist $L = \{0; 1\}$.

16. Gegenbeispiel: $x = 8$: $\sqrt{8}$ ist eine irrationale Zahl, $\sqrt[3]{8}$ dagegen eine rationale Zahl.

Seite 32

1. (1)

$x^{\frac{1}{3}}$

$x^{\frac{1}{2}}$ | $x^{-\frac{1}{6}}$

$x^{\frac{1}{6}}$ | $x^{\frac{1}{3}}$ | $x^{-\frac{1}{2}}$

$x^{\frac{1}{3}}$ | $x^{-\frac{1}{6}}$ | $x^{\frac{1}{2}}$ | x^{-1}

a) Für $x = 1$

(2)

$x^{\frac{1}{5}}$

$x^{\frac{1}{5}}$ | 1

$x^{-\frac{1}{10}}$ | $x^{\frac{3}{10}}$ | $x^{-\frac{3}{10}}$

$\sqrt[5]{x^{-3}}$ | $x^{\frac{1}{2}}$ | $x^{-\frac{1}{5}}$ | $x^{-\frac{1}{10}}$

b) Für $x = 243$

(3)

$x^{-\frac{1}{3}}$

$x^{\frac{1}{6}}$ | $x^{-\frac{1}{2}}$

$x^{-\frac{7}{12}}$ | $x^{\frac{3}{4}}$ | $\sqrt[4]{x^{-5}}$

$x^{-\frac{1}{3}}$ | $x^{-\frac{1}{4}}$ | x | $x^{-\frac{9}{4}}$

c) Für $x = \frac{1}{125}$

2. a) $\frac{T_1^2}{T_2^2} = \frac{r_1^3}{r_2^3}$; $| \cdot T_2^2$ $\qquad T_1^2 = \frac{r_1^3 \cdot T_2^2}{r_2^3}$; $\qquad T_1 = \sqrt{\frac{r_1^3 \cdot T_2^2}{r_2^3}} = T_2\sqrt{\frac{r_1^3}{r_2^3}}$

$\frac{r_1^3}{r_2^3} = \frac{T_1^2}{T_2^2}$; $| \cdot T_2^2$ $\qquad \frac{T_2^2 \cdot r_1^3}{r_2^3} = T_1^2$; $| \cdot \frac{r_2^3}{r_1^3}$

$T_2^2 = \frac{T_1^2 \cdot r_2^3}{r_1^3}$; $\qquad T_2 = \sqrt{\frac{T_1^2 \cdot r_2^3}{r_1^3}}$; $\qquad T_2 = T_1\sqrt{\frac{r_2^3}{r_1^3}}$

$\frac{r_1^3}{r_2^3} = \frac{T_1^2}{T_2^2}$; $| \cdot r_2^3$ $\qquad r_1^3 = \frac{r_2^3 \cdot T_1^2}{T_2^2}$; $\qquad r_1 = r_2 \cdot \sqrt[3]{\frac{T_1^2}{T_2^2}}$

$\frac{T_1^2}{T_2^2} = \frac{r_1^3}{r_2^3}$; $| \cdot r_2^3$ $\qquad \frac{r_2^3 \cdot T_1^2}{T_2^2} = r_1^3$; $| \cdot \frac{T_2^2}{T_1^2}$ $\qquad r_2^3 = \frac{r_1^3 \cdot T_2^2}{T_1^2}$; $\qquad r_2 = r_1 \cdot \sqrt[3]{\frac{T_2^2}{T_1^2}}$

b) $r_{Mars} = r_{Erde} \cdot \sqrt[3]{\frac{T_{Mars}^2}{T_{Erde}^2}} \approx 1{,}5 \cdot 10^8\ \text{km} \cdot \sqrt[3]{\frac{1{,}88^2\ a^2}{1^2\ a^2}} \approx 1{,}5 \cdot 10^8\ \text{km} \cdot 1{,}523 \approx 2{,}3 \cdot 10^8\ \text{km}$

3. a) $p(0\ \text{km}) \approx 1\,013$ hPa

b) $p(10\ \text{km}) \approx 1\,013 \cdot 2^{-\frac{100}{58}}$ hPa $\approx 1\,013 \cdot 0{,}303$ hPa ≈ 307 hPa

c) $p(30\ \text{km}) \approx 1\,013 \cdot 2^{-\frac{300}{58}}$ hPa $\approx 1\,013 \cdot 0{,}028$ hPa ≈ 28 hPa

d) $p(50\ \text{km}) \approx 1\,013 \cdot 2^{-\frac{500}{58}}$ hPa $\approx 1\,013 \cdot 0{,}0025$ hPa $\approx 2{,}6$ hPa

Seite 33

1. **a)** richtig gelöst **b)** richtig gelöst

c) falsch gelöst: $\sin\beta = 0{,}6414\ldots;\ \beta = 39{,}9°$

d) Ansatz falsch: $\tan\varepsilon = \frac{5\text{ cm}}{7\text{ cm}} = 0{,}7142\ldots;\ \varepsilon \approx 35{,}5°$

2. **a)** $\tan\varphi = \frac{h}{b}$

b) Verhältnis der Hypotenusenhöhe zur Länge des größeren Hypotenusenabschnitts: $\frac{h}{q} \hat{=} 20\%$

c) $h = 100\text{ m};\ \frac{h}{q} = 20\%;\ q = \frac{h}{20\%} = 500\text{ m};$

$s = \sqrt{q^2 + h^2} = \sqrt{500^2 + 100^2}\text{ m}$

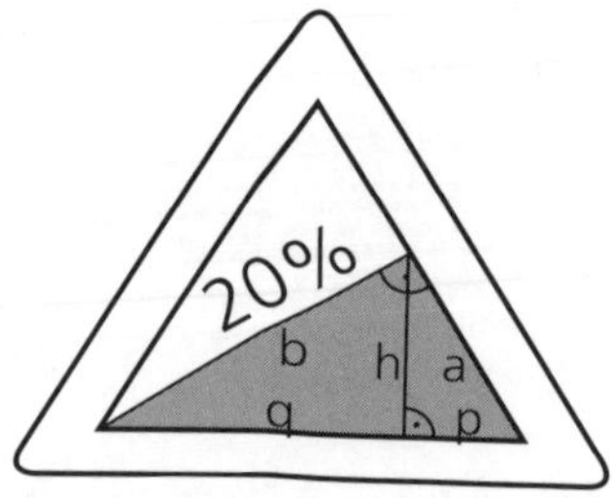

Seite 34

3. **a)** $c^2 = (5{,}2\text{ cm})^2 + (3{,}6\text{ cm})^2 = 40\text{ cm}^2;\ c = 2\sqrt{10}\text{ cm} \approx 6{,}3\text{ cm};\ \tan\alpha = \frac{3{,}6}{5{,}2} \approx 0{,}6923;\ \alpha \approx 35°$

b) $\overline{AR} = 5\text{ LE};\ \overline{RB} = 8\text{ LE};\ \tan\alpha = \frac{\overline{RB}}{\overline{AR}} = 1{,}6;\ \alpha \approx 58°;\ \beta = 90° - \alpha \approx 32°$

c) $\tan 60° = \frac{8}{x};\ |\cdot x$

$x \cdot \tan 60° = 8;\ |:\tan 60°$

$x = \frac{8}{\sqrt{3}} = \frac{8\sqrt{3}}{3} \approx 4{,}6;\ d = d^*\text{ m}:$

$\tan 40° = \frac{8}{d^* + x} = \frac{8}{d^* + \frac{8}{3}\sqrt{3}};\ |\cdot\left(d^* + \frac{8}{3}\sqrt{3}\right)$

$\left(d^* + \frac{8}{3}\sqrt{3}\right)\cdot\tan 40° = 8;\ |:\tan 40°$

$d^* + \frac{8}{3}\sqrt{3} = \frac{8}{\tan 40°};\ |-\frac{8}{3}\sqrt{3}$

$d^* = \frac{8}{\tan 40°} - \frac{8}{3}\sqrt{3} \approx 4{,}9;\ d \approx 4{,}9\text{ m}$

d) $\tan\left(\frac{\alpha}{2}\right) = \frac{\frac{a}{2}}{a} = \frac{1}{2};\ \frac{\alpha}{2} \approx 26{,}57°;\ |\cdot 2$

$\alpha \approx 53{,}1°;\ \beta = 180° - \alpha \approx 180° - 53{,}1° = 126{,}9°$ (Nebenwinkel)

e) $\frac{\frac{a^*}{2}}{3} = \tan 25°;\ |\cdot 3$ $(a = a^*\text{ cm})$

$\frac{a^*}{2} = 3\tan 25°;\ |\cdot 2$

$a^* = 6\tan 25° \approx 2{,}8;\ a \approx 2{,}8\text{ cm}$

f) $\cos 25° = \frac{7{,}5\text{ cm}}{2r};\ |\cdot r$

$r\cos 25° = 3{,}75\text{ cm};\ |:\cos 25°$

$r = \frac{3{,}75\text{ cm}}{\cos 25°} \approx 4{,}1\text{ cm};$

$\frac{b}{7{,}5\text{ cm}} = \tan 25°;\ |\cdot 7{,}5\text{ cm}$

$b = 7{,}5\text{ cm}\cdot\tan 25° \approx 3{,}5\text{ cm}$

4. $0° < \alpha < 90°$

a) $(\cos\alpha)^2 = 1 - (\sin\alpha)^2 = 1 - 0{,}6^2 = 1 - 0{,}36 = 0{,}64;\ \cos\alpha = 0{,}8;$

$\tan\alpha = \frac{\sin\alpha}{\cos\alpha} = \frac{0{,}6}{0{,}8} = \frac{3}{4} = 0{,}75$

b) (1) $\frac{2 - 2(\cos\alpha)^2}{(\sin\alpha)\cdot\cos\alpha} = \frac{2[1 - (\cos\alpha)^2]}{(\sin\alpha)\cdot\cos\alpha} = \frac{2(\sin\alpha)^2}{(\sin\alpha)\cdot\cos\alpha} = \frac{2\sin\alpha}{\cos\alpha} = 2\tan\alpha$

(2) $(\tan\alpha)\cdot\sqrt{1 + \frac{1}{(\tan\alpha)^2}} = (\tan\alpha)\cdot\sqrt{1 + \frac{1}{\frac{(\sin\alpha)^2}{(\cos\alpha)^2}}} = (\tan\alpha)\cdot\sqrt{1 + \frac{(\cos\alpha)^2}{(\sin\alpha)^2}} =$

$= (\tan\alpha)\cdot\sqrt{\frac{(\sin\alpha)^2 + (\cos\alpha)^2}{(\sin\alpha)^2}} = (\tan\alpha)\cdot\sqrt{\frac{1}{(\sin\alpha)^2}} = \frac{\sin\alpha}{\cos\alpha}\cdot\frac{1}{\sin\alpha} = \frac{1}{\cos\alpha}$

(3) $\frac{\sin\alpha}{\cos(90° - \alpha)} = \frac{\sin\alpha}{\sin\alpha} = 1$

Seite 35

5. $\frac{h}{10\,m} = \sin\alpha$; $|\cdot 10\,m$ $\quad h = 10\,m \cdot \sin\alpha$

$\frac{x\,m}{10\,m} = \cos\alpha$; $|\cdot 10\,m$ $\quad x\,m = 10\,m \cdot \cos\alpha$

a) $h_1 = 10\,m \cdot \sin 45° \approx 7{,}1\,m$ $\quad x_1\,m = 10\,m \cdot \cos 45° \approx 7{,}1\,m$

b) $h_2 = 10\,m \cdot \sin 60° \approx 8{,}7\,m$ $\quad x_2\,m = 10\,m \cdot \cos 60° = 5{,}0\,m$

c) $h_3 = 10\,m \cdot \sin 75° \approx 9{,}7\,m$ $\quad x_3\,m = 10\,m \cdot \cos 75° \approx 2{,}6\,m$

6. $\overline{AC} = \overline{BC} = 1{,}4 \cdot 12\,cm = 16{,}8\,cm$;

$h_c^2 = \overline{AC}^2 - \left(\frac{\overline{AB}}{2}\right)^2 = (16{,}8\,cm)^2 - (6\,cm)^2 = 246{,}24\,cm^2$; $h_c \approx 15{,}7\,cm$;

$\overline{DE} = 12\,cm - 2 \cdot 4\,cm = 4\,cm$; $\overline{DC}^2 = h_c^2 + \left(\frac{\overline{DE}}{2}\right)^2 = 246{,}24\,cm^2 + 4\,cm^2 = 250{,}24\,cm^2$;

$\overline{DC} \approx 15{,}8\,cm$; $\overline{EC} = \overline{DC} \approx 15{,}8\,cm$

$\tan\left(\frac{\gamma}{2}\right) = \frac{0{,}5 \cdot \overline{DE}}{h_c} \approx 0{,}127$; $\frac{\gamma}{2} \approx 7{,}26°$; $\gamma \approx 14{,}5°$

$\alpha = \beta = (180° - \gamma) : 2 \approx (180° - 14{,}5°) : 2 = 165{,}5° : 2 \approx 82{,}8°$ (Winkelsumme im Dreieck)

$\varphi = \psi = 180° - \alpha = 180° - \beta \approx 180° - 82{,}8° = 97{,}2°$ (Nebenwinkel)

$\tan(0{,}5\gamma + \delta) = \frac{\overline{AD} + 0{,}5\,\overline{DE}}{h_c} \approx \frac{4\,cm + 2\,cm}{15{,}7\,cm} = \frac{6\,cm}{15{,}7\,cm} \approx 0{,}382$;

$7{,}26° + \delta \approx 20{,}9°$; $|-7{,}26°$

$\delta \approx 13{,}6°$; $\varepsilon = \delta \approx 13{,}6°$

7. $\frac{r}{R_{Erde}} \approx \cos 48{,}1°$; $|\cdot R_{Erde}$

$r \approx 6\,370\,km \cdot \cos 48{,}1° \approx 4\,250\,km$;

$v = \frac{2r\pi}{24\,h} \approx \frac{26\,700\,km}{24\,h} \approx 1\,110\,\frac{km}{h} \approx 310\,\frac{m}{s}$

Seite 36

1. a) $P(WWW) = 0{,}7^3 = 34{,}3\%$

b) P („genau zweimal Wappen") $= 3 \cdot 0{,}7^2 \cdot 0{,}3 = 44{,}1\%$

c) P („nur beim ersten Wurf Wappen") $= 0{,}7 \cdot 0{,}3^2 = 6{,}3\%$

Das Werfen dieser Münze ist kein Laplace-Experiment, da die Ergebnisse „Wappen" und „Zahl" nicht gleich wahrscheinlich sind.

2. a) P („ungefüllt") $= \frac{2}{3} \approx 66{,}7\%$

b) P („gleiche Sorte") $= \frac{1}{3} \cdot \frac{1}{3} + \frac{2}{3} \cdot \frac{2}{3} = \frac{5}{9} \approx 55{,}6\%$

3. *Beispiele*:
Mit welcher Wahrscheinlichkeit ist die gezogene natürliche Zahl
- eine einstellige Primzahl?
- kleiner als 5?
- durch 7 teilbar?

4. a) $p_a = \frac{1}{6} \cdot \frac{1}{6} = \frac{1}{36} \approx 2{,}8\%$

b) $p_b = \frac{20}{36} = \frac{5}{9} \approx 55{,}6\,\%$ *oder*

$p_b = 1 - \frac{16}{36} = \frac{5}{9} \approx 55{,}6\%$

c) $p_c = \frac{6}{36} \cdot \frac{6}{36} = \frac{1}{36} \approx 2{,}8\%$

d) $p_d = \frac{10}{36} \approx 27{,}8\%$

Seite 37

5. $P(A) = \frac{5}{10} \cdot \frac{4}{9} = \frac{2}{9} \approx 22\%$

$P(B) = \frac{1}{10} \cdot \frac{1}{9} + \frac{8}{10} \cdot \frac{2}{9} + \frac{1}{10} \cdot \frac{1}{9} = \frac{18}{90} = \frac{1}{5} = 20\%$

$P(C) = \frac{6}{10} \cdot \frac{5}{9} = \frac{1}{3} \approx 33\%$

6. a) $P(\text{„gleichfarbig“}) = \frac{2}{5} \cdot \frac{1}{3} + \frac{3}{5} \cdot \frac{5}{9} = \frac{2}{15} + \frac{5}{15} = \frac{7}{15} \approx 46{,}7\%$

b) Es wurde *ohne* Zurücklegen gezogen: Im Baumdiagramm sind als Wahrscheinlichkeiten beim 2. Zug $\frac{\dots}{9}$ angegeben; das erste Bärchen wurde also *nicht* in die Dose zurückgemischt.

7. Baumdiagramm:

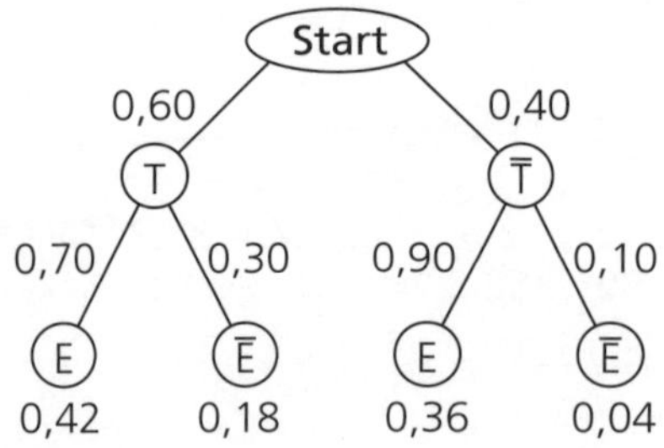

$1 - 0{,}70 = 0{,}30$;
$0{,}04 : 0{,}40 = 0{,}10$;
$1 - 0{,}10 = 0{,}90$;
$0{,}60 \cdot 0{,}30 = 0{,}18$;
$0{,}40 \cdot 0{,}90 = 0{,}36$

Relative Häufigkeiten:

a) (42 % + 36 % =) 78% aller Kunden kaufen etwas.

b) Von den einheimischen Kunden kaufen (0,90 =) 90% etwas.

Seite 38

8. a) $\frac{5}{6} \cdot \frac{1}{6} + \frac{1}{6} \cdot \frac{2}{3} = \frac{9}{36} = 25\%$

b) $\left(\frac{5}{6}\right)^4 + \left(\frac{5}{6}\right)^2 \cdot \frac{1}{6} \cdot \frac{1}{3} + \frac{5}{6} \cdot \frac{1}{6} \cdot \frac{1}{3} \cdot \frac{5}{6} + \frac{5}{6} \cdot \frac{1}{6} \cdot \frac{2}{3} \cdot \frac{1}{3} + \frac{1}{6} \cdot \frac{1}{3} \cdot \left(\frac{5}{6}\right)^2 + \frac{1}{6} \cdot \frac{1}{3} \cdot \frac{1}{6} \cdot \frac{1}{3} +$

$+ \frac{1}{6} \cdot \frac{2}{3} \cdot \frac{1}{3} \cdot \frac{5}{6} + \frac{1}{6} \cdot \left(\frac{2}{3}\right)^2 \cdot \frac{1}{3} = \frac{1}{1\,296}(625 + 50 + 50 + 40 + 50 + 4 + 40 + 32) =$

$= \frac{891}{1\,296} \approx 69\%$

9. 234 600 : (6 + 9 + 5) = 234 600 : 20 = 11 730

Anzahl der Wahlberechtigten, die …
… jünger als 35 Jahre sind: 6 · 11 730 = 70 380
… 35 bis 65 Jahre alt sind: 9 · 11 730 = 105 570
… älter als 65 Jahre sind: 5 · 11 730 = 58 650
Gesamtanzahl: 234 600

Anzahl der Wahlberechtigten, die sich an der Wahl beteiligt haben und …
… jünger als 35 Jahre sind: 0,87 · 70 380 ≈ 61 231
… 35 bis 65 Jahre alt sind: 0,8 · 105 570 = 84 456
… älter als 65 Jahre sind: 0,55 · 58 650 ≈ 32 258
Gesamtanzahl: etwa 177 945

Wahlbeteiligung insgesamt: etwa $\frac{177\,945}{234\,600} \approx 76\%$

Seite 39

10.

	Farbe von …						
… Lauras Hut	r	r	r	s	s	s	s
… Gregors Hut	r	s	s	r	r	s	s
… Sophies Hut	s	r	s	r	s	r	s

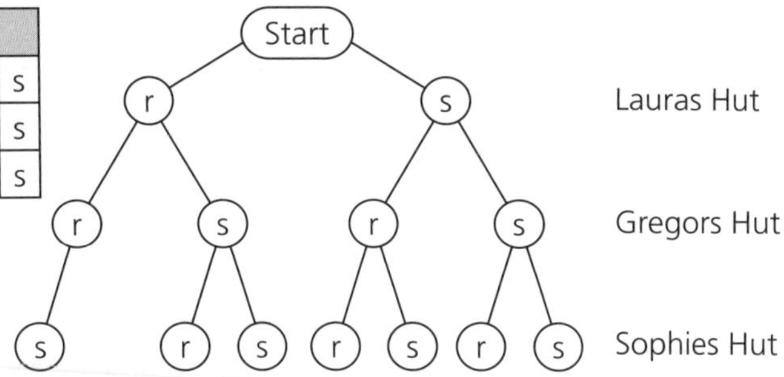

1. Schritt: Da Laura die Farbe ihres Huts nicht angeben kann, tragen Gregor und Sophie nicht beide einen roten Hut.
2. Schritt: Wenn Sophie einen roten Hut tragen würde, könnte Gregor die Farbe seines Huts, nämlich schwarz, angeben. Also trägt Sophie keinen roten, sondern einen schwarzen Hut.

11. Gesamte Anzahl der „Minimalwege" von A nach Z: 35
Anzahl der „Minimalwege" von A nach Z, die
a) über S führen: 20, das sind etwa 57%.
b) über K führen: 18, das sind etwa 51%.
c) über S und K führen: 12, das sind etwa 34%.
d) weder über S noch über K führen: 9, das sind etwa 26%.
Simulation: In einer Urne sind eine rote und eine weiße Kugel. Es wird jeweils eine Kugel mit Zurücklegen gezogen. Wird die rote Kugel gezogen, dann läuft die Maus nach rechts (wenn dies möglich ist); wird die weiße Kugel gezogen, läuft sie nach unten (wenn dies möglich ist). Gezogen wird so lange, bis die Maus in Z angekommen ist.

Seite 40

1. Sowohl mit dem Netz (2) wie auch mit dem Netz (3) lässt sich der Restkörper modellieren, mit dem Netz (1) dagegen nicht.

2. $\overline{AB} = 5$ cm; Satz von Pythagoras in den zwei rechtwinkligen Dreiecken
Δ MPN: $\overline{MP}^2 = \overline{PN}^2 + \overline{NM}^2 = (4\text{ cm})^2 + (3\text{ cm})^2 = 25\text{ cm}^2$, also $\overline{MP} = 5$ cm, und
Δ APM: $\overline{MA}^2\ (= \overline{BM}^2) = \overline{AP}^2 + \overline{PM}^2 = (2{,}5\text{ cm})^2 + 25\text{ cm}^2 = 31{,}25\text{ cm}^2$, also
$\overline{MA} = \overline{BM} = \sqrt{31{,}25}\text{ cm} \approx 5{,}59\text{ cm}$.
$\cos\alpha = \frac{\overline{AP}}{\overline{MA}} = \frac{2{,}5}{\sqrt{31{,}25}} = \frac{1}{\sqrt{5}} \approx 0{,}4472$;
$\alpha = \beta \approx 63{,}4°$;
$\gamma = 180° - (\alpha + \beta) \approx 180° - (63{,}4° + 63{,}4°) =$
$= 180° - 126{,}8° = 53{,}2°$
(Winkelsumme im Dreieck)

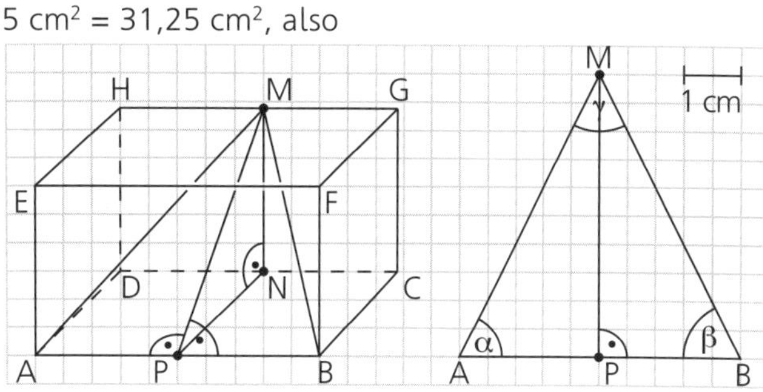

Seite 41

1. $V_{Balken} = 0{,}40\text{ m} \cdot 0{,}40\text{ m} \cdot 1{,}30\text{ m} = 0{,}208\text{ m}^3$;
$V_{Rundholz} = (0{,}20\text{ m})^2 \cdot \pi \cdot 1{,}30\text{ m} \approx 0{,}163\text{ m}^3$;
$V_{Abfall} \approx 0{,}208\text{ m}^2 - 0{,}163\text{ m}^2 = 0{,}045\text{ m}^3$
$V_{Rundholz} = r^2 \cdot \pi \cdot h$; $V_{vier\ Rundstäbe} = 4 \cdot \left(\frac{r}{2}\right)^2 \cdot \pi \cdot h = r^2 \cdot \pi \cdot h = V_{Rundholz}$:
Da das Volumen der vier Rundstäbe zusammen ebenso groß ist wie das Volumen des Rundholzes, entsteht in beiden Fällen gleich viel Abfall.

2. a) $V_{sechsseitiges\ Prisma} = V_{Würfel} - 2 \cdot V_{dreiseitiges\ Prisma} = (20\text{ cm})^3 - 2 \cdot \frac{1}{2}(10\text{ cm} \cdot 10\text{ cm}) \cdot 20\text{ cm}$
$= 8\,000\text{ cm}^3 - 2\,000\text{ cm}^3 = 6\,000\text{ cm}^3 = 6\text{ dm}^3$

b) $\overline{M_2G}^2 = \overline{M_2M_6}^2 + \overline{GM_6}^2 = (20\text{ cm})^2 + (10\text{ cm})^2 = 400\text{ cm}^2 + 100\text{ cm}^2 = 500\text{ cm}^2$;
$\overline{M_2G} = 10\sqrt{5}\text{ cm} \approx 22{,}4\text{ cm}$
Oberflächeninhalt des Prismas: $A_{Prisma} = 2 \cdot A_{Rechteck} + 2 \cdot A_{Dreieck} + A_{Quadrat} =$
$= 2 \cdot 20\text{ cm} \cdot 10\sqrt{5}\text{ cm} + 2 \cdot \frac{1}{2} \cdot 20\text{ cm} \cdot 20\text{ cm} + (20\text{ cm})^2 =$
$= 400\sqrt{5}\text{ cm}^2 + 400\text{ cm}^2 + 400\text{ cm}^2 = 400(2 + \sqrt{5})\text{ cm}^2 \approx 1\,694{,}4\text{ cm}^2$, davon
$A_{rot\ lackiert} = A_{Quadrat} + 2 \cdot A_{Dreieck} = (20\text{ cm})^2 + 2 \cdot \frac{1}{2} \cdot 20\text{ cm} \cdot 20\text{ cm} =$
$= 400\text{ cm}^2 + 400\text{ cm}^2 = 800\text{ cm}^2 = 8\text{ dm}^2$
Prozentsatz: $\frac{800}{1\,694{,}4} \approx 47\%$. Etwa 47% der Prismenoberfläche sind rot lackiert.

Seite 42

3. Berechnen der Maßzahlen (Einheit cm):

I	II	III
$\overline{AF}^2 = a^2 + c^2$	$\overline{FH}^2 = a^2 + b^2$	$\overline{HA}^2 = b^2 + c^2$
$a^2 + c^2 = 34$	$a^2 + b^2 = 41$	$b^2 + c^2 = 25$

Man löst I nach a^2 auf: $a^2 = 34 - c^2$ (1) und setzt in II ein: $34 - c^2 + b^2 = 41$ (2), also $b^2 - c^2 = 7$ (2')
Die Gleichungen (2') und III enthalten nur noch die Unbekannten b und c.
Addiert man diese beiden Gleichungen, so erhält man $2b^2 = 32$, also $b^2 = 16$ und $b = 4$.
Eingesetzt in III ergibt dies $16 + c^2 = 25$, also $c^2 = 9$ und $c = 3$.
Eingesetzt in (1) ergibt dies $a^2 = 34 - 9 = 25$ und $a = 5$.
Die Kanten des Quaders sind 5 cm, 4 cm bzw. 3 cm lang.
Oberflächeninhalt: $A = 2(5\text{ cm} \cdot 4\text{ cm} + 4\text{ cm} \cdot 3\text{ cm} + 3\text{ cm} \cdot 5\text{ cm}) = 94\text{ cm}^2$
Volumen: $V = 5\text{ cm} \cdot 4\text{ cm} \cdot 3\text{ cm} = 60\text{ cm}^3$

4. $A_{gleichseitiges\ Dreieck} = \frac{(6{,}0\text{ cm})^2}{4}\sqrt{3}$; $V_{Prisma} = \frac{(6{,}0\text{ cm})^2}{4}\sqrt{3} \cdot 16\text{ cm} = 144\sqrt{3}\text{ cm}^3 \approx 249{,}4\text{ cm}^3$;
$V_{Zylinder} = (1\text{ cm})^2 \cdot \pi \cdot 16\text{ cm} \approx 50{,}27\text{ cm}^3$;
$V_{Restkörper} = V_{Prisma} - V_{Zylinder} \approx 249{,}4\text{ cm}^3 - 50{,}27\text{ cm}^3 \approx 199\text{ cm}^3$
Masse: $m \approx 7{,}8\,\frac{\text{kg}}{\text{dm}^3} \cdot 0{,}199\text{ dm}^3 \approx 1{,}6\text{ kg}$

Seite 43

1. a) $m^2 = h^2 + \left(\frac{a}{2}\right)^2$;
$m = \sqrt{h^2 + \left(\frac{a}{2}\right)^2}$

b) $\tan\varphi = \frac{h}{\frac{a}{2}}$; $\tan\varphi = \frac{2h}{a}$
$\sin\varphi = \frac{h}{m}$
$\cos\varphi = \frac{\frac{a}{2}}{m}$; $\cos\varphi = \frac{a}{2m}$

2. Volumen: $V = \frac{1}{3} \cdot G \cdot h = \frac{1}{3} \cdot l \cdot b \cdot h = \frac{1}{3} \cdot 10\text{ cm} \cdot 8\text{ cm} \cdot 6\text{ cm} = 160\text{ cm}^3$
Basishöhen der Seitenflächendreiecke…
… ΔABS und ΔCDS:
$h_1^2 = h^2 + \left(\frac{\overline{BC}}{2}\right)^2 = (6\text{ cm})^2 + (4\text{ cm})^2 = 52\text{ cm}^2$;
$h_1 = \sqrt{52}\text{ cm} = 2\sqrt{13}\text{ cm} = 7{,}21\ldots\text{ cm}$

… ΔBCS und ΔDAS:
$h_2^2 = h^2 + \left(\frac{\overline{AB}}{2}\right)^2 = (6\text{ cm})^2 + (5\text{ cm})^2 = 61\text{ cm}^2$;
$h_2 = \sqrt{61}\text{ cm} = 7{,}81\ldots\text{ cm}$
Oberflächeninhalt:
$A = 10\text{ cm} \cdot 8\text{ cm} + 2 \cdot \frac{1}{2} \cdot 10\text{ cm} \cdot 7{,}21\ldots\text{ cm} + 2 \cdot \frac{1}{2} \cdot 8\text{ cm} \cdot 7{,}81\ldots\text{cm} \approx 215\text{ cm}^2$

Winkel: $\tan\left(\frac{\beta}{2}\right) = \frac{\frac{1}{2}\overline{BC}}{h_2} = \frac{4\text{ cm}}{\sqrt{61}\text{ cm}} = \frac{4}{\sqrt{61}}$; $\beta \approx 54{,}2°$

3. *Beispiel*:

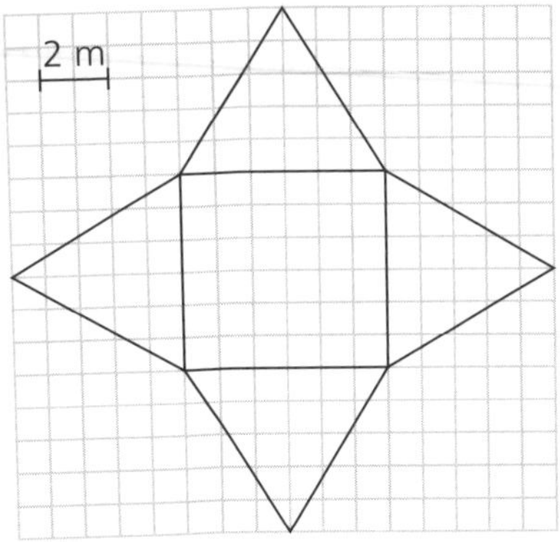

a) Quadratseitenlänge: $a = 6$ m
Basishöhe jedes der vier Seitenflächendreiecke: 5 m
Höhe der Pyramide: $h^2 = (5\text{ m})^2 - (3\text{ m})^2 = 16\text{ m}^2$; $h = 4$ m

b) Volumen: $V = \frac{1}{3} \cdot (6\text{ m})^2 \cdot 4\text{ m} = 48\text{ m}^3$
Oberflächeninhalt: $A = (6\text{ m})^2 + 4 \cdot \frac{1}{2} \cdot 6\text{ m} \cdot 5\text{ m} = 96\text{ m}^2$

c) $\tan\varphi = \frac{h}{\frac{a}{2}} = \frac{4\text{ m}}{3\text{ m}} = \frac{4}{3}$; $\varphi \approx 53{,}1°$

4. a)

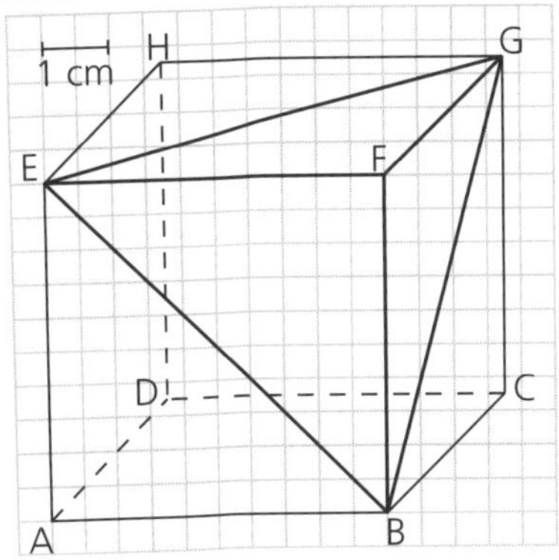

b)

Dreieck	EBF	BGF	GEF	EGB
Art	gleichschenklig-rechtwinklig	gleichschenklig-rechtwinklig	gleichschenklig-rechtwinklig	gleichseitig
Seitenlängen	$\overline{BF} = \overline{FE} = 5$ cm; $\overline{EB} = 5\sqrt{2}$ cm	$\overline{GF} = \overline{FB} = 5$ cm; $\overline{BG} = 5\sqrt{2}$ cm	$\overline{EF} = \overline{FG} = 5$ cm; $\overline{GE} = 5\sqrt{2}$ cm	$\overline{EB} = \overline{BG} = \overline{GE} = 5\sqrt{2}$ cm

c) Oberflächeninhalt: $A = A_{\text{Dreieck EBF}} + A_{\text{Dreieck BGF}} + A_{\text{Dreieck GEF}} + A_{\text{Dreieck EBG}} =$
$= 3 \cdot \frac{1}{2} \cdot (5\text{ cm})^2 + \frac{(5\sqrt{2}\text{ cm})^2}{4} \cdot \sqrt{3} = 37{,}5\text{ cm}^2 + 12{,}5 \cdot \sqrt{3}\text{ cm}^2 \approx 59{,}2\text{ cm}^2$
Hinweis: $A_{\text{gleichseitiges Dreieck}} = \frac{a^2}{4}\sqrt{3}$ (a: Seitenlänge)
Volumen:
Lucas' Tipp: $V = \frac{1}{3} A_{EBF} \cdot \overline{FG} = \frac{1}{3} \cdot \frac{1}{2} \cdot (5\text{ cm})^2 \cdot 5\text{ cm} = \frac{125}{6}\text{ cm}^3 \approx 20{,}8\text{ cm}^3$
Lauras Tipp: $V = \frac{1}{3} A_{BGF} \cdot \overline{FE} = \frac{1}{3} \cdot \frac{1}{2} \cdot (5\text{ cm})^2 \cdot 5\text{ cm} = \frac{125}{6}\text{ cm}^3 \approx 20{,}8\text{ cm}^3$
Gregors Tipp: $V = \frac{1}{3} A_{GEF} \cdot \overline{FB} = \frac{1}{3} \cdot \frac{1}{2} \cdot (5\text{ cm})^2 \cdot 5\text{ cm} = \frac{125}{6}\text{ cm}^3 \approx 20{,}8\text{ cm}^3$
Alle drei Ansätze sind richtig (und gleich einfach).

Seite 45

1.

	Radiuslänge r des Grundkreises	Kegelhöhe h	Mantellinienlänge s	Mantelflächeninhalt M	Kegelvolumen V
a)	8 cm	15 cm	17 cm	$136\pi\ cm^2 \approx 427\ cm^2$	$320\pi\ cm^3 \approx 1\,005\ cm^3$
b)	6 dm	8 dm	10 dm	$60\pi\ dm^2 \approx 188\ dm^2$	$96\pi\ dm^3\ (\approx 302\ dm^3)$
c)	5 cm	12 cm	13 cm	$65\pi\ cm^2\ (\approx 204\ cm^2)$	$100\pi\ cm^3 \approx 314\ cm^3$
d)	16 m	12 m	20 m	$320\pi\ m^2 \approx 1\,005\ m^2$	$1\,024\pi\ m^3 \approx 3\,217\ m^3$
e)	10 cm	24 cm	26 cm	$260\pi\ cm^2 \approx 817\ cm^2$	$800\pi\ cm^3 \approx 2\,513\ cm^3$

2. Bogenlänge des Viertelkreisbogens: $U \approx (2 \cdot 42{,}0\ cm \cdot \pi) : 4 = 21{,}0\pi\ cm \approx 66{,}0\ cm$
Mantellinienlänge: $s \approx 42{,}0\ cm$
Kegelradiuslänge: $2r\pi \approx 21{,}0\pi\ cm;\ |:(2\pi) \quad r \approx 10{,}5\ cm$
Kegelhöhe: $h^2 = s^2 - r^2 \approx (42{,}0\ cm)^2 - (10{,}5\ cm)^2 \approx 1\,654\ cm^2;\ \ h \approx 40{,}7\ cm$
Volumen der Schultüte: $V = \frac{1}{3} r^2\pi h \approx \frac{1}{3} \cdot (10{,}5\ cm)^2 \cdot \pi \cdot 40{,}7\ cm \approx 4{,}70\ dm^3$

Seite 46

1. Kegel (oben), Zylinder (unten), Kegelstumpf (dazwischen)

2.

Nummer	①	②	③	④
Rotationskörper	gerader Kreiszylinder	gerader Kreiszylinder mit axialer Bohrung	Halbkugel	gerader Kreiskegelstumpf

Nummer	⑤	⑥	⑦	⑧
Rotationskörper	gerader Kreiszylinder mit geradem Kreiskegel	gerader Kreiskegel	zwei gerade Kreiszylinder	gerader Kreiszylinder mit Halbkugel

3. (1) Es entsteht ein gerader Kreiskegel: $r = \overline{CA} = 8\ cm;\ h = \overline{BC} = 6\ cm;\ s = \overline{AB} = 10\ cm$
$A = r^2\pi + r\pi s = (8\ cm)^2 \cdot \pi + 8\ cm \cdot \pi \cdot 10\ cm = 64\pi\ cm^2 + 80\pi\ cm^2 = 144\pi\ cm^2 \approx 452\ cm^2$
$V = \frac{1}{3} r^2\pi h = \frac{1}{3} \cdot (8\ cm)^2 \cdot \pi \cdot 6\ cm = 128\pi\ cm^3 \approx 402\ cm^3$

(2) Es entsteht ebenfalls ein gerader Kreiskegel: $r = \overline{BC} = 6\ cm;\ h = \overline{CA} = 8\ cm;$
$s = \overline{AB} = 10\ cm$
$A = r^2\pi + r\pi s = (6\ cm)^2 \cdot \pi + 6\ cm \cdot \pi \cdot 10\ cm = 36\pi\ cm^2 + 60\pi\ cm^2 = 96\pi\ cm^2 \approx 302\ cm^2$
$V = \frac{1}{3} r^2\pi h = \frac{1}{3} \cdot (6\ cm)^2 \cdot \pi \cdot 8\ cm = 96\pi\ cm^3 \approx 302\ cm^3$

(3)
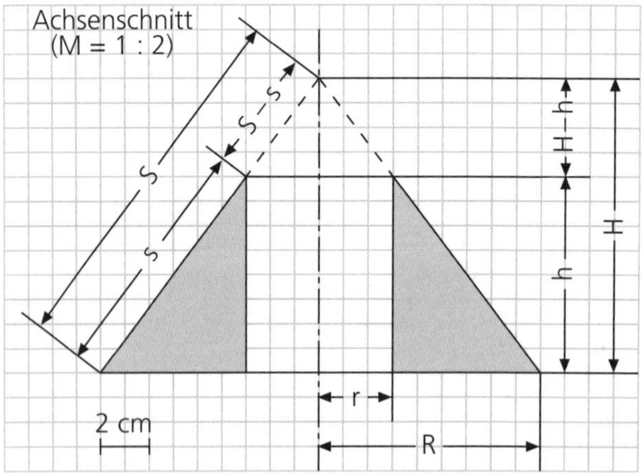

Es entsteht ein gerader Kreiskegelstumpf (Grundkreisradiuslänge R = 6 cm + 3 cm = 9 cm; Deckkreisradiuslänge r = 3 cm; Höhe h = 8 cm; Mantellinienlänge s = 10 cm), aus dem ein gerader Kreiszylinder (Radiuslänge r = 3 cm; Höhe h = 8 cm) herausgenommen ist.
Oberflächeninhalt:
$A = R\pi S - r\pi(S - s) + 2r\pi h + R^2\pi - r^2\pi$

Höhe H und Mantellinienlänge S des „großen" Kegels:

$\frac{H}{h} = \frac{R}{R - r}$ (2. Strahlensatz)

$\frac{H}{8\text{ cm}} = \frac{9\text{ cm}}{6\text{ cm}}$; $|\cdot 8$ cm $\qquad H = \frac{3}{2} \cdot 8\text{ cm} = 12\text{ cm}$

$S^2 = H^2 + R^2 = (12\text{ cm})^2 + (9\text{ cm})^2 = 144\text{ cm}^2 + 81\text{ cm}^2 = 225\text{ cm}^2$; $S = 15$ cm

$A = 9\text{ cm} \cdot \pi \cdot 15\text{ cm} - 3\text{ cm} \cdot \pi \cdot 5\text{ cm} + 2 \cdot 3\text{ cm} \cdot \pi \cdot 8\text{ cm} + (9\text{ cm})^2\,\pi - (3\text{ cm})^2\,\pi =$

$= 135\pi\text{ cm}^2 - 15\pi\text{ cm}^2 + 48\pi\text{ cm}^2 + 81\pi\text{ cm}^2 - 9\pi\text{ cm}^2 = 240\pi\text{ cm}^2 \approx 754\text{ cm}^2$

Volumen:

$V = \frac{1}{3}R^2\pi H - \frac{1}{3}r^2\pi(H - h) - r^2\pi h =$

$= \frac{1}{3} \cdot (9\text{ cm})^2 \cdot \pi \cdot 12\text{ cm} - \frac{1}{3} \cdot (3\text{ cm})^2 \cdot \pi \cdot 4\text{ cm} - (3\text{ cm})^2 \cdot \pi \cdot 8\text{ cm} =$

$= 324\pi\text{ cm}^3 - 12\pi\text{ cm}^3 - 72\pi\text{ cm}^3 =$

$= 240\pi\text{ cm}^3 \approx 754\text{ cm}^3$

(4) Es entsteht ein aus zwei geraden Kreiskegeln mit gemeinsamem Grundkreis zusammengesetzter Körper; r ist die Hypotenusenhöhe im rechtwinkligen Dreieck ABC, und die Kegelhöhen sind die Hypotenusenabschnitte p und q.

$a^2 = cp$ (Kathetensatz); $p = \frac{a^2}{c} = \frac{36\text{ cm}^2}{10\text{ cm}} = 3{,}6$ cm; $q = c - p = 10\text{ cm} - 3{,}6\text{ cm} = 6{,}4$ cm;

$h^2 = pq = 3{,}6\text{ cm} \cdot 6{,}4\text{ cm}$ (Höhensatz); $h = 4{,}8$ cm;

$A = 4{,}8\text{ cm} \cdot \pi \cdot 6\text{ cm} + 4{,}8\text{ cm} \cdot \pi \cdot 8\text{ cm} = 28{,}8\pi\text{ cm}^2 + 38{,}4\pi\text{ cm}^2 = 67{,}2\pi\text{ cm}^2 \approx 211\text{ cm}^2$;

$V = \frac{1}{3} \cdot (4{,}8\text{ cm})^2 \cdot \pi \cdot (3{,}6\text{ cm} + 6{,}4\text{ cm}) = 76{,}8\pi\text{ cm}^3 \approx 241\text{ cm}^3$

Ungleichungsketten:

Oberflächeninhalte: $67{,}2\pi\text{ cm}^2 < 96\pi\text{ cm}^2 < 144\pi\text{ cm}^2 < 240\pi\text{ cm}^2$

Volumina: $240\pi\text{ cm}^3 > 128\pi\text{ cm}^3 > 96\pi\text{ cm}^3 > 76{,}8\pi\text{ cm}^3$

Seite 47

1. Breite des Rechtecks ABCD: $\overline{DA} = 96\text{ m}^2 : (12\text{ m}) = 8$ m

Neigungswinkel: $\cos\alpha = \frac{\overline{DA}}{\overline{FA}} = \frac{8\text{ m}}{10\text{ m}} = 0{,}8$; $\alpha \approx 37°$

Dachhöhe: $h^2 = \overline{FA}^2 - \overline{DA}^2 = (10\text{ m})^2 - (8\text{ m})^2 = 36\text{ m}^2$; $h = 6$ m *oder*

$\frac{h}{\overline{DA}} = \tan\alpha$; $h = \overline{DA} \cdot \tan\alpha \approx 8\text{ m} \cdot \tan 37° \approx 6{,}0$ m

2. $A_{SIA} = \frac{1}{2}xz = 6\text{ cm}^2$, also $xz = 12\text{ cm}^2$ (1)

$A_{SIN} = \frac{1}{2}xy = 16\text{ cm}^2$, also $xy = 32\text{ cm}^2$ (2)

$A_{SNA} = \frac{1}{2}yz = 12\text{ cm}^2$, also $yz = 24\text{ cm}^2$ (3)

(1) $xz = 12\text{ cm}^2$; $|: x \quad (x \neq 0)$

(1') $z = \frac{12\text{ cm}^2}{x}$ eingesetzt in (3)

(I) $y \cdot \frac{12\text{ cm}^2}{x} = 24\text{ cm}^2$; $|: \frac{12\text{ cm}^2}{x}$

(I') $y = 2x$ eingesetzt in (2)

(II) $x \cdot 2x = 32\text{ cm}^2$; $|: 2$

$x^2 = 16\text{ cm}^2$; $x = 4$ cm eingesetzt in (I') und in (1')

$y = 2 \cdot 4\text{ cm} = 8$ cm;

$z = \frac{12\text{ cm}^2}{4\text{ cm}} = 3$ cm

$V_{SINA} = \frac{1}{3} \cdot \left(\frac{1}{2} \cdot x \cdot y\right) \cdot z = \frac{1}{3} \cdot \left(\frac{1}{2} \cdot 4\text{ cm} \cdot 8\text{ cm}\right) \cdot 3\text{ cm} = 16\text{ cm}^3$ *oder*

aus (1) und (2) und (3): $xz \cdot xy \cdot yz = (xyz)^2 = 9\,216\text{ cm}^6$; $xyz = 96\text{ cm}^3$;

$V_{SINA} = \frac{1}{3} \cdot \left(\frac{1}{2} \cdot x \cdot y\right) \cdot z = \frac{1}{6} \cdot xyz = 16\text{ cm}^3$

3. a) $\frac{1}{\sqrt[3]{2}} = 2^{-\frac{1}{3}}$ b) $\frac{2}{\sqrt[4]{8}} = 2^{\frac{1}{4}}$ c) $\sqrt[4]{10^{-3}} = \frac{\sqrt[4]{10^1}}{10}$ d) $\sqrt[3]{5^{-4}} = \frac{\sqrt[3]{25}}{5^2}$ e) $\sqrt[4]{2} = \frac{2 \cdot \sqrt[4]{8}}{\sqrt{8}}$

4. a) $\frac{3}{x - 1} = x + 1$; $|\cdot (x - 1)$

$3 = x^2 - 1$;

$x^2 = 4$;

$x_1 = 2 \in G$;

$x_2 = -2 \in G$: $L = \{-2; 2\}$

b) $\frac{2-x}{x+0,5} = x + 1;\ | \cdot (x + 0,5)$

$2 - x = (x + 1)(x + 0,5);$

$2 - x = x^2 + 0,5x + x + 0,5;\ | -x^2 - 1,5x - 0,5$

$-x^2 - 2,5x + 1,5 = 0;\ | \cdot (-1)$

$x^2 + 2,5x - 1,5 = 0;$

$x_{1,2} = \frac{-2,5 \pm \sqrt{2,5^2 + 4 \cdot 1,5}}{2} =$

$= \frac{-2,5 \pm \sqrt{12,25}}{2} = \frac{-2,5 \pm 3,5}{2};$

$x_1 = \frac{1}{2} \in G;$

$x_2 = -3 \in G$: $L = \{-3; \frac{1}{2}\}$

c) $\frac{1}{x^2} + \frac{3}{x} - 28 = 0;\ | \cdot x^2$

$1 + 3x - 28x^2 = 0;\ | \cdot (-1)$

$28x^2 - 3x - 1 = 0;$

$x_{1,2} = \frac{3 \pm \sqrt{9 + 112}}{56} =$

$= \frac{3 \pm \sqrt{121}}{56} = \frac{3 \pm 11}{56};$

$x_1 = \frac{14}{56} = \frac{1}{4} \in G;$

$x_2 = -\frac{8}{56} = -\frac{1}{7} \in G$: $L = \{-\frac{1}{7}; \frac{1}{4}\}$

Seite 48

5. a) P_1: $y = 0,5(x - 1,5)^2 + 4$ — $S_1\ (1,5 \mid 4)$

b) P_2: $y = 5(x + 4)(x - 4) + 1 = 5(x^2 - 16) + 1$; $y = 5x^2 - 79$ — $S_2\ (0 \mid -79)$

c) P_3: $y = -3x^2 + 6x = -3(x^2 - 2x + 1) + 3$; $y = -3(x - 1)^2 + 3$ — $S_3\ (1 \mid 3)$

Von diesen drei Parabeln ist P_2 am engsten und P_1 am weitesten.

6. Die Mantellinienlänge beträgt bei jedem der drei Kegel 12 cm.

K_1: $r_1 \cdot \pi \cdot 12\text{ cm} = \frac{(12\text{ cm})^2 \cdot \pi \cdot (360° - 45°)}{360°};$

$r_1 \cdot \pi \cdot 12\text{ cm} = \frac{(12\text{ cm})^2 \cdot \pi \cdot 315°}{360°};\ | : (\pi \cdot 12\text{ cm})$

$r_1 = 10,5\text{ cm}$; $h_1^2 = (12\text{ cm})^2 - (10,5\text{ cm})^2 = 33,75\text{ cm}^2$; $h_1 = \sqrt{33,75}\text{ cm} \approx 5,8\text{ cm};$

$V_1 = \frac{1}{3} \cdot (10,5\text{ cm})^2 \cdot \pi \cdot \sqrt{33,75}\text{ cm} \approx 671\text{ cm}^3$

K_2: $r_2 \cdot \pi \cdot 12\text{ cm} = \frac{(12\text{ cm})^2 \cdot \pi \cdot (360° - 60°)}{360°};$

$r_2 \cdot \pi \cdot 12\text{ cm} = \frac{(12\text{ cm})^2 \cdot \pi \cdot 300°}{360°};\ | : (\pi \cdot 12\text{ cm})$

$r_2 = 10\text{ cm}$; $h_2^2 = (12\text{ cm})^2 - (10\text{ cm})^2 = 44\text{ cm}^2$; $h_2 = \sqrt{44}\text{ cm} \approx 6,6\text{ cm};$

$V_2 = \frac{1}{3} \cdot (10\text{ cm})^2 \cdot \pi \cdot \sqrt{44}\text{ cm} \approx 695\text{ cm}^3$

K_3: $r_3 \cdot \pi \cdot 12\text{ cm} = \frac{(12\text{ cm})^2 \cdot \pi \cdot (360° - 120°)}{360°};$

$r_3 \cdot \pi \cdot 12\text{ cm} = \frac{(12\text{ cm})^2 \cdot \pi \cdot 240°}{360°};\ | : (\pi \cdot 12\text{ cm})$

$r_3 = 8\text{ cm}$; $h_3^2 = (12\text{ cm})^2 - (8\text{ cm})^2 = 80\text{ cm}^2$; $h_3 = \sqrt{80}\text{ cm} \approx 8,9\text{ cm};$

$V_3 = \frac{1}{3} \cdot (8\text{ cm})^2 \cdot \pi \cdot \sqrt{80}\text{ cm} \approx 599\text{ cm}^3$

a) Wegen $h_3 > h_2 > h_1$ ist der Kegel K_3 am höchsten; er ist etwa 8,9 cm hoch.

b) Da $r_1 > r_2 > r_3$ ist, hat K_1 den größten Grundflächeninhalt (nämlich etwa 346 cm^2).

c) K_1 besitzt den größten Mantelflächeninhalt (nämlich etwa 396 cm^2), da bei seinem Netz der kleinste Sektor (45° < 60° < 120°) aus dem Vollkreis weggeschnitten worden ist.

d) Wegen $V_2 > V_1 > V_3$ hat der Kegel K_2 das größte Volumen (nämlich etwa 695 cm^3).

7. a) $p_1 = \frac{5}{6} \cdot \frac{5}{6} \cdot \frac{1}{6} = \frac{25}{216} \approx 11{,}6\%$ b) $p_2 = \frac{1}{6} \cdot \frac{1}{6} \cdot \frac{1}{6} = \frac{1}{216} \approx 0{,}5\%$

c) $p_3 = \frac{5}{6} \cdot \frac{1}{6} \cdot \frac{1}{6} = \frac{5}{216} \approx 2{,}3\%$ d) $p_4 = \frac{5}{6} \cdot \frac{5}{6} \cdot 1 = \frac{25}{36} \approx 69{,}4\%$

8. Länge des Bildschirms: x cm; Höhe des Bildschirms: y cm

(1) $x : y = 16 : 9$; $\frac{x}{y} = \frac{16}{9}$; $| \cdot y$ (1′) $x = \frac{16}{9}y$ eingesetzt in (2) $x^2 + y^2 + 106^2$

ergibt (3) $\left(\frac{16}{9}y\right)^2 + y^2 = 106^2$; $| \cdot 9^2$

$256y^2 + 81y^2 = 910\,116$;

$337y^2 = 910\,116$; $| : 337$

$y^2 = 2\,700{,}6409\ldots$; $y > 0$:

$y = 51{,}96769\ldots$ eingesetzt in (1′) ergibt

$x = 92{,}3870\ldots$

Das Fernsehfach muss mindestens (92,4 cm + 2 · 6,0 cm, also) 104,4 cm lang und mindestens (52,0 cm + 12,0 cm, also) 64,0 cm hoch sein. Außerdem sollten im Fernsehfach rings um das Fernsehgerät noch zusätzlich einige Zentimeter Platz für Belüftung (Wärmeabfuhr) vorgesehen werden.